대 산 세 계 문 학 총 서 **038**

도연명 전집

陶淵明 全集
陶淵明

도연명 전집

도연명 지음 | 이치수 역주

문학과지성사
2005

대산세계문학총서 038
도연명 전집

지은이 도연명
옮긴이 이치수
펴낸이 이광호
펴낸곳 ㈜문학과지성사
등록번호 제1993-000098호
주소 04034 서울 마포구 잔다리로7길 18(서교동 377-20)
전화 02) 338-7224
팩스 02) 323-4180(편집) 02) 338-7221(영업)
전자우편 moonji@moonji.com
홈페이지 www.moonji.com

제1판 1쇄 2005년 2월 22일
제1판 9쇄 2023년 7월 20일

ISBN 89-320-1578-3
ISBN 89-320-1246-6(세트)

이 책의 판권은 옮긴이와 ㈜문학과지성사에 있습니다.
양측의 서면 동의 없는 무단 전재 및 복제를 금합니다.

이 책은 대산문화재단의 외국문학 번역지원사업을 통해 발간되었습니다.
대산문화재단은 大山 愼鏞虎 선생의 뜻에 따라 교보생명의 출연으로 창립되어
우리 문학의 창달과 세계화를 위해 다양한 공익문화사업을 펼치고 있습니다.

도연명 전집

도연명 전집 | 차례

四言詩

멈추어 선 구름〔停雲〕· 12
사계절의 운행〔時運〕· 16
꽃이 핀 무궁화나무〔榮木〕· 20
장사공에게 드리다〔贈長沙公〕· 24
시상현 정현령에게 화답하다〔酬丁柴桑〕· 28
방참군에게 답하다〔答龐參軍〕· 30
농사를 권하며〔勸農〕· 36
아들 이름을 지어주며〔命子〕· 42
돌아온 새〔歸鳥〕· 50

五言詩

육체, 그림자, 정신〔形影神〕· 56
9월 9일날 한가로이 지내며〔九日閒居〕· 64
전원의 집으로 돌아와〔歸園田居〕· 66
사천에서 노닐며〔遊斜川〕· 74
주속지와 조기, 사경이 세 사람에게 보여주다〔示周續之祖企謝景夷三郞〕· 78
밥을 구걸하며〔乞食〕· 80
여러 사람과 함께 주씨 집안 묘지의 잣나무 아래에서 노닐며〔諸人共游周家墓柏下〕· 82
초나라 가락의 원망하는 시를 방주부와 등치중에게 보이다〔怨詩楚調示龐主簿鄧治中〕· 84
방참군에게 답하다〔答龐參軍〕· 88
오월 초하루에 시를 지어 대주부에게 화답하다〔五月旦作和戴主簿〕· 92
연일 내리는 비에 혼자 술을 마시며〔連雨獨飮〕· 94
이사〔移居〕· 96
시상 현령을 지낸 유정지에게 화답하다〔和劉柴桑〕· 100

시상 현령을 지낸 유정지에게 답하다〔酬劉柴桑〕· 102
곽주부에게 화답하다〔和郭主簿〕· 104
왕무군의 연회에서 손님을 전송하며〔於王撫軍坐送客〕· 108
진안에서 벼슬한 은철과 작별하며〔與殷晉安別〕· 110
양장사에게 드리다〔贈羊長史〕· 114
세모에 장상시에게 화답하다〔歲暮和張常侍〕· 118
호서조에게 화답해 지어 고적조에게 보이다〔和胡西曹示顧賊曹〕· 120
사촌 동생 중덕의 죽음을 슬퍼하며〔悲從弟仲德〕· 122
처음으로 진군장군의 참군이 되어 곡아를 지나며 짓다〔始作鎭軍參軍經曲阿作〕· 126
경자년 5월, 서울에서 돌아오는 도중에 규림에서 바람에 발이 묶이다〔庚子歲五月中從都還阻風於規林〕· 130
신축년 7월, 휴가를 갔다가 강릉으로 돌아가며 밤에 도구를 지나다〔辛丑歲七月赴假還江陵夜行塗口〕· 134
계묘년 새봄에 촌집에서 옛날을 생각하며〔癸卯歲始春懷古田舍〕· 138
계묘년 12월, 시를 지어 사촌 동생 경원에게 주다〔癸卯歲十二月中作與從弟敬遠〕· 142
을사년 3월, 건위장군의 참군이 되어 서울로 사신 가는 길에 전계를 지나며〔乙巳歲三月爲建威參軍使都經錢溪〕· 146
옛 집에 돌아와서〔還舊居〕· 148
무신년 6월에 화재를 당하다〔戊申歲六月中遇火〕· 150
기유년 중양절에〔己酉歲九月九日〕· 154
경술년 9월, 서쪽 밭에서 올벼를 수확하다〔庚戌歲九月中於西田穫早稻〕· 156
병진년 8월, 하손의 촌집에서 추수하다〔丙辰歲八月中於下潠田舍穫〕· 158
술을 마시다〔飮酒〕· 160
술을 끊으며〔止酒〕· 184
술을 이야기하다〔述酒〕· 186
자식들을 나무라다〔責子〕· 192
느낀 바가 있어 짓다〔有會而作〕· 194
섣달 제삿날〔蜡日〕· 198
옛 시를 본떠서 짓다〔擬古〕· 200
잡시〔雜詩〕· 212
가난한 선비를 노래하다〔詠貧士〕· 228
두 소씨를 노래하다〔詠二疏〕· 238
세 어진 이를 노래하다〔詠三良〕· 242
형가를 노래하다〔詠荊軻〕· 244
『산해경』을 읽고〔讀山海經〕· 248
나의 죽음을 애도하는 시〔挽歌詩〕· 262
시구를 연이어 지은 시〔聯句〕· 268

文

賦·辭

뛰어난 인물들의 불우함을 개탄하며〔感士不遇賦〕· 272
애정의 갈망을 가라앉히며〔閑情賦〕· 284
돌아가자〔歸去來兮辭〕· 296

記·傳·述·贊

복사꽃 마을의 이야기와 시〔桃花源記幷詩〕· 306
진나라 정서대장군의 장사를 지내신 맹씨 외할아버지의 전기〔晉故征西大將軍長史孟府君傳〕· 314
오류선생의 전기〔五柳先生傳〕· 326
『사기』를 읽고 쓴 아홉 편〔讀史述九章〕· 328
부채에 그려진 사람들 찬〔扇上畫贊〕· 338
상장과 금경 찬〔尙長禽慶贊〕· 344

疏·祭文

아들 엄 등에게 주는 글〔與子儼等疏〕· 348
정씨에게 시집간 누이의 제문〔祭程氏妹文〕· 354
사촌 동생 경원의 제문〔祭從弟敬遠文〕· 360
나의 제문〔自祭文〕· 370

부록

도연명 관련 지도 · 380
옮긴이 해설: 전원(田園)과 은일(隱逸)의 시인, 도연명 ─ 이치수 · 381
도연명 관계 단행본 자료 · 398
시구 색인 · 409 | 문구 색인 · 439 | 도연명 연보 · 461

기획의 말 · 465

四言詩

멈추어 선 구름

[서문] 「멈추어 선 구름」은 친한 벗을 그리워하는 시이다. 술통에 새로 빚은 막걸리가 괴어 있고 뜰에는 갓 피어난 꽃이 늘어서 있는데, 친구가 생각나도 만날 수 없어 가슴에 탄식이 가득하다.

어둑어둑 멈추어 선 구름
부슬부슬 내리는 봄비.
사방이 온통 어둑해지더니
평탄한 길 막혀버렸네.
조용히 동쪽 처마에 앉아
봄 막걸리 홀로 마시노라니
좋은 벗은 멀리 있어
우두커니 머리만 긁적이누나.

멈추어 선 구름 어둑어둑
봄비는 부슬부슬 내리네.
사방이 온통 어둑해지더니
평탄한 땅 강이 되었네.
술이 있고 술이 있어
한가로이 동창에서 마시노라니
그리운 사람 생각나지만
배와 수레로도 갈 수 없구나.

停雲

[序] 停雲,[1] 思親友也. 罇湛新醪, 園列初榮, 願言不從,[2] 歎息彌襟.

靄靄停雲,[3]　濛濛時雨.[4]
八表同昏,[5]　平路伊阻.
靜寄東軒,　春醪獨撫.
良朋悠邈,[6]　搔首延佇.[7]

停雲靄靄,　時雨濛濛.
八表同昏,　平陸成江.
有酒有酒,　閒飲東窗.
願言懷人,[8]　舟車靡從.

＊ 이 시는 먼 곳에 있는 친구가 그립지만 만날 수 없음을 탄식함.
1) 停雲(정운): 멈추어 선 구름. 엉겨서 흩어지지 않는 구름.
2) 願(원): 생각하다. 그리워하다.
　 言(언): 어기(語氣)를 길게 끄는 어조사.
3) 靄靄(애애): 구름이나 연기가 밀집한 모양.
4) 濛濛(몽몽): 가랑비가 부슬부슬 내리는 모양.
　 時雨(시우): 계절에 맞게 내리는 비. 여기서는 봄비를 가리킴.
5) 八表(팔표): 팔방(八方)의 끝, 그만큼 먼 곳. 여기서는 온 천지를 가리킴.
6) 悠邈(유막): 아득하게 멀다.
7) 搔首(소수): 머리를 긁다. 초조, 번뇌의 심정을 나타냄.
　 延佇(연저): 오랫동안 서 있다.
8) 懷人(회인): 그리운 사람. 앞 구에서 말한 '良朋'을 가리킴.

동쪽 뜰의 나무는
가지마다 무성해지기 시작한다.
아름다운 자태 서로 뽐내며
나의 정을 불러일으키누나.
사람들은 말하나니
세월은 쉼 없이 흘러간다고.
어찌해야 가까이 마주 앉아
살아온 이야기 나눌까.

휠휠 날던 새
내 뜰 나뭇가지에서 쉰다.
한가로이 깃을 거두고는
고운 소리로 화답하누나.
어찌 다른 사람이 없을까마는
그대 생각 진실로 간절하다오.
생각나지만 만날 수 없으니
한탄을 한들 어찌겠소.

東園之樹,　枝條載榮.[9)]

競用新好,[10)] 以招余情.

人亦有言,　日月于征.

安得促席,　說彼平生.[11)]

翩翩飛鳥,[12)] 息我庭柯.

斂翮閒止,[13)] 好聲相和.

豈無他人,　念子實多.

願言不獲,[14)] 抱恨如何.

---

9) 載(재): '始'와 뜻이 같음. 시작하다, 이제 막.
10) 用(용): '以'와 뜻이 같음.
11) 平生(평생): 지난 일.
12) 翩翩(편편): 새가 가볍게 나는 모양.
13) 斂翮(염핵): 날개를 거두다.
　　止(지): 구의 끝에 쓰이는 뜻 없는 어조사.
14) 不獲(불획): 바람을 이룰 수 없다.

사계절의 운행

[서문] 「사계절의 운행」은 늦봄에 노닌 시이다. 봄옷은 만들어졌고 풍경도 평화로운데, 그림자와 짝하여 홀로 노닐자니, 기쁨과 슬픔이 마음에 교차한다.

성큼성큼 시절이 운행하여
화창하니 좋은 아침이로구나.
내 봄옷을 입고서
동쪽 교외로 나가노라.
산에는 남은 안개 씻겨지고
하늘엔 옅은 구름 희미한데
바람은 남녘에서 불어와
저 새싹들 나부끼누나

넓고 넓은 물가 나루터에서
입을 가시고 발을 씻다가
아득히 먼 풍경을
기뻐하며 바라보노라.
사람들도 말하노니
마음에 맞으면 쉬 만족한다고.
이 한잔 술 들이켜니
거나해져 절로 즐거워라.

時運

[序] 時運, 游暮春也. 春服旣成, 景物斯和, 偶景獨游,¹⁾ 欣慨交心.

邁邁時運,²⁾　穆穆良朝.³⁾
襲我春服,　薄言東郊.⁴⁾
山滌餘靄,　宇曖微霄.
有風自南,　翼彼新苗.

洋洋平津,⁵⁾　乃漱乃濯.
邈邈遐景,　載欣載矚.⁶⁾
人亦有言,　稱心易足.
揮玆一觴,⁷⁾　陶然自樂.⁸⁾

---

* 이 시는 늦은 봄날 나들이의 즐거움을 노래하면서 고적한 심정을 토로함.
1) 偶景(우영): 그림자와 짝이 되다. '景'은 '影'과 통용됨.
2) 邁邁(매매): 나아가는 모양.
3) 穆穆(목목): 화창한 모양.
4) 薄(박): 다가가다. 이르다.
5) 洋洋(양양): 물이 가득하고 넓은 모양.
   平津(평진): 파도가 잔잔한 나루터.
6) 載(재): 중복하여 두 가지 동작을 병행하는 것을 나타내는 어조사.
7) 揮(휘): 술잔을 기울여 다 마셔버리다. 건배하다.
8) 陶然(도연): 술에 취하여 흥이 돋는 모양. 즐거운 모양.

물 가운데로 눈길 보내며
아득한 옛날 맑은 기수(沂水) 생각하네.
아이와 어른이 공부를 같이 하고
한가로이 노래 부르며 돌아왔다지.
나는 그런 한적한 생활 사랑하여
자나깨나 그리워하네.
다만 한스럽게도 세상이 달라져
아득한 그때를 쫓아갈 수 없구나.

아침에도 저녁에도
나의 집에서 쉬노라.
꽃과 약초 늘어서 있고
수풀과 대나무 무성하네.
맑은 소리 금(琴) 침상에 가로놓였고
탁주는 술병에 반 나마 있구나.
황제(黃帝)와 요(堯) 임금 시대에 미칠 수 없으니
나에겐 슬픔만 가득할 뿐.

延目中流,[9] 悠想清沂.[10]

童冠齊業, 閒詠以歸.

我愛其靜,[11] 寤寐交揮.[12]

但恨殊世, 邈不可追.

斯晨斯夕, 言息其廬.

花藥分列, 林竹翳如.[13]

清琴橫牀,[14] 濁酒半壺.

黃唐莫逮,[15] 慨獨在余.

---

9) 延目(연목): 눈길을 보내 멀리 바라보다.
10) 沂(기): 기수(沂水). 산동성(山東省) 곡부현(曲阜縣) 남쪽을 흘러감.
11) 其靜(기정): 공자(孔子)가 제자들에게 각자의 희망을 말해 보라고 하였을 때, 증점(曾點)은 "늦은 봄에 봄옷을 만들어 입고, 관을 쓴 벗 대여섯과 아이들 예닐곱 명과 같이 기수에서 목욕하고, 무우대(舞雩臺)에서 바람을 쐬고, 노래나 부르며 돌아오겠습니다[暮春者, 春服旣成. 冠者五六人, 童子六七人, 浴乎沂, 風乎舞雩, 詠而歸]"라고 하였다(『논어(論語)』『선진(先進)』참조). 위 시에서 '其靜'은 증점의 한적한 생활과 정신 세계를 가리킨다.
12) 交揮(교휘): '交'는 '번갈아', '서로'의 뜻. '揮'는 발휘하다. 앞의 '我愛其靜'을 받아 '밤에도 낮에도 그 생각이 환기된다'는 뜻임.
13) 翳如(예여): 무성한 모양. '如'는 '然'과 같음.
14) 琴(금): 중국 현악기의 하나. 일곱 줄짜리가 일반적임.
15) 黃唐(황당): 상고 시대의 제왕인 황제(黃帝)와 당요(唐堯, 요 임금). 즉 상고 시대를 가리킴.

꽃이 핀 무궁화나무

[서문] 「꽃이 핀 무궁화나무」는 장차 늙어감을 생각하며 지은 시이다. 세월이 흘러 이제 다시 여름이 되었는데, 소년 때에 도(道)를 들었으나 흰머리가 되도록 이룬 것이 없다.

무성하게 꽃 핀 무궁화나무
뿌리를 여기에 내리고 있네.
아침에 빛나던 꽃송이
저녁에 벌써 시들었네.
인생도 세상에 잠시 부쳐 사는 것
노쇠해질 때가 있으리라.
조용하게 깊이 생각노라니
마음만 슬퍼지누나.

무성하게 꽃 핀 무궁화나무
여기에 뿌리를 붙이고 있네.
아침에 피었던 하 많은 꽃들이
슬프다, 저녁에는 사라졌네.
곧거나 유약한 것은 사람에게 달렸고
화와 복은 오는 문이 따로 없느니
도가 아니면 무엇에 의지하며
선이 아니면 무엇을 힘쓰리오.

榮木

[序] 榮木,¹⁾ 念將老也. 日月推遷, 已復九夏,²⁾ 總角聞道, 白首無成.

采采榮木,³⁾　結根於茲.
晨耀其華,　夕已喪之.⁴⁾
人生若寄,　顦顇有時.⁵⁾
靜言孔念,　中心悵而.

采采榮木,　於茲托根.
繁華朝起,　慨暮不存.
貞脆由人,⁶⁾　禍福無門.
匪道曷依,　匪善奚敦.

---

* 이 시는 늙어감을 탄식하면서 스스로 분발하는 뜻을 나타냄.
1) 榮木(영목): 꽃이 핀 나무. 여기서는 무궁화나무를 가리킴.
2) 九夏(구하): 여름. 여름 석 달은 모두 구순(九旬), 즉 90일이어서 '九夏'라고 함.
3) 采采(채채): 무성한 모양.
4) 喪(상): 시들어 떨어지다.
5) 顦顇(초췌): 마르고 파리하다. 여기서는 노쇠함을 가리킴.
6) 貞脆由人(정취유인): 사람이 곧게 살거나 유약하게 행동하거나 하는 것은 모두 자기 하기에 달렸다. '貞'은 마음이 바르고 곧다. '脆'는 유약하다.

아아, 이 못난 사람은
고루한 성품을 타고났네.
지난 세월 이미 흘러갔으나
학업은 옛날 그대로인걸.
저처럼 쉼 없이 공부에 뜻을 두어야 하거늘
이같이 날마다 술에 취하는 걸 편안히 여기네.
내 이것을 생각하노라면
슬프고도 내심 괴로우이.

옛 스승이 남기신 가르침
내 어찌 저버릴거나.
나이 사십에 이름나지 않으면
두려울 것이 못 된다 하셨네.
내 좋은 수레에 기름칠하고
내 좋은 말에 채찍질하노라.
천리 길 멀다 한들
어찌 감히 가지 않으리.

嗟予小子,   稟玆固陋.
徂年旣流,⁷⁾ 業不增舊.
志彼不舍,⁸⁾ 安此日富.⁹⁾
我之懷矣,   怛焉內疚.

先師遺訓,¹⁰⁾ 余豈云墜.
四十無聞,   斯不足畏.¹¹⁾
脂我名車,   策我名驥.
千里雖遙,   孰敢不至.

---

7) 徂年(조년): 지나간 세월.
8) 不舍(불사): 쉬지 않다.
9) 日富(일부): 술에 취하여 날마다 만족하게 여기다.
10) 先師(선사): 공자(孔子)를 가리킴.
11) "사십 오십이 되어도 들리는 명성이 없으면, 이런 사람은 두려울 것이 없다〔四十五十而無聞焉, 斯亦不足畏也已〕"(『논어(論語)』「자한(子罕)」참조).

장사공에게 드리다

[서문] 장사공(長沙公)은 나와는 일가로, 선조들이 똑같이 대사마(大司馬)의 후손이다. 촌수가 멀어지면서 서로 낯선 사람이 되어버렸다. 심양(潯陽)을 지나는 길에 들렀길래, 작별할 때 이 시를 드린다.

같은 근원에서 지류가 나뉘어
사람 바뀌고 세대도 멀어졌네.
감개무량해 문득 탄식하며
우리들 옛날 시조를 생각해 보네.
같이 제사 지내던 관계 결국 멀어졌고
세월도 한없이 흘러만 가네.
저 길 가는 남같이 되는 것을 개탄하며
머뭇머뭇 자꾸만 돌아본다오.

아아, 훌륭하신 우리 일가여
참으로 조상의 사업 잘 계승했구려.
온화한 기질은 겨울 햇볕 같고
빛나는 인품은 옥그릇 같소이다.
풍채는 봄날 꽃같이 화사한데
가을 서리처럼 근엄하구려.
나는 공경한다오,
실로 우리 일가의 영광이오이다.

贈長沙公

[序] 長沙公¹⁾於余爲族, 祖同出大司馬.²⁾ 昭穆旣遠,³⁾ 以爲路人. 經過潯陽,⁴⁾ 臨別贈此.

同源分流,　人易世疎.
慨然寤歎,　念玆厥初.
禮服遂悠,⁵⁾　歲月眇徂.⁶⁾
感彼行路,　眷然躊躇.⁷⁾

於穆令族,⁸⁾　允構斯堂.⁹⁾
諧氣冬暄,　映懷圭璋.¹⁰⁾
爰采春華,¹¹⁾　載警秋霜.¹²⁾
我曰欽哉,　實宗之光.

---

* 이 시는 장사공과 일가이면서도 잘 모르고 지냈음을 탄식하면서 그의 사람됨을 칭송하고, 작별을 아쉬워하며 자주 소식 전하기를 희망함.
1) 長沙公(장사공): 도간(陶侃)의 5세손(世孫) 도연수(陶延壽)를 가리킴.
2) 大司馬(대사마): 도연명의 증조부 도간. 동진(東晉)의 명신(名臣)으로 일찍이 장사군공(長沙郡公)에 봉해졌으며, 죽은 뒤 대사마로 추증되었음.
3) 昭穆(소목): 동종(同宗)의 세계(世系), 촌수 관계를 가리킴. 고대의 종법 제도에 의하면 종묘나 사당에 신주를 모실 때 시조는 가운데 모시고, 왼쪽은 '昭'라 하여 2, 4, 6세(世)를 모시고 오른쪽은 '穆'이라 하여 3, 5, 7세를 모셨음.
4) 潯陽(심양): 지금의 강서성(江西省) 구강시(九江市). 도연명의 고향.
5) 禮服(예복): 복상(服喪) 때의 예복. 여기서는 종족 관계를 가리킴.
6) 眇(묘): 아득하다. '渺'와 같음.
7) 眷然(권연): 미련이 남아 돌아보는 모양.
8) 於穆(오목): 찬탄하는 말. '於'가 감탄사로 쓰일 때에는 '오'로 읽음.
9) 允構斯堂(윤구사당): 진실로 이 집터를 닦다. 자손이 조상의 사업을 잘 계승함을 가리킴.
10) 圭璋(규장): 귀중한 옥그릇. 고귀한 인품을 비유함.

나 그대를 만나
연배 높은데도 일가인 건 몰랐네.
웃고 이야기한 지 오래잖아
동서로 갈라져야 하는구려.
그대 임지는 머나먼 삼상(三湘)
내 사는 곳은 출렁이는 구강(九江).
산과 물에 막혀 멀리 있더라도
소식이야 때때로 통하리다.

어찌하면 이 마음 나타낼까요?
이 말을 보낸다오.
한 삼태기 흙은 비록 미미하나
끝내는 산이 된다오.
삼가 조심하오, 떠나는 사람이여.
이별하자니 슬픈 마음뿐이라오.
회포 나눌 일이 혹 요원하더라도
소식이야 그 전에라도 통할 수 있으리다.

伊余云遘,¹³⁾ 在長忘同.¹⁴⁾
笑言未久,　逝焉西東.
遙遙三湘,¹⁵⁾ 滔滔九江.¹⁶⁾
山川阻遠,　行李時通.¹⁷⁾

何以寫心,¹⁸⁾ 貽此話言.
進簣雖微,¹⁹⁾ 終焉爲山.²⁰⁾
敬哉離人,　臨路悽然.
款襟或遼,²¹⁾ 音問其先.²²⁾

---

11) 爰(원): 음절을 조정하고 어기를 강화하는 어조사.
12) 載(재): '又'와 뜻이 같음. 또.
13) 伊(이): 구의 앞에 놓여 발어사로 쓰이는 어조사.
　　云(운): 잠시 멈추어 어기를 늦추는 어조사.
14) 在長(재장): 웃어른이다. 연배가 높다. 도연명은 장사공보다 연배가 높음.
　　忘同(망동): 한 집안임을 잊고 있었다는 뜻임.
15) 三湘(삼상): 장사공의 봉지(封地)인 호남성(湖南省) 상강(湘江) 일대.
16) 滔滔(도도): 큰 물이 출렁이는 모양.
　　九江(구강): 도연명의 고향 심양을 가리킴.
17) 行李(행리): 사자(使者). 여기서는 소식을 가리킴.
18) 寫(사): '瀉'와 통용됨. 토로하다, 털어놓고 말하다.
19) 進簣(진궤): 한 삼태기의 흙을 더 보태다. '簣'는 삼태기.
20) 爲山(위산): 공업(功業)을 세우는 것을 가리킴.
21) 款襟(관금): 흉금을 털어놓고 이야기하다.
22) 音問(음문): 편지, 소식.

시상현 정현령에게 화답하다

손님이 있어 손님이 있어
이곳에서 머무르십니다.
공정하게 일 처리하고 민정 살펴
백 리에 은혜를 베푸셨습니다.
지극한 이치 받아들이길 집에 돌아가듯 좋아하고
훌륭한 의견 듣는 건 처음인 듯이 하십니다.

우리는 의기투합할 뿐 아니라
몇 차례 즐겁게 놀았습니다.
담소하고 경치를 바라보며
제 근심을 풀었습니다.
만나면 마음껏 즐거워하고
취하면 돌아가 쉬었습니다.
마음 맞는 게 진실로 기뻐
나를 따라 노니시는 겝니다그려.

酬丁柴桑[1]

有客有客,　爰來爰止.
秉直司聰,[2]　于惠百里.[3]
飡勝如歸,[4]　聆善若始.[5]

匪惟也諧,　屢有良游.
載言載眺,　以寫我憂.
放歡一遇,　旣醉還休.
實欣心期,[6]　方從我遊.

---

* 이 시는 시상현(柴桑縣)의 정씨(丁氏) 현령의 덕을 칭송하고, 아울러 두 사람의 친밀한 관계를 말함.
1) 丁柴桑(정시상): 시상현의 정씨 현령. 생애와 사적이 자세하지 않음.
2) 秉直(병직): 공명정대하게 일을 처리하다.
   司聰(사총): 민정(民情)을 살피다.
3) 百里(백리): 사방 백 리의 땅. 현령의 관할 지역.
4) 飡勝如歸(찬승여귀): 지극한 이치를 받아들이기를 집에 돌아가는 것처럼 좋아하다. '飡勝'은 '좋은 경치를 즐기다'라고 풀이하기도 함. '飡'은 '餐'과 같음.
5) 聆善若始(영선약시): 좋은 말은 아무리 들어도 들을 때마다 처음 듣는 듯 싫증을 내지 않는다는 뜻.
6) 心期(심기): 마음을 알아주다. 마음이 서로 통하다.

방참군에게 답하다

[서문] 방군(龐君)이 위군장군(衛軍將軍)의 참군(參軍)이 되어, 강릉(江陵)에서 수도(首都)로 출장 가는 길에 심양을 지나면서 나에게 시를 지어 주었다.

누추한 집이나마
금(琴)도 있고 책도 있네.
타기도 하고 읊기도 하며
이내 즐거움 누린다오.
어찌 달리 좋아함이 없으리오마는
이렇게 조용히 사는 게 즐겁다오.
아침엔 정원에 물을 주고
저녁엔 초가집에 몸을 눕히오.

사람들이 보배로 여기는 것도
나에게는 외려 진귀하지 않다오.
같이 좋아하는 것 없다면
어찌 친할 수 있을꼬.
나는 좋은 친구를 구하다가
그리던 사람을 정말로 만났구려.
기뻐하는 마음 잘 맞았고
사는 집도 이웃이라오.

答龐參軍[1]

[序] 龐爲衛軍參軍,[2] 從江陵使上都,[3] 過潯陽,[4] 見贈.

衡門之下,[5]　有琴有書.
載彈載詠,　爰得我娛.
豈無他好,　樂是幽居.
朝爲灌園,　夕偃蓬廬.

人之所寶,　尚或未珍.
不有同好,　云胡以親.[6]
我求良友,　實覯懷人.
懽心孔洽,　棟宇惟鄰.

---

* 이 시는 방참군과 사귀게 된 경과와 두 사람의 진지한 우정을 서술함.
1) 龐參軍(방참군): 이름과 사적이 자세하지 않음. '參軍'은 장군의 막료.
2) 衛軍參軍(위군참군): 위군장군(衛軍將軍)의 참군. 여기서 '衛軍'은 당시 형주 자사(荊州刺史)를 맡고 있던 사회(謝晦)를 가리킴.
3) 江陵(강릉): 지금의 호북성(湖北省) 강릉현(江陵縣).
　 上都(상도): 수도(首都). 동진(東晉)의 수도 건강(建康)을 말함. 지금의 강소성(江蘇省) 남경시(南京市).
4) 潯陽(심양): 지금의 강서성(江西省) 구강시(九江市).
5) 衡門(형문): 횡목(橫木)을 가로질러 만든 문. 누추한 집.
6) 云胡(운호): 어떻게. 어찌.

내 그리던 그 사람은
덕행 좋아해 부지런히 힘쓴다네.
내게 좋은 술 있으면
그대와 함께 즐기네.
좋은 말들 늘어놓고
새로운 시도 지었다오.
하루라도 보지 못하면
어찌 그립지 않으리.

즐거운 놀이 마음껏 못했는데
장차 이별하게 되었구려.
그대를 길에서 전송하니
잔 들어도 즐겁지 않았네.
옛 초(楚) 땅으로 떠나기 아쉬워하며
서쪽의 구름 저 먼 곳 바라보았네.
이 사람 멀리 떠난 뒤
좋은 말 어찌 듣겠나.

옛날 내 이별할 땐
꾀꼬리 처음으로 울더니
오늘 만날 제
싸락눈 흩날리는구려.
군왕(郡王)의 명령 받자와
서울로 출장가게 되었으니

伊余懷人,　欣德孜孜.[7]
我有旨酒,　與汝樂之.
乃陳好言,　乃著新詩.
一日不見,　如何不思.

嘉遊未斁,　誓將離分.[8]
送爾于路,[9]　銜觴無欣.
依依舊楚,[10]　邈邈西雲.
之子之遠,[11]　良話曷聞.

昔我云別,　倉庚載鳴.[12]
今也遇之,　霰雪飄零.[13]
大藩有命,[14]　作使上京.[15]

---

7) 孜孜(자자): 부지런하며 나태하지 않다.
8) 誓(서): 발어사
9) 爾(이): 그대. 방참군을 가리킴. 이 시를 지은 같은 해 봄에 방참군이 심양(潯陽)에서 강릉으로 출장갈 때 작별한 것을 가리킴.
10) 依依(의의): 아쉬워하는 모양. 섭섭해하는 모양.
　　舊楚(구초): 강릉을 가리킴. 강릉은 옛날 초(楚)나라의 수도 영(郢)이기 때문에 '舊楚'라고 부름.
11) 之子(지자): 이 사람. 방참군을 가리킴.
　　之遠(지원): 멀리 가다.
12) 倉庚(창경): 꾀꼬리.
13) 霰(산): 싸락눈.
14) 大藩(대번): 지방을 맡아 다스리며 왕실을 수호하는 제후. 군왕(郡王). 형주 자사 사회(謝晦)를 가리키는데, 당시 건평군왕(建平郡王)에 봉해졌음.
15) 上京(상경): '上都'와 같음. 건강(建康)을 가리킴.

어찌 편한 것 잊었으리오마는
나랏일이라 편할 수 없네.

스산한 겨울 햇살
거세게 부는 바람.
흔들흔들 그대 탄 배
느릿느릿 강물을 내려가리.
힘쓰시오, 먼길 가는 사람이여.
시작할 때 마칠 것을 생각하소.
이 좋은 때에 조심하여
그대 몸 건강하시게.

豈忘晏安,[16] 王事靡寧.

慘慘寒日,[17] 肅肅其風.[18]
翩彼方舟,[19] 容裔江中.[20]
勗哉征人,[21] 在始思終.
敬玆良辰,　以保爾躬.

---

16) 晏安(안안): 안락하다.
17) 慘慘(참참): 흐리고 쌀쌀한 모양.
18) 肅肅(숙숙): 빠른 모양.
19) 翩(편): 경쾌하게 움직이는 모양.
　　方舟(방주): 나란히 맨 두 척의 배. 여기서는 방참군이 탄 배를 가리킴.
20) 容裔(용예): 느리게 나아가는 모양.
21) 征人(정인): 먼 길 가는 사람. 방참군을 가리킴.

농사를 권하며

아득한 상고(上古) 시대
태초의 사람들은
유유하게 스스로 만족하며
질박하고 순수하였다네.
술수와 기교가 이윽고 싹트자
필요한 것 공급할 수 없게 되었네.
누가 그들을 풍족하게 해주었는가?
실은 지혜가 뛰어난 사람에게 의지하였네.

지혜가 뛰어난 사람은 누구였나?
이는 바로 후직(后稷)이었네.
어떻게 풍족하게 하였나?
실은 씨 뿌리고 모종하게 하였네.
순(舜) 임금은 몸소 밭을 갈았고
우(禹) 임금 역시 곡식 심고 거두었네.
옛날 주(周)나라의 책에서도
여덟 가지 정사 중에 먹는 걸 첫째로 쳤다네.

아름다운 덕 널리 행해지고
들판은 아름답고 풍성하였네.

勸農

悠悠上古,　厥初生民.
傲然自足,[1]　抱樸含眞.
智巧旣萌,　資待靡因.[2]
誰其贍之,　實賴哲人.

哲人伊何,　時爲后稷.[3]
贍之伊何,　實曰播殖.
舜旣躬耕,　禹亦稼穡.
遠若周典,[4]　八政始食.[5]

熙熙令德,[6]　猗猗原陸.[7]

---

* 이 시는 농사의 중요성을 강조하면서 놀고먹는 사람들을 비판함.
1) 傲然(오연): 꿋꿋하여 굽히지 않는 모양. 아무런 구속도 받지 않고 유유자적하는 모양.
2) 靡因(미인): ……할 길이 없다. '無由'와 같은 뜻.
3) 時(시): 이. '是'와 뜻이 같음.
    后稷(후직): 이름은 기(棄), 순(舜) 임금 때의 농관(農官)으로, 전하는 말에 의하면 백성들에게 오곡을 심도록 가르쳤다 함. 주(周)나라의 시조.
4) 周典(주전): 『서경(書經)』 주서(周書) 편을 가리킴.
5) 八政(팔정): 고대의 여덟 가지 정사(政事). 『서경』 주서(周書) 홍범(洪範)에서는 식(食)·화(貨)·사(祀)·사공(司空)·사도(司徒)·사구(司寇)·빈(賓)·사(師)를 '八政'이라 하였음.
6) 熙熙(희희): 광대한 모양.
7) 猗猗(의의): 아름답고 성(盛)한 모양.

화초와 나무 무성하게 우거지고
부드러운 바람은 맑고 따뜻하였네.
많은 남자와 여자들이
농사철을 맞아 다투어 일하였네.
뽕 따는 아낙네는 밤중에 일어나고
농부는 들에서 잠을 잤네.

농사짓는 절기는 쉬 가버리고
따뜻한 바람 고마운 비도 오래 머물지 않아
기결(冀缺)은 아내와 함께 김매었고
장저(長沮)와 걸닉(桀溺)은 나란히 밭을 갈았네.
살펴보면 저들 현명한 사람들조차도
오히려 논밭에서 부지런히 일했네.
하물며 우리 같은 사람들이야
옷자락이나 끌면서 팔짱 끼고 있겠는가.

사람들의 삶 부지런함에 달려 있으니
부지런하면 궁핍하지 않다오.
편안히 안락함만 찾으면
연말에 무엇을 바라겠는가.
한두 섬 곡식 쌓아두지 않으면
굶주림과 추위 번갈아 들이닥친다네.
당신네 부지런한 동료들을 돌아보면
부끄럽지 않을 수 있겠는가.

卉木繁榮,　　和風淸穆.

紛紛士女,⁸⁾　趨時競逐.

桑婦宵興,⁹⁾　農夫野宿.

氣節易邁,　　和澤難久.¹⁰⁾

冀缺攜儷,¹¹⁾　沮溺結耦.¹²⁾

相彼賢達,　　猶勤壟畝.

矧玆衆庶,　　曳裾拱手.¹³⁾

民生在勤,　　勤則不匱.

宴安自逸,　　歲暮奚冀.

儋石不儲,¹⁴⁾　飢寒交至.

顧爾儔列,　　能不懷愧.

---

8) 士女(사녀): 남녀. 농사일에 바쁜 남녀를 가리킴.
9) 宵興(소흥): 밤에 일어나다. 날이 밝기 전에 일어나 일하다. '宵'는 밤.
10) 和澤(화택): 따뜻한 바람과 은혜로운 비. '澤'은 빗물.
11) 冀缺(기결): 춘추(春秋) 시대(기원전 770~476). 진(晉)나라의 대부(大夫). 벼슬하기 전에 아내와 정답게 농사를 지었다 함.
　　攜儷(휴려): 처자와 함께 노동함. '儷'는 짝. 배우자.
12) 沮溺(저닉): 장저(長沮)와 걸닉(桀溺). 춘추 시대에 은거해 농사를 지었음.
　　結耦(결우): 두 사람이 나란히 서서 밭을 갈다. '耦'는 짝.
13) 曳裾(예거): 옷자락을 질질 끌다.
　　拱手(공수): 팔짱을 끼고 아무 일도 하지 않음.
14) 儋石(담석): 두 섬과 한 섬. 여기서는 얼마 되지 않는 식량을 가리킴.

공자(孔子)는 도덕에 심취하여
농사일 묻는 번수(樊須)를 비루하게 여겼고
동중서(董仲舒)는 금(琴)과 책을 즐겨
전원을 밟지 않았네.
만약 그들처럼 초연하여
옛 사람의 고상한 길 걸을 수 있다면
삼가 옷깃 여미고
아름다운 덕 공경하고 칭송하지 않을 수 있겠는가.

孔耽道德,[15] 樊須是鄙.[16]

董樂琴書,[17] 田園不履.

若能超然,　投迹高軌.[18]

敢不斂衽,　敬讚德美.

---

15) 孔(공): 공자(孔子).
16) 樊須(번수): 공자의 제자 번지(樊遲). 번지가 공자에게 덕(德)을 닦아 수양하는 문제를 묻지 않고 곡식 농사와 채소 심는 것을 묻자, 공자가 그를 일러 소인이라 하였다(『논어(論語)』「자로(子路)」참조).
17) 董(동): 서한(西漢)의 경학가(經學家) 동중서(董仲舒).
18) 投迹(투적): 전대 사람의 발자취를 밟다.
    高軌(고궤): 고상한 길.

아들 이름을 지어주며

아득한 고대 우리 조상은
도당씨(陶唐氏)에서 비롯되었다.
먼 옛날 순(舜) 임금 빈객(賓客) 되어
대대로 거듭된 영광 입었도다.
어룡씨(御龍氏)는 하(夏)나라에서 열심히 일하고
시위씨(豕韋氏)는 상(商)나라 보좌하셨다.
주나라 땐 장중하신 사도(司徒) 나와
우리 일족 번창하였다.

어지럽던 전국(戰國) 시대
적막하던 동주(東周) 말년.
봉황은 수풀에 숨고
은사는 언덕에 살았다.
날아오르는 규룡(虯龍)은 구름 휘감고
달리는 고래는 파도를 놀라게 하였다.
하늘이 한(漢)나라를 이루자
우리의 민후(愍侯) 총애 받으셨다.

아아, 빛나는 민후는
황제 모시고 공훈 세울 운수였어라.

命子[1]

悠悠我祖,　爰自陶唐.[2]
邈焉虞賓,[3]　歷世重光.[4]
御龍勤夏,[5]　豕韋翼商.[6]
穆穆司徒,[7]　厥族以昌.

紛紛戰國,[8]　漠漠衰周.[9]
鳳隱于林,[10]　幽人在邱.
逸虯遶雲,　奔鯨駭流.[11]
天集有漢,　眷予愍侯.[12]

於赫愍侯,　運當攀龍.[13]

---

* 이 시는 아들에게 빛나는 가풍을 계승하여 훌륭한 사람이 될 것을 타이름.
1) 命子(명자): 아들의 이름을 짓다.
2) 陶唐(도당): 전설상의 고대 제왕 요(堯) 임금. 처음에 도구(陶丘)에 살았고, 후에 당(唐)으로 옮겨 살았기에 이를 '도당씨(陶唐氏)'라고 함.
3) 虞賓(우빈): 우순(虞舜, 순 임금)의 귀빈(貴賓). 요 임금의 아들 단주(丹朱)를 가리킴.
4) 重光(중광): 공덕 또는 영광이 끊임없이 지속되는 것을 말함.
5) 御龍(어룡): 어룡씨로, 도당씨의 후손이다.
6) 豕韋(시위): 시위씨로, 도당씨의 후손이다.
7) 穆穆(목목): 장엄하고 공경스러운 모습.
  司徒(사도): 교육을 담당한 관직. 여기서는 서주(西周) 때에 이 벼슬을 한 도숙(陶叔)을 가리킴.
8) 紛紛(분분): 혼란하고 어지러운 모양.
  戰國(전국): 전국 시대(기원전 475~221).
9) 漠漠(막막): 황량하고 적막한 모양.
  衰周(쇠주): 주(周)나라의 쇠락 시기. 동주(東周) 말년을 가리킴.

四言詩　43

칼을 잡고 바람 타고 돌진하여
이에 무공(武功)을 드러내셨네.
산하를 지키는 맹세 글로 적고
땅을 나누어 개봉후(開封侯)에 봉해졌네.
부지런한 승상은
참으로 선조의 자취 잘 따랐다.

넘실대며 흘러가는 긴 강물
빽빽하게 자라는 큰 나무.
여러 하천은 큰 강에서 흘러나오고
많은 가지는 큰 나무에서 뻗어나왔다.
때로는 벼슬하고 때로는 물러나며
가운(家運)은 나라의 성쇠에 따랐다.
우리 동진(東晉) 시대에
공업(功業)이 혁혁한 분은 장사공(長沙公)이셨다.

위풍당당한 장사공은
공훈 있고 덕이 높으셨네.
천자께서 선조에게 봉지(封地) 하사하시고
남쪽 지방 정벌을 전적으로 맡기셨네.
공을 이룬 뒤 사임하고 돌아가시니
총애받았으나 그릇되지 않으셨네.
누가 말하랴 이런 마음
근자에 다시 볼 수 있다고.

撫劍風邁,¹⁴⁾　顯玆武功.

書誓山河,¹⁵⁾　啓土開封.¹⁶⁾

亹亹丞相,¹⁷⁾　允迪前蹤.

渾渾長源,¹⁸⁾　蔚蔚洪柯.¹⁹⁾

羣川載導,　衆條載羅.

時有語默,²⁰⁾　運因隆窊.²¹⁾

在我中晉,²²⁾　業融長沙.²³⁾

桓桓長沙,²⁴⁾　伊勳伊德.

天子疇我,²⁵⁾　專征南國.²⁶⁾

功遂辭歸,　臨寵不忒.

孰謂斯心,　而近可得.

---

10) 이 구와 다음 구는 전국 시대에 도씨 집안의 인재가 벼슬길에 나가지 못했음을 말함.
11) 이상의 두 구는 주나라 말에 군웅(群雄)들 간에 벌어진 전란을 형용함.
12) 愍侯(민후): 도사(陶舍)를 가리킴.
13) 攀龍(반룡): 제왕(帝王)을 모시고 공을 세우는 것을 가리킴.
14) 風邁(풍매): 바람을 타고 앞으로 나아가다.
15) 書誓山河(서서산하): 산하를 굳건히 지키겠다는 맹세를 글로 적다. '山河'는 태산(泰山)과 황하(黃河).
16) 啓土開封(계토개봉): 땅을 나누어 개봉(開封)에 봉하다. 도사가 개봉후(開封侯)에 봉해진 것을 가리킴. '開封'은 지금의 하남성(河南省) 개봉시.
17) 亹亹(미미): 근면하고 게으르지 않은 모양.
    丞相(승상): 임금을 보좌하는 최고의 관직. 여기서는 도사의 아들 도청(陶青)을 가리킴.
18) 渾渾(혼혼): 큰 물이 흐르는 모양.
19) 蔚蔚(울울): 초목이 무성한 모양.
    洪柯(홍가): 큰 나무.
20) 語默(어묵): 출사(出仕)와 은일(隱逸)을 가리킴.
21) 隆窊(융와): 원래는 지형이 높고 낮은 것을 가리키나 여기서는 세도(世道)의 성쇠를 말함.

근엄하신 나의 조부님은
삼가고 조심함이 한결같으셨네.
정직하여 조정과 지방에서 모범이 되셨고
그 은혜 천리를 화목케 하셨네.
아아, 인자하신 아버님은
담백하여 마음을 비우셨네.
바람과 구름에 몸을 맡기고
성내거나 기뻐함이 없으셨네.

아아, 나는 덕도 재주도 없어
선조들 우러러 보아도 미칠 수 없네.
단지 부끄러운 것은 귀밑머리 희어지는데
그림자 등지고 홀로 서 있는 것이라네.
삼천 가지 죄 가운데서
후손 없는 것이 가장 엄중하여
내 진실로 염원했더니
으앙으앙 너의 울음소리 듣게 되었네.

점을 치니 길한 날이라 하고
점괘 역시 좋은 때라네.
너의 이름 '엄(儼)'이라 짓고
자(字)를 '구사(求思)'라 하였다.
아침저녁으로 온화하고 공경해야 할지니
이것을 유념하고 유념하여라.

肅矣我祖,[27] 愼終如始.

直方二臺,[28] 惠和千里.[29]

於皇仁考,[30] 淡焉虛止.

寄跡風雲, 冥玆慍喜.

嗟余寡陋,[31] 瞻望弗及.

顧慚華鬢,[32] 負影隻立.[33]

三千之罪, 無後爲急.

我誠念哉, 呱聞爾泣.

卜云嘉日, 占亦良時.

名汝曰儼, 字汝求思.

溫恭朝夕, 念玆在玆.

---

22) 中晉(중진): 동진(東晉)을 말함.
23) 長沙(장사): 장사군공(長沙郡公)으로, 도간(陶侃)을 가리킴.
24) 桓桓(환환): 힘세고 날랜 모습.
25) 疇(주): 등급에 따라 세습(世襲) 봉지(封地)를 하사하는 것을 가리킴.
    我(아): 도간을 가리킴.
26) 南國(남국): 남부 중국. 도간은 일찍이 무창(武昌)을 지키면서 형(荊), 상(湘), 강주(江州) 등지의 군사(軍事)를 관장하였고, 상주 자사(湘州刺史) 두도(杜弢)와 광주 자사(廣州刺史) 왕기(王機) 등의 반란을 평정하여 정남대장군(征南大將軍)에 봉해졌음.
27) 我祖(아조): 시인의 조부 도무(陶茂)를 가리킴.
28) 方(방): 모범.
    二臺(이대): 내대(內臺), 곧 어사대(御史臺)와 외대(外臺), 곧 자사(刺史)의 관서로, 조정과 지방을 가리킴.
29) 千里(천리): 태수가 관할하는 구역을 가리킴.
30) 於皇(오황): 찬탄하는 말.
    仁考(인고): 인자한 부친. 도연명의 아버지 이름은 역사서에 기록되어 있지 않아 자세히 알 수 없는데, 혹자는 도민(陶敏)이라고 함.
31) 寡陋(과루): 덕이 없고 재주가 없다. 겸양어.
32) 華鬢(화빈): 하얗게 센 귀밑머리.

四言詩 47

더욱이 공급(孔伋)님을 생각하여
그처럼 되려고 하길 바란다.

문둥이도 한밤에 자식 낳으면
급히 등불 찾아와 살펴본다지.
누구나 이런 심정 가질 터
어찌 나만 유독 이렇겠는가.
태어난 너를 보고는
진실로 훌륭한 사람 되길 바랐느니라.
누구나 이렇게 말하는데
이 마음에는 거짓이 없단다.

해가 가고 달이 지면
점차 아이티를 벗으리라.
복은 까닭 없이 오지 않고
화는 또 쉽게 오는 법.
일찍 일어나고 늦게 잠들며
네가 인재 되기를 기원한다.
네가 인재가 되지 못하여도
그 또한 어쩔 수 없는 일이겠지.

尙想孔伋,³⁴⁾ 庶其企而.³⁵⁾

厲夜生子,³⁶⁾ 遽而求火.
凡百有心, 奚特于我.
旣見其生,³⁷⁾ 實欲其可.³⁸⁾
人亦有言, 斯情無假.

日居月諸,³⁹⁾ 漸免于孩.⁴⁰⁾
福不虛至, 禍亦易來.
夙興夜寐, 願爾斯才.
爾之不才, 亦已焉哉.

---

33) 負影(부영): 그림자를 등지다. 홀로 고독한 것을 가리킴.
    隻立(척립): 혼자 서 있다.
34) 尙(상): 또한. 더욱이.
    孔伋(공급): 공자(孔子)의 손자. 자(字)는 자사(子思).
35) 企而(기이): 뒤따를 수 있기를 바라다. 그처럼 되기를 바라다. '企'는 발돋음하다, 가까워지기를 바라다. '而'는 바람의 어기를 나타내는 어조사.
36) 厲(여): 나병(癩病)을 오래 앓은 사람.
37) 其(기): 도엄(陶儼)을 가리킴.
38) 可(가): 훌륭하다.
39) 日居月諸(일거월저): 해가 가고 달이 가다. '居'와 '諸'는 영탄의 어기를 나타내는 어조사.
40) 孩(해): 유년 시기.

四言詩 49

돌아온 새

훨훨 날아 돌아온 새
새벽에 숲을 떠났네.
멀리는 사방 끝까지 날아갔고
가까이 구름 낀 산봉우리에서 쉬었네.
부드러운 바람 흡족하지 않아
날개 돌려 마음먹은 바를 이루고자 하였네.
짝을 돌아보고 서로 지저귀며
서늘한 그늘에 그림자 숨겼네.

훨훨 날아 돌아온 새
빙빙 돌기도 하고 날아가기도 하였네.
비록 노닐고픈 생각은 없어도
숲을 보면 마음이 끌렸네.
구름 만나면 오르내리며 날고
서로 지저귀며 돌아왔네.
멀고 먼 길 참으로 아득하지만
천성으로 좋아하는 곳 버릴 수 없었네.

훨훨 날아 돌아온 새
숲을 보고 배회하네.

歸鳥

翼翼歸鳥,[1]　晨去於林.
遠之八表,　近憩雲岑.[2]
和風弗洽,[3]　翻翮求心.[4]
顧儔相鳴,　景庇淸陰.

翼翼歸鳥,　載翔載飛.
雖不懷游,　見林情依.[5]
遇雲頡頏,[6]　相鳴而歸.
遐路誠悠,　性愛無遺.[7]

翼翼歸鳥,　相林徘徊.

---

* 이 시는 자신을 집 나갔다 돌아온 새에 비유하여 전원에 돌아온 정을 표현함.
1) 翼翼(익익): 날아 오르는 모양.
2) 雲岑(운잠): 높이 솟아 구름 속에 들어간 산봉우리.
3) 和風(화풍): 부드러운 바람.
4) 翻翮(번핵): 날개를 뒤집다. 방향을 바꿈을 가리킴.
   求心(구심): 본래의 마음을 실현시키고자 한다.
5) 依(의): 연연(戀戀)하다. 그리워하다.
6) 頡頏(힐항): 새가 오르내리며 날다. '頡'은 새가 날아 오르다, '頏'은 새가 날아 내리다.
7) 性愛(성애): 천성적으로 좋아하다.

어찌 하늘의 길 날아오를 생각할까?
옛날 살던 집 돌아와 기쁘다네.
비록 옛 친구 없지만
여러 새소리 모두 조화롭네.
저물녘에 공기는 맑은데
한가로운 이내 마음.

훨훨 날아 돌아온 새
차가운 가지에서 날개를 접는다.
노닐어도 넓은 숲을 벗어나지 않으며
잠자는 곳은 울창한 나뭇가지 끝.
새벽 바람 맑게 불어오면
아름다운 소리 때때로 화답한다.
주살을 어디에 쓸 것인가?
깊이 숨었거늘 어찌 수고하랴.

豈思天路, 欣及舊棲.[8]
雖無昔侶, 衆聲每諧.
日夕氣淸, 悠然其懷.[9]

翼翼歸鳥, 戢羽寒條.
游不曠林, 宿則森標.[10]
晨風淸興, 好音時交.
矰繳奚施,[11] 已卷安勞.

---

8) 舊棲(구서): 옛 집.
9) 悠然(유연): 한가하고 편안한 모양.
10) 森標(삼표): 울창한 나뭇가지 끝. '森'은 나무가 빽빽하다, 우뚝 솟다. '標'는 높은 나뭇가지 끝.
11) 矰繳(증격): 실을 매어서 새를 쏘는 화살. 주살.

五言詩

육체, 그림자, 정신

[서문] 귀한 사람, 천한 사람, 현명한 사람, 어리석은 사람 할 것 없이, 자기의 생명을 아끼는 데에 급급하지 않은 사람이 없는데, 이것은 매우 어리석은 짓이다. 그래서 육체와 그림자의 괴로움을 상세하게 진술하고, 정신이 자연에 내맡기는 이치를 설명함으로써 그것을 풀고자 함을 말하였다. 이런 일에 관심 있는 사람들은 모두 이 마음을 이해하기 바란다.

육체가 그림자에게

하늘과 땅은 오래도록 없어지지 않고
산천도 바뀔 때가 없네.
초목은 영구한 이치를 따라
서리와 이슬에 시들고 자라는데
사람이 가장 총명하고 지혜롭다지만
유독 이와 같지 못하네.
방금 세상에 있는 것을 보았어도
홀연 떠나가면 돌아올 기약 없다네.
한 사람쯤 없어졌음을 누가 알고
친척이나 친구들도 어찌 늘 그리워하겠는가.
다만 생전에 쓰던 물건만 남아
바라보노라면 눈물만 흐른다네.
나에게 신선 되는 술법 없으니
반드시 죽으리라는 것 의심 않네.

形影神[1]

[序] 貴賤賢愚, 莫不營營以惜生,[2] 斯甚惑焉. 故極陳形影之苦, 言神辨自然以釋之. 好事君子, 共取其心焉.

形贈影[3]

天地長不沒,　山川無改時.
草木得常理,[4]　霜露榮悴之.
謂人最靈智,　獨復不如玆.
適見在世中,　奄去靡歸期.
奚覺無一人,　親識豈相思.
但餘平生物,　擧目情悽洏.
我無騰化術,[5]　必爾不復疑.[6]

---

* 이 시는 육체와 그림자, 정신 삼자의 대화를 통하여 처세의 고민과 아울러 자연에 순응하는 달관적인 인생관을 나타냄.
1) 形(형): 사람의 육체.
　影(영): 사람의 육체의 그림자.
　神(신): 사람의 정신
2) 營營(영영): 이익을 위하여 갖은 방법을 다 써서 애쓰다.
3) 제1수는 육체가 그림자에게 하는 말로, 사람의 몸은 반드시 죽어 없어지므로 술을 마시며 즐겨야 한다고 함.
4) 常理(상리): 영원불변의 규율. 자연의 법칙을 가리킴.
5) 騰化術(등화술): 도를 닦아 신선이 되는 도술. '騰'은 위로 올라가다. '化'는 신선이 되다.
6) 必爾(필이): 반드시 이러하다. 죽음을 가리킴. '爾'는 '如此'와 같음.

원컨대 그대는 나의 말을 듣고
술 생기걸랑 굳이 사양 마시게나.

그림자가 육체에게

생명 오래 보존함은 말할 것도 없거니와
생명 유지도 언제나 서툴러 괴롭다네.
진실로 곤륜산(崑崙山)과 화산(華山)에서 노닐고 싶지만
아득히 먼데 길은 끊어져 있네.
그대와 만난 이래로
슬픔과 기쁨 달리한 적 없었다네.
그늘에서 쉴 때는 잠시 떨어진 듯했지만
햇볕 아래에서는 이별한 적 없었네.
늘상 이처럼 같이 있기는 어려우니
슬프게도 같은 때에 죽게 되리라.
몸이 죽으면 이름 또한 없어질 것
이 생각하면 오만 감정이 다 뜨거워지네.
착한 일 하면 후세에 은혜를 남기리니
어찌 스스로 힘을 다하지 않을 수 있겠는가.
술로 근심을 풀 수 있다지만
여기에 비하면 어찌 졸렬하지 않은가.

願君取吾言,　得酒莫苟辭.

影答形[7)]

存生不可言,[8)]　衛生每苦拙.[9)]

誠願遊崑華,[10)]　邈然玆道絶.

與子相遇來,[11)]　未嘗異悲悅.

憩蔭若暫乖,　止日終不別.[12)]

此同旣難常,　黯爾俱時滅.[13)]

身沒名亦盡,　念之五情熱.[14)]

立善有遺愛,　胡爲不自竭.

酒云能消憂,　方此詎不劣.[15)]

---

7) 제2수에서는 그림자가 육체에게 차라리 착한 덕을 닦는 것이 술 마시며 즐기는 것보다 낫다고 말함.
8) 存生(존생): 생명을 오래 보존하다. 장생(長生)하다.
9) 衛生(위생): 생명을 유지하다. 몸을 보양(保養)하다.
10) 崑華(곤화): 곤륜산(崑崙山)과 화산(華山). 전설에서 신선이 산다는 곳.
11) 子(자): 그대. '形'을 가리킴.
12) 止日(지일): 햇빛 아래에서 머무르다.
13) 黯爾(암이): 어두운 모양, 슬퍼하는 모양.
　　俱時(구시): 동시에.
14) 五情熱(오정열): 모든 감정이 격동되고 마음속으로 초조해지다. '五情'은 기쁨[喜], 성냄[怒], 슬픔[哀], 즐거움[樂], 원망[怨].
15) 方(방): 비교하다.

정신이 설명하며

대자연의 조화는 편애함이 없고
만물의 이치는 절로 드러나는 법.
사람이 삼재(三才) 중 하나가 되는 것은
어찌 나 때문이 아니겠는가.
그대들과 비록 형체는 다르나
나면서부터 서로 의지해왔네.
그대들과 한 몸이 된 것 기뻐하였느니
어찌 서로 말하지 않을 수 있겠는가.
삼황(三皇)은 대성인이나
지금은 또 어디에 있는가.
팽조(彭祖)는 오래 사는 것을 좋아했으나
머무르려 하여도 머무를 수 없었다네.
늙은이나 젊은이나 한번 죽는 것은 마찬가지
현명한 사람 어리석은 사람 따질 게 없다네.
매일 술에 취하면 근심은 잊을 수도 있으나
이 어찌 수명 줄이는 물건이 아니겠는가.
착한 일 하는 것은 늘 기쁜 일이긴 하나
누가 그대 위해 칭찬해줄 것인가?
지나치게 생각하면 우리 삶만 상하리니
마땅히 자연의 운행에 맡겨야 하리.
큰 변화 속에 자유롭게 몸을 맡겨
기쁠 것도 없고 두려울 것도 없을 것이네.

神釋[16]

大鈞無私力,[17] 萬理自森著.[18]

人爲三才中,[19] 豈不以我故.[20]

與君雖異物,[21] 生而相依附.

結托旣喜同, 安得不相語.

三皇大聖人,[22] 今復在何處.

彭祖愛永年,[23] 欲留不得住.

老少同一死, 賢愚無復數.

日醉或能忘, 將非促齡具.[24]

立善常所欣, 誰當爲汝譽.

甚念傷吾生,[25] 正宜委運去.[26]

縱浪大化中,[27] 不喜亦不懼.

---

16) 제3수는 정신이 육체와 그림자의 견해에 대해 분석하며, 자연에 순응할 것을 말함.
17) 大鈞(대균): 대자연. '鈞'은 질그릇을 만들 때 쓰는 바퀴로, 자연의 조화를 비유함.
    無私力(무사력): 사사로이 힘쓰거나 편애함이 없다. '私'는 편애하다.
18) 森著(삼저): 여러 가지가 모습을 나타내다.
19) 三才(삼재): 천(天), 지(地), 인(人).
20) 我故(아고): 나 때문. 내가 있기 때문.
21) 君(군): 그대들. '形'과 '影'을 가리킴.
22) 三皇(삼황): 전설상의 옛 제왕으로 보통 복희(伏羲)·신농(神農)·황제(黃帝)를 말하나, 복희·신농·수인(燧人)을 가리키기도 함.
23) 彭祖(팽조): 전설상에 장수한 사람으로 요(堯)·순(舜) 임금을 거쳐 주(周)에 이르기까지 8백 살을 살았다고 전해짐.
    永年(영년): 장수(長壽).
24) 促齡具(촉령구): 사람의 수명을 재촉하는 물건.
25) 甚念(심념): 지나치게 걱정하다.
26) 委運(위운): 자연의 운행에 맡기다. 자연에 순응하다.
27) 縱浪(종랑): 제멋대로 하다. 구속을 받지 않고 자유롭게 행동하다.
    大化(대화): 대자연의 변화.

죽을 때 되면 죽으리니
더 이상 홀로 지나친 걱정일랑 말게나.

應盡便須盡， 無復獨多慮.

9월 9일날 한가로이 지내며

[서문] 나는 한가로이 지내며 '중구(重九)'라는 이름을 좋아한다. 가을 국화가 정원에 가득 피었지만 술을 마시려고 해도 없으니 부질없이 국화만 먹으며 시를 지어 회포를 부친다.

인생은 짧은데 뜻은 늘 많아
사람들은 오래 살기를 바라는구나.
해와 달이 계절에 따라 이르니
세상 사람들은 '중구'라는 이름을 좋아하누나.
이슬은 차고 따뜻한 바람은 그쳤으며
공기는 맑고 하늘은 청명하다.
가버린 제비는 그림자도 남기지 않고
찾아온 기러기는 울음소리 여운이 있네.
술은 온갖 근심 없애고
국화는 늙어가는 나이를 막을 수 있는데
어찌하여 초가집 선비는
흘러가는 시간만 부질없이 보고 있는가?
먼지 낀 술잔은 빈 술독이 부끄럽기만 한데
차가운 국화는 공연히 저 혼자 피어 있다.
옷깃 여미고 홀로 한가로이 노래하자니
아득히 깊은 정 일어나누나.
은거에도 본래 즐거움 많으니
오래 머문다 해서 어찌 이루는 게 없을까.

九日閒居[1]

[序] 余閒居, 愛重九之名.[2] 秋菊盈園, 而持醪靡由. 空服九華[3], 寄懷於言.

世短意常多,　斯人樂久生.
日月依辰至,　擧俗愛其名.
露淒暄風息,[4]　氣澈天象明.
往燕無遺影,　來雁有餘聲.
酒能祛百慮,　菊解制頹齡.[5]
如何蓬廬士,[6]　空視時運傾.
塵爵恥虛罍,　寒花徒自榮.
斂襟獨閒謠,　緬焉起深情.
棲遲固多娛,　淹留豈無成.

---

* 이 시는 중양절을 맞이하여 국화가 활짝 피었는데도 술을 마실 수 없는 데서 일어나는 감회를 적음.
1) 九日(구일): 음력 9월 9일. 중양절(重陽節). '九'는 양(陽)의 수임.
2) 重九(중구): 음력 9월 9일. '九'는 '久'와 음이 같아 '오래 산다'는 뜻이 있으므로, '중구'를 좋아한다고 말한 것임.
3) 九華(구화): 중구(重九)의 꽃, 즉 국화.
4) 暄風(훤풍): 따뜻한 바람.
5) 積齡(퇴령): 노쇠해져 가는 나이.
6) 蓬廬士(봉려사): 초가집에 사는 가난한 선비. '蓬廬'는 쑥으로 지붕을 이은 집.

전원의 집으로 돌아와

1

어려서부터 세속에 영합하는 기질 없고
천성은 본시 언덕과 산을 사랑하였다.
잘못하여 티끌 세상 그물 속에 떨어져
단숨에 삼십 년이 지나갔구나.
새장의 새는 옛 숲을 그리워하고
못의 물고기는 옛 호수를 생각하누나.
남쪽 들판 가의 황무지 개간하며
우둔한 천성이나 지키려고 전원으로 돌아왔다.
네모난 대지 십여 묘에
초가집은 여덟아홉 칸.
느릅나무 버드나무는 뒤 처마에 그늘 드리우고
복숭아나무 오얏나무는 집 앞에 늘어서 있구나.
아스라이 멀리 촌락이 보이고
모락모락 마을에 연기 피어오른다.
개는 깊은 골목 안에서 짖고
닭은 뽕나무 꼭대기에서 운다.
뜰에는 먼지나 잡된 것 없고
빈 방엔 한가로움이 넉넉하다.
오랫동안 새장에 갇혀 있다가
다시금 자연으로 돌아오게 되었네.

歸園田居

一

少無適俗韻,¹⁾　性本愛邱山.
誤落塵網中,²⁾　一去三十年.³⁾
羈鳥戀舊林,⁴⁾　池魚思故淵.⁵⁾
開荒南野際,　守拙歸園田.⁶⁾
方宅十餘畝,⁷⁾　草屋八九間.
楡柳蔭後簷,　桃李羅堂前.
曖曖遠人村,⁸⁾　依依墟里煙.⁹⁾
狗吠深巷中,　雞鳴桑樹巓.
戶庭無塵雜,　虛室有餘閒.
久在樊籠裏,　復得返自然.

---

* 이 시는 관직을 떠난 홀가분함, 자연에 돌아온 기쁨, 순박한 이웃과의 내왕, 농사의 직접적인 체험 등을 노래함.
1) 韻(운): 기질, 성격.
2) 塵網(진망): 티끌 세상의 그물. 속세.
3) 三十年(삼십년): 이것에 관해서는 '三十年' '已十年' '途十年' 등의 이설이 있으나, 송(宋), 원(元)의 판본에는 대다수 '三十年'이라 되어 있어, 여기서도 이것을 따른다.
4) 羈鳥(기조): 새장에 갇힌 새.
5) 池魚(지어): 못에서 기르는 물고기.
6) 守拙(수졸): 우둔한 본성을 지키다. 허위를 꾸미거나 잔꾀를 부리지 않고 졸박(拙朴)하고 우직한 본성을 지키다.
7) 方宅(방택): 네모난 대지.
   畝(묘): 토지 면적의 단위. 진(秦) 이후 당(唐) 이전까지는 사방 5척(尺)을 1보(步)라 하고 240보를 1묘라 하였음.
8) 曖曖(애애): 어슴푸레한 모양.
9) 依依(의의): 가볍게 하늘거리는 모양.
   墟里(허리): 촌락.

2
시골이라 사람들과 교제하는 일 드물고
외진 골목엔 오가는 수레와 말도 드물다.
대낮에도 사립문 닫혀 있고
빈 방에는 세속의 생각이 끊기었다.
때때로 마을 안에서
풀을 헤치며 사람들과 오가는데
서로 만나도 잡스러운 말은 없고
뽕과 삼이 자라는 것만 얘기할 뿐.
뽕과 삼은 날마다 자라고
내 땅도 날마다 넓어진다.
항상 두려운 것은 서리나 싸락눈 내려
시들고 떨어져 잡초처럼 될까 걱정이다.

3
남산 아래에 콩을 심었더니
풀만 무성하고 콩싹은 드문드문.
새벽에 일어나 거친 밭 김매고
달빛 받으며 호미 메고 돌아온다.
길은 좁은데 초목은 자라
저녁 이슬이 내 옷 적시누나.
옷이 젖는 것이야 아깝지 않으니
다만 내 소원이나 어긋나는 일 없었으면.

二

野外罕人事,[10] 窮巷寡輪鞅.[11]

白日掩荊扉,[12] 虛室絕塵想.[13]

時復墟曲中,[14] 披草共來往.

相見無雜言, 但道桑麻長.

桑麻日已長, 我土日已廣.

常恐霜霰至, 零落同草莽.[15]

三

種豆南山下, 草盛豆苗稀.

晨興理荒穢,[16] 帶月荷鋤歸.

道狹草木長, 夕露霑我衣.

衣霑不足惜, 但使願無違.

---

10) 人事(인사): 세속의 사람들과 교제하고 왕래하는 일.
11) 輪鞅(윤앙): 수레와 말. '輪'은 수레바퀴, '鞅'은 말 가슴에 거는 가슴걸이.
12) 掩荊扉(엄형비): 사립문을 닫다.
13) 塵想(진상): 세속의 잡된 생각.
14) 墟曲(허곡): 외딴 마을.
15) 草莽(초망): 풀숲. '莽'은 우거진 풀.
16) 理(리): 손질하다. 다듬다.
    荒穢(황예): 거칠고 잡초가 무성한 밭.

4
오랫동안 산수 유람에서 멀어져 있었으나
이제 드넓은 수풀과 들판에 마음은 즐겁다.
문득 아이와 조카들을 데리고
덤불 헤치며 황폐한 곳 거닐어본다.
무덤 사이 서성이자니
옛 사람이 살던 거처 어렴풋하다.
우물과 부뚜막은 흔적이 남아 있고
뽕나무와 대나무도 썩은 그루터기만 남았다.
나무꾼에게 묻노니
"여기 사람들은 모두 어디로 갔소?"
나무꾼이 나에게 말하길
다 죽고 남은 자가 없다네.
한 세대면 조정도 시장도 바뀐다더니
이 말은 진실로 빈 말이 아니로세.
인생은 환상과도 같아
결국엔 무(無)로 돌아가리라.

5
슬프고 한스러워 홀로 지팡이 짚고 돌아오는데
울퉁불퉁한 산길 가시덤불 우거진 곳을 지나갔다.
산골짜기의 물은 맑고도 얕아
이내 발 씻기에 좋구나.

四

久去山澤遊,　浪莽林野娛.[17]

試攜子姪輩,　披榛步荒墟.

徘徊邱隴間,[18]　依依昔人居.[19]

井竈有遺處,　桑竹殘朽株.[20]

借問採薪者,[21]　此人皆焉如.[22]

薪者向我言,　死沒無復餘.

一世異朝市,[23]　此語眞不虛.

人生似幻化,　終當歸空無.

五

悵恨獨策還,[24]　崎嶇歷榛曲.

山澗淸且淺,　可以濯吾足.

---

17) 浪莽(낭망): 넓고 큰 모양.
18) 邱隴(구롱): 언덕. 여기서는 무덤을 가리킴.
19) 依依(의의): 어렴풋한 모양.
20) 殘朽株(잔후주): 썩은 그루터기를 남기다. '殘'은 남기다.
21) 借問(차문): 잠시 물어보다.
22) 焉如(언여): 어디로 갔는가.
23) 一世(일세): 한 세대, 즉 30년.
　　朝市(조시): 조정과 시장, 즉 사람들이 많이 모이는 곳.
24) 策(책): 지팡이 집다.

갓 익은 술 거르고
닭 한 마리 잡아 이웃을 부르니
해는 지고 방 안 어두워
싸리나무로 밝은 촛불 대신한다.
즐거우나 밤 짧아 아쉬운데
어느덧 다시 날이 새는구나.

漉我新熟酒,　　隻雞招近局.²⁵⁾

日入室中闇,　　荊薪代明燭.

歡來苦夕短,　　已復至天旭.²⁶⁾

---

25) 近局(근국): 가까운 이웃 사람.
26) 天旭(천욱): 날이 밝다. '旭'은 해가 뜨다.

사천에서 노닐며

[서문] 신축년 정월 5일, 날씨는 맑고 화창하며, 풍경은 조용하고 아름답다. 이웃 사람 두세 명과 함께 사천(斜川)에서 노닐었다. 길게 흘러가는 물가에서 증성산(曾城山)을 바라보았다. 방어와 잉어는 저물어가는 강에서 뛰어오르는데 비늘이 반짝이고, 갈매기는 따뜻한 바람을 타고 몸을 번드치며 날았다. 저 남쪽 산은 경치가 오래 전부터 이름나 더 이상 감탄할 게 없지만, 증성산은 옆에 기대는 것 없이 높이 솟아 홀로 언덕 위에 빼어났다. 멀리 신령스러운 산을 생각하니 좋은 이름을 더욱 사랑하는 마음이 생긴다. 기뻐하며 마주하여도 충분하지 못하여 되는대로 시를 지었다. 세월이 흘러감을 슬퍼하고, 내 나이가 머무르지 않음을 슬퍼하였다. 각자의 나이와 마을을 적고 날짜를 기록한다.

새해가 시작된 지도 벌써 닷새
나의 삶도 장차 끝나리라.
이것을 생각하니 마음 뭉클해져
좋은 때를 틈타 이렇게 놀아본다.
날씨는 화창하고 하늘 맑은데
멀리 흐르는 물 따라 죽 앉았노라니
잔잔한 여울물엔 무늬 고운 방어가 달리고
한가로운 골짜기엔 우는 비둘기 높이 난다.
아득히 호수를 여기저기 둘러보다가
멀리 증성산(曾城山)을 바라보노라.
비록 곤륜산의 아홉 겹 빼어남은 없지만
둘러보아도 견줄 만한 짝이 없구나.

遊斜川[1]

[序] 辛丑正月五日,[2] 天氣澄和, 風物閒美. 與二三鄰曲, 同遊斜川. 臨長流, 望曾城.[3] 魴鯉躍鱗於將夕, 水鷗乘和以翻飛. 彼南阜者,[4] 名實舊矣, 不復乃爲嗟歎. 若夫曾城, 傍無依接, 獨秀中皐. 遙想靈山, 有愛嘉名. 欣對不足, 率爾賦詩. 悲日月之遂往, 悼吾年之不留. 各疏年紀鄕里, 以紀其時日.

開歲倏五日,　吾生行歸休.[5]
念之動中懷,　及辰爲玆遊.
氣和天惟澄,　班坐依遠流.[6]
弱湍馳文魴,[7]　閒谷矯鳴鷗.
迴澤散游目,[8]　緬然睇曾邱.[9]
雖微九重秀,[10]　顧瞻無匹儔.

---

* 이 시는 사천(斜川) 부근의 수려한 자연 풍광을 묘사하면서 만년의 고민스러운 심경을 노래함.
1) 斜川(사천): 여산(廬山) 부근에 있는 지명.
2) 辛丑(신축): 진(晉) 안제(安帝) 융안(隆安) 5년(401).
3) 曾城(증성): 산 이름.
4) 南阜(남부): 남산(南山). 즉 여산.
5) 行(행): 장차.
　歸休(귀휴): 쉬는 곳으로 돌아가다. 죽음을 가리킴.
6) 班坐(반좌): 차례대로 앉다.
7) 弱湍(약단): 천천히 흐르는 여울.
　文魴(문방): 무늬 있는 방어(魴魚).
8) 散游目(산유목): 눈 닿는 대로 여기저기 멀리 바라보다.
9) 緬然(면연): 아득히 먼 모양.
　曾邱(증구): 증성산(曾城山).
10) 九重(구중): 신화에서 신선이 산다고 하는 곤륜산의 가장 높은 곳을 증성(曾城)이라 부르는데 산이 아홉 겹으로 우뚝 솟아 있다고 전해짐.

五言詩　75

술병 들고 같이 온 친구들 대하여
술잔 가득 술을 따라 주거니 받거니.
모르겠어라, 앞으로
다시 이같이 즐길 수 있을지.
반쯤 마시다가 저 멀리 생각 내달리며
천년의 근심을 잊어보노라.
오늘 아침 즐거움을 다 누리면
내일 일이야 따질 바 아니로세.

提壺接賓侶,　引滿更獻酬.
未知從今去,　當復如此不.
中觴縱遙情,[11] 忘彼千載憂.
且極今朝樂,　明日非所求.

---

11) 中觴(중상): 반쯤 얼큰해질 때까지 술을 마시다.
　　縱遙情(종요정): 세상에 초탈한 정을 마음껏 풀어놓다.

주속지와 조기, 사경이 세 사람에게 보여주다

병들어 허물어진 처마 아래서 지내자니
하루종일 즐거운 일 하나도 없구려.
약과 침으로 때로 차도 있으면
내 마음으로 그리운 이들 생각한다오.
서로 떨어진 거리 얼마 되지 않건만
길이 아득한 건 무엇 때문인가.
주군(周君)이 공자(孔子)의 학문을 강술하니
조군(祖君)과 사군(謝君) 두 사람도 호응하여 찾아왔구려.
도(道)가 쇠미한 지 천년이 되어 가는데
오늘에야 다시 이것을 듣게 되었소.
마구간은 강학할 장소가 아닌데도
책 교감에 그토록 부지런하다니요.
늙은 나는 좋아하는 게 있으니
그대들과 이웃이 되고자 한다오.
원컨대 그대들에게 권하노니
나를 따라 영수(潁水) 가에서 지냅시다그려.

示周續之祖企謝景夷三郎[1]

負痾頹簷下,[2] 終日無一欣.
藥石有時閒,[3] 念我意中人.
相去不尋常,[4] 道路邈何因.
周生述孔業, 祖謝響然臻.[5]
道喪向千載, 今朝復斯聞.
馬隊非講肆,[6] 校書亦已勤.
老大有所愛, 思與爾爲鄰.
願言誨諸子, 從我潁水濱.[7]

---

* 이 시는 주속지(周續之) 등이 권력자의 부름을 받고 하는 적절치 않은 행동을 비꼬면서 같이 은거하기를 권함.
1) 周續之(주속지): 자(字)는 도조(道祖). 여산(廬山)에 들어가 승려 혜원(惠遠)을 좇아 도(道)를 공부하며 유유민(劉遺民), 도연명과 더불어 '심양 삼은(潯陽三隱)'이라 불림. 도연명이 이 시를 지을 때, 강주 자사(江州刺史) 단소(檀韶)의 청을 받고 여산에서 나와 조기(祖企), 사경이(謝景夷)와 함께 성 북쪽에서 예를 가르치고 책을 교감하고 있었음.
祖企(조기), 謝景夷(사경이): 당시 강주의 학사(學士).
2) 負痾(부아): 병이 들다.
3) 藥石(약석): 약과 침.
4) 尋常(심상): 얼마 안 되는 거리. '尋'은 8척, '常'은 그 두 배. '不尋常'은 그 얼마 안 되는 거리에도 미치지 않을 정도로 가깝다는 뜻.
5) 響然(향연): 호응하다. 남의 행동에 응하여 행동을 같이 하다.
6) 馬隊(마대): 마구간.
7) 潁水(영수): 요(堯) 임금 때 은사(隱士) 허유(許由)가 영수 가에 은거하였다고 함.

밥을 구걸하며

굶주림이 나를 밖으로 내몰지만
도대체 어디로 가야할지 모르겠구나.
가고 가다 이 마을에 이르러
문은 두드렸으나 말을 더듬는다.
주인은 내가 온 뜻 알아채고
먹을 것을 주니 헛걸음은 아니구나.
이야기하다 보니 저녁때가 되었는데
술잔 권하면 이내 받아 마셨네.
새 친구 사귀어 마음은 기뻐
이야기하고 읊조리다 시를 지었어라.
그대의 표모(漂母)와 같은 은혜에 감사하지만
난 한신(韓信) 같은 인재가 아니라 부끄러울 뿐.
가슴에 간직한 후의 어떻게 사례해야 할지
죽어서도 이 은혜 보답해드리리다.

乞食

飢來驅我去,　不知竟何之.
行行至斯里,　叩門拙言辭.[1)]
主人解余意,　遺贈豈虛來.
談諧終日夕,[2)]　觴至輒傾杯.
情欣新知歡,　言詠遂賦詩.
感子漂母惠,[3)]　愧我非韓才.[4)]
銜戢知何謝,[5)]　冥報以相貽.[6)]

---

* 이 시는 걸식해본 경험을 통하여 만년의 빈곤한 생활을 보여줌.
1) 拙言辭(졸언사): 말을 잘 못하다.
2) 談諧(담해): 이야기가 서로 잘 통하다. '諧'는 화합하다. 어울리다.
3) 漂母(표모): 빨래하는 아낙네. 한(漢)나라의 장군 한신(韓信)이 젊었을 때 집안이 가난하여 성 아래에서 낚시를 하였으나 배고픔을 해결하지 못하자, 빨래하던 아낙네가 그에게 먹을 것을 주었다. 뒤에 한신이 초왕(楚王)이 되자 천금(千金)을 주어 후사하였다.
4) 韓才(한재): 한신과 같은 재능을 가진 인재.
5) 銜戢(함즙): 가슴속에 간직하다.
6) 冥報(명보): 죽은 뒤 저승에서의 보답. '冥'은 저승.

여러 사람과 함께 주씨 집안 묘지의 잣나무 아래에서 노닐며

오늘은 날씨가 하 좋은데
피리 소리 금(琴) 소리 울려 퍼지누나.
저 잣나무 아래 묻힌 사람 생각하면
어찌 즐기지 않을 수 있으리오.
맑은 노래는 새로운 곡 펼쳐 내고
푸른 술은 좋은 얼굴 활짝 펴게 한다.
내일 일은 알 수 없으나
이내 가슴은 참으로 후련하다오.

諸人共游周家墓柏下

今日天氣佳,　淸吹與鳴彈.[1]
感彼柏下人,　安得不爲懽.
淸歌散新聲,　綠酒開芳顔.
未知明日事,　余襟良以殫.

---

* 이 시는 친구들과 함께 노니는 정경을 묘사함.
1) 淸吹(청취): 피리 같은 관악기.
　鳴彈(명탄): 금(琴) 같은 현악기.

초나라 가락의 원망하는 시를 방주부와 등치중에게 보이다

하늘의 도는 깊고도 멀며
귀신의 일은 아득하여 알 수 없네.
어릴 때부터 착한 일 생각하며
부지런히 힘쓴 지 쉰네 해
약관에 세상의 험난함을 만났고
서른에 아내 잃고 혼자 되었네.
뙤약볕은 자주 태워버릴 듯했고
벼멸구는 밭 가운데에서 제멋대로 설쳤네.
비바람 사납게 몰아치더니
추수해 보아도 식구 먹기에도 부족하다오.
여름날 내내 굶주렸는데
겨울밤엔 덮고 잘 이불도 없어라.
저녁에는 새벽닭 울기만 기다리고
새벽에는 해가 지기를 바라누나.
모든 게 내 탓이니 어찌 하늘을 원망하랴마는
근심을 만나니 눈앞의 일이 슬프네.
아아, 죽은 뒤의 명성이란
나에게는 뜬구름 같은 것.

怨詩楚調示龐主簿鄧治中[1]

天道幽且遠,　鬼神茫昧然.
結髮念善事,[2]　僶俛六九年.[3]
弱冠逢世阻,[4]　始室喪其偏.[5]
炎火屢焚如,　螟蜮恣中田.[6]
風雨縱橫至,　收斂不盈廛.[7]
夏日長抱飢,　寒夜無被眠.
造夕思雞鳴,　及晨願烏遷.[8]
在己何怨天,　離憂悽目前.[9]
吁嗟身後名,　于我若浮煙.

---

* 이 시는 어려서부터 갖은 재난과 빈곤한 생활을 겪어왔음을 개탄함.
1) 怨詩楚調(원시초조): 한(漢)나라 악부(樂府) 『초조곡(楚調曲)』에 「원가행(怨歌行)」이 있는데, 이 시는 그 악부체를 모방하여 지은 것임. 원시(怨詩)는 원망의 감정을 읊은 것이며, 초조(楚調)는 곡조가 슬픔.
　龐主簿(방주부): 시인의 친구인 방준(龐遵). '主簿'는 관직명으로, 문서와 장부를 관장함.
　鄧治中(등치중): 역시 시인의 친구. 사적을 자세히 알 수 없음. '治中'은 관직명으로, 주군(州郡)의 여러 관서의 문서를 관장함.
2) 結髮(결발): 머리를 묶다. 소년 시절을 가리킴. 옛날에 남자는 15세에 머리를 묶기 시작했음.
3) 僶俛(민면): 부지런히 힘쓰다.
4) 弱冠(약관): 20세를 가리킴.
5) 始室(시실): 처음으로 아내를 가지는 나이, 즉 30세를 가리킴.
　喪其偏(상기편): 부부 두 사람 중 한 사람이 죽다. 여기서는 아내가 죽음을 가리킴.
6) 螟蜮(명혹): 명충(螟蟲)과 벼 해충.
7) 不盈廛(불영전): 한 집안 식구가 먹기에도 부족하다. '盈'은 흡족하다. '廛'은 농부 한 사람이 사는 집. 여기서는 한 집의 사람들을 가리킴.

비분강개하여 혼자 슬프게 노래하나니

종자기(鍾子期) 같은 그대들만이 진실로 내 뜻 잘 알아주는구려.

慷慨獨悲歌,   鍾期信爲賢.¹⁰⁾

---

8) 烏遷(오천): 해가 옮겨가다. 즉 해가 지다. '烏'는 태양. 옛날 신화에 해 가운데에 세 발 달린 까마귀가 있다는 이야기가 전해져, 태양을 금오(金烏)라고 부름.
9) 離憂(이우): 근심을 만나다. '離'는 만나다.
10) 鍾期(종기): 춘추 시대 초나라 사람인 종자기(鍾子期). 백아(伯牙)가 금(琴)을 연주하면 소리를 듣고 거기에 담긴 뜻을 잘 알아주었다고 함. 여기서는 종자기로 방주부와 등치중을 비유하여, 그들이 자신의 슬픈 노래에 담긴 뜻을 잘 알아줌을 말함.

방참군에게 답하다

[서문] 보내주신 시를 거듭 읽으면서 그만두려고 해도 그럴 수가 없습니다. 그대와 이웃이 된 이래로 겨울과 봄이 두 번 바뀌었습니다. 성실하게 흉금을 터놓고 이야기하다 보니 어느덧 오랜 친구가 되었습니다. 속담에 말하길 "자주 만나면 친구가 된다"고 하였습니다만, 하물며 친분이 이보다 더한 경우에야 말할 나위가 있겠습니까? 세상일은 소망과 어긋나기가 쉬워 곧바로 이별하게 되었습니다. 양주(楊朱)가 탄식했던 것이 어찌 다만 평범한 비애만이겠습니까? 저는 병을 앓은 지 여러 해 되어 더 이상 시를 짓지 않습니다. 본래 강건하지 못한데 다시 노환까지 계속됩니다. 다만 『주례(周禮)』의 "오고 가는 것이 예법"이라는 이치에 따르고, 또 이 시를 지어 이별한 뒤에 그리워하는 자료로 삼고자 합니다.

친구가 어찌 꼭 전부터 아는 사이여야 하랴.
한 번 보기만 해도 친해진다는 옛말도 있다.
나그네 있어 나의 취향을 높이 여겨
언제나 숲 속의 정원을 찾아주었네.
이야기에 속된 말 없고
좋아하는 것은 성인의 글이네.
어쩌다 몇 말 술 있으면
한가로이 마시며 스스로 기뻐할 뿐
나는 사실 조용히 은거하는 사람이라
더 이상 동서로 분주할 일 없다네.
물건은 새것이 좋아도 사람은 오래될수록 좋으니
붓 들어 편지나 많이 쓰도록 하시게나.

答龐參軍[1]

[序] 三復來貺,[2] 欲罷不能. 自爾鄰曲, 冬春再交. 款然良對,[3] 忽成舊遊. 俗諺云, 數面成親舊, 況情過此者乎. 人事好乖, 便當語離. 楊公所歎,[4] 豈惟常悲. 吾抱疾多年, 不復爲文. 本既不豐,[5] 復老病繼之. 輒依周禮往復之義,[6] 且爲別後相思之資.

相知何必舊,　傾蓋定前言.[7]
有客賞我趣,　每每顧林園.
談諧無俗調,　所說聖人篇.
或有數斗酒,[8]　閒飲自歡然.
我實幽居士,　無復東西緣.[9]
物新人惟舊,　弱毫多所宣.[10]

---

* 이 시는 방참군에 대한 깊은 우정과 자신의 은거 결심을 나타냄.
1) 龐參軍(방참군): 형주 자사인 진서장군(鎭西將軍) 유의륭(劉義隆)의 참군을 가리킴. 사적은 자세하지 않음. '參軍'은 관명으로, 장군의 주요 막료.
2) 三復(삼복): 거듭해서 읽다. '三'은 확실한 숫자가 아니라 많음을 형용하는 말.
來貺(내황): 보내온 물건. 방참군이 보내온 시를 가리킴. '貺'은 주다.
3) 款然(관연): 성실하고 진지한 모습.
良對(양대): 즐겁게 이야기하다. 흉금을 털어놓고 이야기하다.
4) 楊公(양공): 전국 시대의 철학가 양주(楊朱).『회남자(淮南子)』설림훈(說林訓) 편에 그가 갈림길을 보고 울었다는 이야기가 실려 있는데, 이것은 갈림길에서 헤어지는 이별을 슬퍼한 것이라 함.
5) 豐(풍): 강건하다.
6) 周禮往復之義(주례왕복지의):『주례(周禮)』에서 말한 "예법은 오고감을 존중한다[禮尙往來]"는 이치(『예기(禮記)』곡례(曲禮) 상(上) 참조).
7) 傾蓋(경개): 길에서 우연히 만나 타고 가던 수레를 멈추고 수레 덮개를 마주 기울인 채 이야기한다는 뜻으로, 한 번 보고 서로 친해짐을 말함. 한대(漢代) 추양(鄒陽)의 '감옥에서 양왕에게 올리는 편지[獄中上梁王書]'에 나옴.
8) 斗(두): '斗'와 같음. 말(용량의 단위).
9) 東西緣(동서연): 동분서주하는 인연. 벼슬을 구하는 것을 가리킴.

정은 만리 밖에까지 통할 수 있으나
이 몸뚱이는 강산에 막히게 되었구려.
그대여 몸조심하시라
어느 해나 다시 만나게 되려는지.

情通萬里外,　形跡滯江山.

君其愛體素,¹¹⁾ 來會在何年.

---

10) 弱毫(약호): 붓.
　　宣(선): 나타내다. 여기서는 편지 쓰는 것을 가리킴.
11) 其(기): 희망이나 권면(勸勉)의 어기를 나타내는 부사.
　　體素(체소): 귀하신 몸. 옥체(玉體).

오월 초하루에 시를 지어 대주부에게 화답하다

빈 배가 노를 빨리 저어가듯
자연의 순환은 끝이 없네.
새해가 시작되고 눈 깜짝할 사이에
어느덧 한 해의 중간에 이르렀구나.
여름이라 만물이 곳곳에서 생장하고
북쪽 숲엔 꽃 피어 만발하다.
깊은 연못에 때맞춰 비 쏟아지고
새벽빛에 따뜻한 바람 불어오누나.
이 세상에 왔으면 누군들 떠나지 않을 수 있으리오?
인생이란 본래 끝까지 살 수 없는 법.
가난한 대로 살며 죽을 때를 기다리니
팔 괴고 누운들 어찌 담백한 마음 상하리오.
세상의 변천 혹 평탄하기도 험난하기도 하지만
마음 내키는 대로 사는 데는 빈부귀천 따로 없다.
일에 임해 이같이 달관한 터에
어찌 꼭 화산(華山)과 숭산(嵩山)에 오를 필요 있으랴.

五月旦作和戴主簿[1]

虛舟縱逸棹,[2]　回復遂無窮.
發歲始俛仰,[3]　星紀奄將中.[4]
明兩萃時物,[5]　北林榮且豐.
神淵寫時雨,　晨色奏景風.[6]
既來孰不去,　人理固不終.
居常待其盡,[7]　曲肱豈傷沖.[8]
遷化或夷險,　肆志無窊隆.
卽事如已高,[9]　何必升華嵩.[10]

---

* 이 시는 세월의 빠름과 인생의 무상함에 관해 안빈낙도하며 달관적으로 살 뜻을 밝힘.
1) 五月旦(오월단): 5월 1일.
   戴主簿(대주부): 시인의 친구이나, 자세한 사적은 알 수 없음.
2) 虛舟縱逸棹(허주종일도): 빈 배가 빨리 노를 젓는 대로 흘러가다. 시간이 빨리 흘러간다는 뜻.
3) 俛仰(면앙): 땅을 굽어보고 하늘을 우러러보다. 또는 그러한 사이. 시간이 짧음을 형용함.
4) 星紀(성기): 별자리 이름. 전체 하늘을 12등분하여 각기 고유한 이름을 붙이는데 '星紀'는 그중의 하나임. 세성(歲星, 목성)이 하나의 부분을 운행하면 바로 1년이 됨. 여기서는 계축년(413)을 가리킴.
   將中(장중): 장차 일년의 가운데에 이르다. 5월을 가리킴.
5) 明兩(명량): 여름을 가리킴.
6) 景風(경풍): 온화한 바람. 하지 이후에 남쪽에서 불어오는 바람.
7) 居常(거상): 가난하게 살다.
8) 曲肱(곡굉): 팔을 굽혀 베개로 삼아 자다. 빈천을 편안히 여김을 가리킴.
9) 卽事(즉사): 일에 나아가다. 눈앞의 일을 대하다.
10) 華嵩(화숭): 화산(華山)과 숭산(嵩山). 전설에서 신선이 사는 곳으로, 도를 닦는 명산.

연일 내리는 비에 혼자 술을 마시며

태어난 것은 반드시 죽기 마련
자고로 그러하다고 일컬어졌다.
세상에 적송자(赤松子)와 왕자교(王子喬)가 있었다는데
지금은 정녕 어느 곳에 있는가.
아는 노인이 나에게 술을 주며
마시면 신선이 된다고 말한다.
한 잔 마시니 온갖 감정 멀어지고
거듭 마시니 홀연 하늘도 잊는구나.
하늘이 어찌 이곳을 떠난 것이랴.
자연에 맡기니 이보다 더한 게 없어라.
구름 속 학에게 기묘한 날개가 있어
천지 사방을 순식간에 돌고 온다네.
나는 이 하나의 마음을 품은 이래로
사십 년을 부지런히 힘써 왔다.
몸은 오래 전부터 늙어가고 있으나
마음은 그대로니 또 무슨 말을 하겠는가.

連雨獨飮

運生會歸盡,¹⁾　終古謂之然.²⁾
世間有松喬,³⁾　於今定何間.
故老贈余酒,　乃言飮得仙.⁴⁾
試酌百情遠,　重觴忽忘天.
天豈去此哉,　任眞無所先.⁵⁾
雲鶴有奇翼,　八表須臾還.
自我抱玆獨,⁶⁾　僶俛四十年.
形骸久已化,　心在復何言.

---

* 이 시는 인생에 대해 달관한 태도와 자연을 따른다는 신념을 표현함.
1) 運生(운생): 우주의 자연법칙에 따라 태어나다.
　會(회): 마땅히.
　歸盡(귀진): 사망을 가리킴.
2) 終古(종고): 예로부터.
3) 松喬(송교): 적송자(赤松子)와 왕자교(王子喬). 옛날 전설상의 신선.
4) 乃(내): 뜻밖에. 의외에.
5) 任眞(임진): 자연에 내맡기다.
　無所先(무소선): 먼저할 것이 없다. 이보다 더 중요한 것이 없다.
6) 獨(독): 자연에 내맡기는 것을 가리킴.

이사

1
전부터 남촌에서 살고자 한 것은
집터가 좋아서가 아니라네.
순박한 사람 많다기에
아침저녁으로 자주 만나고 싶었다네.
이런 생각 가진 지 꽤 여러 핸데
오늘에야 이처럼 옮기게 되었네.
누추한 집 어찌 꼭 넓을 필요 있으랴.
침상과 앉을 자리만 가릴 수 있으면 된다네.
이웃사람들 때때로 찾아와
소리 높여 옛날 일을 이야기하누나.
뛰어난 글을 함께 감상하고
난해한 곳은 서로 분석한다오.

2
봄가을에는 좋은 날 많아
높은 데에 올라 새로운 시 짓는다네.
문 앞 지나가면 서로 불러
술이 있으면 따라 함께 마시네.
농사일로 바쁠 땐 각자 돌아갔다가
한가해지면 서로를 생각하니

移居

一

昔欲居南村,[1]　非爲卜其宅.[2]
聞多素心人,[3]　樂與數晨夕.
懷此頗有年,　今日從玆役.
敝廬何必廣,[4]　取足蔽牀席.
鄰曲時時來,[5]　抗言談在昔.[6]
奇文共欣賞,　疑義相與析.

二

春秋多佳日,　登高賦新詩.
過門更相呼,　有酒斟酌之.
農務各自歸,　閒暇輒相思.

---

* 이 시는 남촌으로 집을 옮긴 뒤의 감회를 표현함.
1) 南村(남촌): 남리(南里)라고도 하며, 지금의 강서성(江西省) 구강시(九江市) 교외에 있음.
2) 卜其宅(복기택): 점을 쳐서 택지의 길흉을 살피다.
3) 素心人(소심인): 마음이 순박한 사람.
4) 敝廬(폐려): 누추한 집. 이사한 집을 겸손하게 일컬은 말.
5) 鄰曲(인곡): 이웃 사람.
6) 抗言(항언): 스스럼없이 큰소리로 이야기를 주고받다. '抗'은 '亢'과 통용됨. (소리가) 높고 우렁차다.
   在昔(재석): 과거. 여기서는 옛날 일을 가리킴.

생각나면 옷 걸치고 찾아가
웃고 이야기하며 싫증날 때 없다네.
이러한 생활 어찌 좋지 않은가.
훌쩍 이곳을 떠나지는 말지니
입고 먹는 것은 스스로 해결해야 하는 것.
힘써 밭 갈면 나를 속이는 일 없으리다.

相思則披衣,[7]　言笑無厭時.
此理將不勝,　無爲忽去玆.
衣食當須紀,　力耕不吾欺.[8]

---

7) 披衣(피의): 옷을 걸치다.
8) 不吾欺(불오기): '不欺吾'의 뜻임. 나를 속이지 않다, 나의 소망을 저버리지 않다.

시상 현령을 지낸 유정지에게 화답하다

산과 호수로 오라 부름받은 지 오래건만
무슨 일로 주저했겠는가.
다만 친척과 친구들 때문에
차마 떨어져 살겠다 말할 수 없었다네.
좋은 날씨에 문득 생각이 나서
지팡이 짚고서 서쪽 초가집으로 돌아오니
황폐한 길엔 돌아가는 사람 없고
때때로 부서진 촌락만 보이누나.
초가 지붕은 이미 수리했고
새로 만든 밭도 일구어야 하네.
동풍은 차갑게 바뀌는데
봄 술로 배고픔과 피로를 풀어버리려네.
박주(薄酒)가 비록 좋은 술은 아니어도
마음 위로하기엔 없는 것보다 낫다네.
분주한 세상사
세월이 흐를수록 멀어진다오.
밭 갈고 베 짜는 건 쓸 만큼만 하니
이 이상은 어찌 필요하랴.
시간이 흐르고 흘러 백년 뒤에는
몸도 이름도 모두 사라질 텐데.

和劉柴桑[1]

山澤久見招,[2]　胡事乃躊躇.

直爲親舊故,　未忍言索居.[3]

良辰入奇懷,[4]　挈杖還西廬.[5]

荒塗無歸人,　時時見廢墟.

茅茨已就治,[6]　新疇復應畬.

谷風轉淒薄,[7]　春醪解飢劬.

弱女雖非男,[8]　慰情良勝無.

栖栖世中事,[9]　歲月共相疎.

耕織稱其用,　過此奚所須.

去去百年外,　身名同翳如.[10]

---

* 이 시는 농사지어 자급자족하고 술 마시며 근심을 잊는 은거 생활에 만족함을 나타냄.
1) 劉柴桑(유시상): 본명은 유정지(劉程之), 팽성(彭城, 지금의 江蘇省 徐州) 사람. 뒤에 여산(廬山)에 은거하여 이름을 유민(遺民)으로 바꿈.
2) 見招(견초): 부름을 받다. '見'은 동사 앞에 쓰여 피동을 나타냄. 유정지가 도연명에게 여산에서 같이 은거하자고 부른 것을 가리킴.
3) 索居(삭거): 떨어져 혼자 살다. '索'은 홀로, 떨어지다.
4) 奇懷(기회): 뜻밖의 생각. 문득 떠오른 생각.
5) 挈杖(설장): 지팡이를 짚다.
   西廬(서려): 서쪽 초가집. 여산의 서림(西林) 근처에 있음.
6) 茅茨(모자): 띠풀로 덮은 지붕. 초가집.
7) 谷風(곡풍): 동풍(東風).
8) 弱女(약녀): 박주(薄酒)를 비유함.
   男(남): 진하고 맛이 좋은 술을 비유함.
9) 栖栖(서서): 바쁜 모양.
10) 翳如(예여): 없어지다, 사라지다.

시상 현령을 지낸 유정지에게 답하다

궁벽한 곳에 살면서 사람들 내왕 적어
때때로 사계절의 순환조차 잊어버리네.
골목과 뜨락에 떨어지는 잎 많은 걸 보니
어느새 가을이 왔음을 알고 탄식하노라.
갓 피어난 해바라기 북쪽 창가에 무성하고
소담스런 이삭은 남쪽 밭에 자란다.
오늘 내가 즐거워하지 않으면
내년이 있을지 누가 알겠는가.
아내에게 아이들 데려오게 하여
날씨 좋은 날 멀리 나들이나 가야겠네.

酬劉柴桑[1)]

窮居寡人用,[2)]　時忘四運周.[3)]
櫚庭多落葉,[4)]　慨然知已秋.
新葵鬱北牖,　嘉穟養南疇.[5)]
今我不爲樂,　知有來歲不.
命室攜童弱,[6)]　良日登遠遊.

---
* 이 시는 전원에서 한적한 가운데 즐거움을 찾는 생활의 일면을 나타냄.
1) 劉柴桑(유시상): 앞의 시에 나오는 유정지(劉程之).
2) 人用(인용): 인사(人事) 행동.
3) 四運周(사운주): 사시의 순환. '四運'은 사계(四季). '周'는 순환하다.
4) 櫚(여): '閭'와 같은 뜻. 골목.
5) 嘉穟(가수): 아름다운 이삭. 풍성한 이삭.
6) 室(실): 아내.

곽주부에게 화답하다

1
집 앞의 우거진 나무들
한여름에 시원한 그늘 드리우고
남풍은 때맞춰 불어와
회오리바람 내 옷깃을 열어젖히누나.
교제 끊고 떠나가 한가로이 눕고
앉으나 일어서나 책과 금(琴)을 즐긴다네.
채마밭 채소는 충분히 자랐고
작년에 거둔 곡식은 지금껏 쌓여 있다.
생활 꾸려나감에 진실로 한도 있으니
지나치게 풍족함은 내 바라는 바 아니로세.
차조 찧어 맛 좋은 술 빚고
술이 익으면 손수 부어 마신다네.
어린 아들은 옆에서 노는데
말을 갓 배워 발음 분명찮네.
이런 일들 또한 참으로 즐거우니
잠시 벼슬살이 잊어버렸소.
멀리 흰 구름 바라보노라니
옛 생각 어찌 이리 깊이 나는고.

和郭主簿[1]

一

藹藹堂前林,[2]　中夏貯淸蔭.[3]
凱風因時來,[4]　回飇開我襟.[5]
息交遊閒臥,　坐起弄書琴.
園蔬有餘滋,　舊穀猶儲今.
營己良有極,[6]　過足非所欽.
春秫作美酒,　酒熟吾自斟.
弱子戲我側,　學語未成音.
此事眞復樂,　聊用忘華簪.[7]
遙遙望白雲,　懷古一何深.[8]

---

* 이 시는 경치를 묘사하면서 감회를 기탁하여 한적한 정취와 고상한 품격을 표현함.
1) 郭主簿(곽주부): 이름과 사적을 자세히 알 수 없음.
2) 藹藹(애애): 무성한 모양.
3) 中夏(중하): 음력 5월.
4) 凱風(개풍): 남풍.
5) 回飇(회표): 회오리바람.
6) 營己(영기): 자신의 생활을 영위(營爲)하다.
7) 華簪(화잠): 화려한 비녀. 관모(冠帽)를 쓸 때 사용하며, 여기서는 벼슬살이를 가리킴.
8) 一何(일하): 어쩌면 이다지도.

2

온화하고 윤택함이 봄이라면
맑고 서늘함은 가을의 계절.
이슬은 맺히고 떠다니는 구름 한 점 없으며
하늘은 높고 경치는 맑다.
높은 산에 빼어난 봉우리 솟아 있고
멀리 바라보니 모두 기묘한 절경이로세.
향기로운 국화 숲에 피어 반짝이고
푸른 소나무는 바위 위에 솟아 늘어서 있네.
이토록 곧고 빼어난 자태 품어
우뚝하니 서릿발 아래 선 호걸이로다.
술잔 들고 은자를 생각하니
수천 년토록 그대의 지조를 지킨 것이로다.
평소의 뜻 거둔 채 펴지 못하고
하릴없이 이 좋은 달을 다 보내누나.

二

和澤周三春,　清涼素秋節.[9)]

露凝無游氛,[10)] 天高肅景澈.[11)]

陵岑聳逸峯,[12)] 遙瞻皆奇絶.

芳菊開林耀,　靑松冠巖列.

懷此貞秀姿,[13)] 卓爲霜下傑.

銜觴念幽人,[14)] 千載撫爾訣.

檢素不獲展,　厭厭竟良月.[15)]

---

9) 素秋節(소추절): 가을. '素'는 희다. 고대의 오행설(五行說)에 의하면 가을은 오색 중의 백(白)에 해당하여 가을을 소추(素秋)라고도 부름.
10) 游氛(유분): 떠다니는 구름이나 안개. '氛'은 기운.
11) 肅景(숙경): 가을 경치. '肅'은 엄숙하다. 가을의 쌀쌀한 기후가 초목을 시들어 마르게 하므로 '肅景'이라 함.
12) 陵岑(능잠): '陵'은 큰 산, '岑'은 작지만 높은 산.
　　逸峯(일봉): 자태가 독특하고 기이한 산봉우리.
13) 貞秀(정수): 곧고 빼어나다. '貞'은 소나무, '秀'는 국화를 가리킴.
14) 幽人(유인): 은자(隱者).
15) 厭厭(염염): 기분이 좋지 않은 모습.
　　良月(양월): 좋은 달. 음력 10월의 다른 이름.

왕무군의 연회에서 손님을 전송하며

가을 날씨 차갑고 바람 세차니
온갖 풀들은 이미 시들어버렸다.
서리를 밟는 계절에
높은 데 올라 돌아가는 사람을 전별한다.
찬 기운은 산과 못을 덮으니
떠돌던 구름 홀연 의지할 곳 없네.
모래톱은 사방으로 멀리 펼쳐지는데
바람과 물은 서로 엇길리누나.
저녁 경치 바라보며 좋은 연회 기뻐하지만
이별 자리에서 슬픈 정을 나눈다.
새벽 새는 날 저물면 돌아오고
석양은 남은 햇살을 거둔다.
가는 사람 보내는 사람 길이 다르니
수레 돌려 슬퍼하며 천천히 돌아온다.
눈은 멀리 돌아가는 배를 쫓으니
정은 만물의 변화를 따라 사라지리라.

於王撫軍坐送客[1]

秋日淒且厲,　　百卉具已腓.
爰以履霜節,[2]　登高餞將歸.
寒氣冒山澤,　　游雲倏無依.
洲渚四緬邈,[3]　風水互乖違.[4]
瞻夕欣良讌,　　離筵聿云悲.[5]
晨鳥暮來還,　　懸車斂餘暉.[6]
逝止判殊路,[7]　旋駕悵遲遲.
目送回舟遠,　　情隨萬化遺.

* 이 시는 스산한 가을 풍경 속의 석별의 정을 표현함.
1) 王撫軍(왕무군): 무군장군(撫軍將軍) 강주 자사(江州刺史)인 왕홍(王弘).
   送客(송객): 유등지(庾登之)와 사첨(謝瞻)을 전송한 것임. 영초(永初) 2년(421), 서양(西陽, 지금의 湖北省 黃岡) 태수(太守) 유등지가 서울로 돌아가고 예장(豫章, 지금의 江西省 南昌市) 태수 사첨이 장차 부임하러 가려 하자, 왕홍이 분구(湓口, 지금의 九江市 서쪽)에서 그들을 전송하였음.
2) 履霜節(이상절): 서리 위를 걷는 계절. 9월을 가리킴.
3) 洲渚(주저): 물속의 육지. 큰 것을 '洲'라 하고 작은 것을 '渚'라고 함.
   綿邈(면막): 아득히 먼 모양.
4) 乖違(괴위): 어긋나다. 여기서는 풍향과 물이 흘러가는 방향이 서로 반대인 것을 가리킴.
5) 聿(율): 음절을 맞추는 어조사.
6) 懸車(현거): 황혼 전의 얼마간의 시간. 여기서는 석양을 가리킴.
7) 逝止(서지): 가는 사람과 남아 있는 사람.

진안에서 벼슬한 은철과 작별하며

[서문] 은군(殷君)은 전에 진안군(晉安郡) 남부 장사연(南府長史掾)을 지냈기 때문에 심양(潯陽)에서 살았다. 뒤에 태위(太尉)의 참군(參軍)이 되어 온 집이 동쪽으로 내려가게 되어 이 시를 지어 그에게 준다.

친하게 지낸 지 오래지 않으나
한번 만나고는 은근한 정 다 쏟았네.
두 밤을 묵으면서 맑은 이야기 주고받으며
더욱더 친함을 알았네.
작년에 남촌에서 살며
잠깐 동안 이웃이 되었네.
지팡이 짚고 마음껏 함께 놀러 다니고
머무르면 밤낮을 잊었다네.
벼슬하고 은거하여 처지 다르니
언제고 헤어질 줄이야 알았는데
뜻밖에도 헤어질 날 닥쳐오니
이 봄에 떠나게 되었구려.
살랑살랑 서쪽에서 바람 불어오고
느릿느릿 동쪽으로 구름이 떠가네.
산천 천리 밖에서
웃으며 이야기 나누기는 어려울걸세.
훌륭한 인재는 세상에 숨을 수 없고
강호에는 빈천한 사람이 많네.

與殷晉安別[1]

[序] 殷先作晉安南府長史掾,[2] 因居潯陽. 後作太尉參軍,[3] 移家東下,[4] 作此以贈.

遊好非少長,　一遇盡殷勤.
信宿酬淸話,[5]　益復知爲親.
去歲家南里,[6]　薄作少時鄰.
負杖肆游從,　淹留忘宵晨.
語默自殊勢,　亦知當乖分.
未謂事已及,[7]　興言在玆春.
飄飄西來風,[8]　悠悠東去雲.
山川千里外,　言笑難爲因.[9]
良才不隱世,　江湖多賤貧.[10]

---
* 이 시는 지난날 은철(殷鐵)과의 사귐과 이제 헤어지는 석별의 정을 나타냄.
1) 殷晉安(은진안): 은철을 가리킴. 자(字)는 경인(景仁)으로, 진군(陳郡) 장평(長平, 지금의 河南省 徐華縣) 사람. 일찍이 진안군(晉安郡) 남부장사연(南府長史掾)을 지냈기 때문에 관직으로 부른 것임.
2) 南府(남부): 진안군에서 독립되어 나온 남군(南郡).
   長史掾(장사연): 군승(郡丞)의 서기(書記).
3) 太尉(태위): 전국 시대 최고의 군사 담당관. 유유(劉裕)를 가리킴.
4) 東下(동하): 심양에서 건강으로 가면서 장강을 따라 동쪽으로 내려가다.
5) 信宿(신숙): 이틀 밤을 묵다. '信'은 이틀을 묵다. '宿'은 하룻밤을 묵다.
6) 南里(남리): 남촌(南村). 심양에 있음.
7) 未謂(미위): 뜻밖에도.
8) 飄飄(표표): (바람이) 산들산들 부는 모양.
9) 難爲因(난위인): 기회를 갖기 어렵다. '因'은 인연, 기회.
10) 江湖(강호): 조정에 대하여 시골을 이르는 말. 은사가 사는 곳.

행여 이곳을 지나는 인편 있으면
잊지 말고 옛 친구 안부나 물어주시게.

脫有經過便,¹¹⁾ 念來存故人.¹²⁾

---

11) 脫(탈): 만약.
12) 存(존): 안부를 묻다.
　　故人(고인): 옛 친구. 시인 자신을 가리킴.

양장사에게 드리다

[서문] 좌장군(左將軍)의 장사(長史) 양송령(羊松齡)이 명령을 받아 진천(秦川)으로 가게 되어 이 시를 지어준다.

어리석은 나는 삼대(三代) 뒤에 태어나
개탄하며 황제(黃帝)와 순(舜) 임금을 생각하니
천년 전의 일을 알 수 있는 것은
바로 옛 사람의 책에 힘입어서라네.
성인과 현인이 남긴 자취
모든 일이 중원(中原)의 도읍지에 있으니
어찌 둘러보고 싶은 마음 잊었으랴마는
관문과 강을 넘을 수 없구려.
천하가 이제 막 통일되니
장차 가려고 수레와 배를 준비하네.
그대가 먼저 간다는 것을 들었으나
병들어 동행할 수 없네.
가는 길에 만약 상산(商山)을 지나거든
나를 위해 잠시 들르시어.
상산사호(商山四皓)께 문안 인사 여쭤주오.
정신이 요즘은 어떠하신지.
자주색 영지(靈芝)를 누가 다시 캘 것인가
깊은 골짜기는 황폐해진 지 오래되었으리라.

贈羊長史[1]

[序] 左軍[2]羊長史, 銜使秦川,[3] 作此與之.

愚生三季後,[4]　慨然念黃虞.[5]

得知千載上,　正賴古人書.

賢聖留餘跡,　事事在中都.[6]

豈忘游心目,[7]　關河不可踰.

九域甫已一,[8]　逝將理舟輿.

聞君當先邁,　負痾不獲俱.

路若經商山,[9]　爲我少躊躇.

多謝綺與甪,[10]　精爽今何如.[11]

紫芝誰復採,　深谷久應蕪.

---

* 이 시는 현실에 대한 개탄과 은거의 결심을 나타냄.
1) 羊長史(양장사): 양송령(羊松齡)을 가리킴. '長史'는 관명. 장군의 보좌관.
2) 左軍(좌군): 좌장군(左將軍). 강주 자사 좌장군 단소(檀韶).
3) 銜使(함사): 명령을 받고 출장가다.
　 秦川(진천): 지금의 섬서성(陝西省) 관중(關中) 일대.
4) 三季(삼계): 하(夏)·상(商)·주(周) 3대의 말기.
5) 黃虞(황우): 황제(黃帝)와 순(舜) 임금. 전설상 태평시대의 임금.
6) 中都(중도): 도성(都城)의 통칭. 여기서는 옛날의 도성 낙양과 장안 일대의 중원(中原) 지역을 가리킴.
7) 游心目(유심목): 눈 닿는 대로 마음껏 보고 즐기다.
8) 甫已一(보이일): 이제 갓 통일되다. '甫'는 막, 갓.
9) 商山(상산): 지금의 섬서성 상현(商縣) 동남쪽에 있음. 진(秦)나라 때의 은사 동원공(東園公), 기리계(綺里季), 하황공(夏黃公), 녹리선생(甪里先生) 등, 이른바 상산사호(商山四皓)가 이곳에서 은거하였음.
10) 多謝(다사): 여러 차례 안부를 묻다. '謝'는 안부를 묻다.
　　 綺與甪(기여록): 기리계와 녹리선생. 여기서는 상산사호를 가리킴.
11) 精爽(정상): 정신과 혼백.

五言詩　115

"부귀한 이는 우환을 면할 수 없으나
빈천한 사람은 끊이지 않는 즐거움이 있다오."
사호(四皓)의 맑은 이 노래 마음속 깊이 자리하나
사람은 만날 길 없고 시대도 멀리 떨어졌네.
여러 세대 뒤에 감회 품고 있자니
말 다해도 뜻을 다 펴지 못하누나.

駟馬無貰患,¹²⁾ 貧賤有交娛.¹³⁾

淸謠結心曲,¹⁴⁾ 人乖運見疎.

擁懷累代下, 言盡意不舒.

---

12) 駟馬(사마): 네 필의 말이 끄는 수레로 부귀한 사람이 탐. 여기서는 부귀를 가리킴. 無貰患(무세환): 우환을 면할 수 없다. '貰'는 면제하다.
13) 交娛(교오): 끊이지 않는 즐거움.
14) 淸謠(청요): 맑은 노래. 상산사호가 지은 노래〔四皓歌〕. "넓고 높은 산, 깊은 계곡 구불구불 뻗어 있네. 밝고 붉은 영지는, 시장기 면할 만하네. 요순 시대 멀리 있으니, 나는 어디로 돌아가야 하나. 부귀한 사람, 근심도 많네. 부귀하여 사람을 두려워하느니, 가난해도 마음 편하게 사는 것만 못하네〔漠漠高山, 深谷逶迤. 曄曄紫芝, 可以療飢. 唐虞世遠, 吾將安歸. 駟馬高蓋, 其憂甚大. 富貴之畏人兮, 不若貧賤之肆志〕"(황보밀(皇甫謐)의 『고사전(高士傳)』 참조).

세모에 장상시에게 화답하다

세상사 변화에 옛 사람을 슬퍼하고
내달리는 시간에 한 해도 저물어 탄식케 하누나.
내일 아침은 오늘이 아니니
한 해가 저문다고 내 무슨 할 말 있으리.
곱던 얼굴 윤기 잃고
백발이 이미 성성하네.
어리석도다, 진(秦) 목공(穆公)의 말이여
늙었는데 체력을 어찌 잃지 않았으리.
저물녘 되어 강한 바람 일고
차가운 구름은 서산(西山)을 덮었네.
찬 기운이 갈수록 매서워지니
분분히 나는 새들 돌아오누나.
인생이란 오래도록 살 수 없는데
하물며 근심과 괴로움에 뒤얽혀 있어서랴.
술 마시는 것조차 종종 거르니
한창때처럼 즐길 수가 없다네.
빈곤과 현달은 염려할 게 못 되고
초췌한 몸 자연의 변화를 따른다오.
돌이켜보니 깊은 감회만 있어
한 해가 바뀌는 이때 슬픔만 더하누나.

歲暮和張常侍[1]

市朝悽舊人,　驟驥感悲泉.[2]
明旦非今日,　歲暮余何言.
素顔斂光潤,　白髮一已繁.
闊哉秦穆談,[3]　旅力豈未愆.[4]
向夕長風起,　寒雲沒西山.
洌洌氣遂嚴,[5]　紛紛飛鳥還.
民生鮮長在,　矧伊愁苦纒.
屢闕淸酤至,[6]　無以樂當年.[7]
窮通靡攸慮,　顦顇由化遷.
撫己有深懷,[8]　履運增慨然.[9]

---

* 이 시는 세모를 맞이하여 세월의 빠름과 빈곤한 처지를 슬퍼함.
1) 張常侍(장상시): 장야(張野), 혹은 장전(張詮)을 가리킴. '常侍'는 관명으로, 산기상시(散騎常侍)의 준말. 황제를 좌우에서 모시는 일을 관장함.
2) 驟驥(취기): 나는 듯이 달리는 천리마. 여기서는 빠르게 움직이는 태양을 가리킴. '驟'는 말이 빨리 달리는 모양. '驥'는 천리마.
   悲泉(비천): 전설에서 해가 떨어지는 곳.
3) 秦穆談(진목담): 진(秦) 목공(穆公)이 정(鄭)나라를 습격하였다가 실패한 뒤, 머리가 희끗희끗한 장사(壯士)들은 몸이 쇠약하나 자기는 아직 체력이 충분하다고 한 말.
4) 旅力(여력): 등뼈의 힘. 체력.
5) 洌洌(열렬): 차가운 모양.
6) 淸酤(청고): 술. '酤'는 맑은 술. 청주.
7) 當年(당년): 장년(壯年). 한창 나이.
8) 撫己(무기): 자신을 돌이켜보다.
9) 履運(이운): 설이나 명절을 맞이하다.

五言詩　119

호서조에게 화답해 지어 고적조에게 보이다

때는 마침 한여름 오월
맑은 아침 남쪽에서 서늘한 바람이
빠르지도 느리지도 않게
살랑살랑 내 옷깃에 불어온다.
층층 구름 태양을 가리더니
한가로운 비 어지러이 가늘게 내린다.
눈을 돌려 서쪽 정원 바라보니
찬란하게 해바라기 무성하네.
지금은 너무도 사랑스럽지만
어이 할거나, 다시 시들 테니.
경치에 느낌 일어 때맞춰 즐기길 원하나
매번 마실 술 없어 유감이다.
근심스레 가을 수확 기다리지만
쓸쓸하니 더디고 더디기만 하구나.
아득한 생각 억누를 수 없어
미친 듯이 홀로 한없이 슬퍼한다.

和胡西曹示顧賊曹[1]

蕤賓五月中,[2]　清朝起南颸.
不駛亦不遲,　飄飄吹我衣.
重雲蔽白日,[3]　閒雨紛微微.
流目視西園,　燁燁榮紫葵.[4]
於今甚可愛,　當奈行復衰.
感物願及時,　每憾靡所揮.[5]
悠悠待秋稼,[6]　寥落將賒遲.[7]
逸想不可淹,[8]　猖狂獨長悲.[9]

---

* 이 시는 오월의 아름다운 경치를 보고 자신의 곤궁한 생활에 대해 느끼는 비탄을 나타냄.
1) 胡西曹(호서조)·顧賊曹(고적조): 이름과 사적을 자세히 알 수 없음. '西曹'는 주군(州郡)에서 이사(吏事)와 선거를 담당하는 관리. '賊曹'는 서조에 비해 한 등급 낮은 관리. 도적을 처벌하는 등의 일을 담당함.
2) 蕤賓(유빈): 음력 5월을 가리킴. 유빈은 고대 12악률(樂律) 중의 하나. 고대에는 악률과 역법(曆法)을 연관시켜 12율을 1년 중의 12달과 배합하여, 각 1율을 각 달에 해당하게 하였음.
3) 重雲(중운): 층층 먹구름.
4) 燁燁(엽엽): 광채가 찬란한 모양.
   紫葵(자규): 해바라기.
5) 靡所揮(미소휘): 술잔을 들어 마실 술이 없다. '揮'는 술잔을 들고 마시다.
6) 悠悠(유유): 근심하는 모양.
7) 寥落(요락): 쓸쓸하다.
   賒(사): 느리다.
8) 逸想(일상): 아득한 생각. 세속을 벗어난 생각.
9) 猖狂(창광): 미쳐 날뛰다. 제멋대로 행동하다.

사촌 동생 중덕의 죽음을 슬퍼하며

슬픔 머금고 옛 집을 찾아가니
서러운 마음 따라 눈물이 떨어지네.
묻노니 누구 때문에 슬퍼하는가?
그리운 사람은 이미 저승에 있구나.
가족 관계로는 사촌 형제라지만
가까이 사랑함은 친형제 같았네.
문 앞에서 손 잡고 헤어질 때
어찌 생각했으랴, 네가 먼저 떠날 줄을.
타고난 수명 결국 면치 못하니
공업(功業)을 미처 이루지 못했구나.
자애로운 어머니는 비통함에 잠겼는데
두 아이는 이제 겨우 서너 살.
두 부부의 위패 텅 빈 집에 놓여 있고
아침저녁으로 울음소리도 들리지 않는다.
떠도는 먼지는 빈 자리에 쌓이고
묵은 풀은 앞뜰에 무성하다.
섬돌에는 너의 발자취 없어졌는데
정원에는 너의 정 홀로 남아 있구나.
아무도 모르게 자연의 변화 따라 가버리니
영원히 너의 모습 다시 볼 수 없겠구나.

悲從弟仲德[1]

衘哀過舊宅,　悲淚應心零.
借問爲誰悲,　懷人在九冥.[2]
禮服名羣從,[3]　恩愛若同生.[4]
門前執手時,　何意爾先傾.
在數竟不免,[5]　爲山不及成.[6]
慈母沈哀疚,　二胤纔數齡.
雙位委空館,[7]　朝夕無哭聲.
流塵集虛坐,　宿草旅前庭.[8]
階除曠遊迹,　園林獨餘情.
翳然乘化去,[9]　終天不復形.

---

* 이 시는 죽은 사촌 동생 중덕(仲德)의 집에 들렀다가 느낀 바를 적음.
1) 仲德(중덕): 생애와 사적이 분명치 않음.
2) 九冥(구명): 저승. 저세상.
3) 禮服(예복): 종족의 친소 관계. 상례(喪禮)의 복제(服制). 고대에는 혈통의 친소 관계에 따라 상복을 다섯 등급으로 나누어 '오복(五服)'이라 불렀음.
　羣從(군종): 사촌 형제.
4) 同生(동생): 같은 부모에게서 태어나다.
5) 在數(재수): 천명에 말미암다. '數'는 정해진 운명.
6) 爲山(위산): 공업을 세우는 것을 가리킴.
7) 雙位(쌍위): 중덕 부부의 위패를 가리킴.
8) 宿草(숙초): 묵은 뿌리에서 난 풀. 1년이 지난 풀.
9) 翳然(예연): 은폐된 모양.
　乘化(승화): 자연의 변화에 순응하다.

천천히 발걸음을 돌리려니
슬픔만이 가슴 가득 차오른다.

遲遲將回步,[10] 惻惻悲襟盈.[11]

---

10) 遲遲(지지): 천천히 걷는 모양.
11) 惻惻(측측): 슬프고 비통한 모양.

처음으로 진군장군의 참군이 되어 곡아를 지나며 짓다

젊어서부터 세상사 밖에 뜻을 두고
금(琴)과 책에 마음 맡겼느니
거친 베옷 입고도 스스로 만족하였고
자주 쌀독 비어도 항상 마음 편하였다.
기회가 참으로 우연히 찾아와
고삐를 돌려 벼슬길에 오르게 되었다.
지팡이 던져두고 새벽에 길 떠날 채비 시키니
잠시 전원과 멀어지게 되었다.
아득히 멀리 외로운 배 떠나니
끊임없이 돌아오고픈 마음 휘감긴다.
내 갈 길 어찌 멀지 않은가?
산 넘고 물 건너 천리 남짓 길.
눈은 물길 따라 달라지는 경치에 지치고
마음은 산수 속 내 집을 그리워한다.
구름을 바라보니 높이 나는 새에 부끄럽고
물가에 임해서는 노니는 물고기에 부끄럽다.
진실된 생각 애초부터 가슴속에 있으니
육신에 묶여 있다 누가 말할 수 있으랴.

始作鎭軍參軍經曲阿作[1]

弱齡寄事外,[2]　委懷在琴書.
被褐欣自得,　屢空常晏如.[3]
時來苟冥會,[4]　宛轡憩通衢.[5]
投策命晨裝,[6]　暫與園田疎.
眇眇孤舟逝,[7]　綿綿歸思紆.
我行豈不遙,　登降千里餘.[8]
目倦川途異,　心念山澤居.
望雲慚高鳥,　臨水愧游魚.
眞想初在襟,[9]　誰謂形迹拘.

---

* 이 시는 평소의 뜻과 부임 도중의 경치 묘사를 통하여 전원생활에 대해 그리는 마음을 나타냄.
1) 鎭軍參軍(진군참군): 진군장군(鎭軍將軍)의 참군. 여기서 '진군장군'은 유유(劉裕).
　 曲阿(곡아): 지금의 강소성(江蘇省) 단양(丹陽).
2) 弱齡(약령): 젊은 때. 20세 때.
3) 屢空(누공): 자주 먹을 것이 떨어지다.
4) 冥會(명회): 우연히 만나다.
5) 宛轡(완비): 말고삐를 느슨하게 하여 말을 돌리다.
　 通衢(통구): 사방으로 통하는 큰길. 여기서는 '벼슬길'을 비유함.
6) 投策(투책): 지팡이를 던지다.
　 晨裝(신장): 새벽에 길 떠나는 행장.
7) 眇眇(묘묘): 아득히 먼 모양.
8) 登降(등강): 산을 넘고 물을 건너다.
9) 眞想(진상): 순수하고 소박한 생각. 전원에 돌아가 살고자 하는 생각.

잠시 자연의 변화에 따르지만

결국엔 반고(班固)가 말한 전원의 집으로 돌아가리라.

聊且憑化遷,　終反班生廬.[10]

10) 班生廬(반생려): 반고(班固)가 말한 초가집. '班生'은 동한(東漢)의 문학가이자 사학가인 반고. 반고는 일찍이 「유통부(幽通賦)」에서 "상고 시대 어진 사람의 초가집에서 산다[里上仁之所廬]"라고 말하였음.

경자년 5월, 서울에서 돌아오는 도중에 규림에서 바람에 발이 묶이다

1

돌아가는 길 따라 가고 또 가며
날짜 헤어보고는 고향집 쪽 바라본다.
가장 기쁜 것은 어머니 모시는 것이고
다음으로 기쁜 것은 형제를 만나는 것이라네.
노를 저어 험준한 굽이굽이 물길 내려가는데
해는 서쪽 귀퉁이에 매달렸구나.
강과 산이 어찌 험하지 않으랴만
돌아가는 사람은 앞 길만을 생각하는데
남풍은 이내 마음을 몰라주어
노를 거두고 황량한 호숫가에 머무른다.
높이 우거진 수풀은 아득하니 끝이 없고
여름 나무는 유난히 울창하다.
누가 말하나, 나그네의 뱃길 멀다고.
가까이 보이는 백 리 남짓인데.
눈을 들어 바라보니 남쪽 산봉우리 알아보겠으나
어떻게 가야 하나, 부질없이 탄식만 하누나.

庚子歲五月中從都還阻風于規林[1]

一

行行循歸路,　計日望舊居.
一欣侍溫顏,[2]　再喜見友于.[3]
鼓棹路崎曲,[4]　指景限西隅.
江山豈不險,　歸子念前途.[5]
凱風負我心,　戢枻守窮湖.[6]
高莽眇無界,　夏木獨森疎.
誰言客舟遠,　近瞻百里餘.
延目識南嶺,[7]　空歎將焉如.

---

* 이 시는 출장을 마치고 돌아오는 길에, 바람에 발이 묶여 집에 빨리 가지 못하는 안타까움(첫째 수)과, 고생스러운 벼슬을 그만두고 전원에 돌아가고픈 마음(둘째 수)을 읊음.
1) 庚子歲(경자세): 晉(진) 安帝(안제) 隆安(융안) 4년(400). 이 해에 도연명은 형주(荊州, 지금의 湖北省 江陵) 자사 桓玄(환현)의 막부에 있었음.
   都(도): 建康(건강, 지금의 南京市). 봄에 환현의 명으로 건강에 일을 보러 갔다가 5월에 돌아옴.
   規林(규림): 지명. 지금의 안휘성(安徽省) 숙송현(宿松縣).
2) 溫顏(온안): 온화하고 자상한 얼굴. 慈母(자모)를 가리킴.
3) 友于(우우): 형제.
4) 鼓棹(고도): 노를 두드리다. 배를 젓다.
5) 歸子(귀자): 집에 돌아가는 사람. 시인 자신을 가리킴.
6) 窮湖(궁호): 외진 호수. 여기서는 팽려호(彭蠡湖, 지금의 鄱陽湖)를 가리킴.
7) 延目(연목): 눈을 들어 멀리 바라보다.
   南嶺(남령): 여산(廬山)을 가리킴.

2

옛부터 외지를 떠도는 일 괴롭다 했는데
나는 오늘에야 그것을 알게 되었네.
산과 물 어찌 이리 광활한가.
바람과 물의 변화 예측하기 어렵구나.
부서지는 파도는 요란하게 하늘을 울리고
세찬 바람은 그칠 때가 없다네.
오랫동안 떠돌다보니 어머니 그리운데
어찌하여 여기에서 머무는 것인가.
조용히 생각해보니 전원이 좋아
벼슬길에서는 정말로 물러나야 하리.
한창때가 어찌 얼마나 될 것인가.
마음 가는 대로 살아야지, 다시 무엇을 의심하리.

二

自古歎行役,⁸⁾　我今始知之.
山川一何曠,⁹⁾　巽坎難與期.¹⁰⁾
崩浪聒天響,　長風無息時.
久游戀所生,　如何淹在玆.
靜念園林好,　人間良可辭.
當年詎有幾,　縱心復何疑.

---

8) 行役(행역): 공무로 외지에서 바쁘게 다니다.
9) 一何(일하): 얼마나.
10) 巽坎(손감): 『주역(周易)』중의 두 괘(卦) 이름. '巽'은 바람을 나타내고 '坎'은 물을 대표함. 여기서는 순조로움과 험난함을 가리킴.

신축년 7월, 휴가를 갔다가 강릉으로 돌아가며 밤에 도구를 지나다

한가로이 살아온 지 서른 해
마침내 세속의 일과는 멀어졌다.
『시경(詩經)』과 『서경(書經)』 전보다 더욱 좋아하고
전원에는 속된 마음 없었다.
어찌하여 이곳을 버리고 떠나
멀고 먼 서쪽 형주(荊州)에 이르렀나.
초가을 달빛 속에 노 저으며
물가에서 친구와 이별하였다.
서늘한 바람 저물녘에 이는데
달빛은 하늘을 맑고 밝게 비추누나.
밝디밝은 하늘은 광활하고
반짝이는 강물결 잔잔하다.
일 생각에 잠잘 겨를 없어
한밤중에도 홀로 길 떠나누나.
상가(商歌) 불러 벼슬 얻는 건 내 일 아니요
여전히 미련이 남는 건 밭 가는 일일 뿐.
관모(官帽) 내던지고 옛 집으로 돌아가
좋은 벼슬에 얽매이지 않으리라.

辛丑歲七月赴假還江陵夜行塗口[1]

閒居三十載,　遂與塵事冥.

詩書敦宿好,[2]　林園無世情.

如何舍此去,　遙遙至西荊.[3]

叩栧新秋月,[4]　臨流別友生.

涼風起將夕,　夜景湛虛明.

昭昭天宇闊,　晶晶川上平.[5]

懷役不遑寐,　中宵尙孤征.

商歌非吾事,[6]　依依在耦耕.[7]

投冠旋舊墟,[8]　不爲好爵縈.

---

* 이 시는 휴가에서 돌아가는 도중에 보고 느낀 것을 통하여 관직생활에 대한 싫증과 전원생활을 그리는 마음을 나타냄.
1) 辛丑歲(신축세): 진 안제 융안 5년(401).
   塗口(도구): 지금의 호북성(湖北省) 경내(境內).
2) 宿好(숙호): 평소에 좋아하는 것.
3) 西荊(서형): 형주(荊州). 건강(建康)의 서쪽에 있어서 '西荊'이라 했음.
4) 叩栧(고예): 노를 두드리다. 배를 젓다.
   新秋(신추): 초가을. 음력 7월을 가리킴.
5) 晶晶(효효): 희고 밝은 모양.
6) 商歌(상가): 상조(商調)로 노래를 부르다. 스스로 추천하여 관직을 구하는 것을 가리킴. 춘추 시대에 위(衛)나라 사람 영척(寧戚)이 제(齊)나라 환공(桓公)에게 등용되기를 원했으나 그를 추천해 주는 사람이 없어서 괴로워하였다. 한번은 영척이 수레 밑에서 소에게 밥을 주고 있다가 제 환공이 밤중에 나가는 것을 보고 소뿔을 두드리며 상조로 노래를 불렀는데, 제 환공이 그를 불러들여 뒤에 재상으로 삼았다고 함.
7) 依依(의의): 미련을 갖다.
8) 投冠(투관): 관리가 쓰는 모자를 던져 버리다. 관직을 사퇴한다는 뜻.

초가집 아래에서 참된 본성 기르면
아마도 착하다는 이름을 절로 얻으리라.

養眞衡茅下,⁹⁾ 庶以善自名.

---

9) 養眞(양진): 진실되고 순박한 본성을 기르다.
　　衡茅(형모): 횡목(橫木)으로 문을 만든 초가집. 누추한 거처. '衡'은 '橫'과 통용됨.

계묘년 새봄에 촌집에서 옛날을 생각하며

1

예전에 남쪽 밭에 대해 듣긴 했어도
그때는 결국 농사지어보지 못했다.
쌀독 자주 비어 안회(顔回) 같이 빈곤하거늘
봄 밭갈이 어찌 하지 않을 수 있으랴.
새벽 일찍 내 수레 준비해놓고
길 떠나니 마음은 벌써 저 멀리 향한다.
새는 지저귀며 새봄을 기뻐하고
산들바람은 상쾌한 기운 보내는데
차가운 대나무는 황량한 길 뒤덮고
대지는 인적 없이 멀리 펼쳐져 있다.
그리하여 지팡이 꽂아놓고 김매던 노인네
유유히 밭 갈며 다시는 속세로 돌아가지 않았구나.
이치를 따지는 건 식견 높은 이들에게 부끄럽지만
이내 지조가 어찌 천박하기만 하겠는가.

2

공자께서 남기신 가르침에
도(道)를 걱정하지 가난은 걱정하지 말라 하셨는데.
우러러보아도 아득하고 도달하기 어려워
생각 바꿔 길이 농사나 힘쓰자 마음먹는다.

癸卯歲始春懷古田舍[1]

一

在昔聞南畝,　當年竟未踐.
屢空既有人,[2]　春興豈自免.[3]
夙晨裝吾駕,　啓塗情已緬.
鳥哢歡新節,　泠風送餘善.[4]
寒竹被荒蹊,[5]　地爲罕人遠.
是以植杖翁,[6]　悠然不復返.
卽理愧通識,[7]　所保詎乃淺.[8]

二

先師有遺訓,[9]　憂道不憂貧.
瞻望邈難逮,　轉欲心長勤.

---

* 이 시는 옛 사람을 회상하며, 은거하여 전원에서 밭을 가는 기쁨과 혼탁한 세속을 멀리 떠나겠다는 결심을 나타냄.
1) 癸卯歲(계묘세): 진 안제 원흥(元興) 2년(403).
2) 有人(유인): 『논어(論語)』 선진(先進) 편에 '안회(顏回)는 쌀독이 자주 비었다〔屢空〕'는 말이 있음. 여기서는 시인이 안회로 자신을 비유함.
3) 春興(춘흥): 봄에 시작하는 농사일. '興'은 시작하다.
4) 泠風(영풍): 미풍. 산들바람.
   餘善(여선): 많은 좋은 느낌. 매우 쾌적한 느낌.
5) 荒蹊(황혜): 황폐한 좁은 길. '蹊'는 좁은 길.
6) 植杖翁(치장옹): 지팡이를 밭가에 세워 놓고 일을 하는 노인. 춘추 시대의 은사(隱士) 하조장인(荷蓧丈人)을 가리킴.
7) 卽理(즉리): 이치를 따지다.
8) 所保(소보): 지니고 있는 지조.
9) 先師(선사): 전대의 스승. 공자를 가리킴.

쟁기 잡고 때맞춰 즐겁게 일하며
웃음 띤 얼굴로 농부들 격려한다.
너른 밭엔 멀리서 바람 불어오고
좋은 싹들도 새로운 생기 품고 있다.
일년 수확은 아직 알 수 없지만
농사일 하는 것만도 대단히 즐거워라.
밭 갈고 씨 뿌리며 때때로 쉬는데
나루를 묻는 나그네 없네.
해가 지면 함께 돌아와
술병 들고 이웃들을 위로한다.
길게 읊조리며 사립문 닫노라니
그럭저럭 농부가 된 듯하구려.

秉耒歡時務,　解顔勸農人.[10]
平疇交遠風,　良苗亦懷新.
雖未量歲功,　卽事多所欣.
耕種有時息,　行者無問津.[11]
日入相與歸,　壺漿勞近鄰.
長吟掩柴門,　聊爲隴畝民.[12]

---

10) 解顔(해안): 얼굴에 웃음을 띠다.
11) 無問津(무문진): 나루터를 묻는 사람이 없다. 『논어(論語)』 미자(微子) 편에 장저(長沮)와 걸닉(桀溺)이 나란히 밭갈이를 하고 있을 때, 공자가 그곳을 지나다가 자로(子路)를 시켜서 그들에게 나루터를 물어보게 하였다는 이야기가 나옴. 여기서 작자는 자신을 장저나 걸닉에 비유하여, 지금 세상에는 더 이상 공자같이 세상을 구제하기 위해 다니는 사람이 없음을 개탄함.
12) 隴畝(농묘): 밭, 밭이랑.

계묘년 12월, 시를 지어 사촌 동생 경원에게 주다

누추한 집에 자취를 감추고
세상과 멀리 떨어져 지낸다.
둘러보아도 아무도 아는 이 없고
사립문은 낮에도 늘상 닫아둔 채.
세모의 바람 쌀쌀하고
종일 내리는 눈 어둑어둑.
귀 기울여도 조그만 소리도 들리지 않고
눈에 보이는 건 희고 깨끗한 천지.
찬 기운은 옷깃 소매로 파고들고
변변찮은 식사조차 자주 거른다네.
쓸쓸한 빈 집에는
기뻐할 일 하나도 없구려.
천년을 내려오는 책 두루 펼쳐보며
때때로 옛 어진 이들을 만나누나.
높은 지조 따를 수 없겠지만
잘 못하나마 곤궁 속의 꿋꿋한 절조는 배웠다.
내 벼슬길 걷지 않을 바에는
은거함이 어찌 못나다 하겠는가.

癸卯歲十二月中作與從弟敬遠[1]

寢跡衡門下,[2]　邈與世相絶.
顧盼莫誰知,[3]　荊扉晝常閉.
淒淒歲暮風,　翳翳經日雪.[4]
傾耳無希聲,　在目皓已潔.
勁氣侵襟袖,[5]　簞瓢謝屢設.
蕭索空宇中,[6]　了無一可悅.
歷覽千載書,　時時見遺烈.[7]
高操非所攀,　謬得固窮節.[8]
平津苟不由,[9]　栖遲詎爲拙.[10]

---

* 이 시는 궁핍한 생활 가운데에서도 꿋꿋한 절조를 지키겠다는 뜻을 밝힘.
1) 敬遠(경원): 사촌 동생으로, 도연명보다 16세 어리며 31세에 죽음.
2) 寢跡(침적): 자취를 감추다. 은거함을 가리킴.
3) 顧盼(고반): 주위를 둘러보다. '盼'은 보다.
4) 翳翳(예예): 어두운 모양.
5) 勁氣(경기): 한기(寒氣).
6) 蕭索(소삭): 쓸쓸한 모양.
7) 遺烈(유열): 후세에 이름을 남긴 현인이나 열사.
8) 謬(류): 그릇되이. 여기서는 자신을 겸손하게 일컫는 말.
　　固窮節(고궁절): 빈궁함 가운데 지키는 꿋꿋한 절조.
9) 平津(평진): 평탄한 길. 큰 길. 여기서는 벼슬길을 가리킴.
10) 栖遲(서지): 벼슬하지 않고 놀며 지냄. 은거함을 가리킴.

한 마디 말 밖에 뜻을 부치지만
이내 마음 누가 알아줄 수 있을까.

寄意一言外,[11] 玆契誰能別.

---

11) 一言(일언): 위의 '固窮節'을 가리킴.

을사년 3월, 건위장군의 참군이 되어 서울로 사신 가는 길에 전계를 지나며

내가 이 땅을 밟지 않은 뒤
세월은 이미 많이도 흘렀다.
아침저녁으로 산천 바라보니
하나하나가 모두 옛날과 같다.
가랑비는 높이 솟은 숲을 씻고
맑은 바람 구름 속의 새 날아 올리네.
돌아보니 저들 풍물 그대로 있고
적절하게 부는 바람 막히는 곳 없네.
나는 무엇 하는 사람이기에
이 일을 하느라 애를 쓰는가.
몸은 구속을 받는 듯하지만
평소에 품은 뜻 바꿀 수 없지.
전원을 날마다 꿈꾸노니
어찌 오래 떨어져 있을까.
한결같은 생각은 빠르게 흘러가는 시간 속에
진실로 서리에도 꿋꿋한 잣나무같이 되는 것.

乙巳歲三月爲建威參軍使都經錢溪[1]

我不踐斯境,[2]　歲月好已積.[3]

晨夕看山川,　事事悉如昔.

微雨洗高林,　清飇矯雲翮.[4]

眷彼品物存,　義風都未隔.[5]

伊余何爲者,　勉勵從玆役.

一形似有制,　素襟不可易.[6]

園田日夢想,　安得久離析.

終懷在壑舟,[7]　諒哉宜霜柏.

---

* 이 시는 여행 도중의 풍물을 묘사하면서 고향을 그리는 정과 은거할 생각을 나타냄.
1) 乙巳歲(을사세): 진 안제 의희(義熙) 원년(405).
   建威參軍(건위참군): 건위장군의 참군. 이때 건위장군은 유경선(劉敬宣).
   使都(사도): 건강(建康)에 공무를 보러 가다.
   錢溪(전계): 지금의 안휘성(安徽省) 귀지현(貴池縣) 동쪽에 있음.
2) 斯境(사경): 전계(錢溪)를 가리킴.
3) 好已積(호이적): '已好積'의 의미. 이미 매우 오래되었다.
4) 淸飇(청표): 맑은 바람. '飇'는 회오리바람.
   雲翮(운핵): 구름 속의 새. '翮'은 새의 깃. 여기서는 새를 가리킴.
5) 義風(의풍): 때맞춰 부는 바람. 만물의 생장에 이로운 바람.
6) 素襟(소금): 평소에 품은 뜻.
7) 壑舟(학주): 골짜기에 감춰 놓은 배. 『장자(莊子)』 대종사(大宗師) 편에 배를 골짜기에 감춰 두고서 안전하다고 여기지만 한밤중에 힘센 사람이 짊어지고 도망가 버린다는 이야기가 있는데, 여기서는 대자연의 끊임없는 변화, 시간이 빨리 흘러감을 비유함.

옛 집에 돌아와서

예전에 상경(上京)에 살 때는
육 년 동안 이곳을 다녀가곤 하였네.
오늘에야 비로소 다시 와보니
비통과 슬픔이 많네.
밭두둑 길은 변함없는데
가옥들 더러는 그때 그대로가 아니네.
발길 닿는 대로 옛 거처 두루 돌아보니
이웃 노인들도 살아 계신 분이 드무네.
한 걸음 한 걸음 지난 자취 찾아보니
어떤 곳은 특히 그리움이 더하네.
흘러 변화하는 일생 중에
추위와 더위는 날마다 바뀌어가는구나.
언제나 두려운 것은 목숨 다하여
노쇠할 때까지 기력이 버티지 못할까 하는 것.
내버려두고 더 이상 생각 말고
그저 술이나 한잔 들이켜리라.

還舊居[1]

疇昔家上京,[2]　六載去還歸.[3]
今日始復來,　惻愴多所悲.
阡陌不移舊,[4]　邑屋或時非.[5]
履歷周故居,　隣老罕復遺.
步步尋往迹,　有處特依依.[6]
流幻百年中,　寒暑日相推.
常恐大化盡,[7]　氣力不及衰.
撥置且莫念,[8]　一觴聊可揮.

---

* 이 시는 오랜만에 옛 집에 다시 돌아와 크게 달라진 습을 보고 인생무상을 슬퍼함.
1) 舊居(구거): 시상(柴桑)의 옛 집.
2) 上京(상경): 시상현(柴桑縣) 상경리(上京里, 지금의 江西省 星子縣 城 서쪽 교외). 옛 집이 있는 시상리와는 멀지 않음.
3) 去還歸(거환귀): 상경과 옛 집이 있는 시상 사이를 왕래하였음을 뜻함.
4) 阡陌(천맥): 밭 사이의 작은 길.
5) 時非(시비): 옛날과 다르다.
6) 依依(의의): 그리워하다.
7) 大化(대화): 사람이 태어나서 죽음에 이르기까지의 변화, 즉 생명.
8) 撥置(발치): 버려두고 돌보지 않다.

무신년 6월에 화재를 당하다

초가집을 외진 골목에 두고
기꺼이 부귀영화 사절하였네.
한여름 강풍 급하게 불더니
숲 속의 집이 순식간에 타버렸다.
온 집에 남은 건물이라곤 없어
두 척 배에 의지하여 문 앞에서 머문다.
길고 긴 초가을 저녁
높다란 달은 둥글어져가고
과일과 채소 다시 돋아나기 시작하건만
놀라 날아간 새들은 아직 돌아오지 않누나.
한밤중에 우두커니 서서 아득히 생각하며
한번 눈 들어 하늘을 두루 보노라.
어려서부터 고고한 기개 품어왔는데
어느덧 마흔 해가 지나갔다.
몸은 자연의 변화 따라 늙어가지만
마음은 늘 홀로 한가롭다.
곧고 강함은 본래 있는 기질이니
옥이나 돌도 그만큼 견고하지는 못하리.
동호계자(東戶季子) 시대를 우러러 생각해보니
남은 곡식 밭 가운데에 묵혀 두었다지.

戊申歲六月中遇火[1]

草廬寄窮巷,　甘以辭華軒.[2]
正夏長風急,[3]　林室頓燒燔.
一宅無遺宇,　舫舟蔭門前.[4]
迢迢新秋夕,[5]　亭亭月將圓.[6]
果菜始復生,　驚鳥尙未還.
中宵佇遙念,　一盼周九天.[7]
總髮抱孤介,[8]　奄出四十年.
形迹憑化往,　靈府長獨閑.[9]
貞剛自有質,　玉石乃非堅.
仰想東戶時,[10]　餘糧宿中田.

---

* 이 시는 갑작스런 화재로 집이 불탄 경과와 감회, 꿋꿋하게 기개를 지켜온 과거에 대한 회고, 태평시대에 대한 그리움, 그리고 전원생활을 계속 해 나가겠다는 신념을 나타냄.
1) 무신세(戊申歲): 진 안제 의희 4년(408).
2) 辭(사): 사양하다. 거절하다.
   華軒(화헌): 부귀한 사람들이 타는 화려한 수레.
3) 正夏(정하): 한여름. 음력 6월.
4) 舫舟(방주): 쌍배. 배를 나란히 하다.
5) 迢迢(초초): 긴 모양.
6) 亭亭(정정): 높이 솟은 모양.
7) 九天(구천): 하늘을 아홉 방위로 나눈 것을 일컬음. 여기서는 온 천지.
8) 總髮(총발): 총각. 어린 시절.
   孤介(고개): 고고하고 강직하다. 품행이 단정하며 세속을 따르지 않다.
9) 靈府(영부): 마음.
10) 東戶(동호): 동호계자(東戶季子). 전설 속의 옛날 태평시대의 제왕.

배를 두드리며 아무 근심 없고
일찍 일어나고 저물면 돌아가 잠잤다지.
이런 시대를 만날 수 없으니
우선 나의 밭에 물이나 주어야겠네.

鼓腹無所思， 朝起暮歸眠.
既已不遇玆， 且遂灌我園.

기유년 중양절에

느릿느릿 세월 흘러 가을도 이미 저물고
쌀쌀한 바람에 이슬이 흩날리누나.
덩굴진 풀은 더 이상 무성하지 않고
뜰의 나무는 덧없이 홀로 시들어간다.
맑은 공기는 남아 있던 먼지마저 말끔히 없애고
아스라이 하늘은 높기도 하다.
슬피 울던 매미 소리 그치니
무리 지은 기러기 구름 속에서 운다.
만물은 끊임없이 바뀌나니
인생이 어찌 노고롭지 않겠는가.
예로부터 누구나 죽기 마련
이것을 생각하면 가슴속이 탄다.
무엇으로 이내 마음을 위로할거나.
잠시 홀로 탁주 한 사발을 즐거워한다.
천년 뒤는 내 알 바 아니니
그저 오늘 아침이나 길이 즐길 일이로다.

己酉歲九月九日[1]

靡靡秋已夕,[2]　凄凄風露交.
蔓草不復榮,　園木空自凋.
清氣澄餘滓,　杳然天界高.[3]
哀蟬無留響,　叢雁鳴雲霄.[4]
萬化相尋異,[5]　人生豈不勞.
從古皆有沒,　念之中心焦.
何以稱我情,　濁酒且自陶.
千載非所知,　聊以永今朝.

---

* 이 시는 중양절을 맞아 세월의 흐름을 슬퍼하며 술로 잠시 시름을 풀고자 하는 마음을 나타냄.
1) 己酉歲(기유세): 진 안제 의희 5년(409).
2) 靡靡(미미): 천천히 걷는 모양.
3) 杳然(묘연): 아득히 먼 모양.
4) 叢雁(총안): 무리를 지어 나는 기러기.
　　雲霄(운소): 구름 낀 높은 하늘. '霄'는 하늘.
5) 萬化(만화): 만물의 변화.
　　尋異(심이): 차례차례 다른 모습으로 바뀌어 가다. '尋'은 차례차례.

경술년 9월, 서쪽 밭에서 올벼를 수확하다

사람의 삶엔 일정한 원칙이 있게 마련인데
입고 먹는 것이 무엇보다 우선이로세.
어찌 이것조차도 강구하지 않고
스스로 편안하길 바랄 수 있으리오?
봄이 되어 농사일에 힘쓰면
한 해의 수확도 그런대로 볼 만하다네.
새벽에 나가 가벼운 일이나마 하고
해가 지면 쟁기 메고 돌아온다네.
산중엔 서리와 이슬 많고
날씨도 일찍 차가워지는구나.
농민들 어찌 고생스럽지 않으랴마는
이런 어려움 마다할 수 없네.
온 몸이 정말 이리도 고달프지만
뜻밖의 재난이 없기만을 바라네.
손발을 씻고 처마 밑에서 쉬며
한잔 술로 기분 풀고 얼굴 편다네.
먼 옛날 밭 갈던 장저(長沮)와 걸닉(桀溺)의 마음은
천년 뒤에도 나와 서로 통하네.
항상 이와 같기만을 바라노니
몸소 밭 가는 수고는 탄식하는 바 아니라네.

庚戌歲九月中於西田穫早稻[1]

人生歸有道,　　衣食固其端.
孰是都不營,　　而以求自安.
開春理常業,[2]　歲功聊可觀.[3]
晨出肆微勤,[4]　日入負耒還.
山中饒霜露,　　風氣亦先寒.[5]
田家豈不苦,　　弗獲辭此難.[6]
四體誠乃疲,　　庶無異患干.
盥濯息簷下,[7]　斗酒散襟顏.
遙遙沮溺心,[8]　千載乃相關.
但願常如此,　　躬耕非所歎.

---

* 이 시는 노동의 중요성과 농사를 지으면서 느끼는 정신적인 즐거움을 노래함.
1) 庚戌歲(경술세): 진 안제 의희 6년(410).
2) 常業(상업): 일상적인 일. 농사일을 가리킴.
3) 歲功(세공): 한 해의 수확.
   聊(료): 그런대로. 그래도.
4) 肆(사): 힘쓰다.
5) 風氣(풍기): 기후. 날씨.
6) 弗獲(불획): 할 수 없다. '弗'은 '不'과 통용됨.
7) 盥濯(관탁): 손과 발을 씻다.
8) 沮溺(저닉): 장저(長沮)와 걸닉(桀溺). 춘추 시대 초나라의 은사(隱士).

병진년 8월, 하손의 촌집에서 추수하다

가난한 살림이라 농사에 의지하여
동림(東林) 모퉁이에서 힘껏 일한다.
봄날의 밭갈이를 고생스럽다 말하지 않으나
항상 내 바람과 어긋나지 않을까 두렵다.
농사 담당 관리는 추수에 관심 갖고
말 전하며 내게 농담을 건넨다.
굶주리던 나는 배불리 먹으리라 기뻐하며
허리띠 매고 닭 울기를 기다린다.
노를 저어 너른 호수 건너고
배 띄워 맑은 계곡을 따라 돌아간다.
울창한 깊은 산속에
원숭이 울음소리 한가롭고도 슬프구나.
슬픈 바람은 조용한 밤 좋아하고
숲 속 새들은 새벽이 옴을 기뻐한다.
내가 이 농사일 해온 이래
열두 번의 가을을 맞이하였다.
모습과 나이 세월 따라 늙었으나
농사짓는 일 아직껏 버린 적 없다.
멀리 하조옹(荷蓧翁)에게 뜻을 전하니
그럭저럭 그대 따라 살 수 있었소이다.

丙辰歲八月中於下潠田舍穫[1]

貧居依稼穡,　勠力東林隈.[2]

不言春作苦,　常恐負所懷.

司田眷有秋,[3]　寄聲與我諧.[4]

飢者歡初飽,　束帶候鳴雞.[5]

揚楫越平湖,[6]　汎隨淸壑廻.

鬱鬱荒山裏,[7]　猿聲閑且哀.

悲風愛靜夜,　林鳥喜晨開.

日余作此來,　三四星火穨.[8]

姿年逝已老,　其事未云乖.

遙謝荷蓧翁,[9]　聊得從君棲.

---

* 이 시는 추수하는 기쁨과 은거하여 밭을 갈며 지내겠다는 결심을 나타냄.
1) 丙辰歲(병진세): 진 안제 의희 12년(416).
    下潠(하손): 여산(廬山)의 동림사(東林寺) 부근에 있는 지명.
2) 勠力(육력): 힘을 다하다.
    東林(동림): 여산의 남쪽에 있는 지명.
3) 司田(사전): 농사를 관장하는 관리.
    有秋(유추): 수확이 있다. 추수.
4) 寄聲(기성): 말을 전하다. 인편에 말을 전해 오다.
5) 束帶(속대): 허리띠를 매다. 옷을 다 갖춰 입음.
    候鳴雞(후명계): 날이 밝아 닭이 울기를 기다리다.
6) 揚楫(양즙): 노를 들다. 배를 젓다. '楫'은 노.
    平湖(평호): 넓은 호수.
7) 鬱鬱(울울): 초목이 무성한 모양.
8) 三四(삼사): 열두 번. 12년.
    星火穨(성화퇴): 화성(火星)이 기울다. 곧 가을이 되었다는 의미. '星火'는 화성. 매년 음력 7월 이후가 되면 화성이 서쪽으로 기울어짐.
9) 荷蓧翁(하조옹): 『논어(論語)』 미자(微子) 편에 나오는 하조장인(荷蓧丈人). 춘추시대에 농사지으며 살았던 은자(隱者).

술을 마시다

[서문] 한가로이 지내노라니 즐거움이 적은데, 게다가 요즘은 밤마저 길어졌다. 우연히 좋은 술이 생겨 마시지 않는 저녁이 없다. 그림자 돌아보며 홀로 다 마시니 홀연히 다시 취한다. 이미 취한 뒤에는 문득 시를 몇 구절 지어 스스로 즐긴다. 시를 쓴 것은 점차 많아졌으나 말에 차례가 없다. 그래도 친구에게 이것을 적게 하여 즐거운 웃음거리로 삼고자 할 따름이다.

1
쇠락과 번영은 고정된 바 없고
번갈아가며 함께 존재하는 것
오이밭에서 일하는 소평(邵平)이
어찌 동릉후(東陵侯)로 지내던 때와 같겠는가?
추위와 더위는 오가며 바뀌거니와
인생의 도리도 항상 이와 같느니.
통달한 사람은 그 이치 깨달아
더 이상 의심하지 않누나.
문득 한 단지 술로
저녁마다 즐겁게 마시거나 할 뿐.

2
선을 쌓으면 보답 있다 말하지만
백이(伯夷)와 숙제(叔齊)는 서산(西山)에서 굶어 죽었네.

飮酒

[序] 余閒居寡歡, 兼比夜已長. 偶有名酒, 無夕不飮. 顧影獨盡, 忽焉復醉. 旣醉之後, 輒題數句自娛. 紙墨遂多,[1] 辭無詮次.[2] 聊命故人書之, 以爲歡笑爾.

一

衰榮無定在,[3]　彼此更共之.

邵生瓜田中,[4]　寧似東陵時.

寒暑有代謝,[5]　人道每如茲.

達人解其會,　逝將不復疑.

忽與一樽酒,　日夕歡相持.

二

積善云有報,　夷叔在西山.[6]

---

* 이 시는 술을 마신다는 제목을 빌어 자신의 생활, 사상, 감정, 이상 등을 나타냄.
1) 紙墨(지묵): 쓴 시구. 시고(詩稿).
2) 詮次(전차): 차례.
3) 衰榮(쇠영): 사물의 쇠락과 번영을 가리키며, 또한 사람의 빈부, 득실, 궁통(窮通) 등을 가리키기도 함.
4) 邵生(소생): 소평(邵平)을 가리킴. 진(秦)나라 때는 동릉후(東陵侯)를 지냈으나 진나라가 망한 뒤에는 집안이 가난하여 장안(長安) 성 밖 동쪽에서 오이를 심으며 살았음.
5) 代謝(대사): 바뀌어 변하다, 가고 오고 바뀌다.
6) 夷叔(이숙): 백이(伯夷)와 숙제(叔齊). 은(殷)나라 말 고죽국(孤竹國) 임금의 두 아들. 아버지가 죽은 뒤 서로 임금 자리를 양보하여 함께 도망쳤음. 주(周)나라가 은을 멸망시킨 뒤, 주나라 곡식을 먹는 것을 부끄럽게 여겨 수양산(首陽山)에 숨어 지내며 고사리를 먹고 살다가, 나중에 굶어 죽음.

선과 악에 만약 응보(應報)가 없다면
어찌하여 그런 빈말을 내세웠을까?
영계기(榮啓期)는 아흔에도 새끼줄로 허리띠 매었으니
굶주림과 추위가 한창때보다 더 심했으리라.
곤궁함에도 굳게 지키는 절개에 의지하지 않았다면
백대(百代) 뒤에 누가 그 이름 전하리오?

3

도(道)가 상실된 지 천년이 되려는데
사람마다 자기의 진정(眞情)을 아끼는구나.
술이 있어도 마시려 하지 않고
다만 세속의 명성만 돌아볼 뿐.
이내 몸 귀하게 해주는 것도
어찌 살아 있는 동안뿐이지 않겠는가.
이 한평생은 또 얼마나 되는가?
갑자기 번쩍이는 번갯불 같은데.
빨리 지나가는 백년에
이것을 가지고 무엇을 이루려는가?

4

무리 잃은 새 불안해하며
날 저물어도 홀로 날고 있구나.
이리저리 기웃거려도 깃들 곳 없어
밤마다 우는 소리 더욱 구슬프네.

善惡苟不應, 何事立空言.
九十行帶索,7) 飢寒況當年.
不賴固窮節, 百世當誰傳.

三

道喪向千載, 人人惜其情.
有酒不肯飮, 但顧世間名.
所以貴我身, 豈不在一生.
一生復能幾, 倏如流電驚.
鼎鼎百年內,8) 持此欲何成.9)

四

栖栖失羣鳥,10) 日暮猶獨飛.
徘徊無定止, 夜夜聲轉悲.

西山(서산): 수양산.
7) 九十(구십): 나이 아흔인 영계기(榮啓期)를 가리킴. 춘추 시대의 은사(隱士). 집이 가난하여 사슴가죽을 걸치고 새끼줄로 매고서 금(琴)을 타고 노래하며 즐겼음.
  行(행): 오히려. 또한.
  帶索(대삭): 새끼줄로 허리띠를 삼다. '索'은 새끼줄.
8) 鼎鼎(정정): 세월이 빨리 지나가는 것을 형용하는 말.
9) 此(차): 세속의 명성을 가리킴.
10) 栖栖(서서): 불안에 떠는 모양. 마음이 불안한 모양.

날카로운 소리 청정한 먼 곳을 생각하며
오가며 얼마나 그리워하고 있는지.
그러다가 홀로 자란 소나무 만나
날개를 거두고 멀리서 돌아왔네.
거센 바람에 무성한 나무라곤 없는데
이 소나무 그늘만은 홀로 쇠하지 않네.
몸 맡길 곳 잘 얻었으니
천년토록 떠나지 않으리라.

5
초가집 짓고 마을 근처에 살아도
수레나 말 시끄럽지 않다.
그대에게 묻노니, 어떻게 그럴 수 있는가?
마음 멀어지면 사는 곳도 자연 외진 곳이 된다오.
동쪽 울타리 밑에서 국화를 따노라니
유연히 남산(南山)이 눈에 들어온다.
산 기운은 저녁에 아름답고
날아다니던 새들도 무리 지어 돌아오누나.
이 가운데 참뜻 있느니
말하고자 해도 말을 잊었노라.

6
사람의 행동거지 천만 가지니
누가 옳고 그른 것을 알려나.

厲響思淸遠,[11] 去來何依依.
因値孤生松, 斂翮遙來歸.[12]
勁風無榮木, 此蔭獨不衰.
託身已得所, 千載不相違.

五

結廬在人境,[13] 而無車馬喧.
問君何能爾, 心遠地自偏.
采菊東籬下, 悠然見南山.
山氣日夕佳, 飛鳥相與還.
此中有眞意, 欲辨已忘言.

六

行止千萬端, 誰知非與是.

---

11) 厲響(여향): 날카로운 소리. 새가 지저귀는 소리를 가리킴.
12) 斂翮(염핵): 날개를 거두다. 나는 것을 멈추다.
13) 人境(인경): 세속의 사람들이 살고 있는 곳.

옳고 그름 대충 겉모습만 보고 판단하고
부화뇌동하여 칭찬했다 비방했다 한다.
삼대(三代) 말엽에 이런 일이 많았으나
통달한 선비는 그리 하지 않았다네.
쯧쯧, 세상의 어리석은 사람들 같으니라구.
나는 장차 상산사호(商山四皓)를 따라야겠네.

7

가을 국화 자태가 아름다워
이슬에 젖은 꽃을 따누나.
근심 잊게 하는 이 술에 띄워 마시니
세속 잊은 이내 마음 더욱 멀어지네.
한잔 술 비록 혼자 마시지만
술잔 비면 술병 절로 기우는구나.
해 지면 모든 움직임이 그치고
돌아오는 새들은 숲을 향하며 지저귀네.
동쪽 창 아래서 휘파람 불며 마음 풀어놓으니
다시금 이 삶의 참뜻을 잠시 얻누나.

8

푸른 소나무 동쪽 정원에 있으니
온갖 풀이 그 모습 덮고 있네.
된서리가 다른 초목들 시들게 하자
우뚝 솟은 높은 가지 드러나네.

是非苟相形,　雷同共譽毀.
三季多此事,　達士似不爾.[14]
咄咄俗中愚,[15] 且當從黃綺.[16]

七

秋菊有佳色,　裛露掇其英.[17]
汎此忘憂物,[18] 遠我遺世情.[19]
一觴雖獨進,[20] 杯盡壺自傾.
日入羣動息,　歸鳥趨林鳴.
嘯傲東軒下,　聊復得此生.

八

靑松在東園,　衆草沒其姿.
凝霜殄異類,[21] 卓然見高枝.

---

14) 達士(달사): 식견이 있고 사리에 밝은 사람.
15) 咄咄(돌돌): 탄식 또는 놀람을 나타내는 소리.
16) 黃綺(황기): 하황공(夏黃公)과 기리계(綺里季). 여기서는 상산사호(商山四皓)를 가리킴.
17) 裛(읍): 젖다.
18) 忘憂物(망우물): 근심을 잊게 하는 물건. 술을 가리킴.
19) 遺世情(유세정): 세속을 잊어버린 심정.
20) 獨進(독진): 혼자서 마시다.
21) 異類(이류): 소나무와 다른 종류의 식물, 즉 여러 초목들을 가리킴.

연이은 숲일 때는 사람들 알아채지 못해도
홀로 선 나무는 모두들 기이하게 여기네.
술병 들어 차가운 가지에 걸어 놓고
멀리 바라보고 때때로 다시 또 본다.
나의 삶은 꿈과 환상 사이에 있거늘
어찌하여 세속의 굴레에 매일 것인가.

9
이른 아침 문 두드리는 소리에
옷을 뒤집어 입고 나가 문을 여누나.
누구십니까, 물으니
늙은 농부가 호의 품고 찾아왔구나.
술병 들고 멀리서 안부 물으러 와서는
내가 세상과 등진 걸 의아해하네.
"초가집 처마 아래 남루한 옷차림은
고상한 삶이라 할 게 못 됩니다.
온 세상이 같이 어울리길 중시하니
그대도 그 진흙탕에 뛰어드시구려."
"어르신 말씀 깊이 감사합니다만
타고난 기질이 남과 어울리지 못합니다.
벼슬살이하는 것 배울 수야 있겠으나
자기 본심 어기는 일 어찌 어리석지 않겠습니까.
잠시 이 술이나 함께 즐깁시다.
나의 수레는 되돌릴 수 없습니다."

連林人不覺,　獨樹衆乃奇.
提壺挂寒柯,　遠望時復爲.
吾生夢幻間,　何事紲塵羈.[22]

九

淸晨聞叩門,　倒裳往自開.[23]
問子爲誰與,　田父有好懷.[24]
壺漿遠見候,[25]　疑我與時乖.
襤縷茅簷下,　未足爲高栖.[26]
一世皆尙同,　願君汨其泥.[27]
深感父老言,　稟氣寡所諧.
紆轡誠可學,[28]　違己詎非迷.
且共歡此飮,　吾駕不可回.[29]

---

22) 紲塵羈(설진기): 세속의 굴레에 묶이다.
23) 倒裳(도상): 옷을 뒤집어 입다.
24) 田父(전부): 늙은 농부.
　　好懷(호회): 호의.
25) 遠見候(원견후): 멀리서 와서 나에게 안부를 묻다.
26) 高栖(고서): 고상한 생활. 또는 거처를 높여서 부르는 말.
27) 汨(골): '淈(굴)'과 같은 뜻. 물을 휘저어 흐리게 하다.
28) 紆轡(우비): 말고삐를 돌리다. 수레를 돌리다. 벼슬길에 나아감을 가리킴.
29) 駕(가): 수레. 여기서는 '뜻' 또는 '나아가는 길'을 가리킴.

10

옛날에 일찍이 먼 길을 떠나
곧장 동해 모퉁이까지 이르렀다네.
길은 멀고도 길었는데
바람과 파도가 길을 가로막았네.
이번 길 누가 시킨 것인가?
굶주림에 내몰려 그랬던 듯하네.
온 힘 다해 한번 배부르고자 한다면
조금만으로도 여유가 있었을 터.
그래도 이것은 현명한 방법이 아닌 듯하여
가던 수레 멈추고 돌아와 한가로이 사노라.

11

안회(顔回)는 어질다고 일컬어지고
영계기(榮啓期)는 도를 얻었다 말들 하지만
늘 궁핍하여 오래 살지 못했거나
오래 굶주리면서 노년에 이르렀다.
비록 죽은 뒤 이름을 남겼으나
한평생 초췌하였다.
죽어버리면 무엇을 알겠는가?
마음에 맞게 사는 것이 가장 좋은 것을.
손님 접대하듯 천금 같은 몸을 가꾸지만
죽음에 이르면 그런 보물도 사라지리니

十

在昔曾遠遊,　直至東海隅.
道路迥且長,　風波阻中塗.
此行誰使然,　似爲飢所驅.
傾身營一飽,[30] 少許便有餘.
恐此非名計,　息駕歸閒居.[31]

十一

顔生稱爲仁,[32] 榮公言有道.[33]
屢空不獲年,[34] 長飢至于老.[35]
雖留身後名,　一生亦枯槁.
死去何所知,　稱心固爲好.
客養千金軀,[36] 臨化消其寶.[37]

---

30) 傾身(경신): 온 몸의 힘을 다하다.
31) 息駕(식가): 수레를 멈추다. 벼슬을 버림을 가리킴.
32) 顔生(안생): 안회(顔回). 노(魯)나라 사람으로, 공자가 가장 아끼던 제자.
33) 榮公(영공): 영계기(榮啓期). 춘추 시대의 은사(隱士).
34) 屢空(누공): 자주 쌀독이 비다. 안회가 생활이 빈곤함을 가리킴.
　　不獲年(불획년): 장수하지 못하다. 안회가 단명하여 일찍 죽음을 말함.
35) 長飢(장기): 오래 굶주리다. 영계기를 가리켜서 말함.
36) 客養(객양): 손님을 접대하듯 자기의 몸을 정성껏 가꾸다.
37) 臨化(임화): 죽음에 이르다. '化'는 죽다.
　　寶(보): 보물. 천금 같은 몸을 가리킴.

맨몸으로 묻힌들 어찌 꼭 나쁘다 하리오?
사람들은 마땅히 그 진정한 뜻을 알아야 하리라.

12
장공(長公)은 일찍이 한번 벼슬하였으나
한창 나이에 문득 세상과 맞지를 않았네.
문을 닫아걸고 다시는 나가지 않아
평생토록 세속과 떨어져 살았다.
중리(仲理)가 넓은 못이 있는 곳으로 돌아오자
고상한 기풍이 비로소 이곳에 있게 되었다.
한번 떠나갔으면 그것으로 그칠 일이지
무엇 때문에 다시 망설이는가.
떠나고 떠나가리니 무슨 말을 또 하랴,
세상 사람 오랫동안 서로 속이는데.
황당한 이야기는 내던져버리고
내가 가는 곳을 따라오시라.

13
나그네 있어 항상 같이 살지만
행동은 영 딴판.
한 사람은 늘 홀로 취해 있고
한 사람은 일년 내내 깨어 있다.
깨어 있는 사람과 취한 사람 서로를 비웃으며
말을 해도 서로 이해하지 못한다.

裸葬何必惡,³⁸⁾　人當解意表.

十二

長公曾一仕,³⁹⁾　壯節忽失時.⁴⁰⁾
杜門不復出,　　終身與世辭.
仲理歸大澤,⁴¹⁾　高風始在玆.
一往便當已,　　何爲復狐疑.⁴²⁾
去去當奚道,　　世俗久相欺.
擺落悠悠談,⁴³⁾　請從余所之.

十三

有客常同止,　　取舍邈異境.⁴⁴⁾
一上常獨醉,　　一夫終年醒.
醒醉還相笑,　　發言各不領.

---

38) 裸葬(나장): 맨몸으로 매장하다. 한대(漢代)의 양왕손(楊王孫)은 병들어 죽게 되었을 때 본연의 모습으로 돌아가고 싶으니 알몸으로 묻어 흙에 직접 닿게 해 달라고 자식에게 유언하였음.
39) 長公(장공): 서한(西漢)의 장지(張摯). '長公'은 그의 자(字). 관직이 대부(大夫)에 이르렀으나 세속과 맞지 않아 그만두고 평생 다시는 벼슬길에 나서지 않았음.
40) 壯節(장절): 젊은 시절.
41) 仲理(중리): 동한(東漢)의 양륜(楊倫). '仲理'는 그의 자(字). 군문학연(郡文學掾)을 지냈으나 세상과 뜻이 맞지 않아 벼슬을 그만두고 넓은 못이 있는 지역에서 제자들을 가르쳤음.
42) 狐疑(호의): 망설이다. 주저하다. 양륜이 넓은 못이 있는 지역으로 돌아온 이후에도 세 번에 걸쳐 부름을 받고 벼슬을 한 것을 가리킴.
43) 擺落(파락): 떨쳐버리다, 뿌리치다.
　　悠悠談(유유담): 세속의 황당무계한 말.
44) 取舍(취사): 취함과 버림. 여기서는 각기 다른 생각이나 행동방식을 말함.

고지식하니 어찌 그리 어리석은가.
도도한 쪽이 약간은 나은 듯하다.
거나하게 취한 나그네에게 한마디 전하니
해 지면 촛불 밝히고 즐겨야 한다오.

14
친구들 나의 취향 높이 사서
술병 들고 서로 더불어 찾아왔네.
싸리덤불 깔고서 소나무 아래 앉아
몇 잔 술에 벌써 또 취한다.
동네 노인들 뒤섞여 어지러이 말하고
술잔 돌리는데 차례도 잊어버린다.
나의 존재도 깨닫지 못하는데
어찌 내 몸 밖의 것들이 귀한 줄 알겠는가.
아득하게 마음 끌려 빠져 있으니
술 속에 깊은 맛이 담겨 있구나.

15
가난한 살림이라 손길이 못 미쳐
관목들 내 집을 황폐하게 만들었네.
눈에 띄는 건 날아가는 새뿐
적적하니 사람 오가는 자취 없다.
우주는 어찌 이리 아득한가?
인생은 백년 사는 이 드물다.

規規一何愚,⁴⁵⁾ 兀傲差若穎.⁴⁶⁾

寄言酣中客,　日沒燭當秉.

十四

故人賞我趣,　挈壺相與至.

班荊坐松下,⁴⁷⁾ 數斟已復醉.

父老雜亂言,　觴酌失行次.⁴⁸⁾

不覺知有我,　安知物爲貴.

悠悠迷所留,⁴⁹⁾ 酒中有深味.

十五

貧居乏人工,　灌木荒余宅.

班班有翔鳥,⁵⁰⁾ 寂寂無行迹.

宇宙一何悠,　人生少至百.

---

45) 規規(규규): 고지식하고 소심한 모양. 깨어 있는 사람을 가리킴.
46) 兀傲(올오): 도도하여 세속을 따르지 않는 모양. 술 취한 사람을 가리킴.
47) 班荊(반형): 싸리덤불을 깔다.
48) 行次(항차): 항렬의 대소 순서. 술을 따르고 마시는 순서.
49) 悠悠(유유): 아득하다. 여기서는 술에 취해 무아지경에 빠진 모양.
　　迷所留(미소류): 마음이 끌리는 것에 빠지다. 술을 가리킴.
50) 班班(반반): 뚜렷한 모양.
　　翔鳥(상조): 빙빙 돌며 나는 새.

세월이 재촉하고 내몰아
귀밑머리 어느새 희끗희끗.
곤궁과 영달을 내맡겨두지 않는다면
평소의 뜻 저버려 매우 애석해지리라.

16
어려서부터 세상사람들과 교제 적고
육경(六經) 읽기만 좋아했더니
세월 흘러 마흔이 되어가는데
그대로 머무른 채 이룬 것 없다.
빈궁 속에서도 꿋꿋이 절개 지키며
굶주림과 추위를 실컷 겪었다.
허물어진 초가집엔 슬픈 바람 불어오고
무성한 잡초는 앞뜰을 뒤덮었다.
베옷 걸치고 긴 밤 지새는데
새벽 닭은 울려고 하지 않는다.
날 알아줄 맹공(孟公)이 여기 없으니
끝내 이내 마음 덮어버린다.

17
그윽한 난초 앞뜰에 피어
향기 머금고 맑은 바람 기다리누나.
맑은 바람 산들 불어오자
쑥대 가운데서 구별되네.

歲月相催逼,　鬢邊早已白.
若不委窮達,　素抱深可惜.

十六
少年罕人事,　游好在六經.[51]
行行向不惑,[52] 淹留遂無成.
竟抱固窮節,　飢寒飽所更.
敝廬交悲風,　荒草沒前庭.
披褐守長夜,　晨雞不肯鳴.
孟公不在玆,[53] 終以翳吾情.

十七
幽蘭生前庭,　含薰待淸風.
淸風脫然至,[54] 見別蕭艾中.

---

51) 六經(육경): 유가(儒家)의 여섯 가지 경전(經典). 즉 『시경(詩經)』『서경(書經)』『예기(禮記)』『악기(樂記)』『주역(周易)』『춘추(春秋)』.
52) 不惑(불혹): 40세.
53) 孟公(맹공): 동한(東漢)의 유공(劉龔). '孟公'은 그의 자(字). 장중울(張仲蔚)이라는 가난한 문인이 있었는데, 그의 집에는 사람의 키 높이 정도로 자란 잡초가 무성하였다. 사람들이 아무도 그를 몰랐으나 유공만은 그를 알아주었다고 함.
54) 脫然(탈연): 경쾌한 모양.

가고 또 가다가 옛 길 잃어버려도
도를 따르면 혹 통할 수도 있으리라.
깨달았으면 돌아갈 생각을 해야 하니
새를 다 잡으면 좋은 활도 버려지느니.

18

양자운(揚子雲)은 술을 좋아하였으나
가난해서 얻을 수가 없었다네.
때로 공부하기 좋아하는 사람 도움받으니
술을 신고 와서 의혹을 풀고자 하였네.
술잔 주면 다 마셔버리고
묻는 대로 대답해주었네.
그래도 때로는 말하려들지 않았으니
다른 나라 정벌하는 일 아니었겠는가.
어진 사람은 그 마음을 씀에
말하거나 침묵하거나 잘못할 리 있겠는가.

19

옛날에 오랜 굶주림에 고생하다가
쟁기 내던지고 벼슬살이 배웠어라.
가족을 먹여 살리는 것도 제대로 못해
추위와 굶주림은 꽁꽁 나를 휘감았다.
이때 서른 살에 가까웠는데
내심으로 부끄러운 게 많았다.

行行失故路,⁵⁵⁾ 任道或能通.
覺悟當念還, 鳥盡廢良弓.

十八

子雲性嗜酒,⁵⁶⁾ 家貧無由得.
時賴好事人,⁵⁷⁾ 載醪袪所惑.
觴來爲之盡, 是諮無不塞.⁵⁸⁾
有時不肯言, 豈不在伐國.
仁者用其心, 何嘗失顯默.

十九

疇昔苦長飢, 投耒去學仕.
將養不得節,⁵⁹⁾ 凍餒固纏己.
是時向立年,⁶⁰⁾ 志意多所恥.

---

55) 失故路(실고로): 옛 길을 잃다. 나가서 벼슬한 것을 가리킴.
56) 子雲(자운): 서한(西漢)의 양웅(揚雄). '子雲'은 그의 자(字).
57) 好事人(호사인): 본래는 일을 벌이기를 좋아하는 사람을 가리키나, 여기서는 열심히 공부하고 묻기를 좋아하는 사람.
58) 是諮(시자): 모든 물음. '是'는 '凡'의 뜻. 무릇. 모든.
   塞(색): 만족시키다, 대답하다.
59) 不得節(부득절): 제대로 잘하지 못하다. '節'은 법도, 절도.
60) 立年(입년): 서른 살.

마침내 곧은 본성 지키고자
옷을 털고 전원으로 돌아왔는데
뉘엿뉘엿 세월은 흘러
멀리멀리 다시 열두 해가 지났구나.
세상의 길 넓고 아득하여
양주(楊朱)는 갈림길에서 걸음을 멈추었다네.
비록 돈 뿌릴 일은 없으나
탁주는 그런대로 의지할 만하지.

20

복희(伏羲)와 신농(神農) 시절 오래되어
온 세상에 참됨 되찾는 사람 적구나.
노(魯)나라 노인 바쁘게 애써
세상을 바로잡아 순박하게 만들려 했네.
봉황새 비록 오지 않았으나
예악은 잠시 새로워졌다네.
수사(洙泗) 지방에서 심오한 말씀 끊어지고
세월은 흘러 미친 진(秦)나라에 이르렀네.
『시경(詩經)』과 『서경(書經)』은 또 무슨 죄가 있기에
하루아침에 잿더미로 변했던가.
부지런한 여러 노인들은
참으로 정성스레 경전을 전수했다네.
어찌하여 세상이 쇠망하여
육경(六經)을 가까이 하는 사람 하나도 없는가.

遂盡介然分,⁶¹⁾ 拂衣歸田里.

冉冉星氣流,⁶²⁾ 亭亭復一紀.⁶³⁾

世路廓悠悠,　楊朱所以止.⁶⁴⁾

雖無揮金事,⁶⁵⁾ 濁酒聊可恃.

二十

羲農去我久,⁶⁶⁾ 舉世少復眞.

汲汲魯中叟,⁶⁷⁾ 彌縫使其淳.

鳳鳥雖不至,⁶⁸⁾ 禮樂暫得新.

洙泗輟微響,⁶⁹⁾ 漂流逮狂秦.

詩書復何罪,　一朝成灰塵.

區區諸老翁,⁷⁰⁾ 爲事誠殷勤.

如何絶世下,　六籍無一親.⁷¹⁾

---

61) 介然分(개연분): 곧은 본성. '介然'은 강직하다. '分'은 본분.
62) 冉冉(염염): 천천히 움직이는 모양.
　　星氣流(성기류): 별과 절기가 옮겨가며 변화하다. 시간이 흐름을 가리킴.
63) 亭亭(정정): 멀고 오랜 모양.
64) 楊朱(양주): 전국(戰國) 시대의 철학가. 양주는 갈림길에서 어느 쪽으로 가야할지 망망하여 울었다 함.
65) 揮金(휘금): 돈을 뿌리다. 서한(西漢) 선제(宣帝) 때 소광(疏廣)과 조카 소수(疏受)가 벼슬에서 물러나 고향에 돌아간 뒤, 전별금으로 받은 돈으로 매일 마을 사람들과 술 마시며 즐긴 것을 전고로 취함.
66) 羲農(희농): 복희씨(伏羲氏)와 신농씨(神農氏).
67) 魯中叟(노중수): 노(魯)나라의 노인. 공자를 가리킴.
68) 鳳鳥(봉조): 봉황새. 태평성세가 올 것을 미리 보여준다고 일컬어짐.
69) 洙泗(수사): 수수(洙水)와 사수(泗水). 노나라에 있으며, 공자가 일찍이 이 지역에서 제자들을 가르쳤음.
　　微響(미향): 심오한 이치를 담고 있는 말.
70) 諸老翁(제노옹): 여러 노인. 한(漢)나라 초에 경학(經學)을 전수한 복생(伏生), 신배(申培), 원고생(轅固生), 한영(韓嬰) 등을 가리킴.
71) 六籍(육적): 육경(六經). 유가의 여섯 경전.

하루 종일 수레를 몰아 달리지만
나루터 묻는 사람 보이질 않는다.
만약에 다시 통쾌하게 마시지 않으면
머리 위의 두건을 헛되게 하는 것이리라.
단지 잘못한 말 많을까 유감스럽지만
그대는 마땅히 이 술 취한 사람을 용서하시라.

終日馳車走,⁷²⁾ 不見所問津.⁷³⁾

若復不快飮,　 空負頭上巾.⁷⁴⁾

但恨多謬誤,　 君當恕醉人.

---

72) 終日馳車走(종일치거주): 세상 사람들이 하루 종일 명리(名利)를 추구하느라 분주하게 다니는 것을 가리킴.
73) 不見所問津(불견소문진): 공자가 한번은 밭을 갈고 있는 장저(長沮)와 걸닉(桀溺)에게 나루터를 물은 적이 있는데, 이 구절에서 시인은 당시 공자같이 진정으로 치세(治世)에 관심을 가진 사람이 없음을 개탄함.
74) 頭上巾(두상건): 머리에 쓰는 갈건(葛巾). 도연명은 술이 익으면 머리에 쓴 갈건으로 술을 거른 다음 다시 썼다고 함.

술을 끊으며

살고 있는 곳은 성(城) 마을에 가깝지만
유유자적 스스로 한가롭다.
앉아 쉬는 곳은 큰 나무 그늘 아래
거닐어야 사립문 안
맛있는 음식은 채마밭 아욱
가장 큰 기쁨은 어린 자식
평생토록 술을 끊지 않으니
술 끊으면 기쁨 없어
저녁에 술 마시지 않으면 편히 잘 수 없고
아침에 술 마시지 않으면 일어날 수 없네.
매일같이 술을 끊고자 하나
기혈 작용이 멈추어 순조롭지 못하네.
술 끊으면 즐겁지 않다는 것만 알뿐
술 끊는 것이 이롭다는 것은 몰랐네.
이제야 술 끊는 게 좋다는 걸 깨닫고
오늘 아침에는 정말로 끊어버렸네.
이제부터 줄곧 끊어나가면
장차 부상(扶桑)의 물가에 머물게 되리라.
맑은 얼굴이 이전 모습에 머무를 것이니
어찌 천년 만년에 그치겠는가.

止酒

居止次城邑,[1]　逍遙自閒止.
坐止高蔭下,[2]　步止蓽門裏.[3]
好味止園葵,　大懽止稚子.
平生不止酒,　止酒情無喜.
暮止不安寢,　晨止不能起.
日月欲止之,　營衛止不理.[4]
徒知止不樂,　未知止利己.
始覺止爲善,　今朝眞止矣.
從此一止去,　將止扶桑涘.[5]
淸顏止宿容,　奚止千萬祀.[6]

---

* 이 시는 금주의 갈등과 결심을 유머러스하게 표현함.
1) 居止(거지): 거주하는 곳. 거처.
   次(차): 가깝다.
2) 高蔭(고음): 큰 나무의 그늘.
3) 蓽門(필문): 가시나무로 만든 문. 사립문. '蓽'은 가시. 사립문.
4) 營衛(영위): 기혈의 작용.
5) 將止扶桑涘(장지부상사): 장차 부상이 자라는 물가에 머물다. 장차 불로장생의 신선이 되다. '扶桑'은 고대 신화에 나오는 신목(神木)으로 여기에서 해가 뜬다고 함.
6) 千萬祀(천만사): 천만 년. '祀'는 년(年).

술을 이야기하다
―술은 의적(儀狄)이 만들고 두강(杜康)이 맛 좋게 하였다.

태양이 남쪽 땅을 비추니
지저귀는 새소리 곳곳에서 들렸네.
가을 풀 아직 시들지는 않았으나
봄바람은 오래 전에 이미 흩어졌네.
흰 조약돌은 긴 물가에서 빛나는데
남쪽 산엔 상서로운 구름 남아 있지 않네.
예장(豫章)이 조정과 대항하니
순(舜) 임금은 무덤만 남기네.
눈물 흘리며 속으로 탄식하고
귀 기울여 새벽 닭 울음소리 듣네.
나라 안에서는 좋은 곡식 바치고
신령스러운 네 동물도 나를 따른다 말하네.
심제량(沈諸梁)이 군대를 거느리자
미승(羋勝)은 죽임을 당하였으며
산양공(山陽公)이 작은 나라로 돌아가니
황제 자리 오르고는 안부도 묻지 않았네.
복식(卜式)은 양 치는 일을 잘 했으며
안락(安樂)은 충성을 다하지 않았다.

述酒

―儀狄造, 杜康潤色之.¹⁾

重離照南陸,²⁾　鳴鳥聲相聞.³⁾
秋草雖未黃,　融風久已分.⁴⁾
素礫晶修渚,⁵⁾　南嶽無餘雲.⁶⁾
豫章抗高門,⁷⁾　重華固靈墳.⁸⁾
流淚抱中歎,　傾耳聽司晨.⁹⁾
神州獻嘉粟,¹⁰⁾　西靈爲我馴.¹¹⁾
諸梁董師旅,¹²⁾　芈勝喪其身.¹³⁾
山陽歸下國,¹⁴⁾　成名猶不勤.¹⁵⁾
卜生善斯牧,¹⁶⁾　安樂不爲君.¹⁷⁾

---

* 이 시는 유유(劉裕)가 공제(恭帝)를 시해한 일에 대해 분개하는 마음을 은밀하게 나타냄.
1) 儀狄(의적): 우(禹) 임금 때 술을 만들었다고 전해지는 사람.
　杜康(두강): 술을 잘 빚었다고 전해지는 사람.
2) 重離(중리): 태양을 가리킴. '離'는 『주역(周易)』 8괘의 하나이고, 중괘(重卦)는 64괘의 하나로 역시 '離'라 하는데, 태양을 상징함. 또는 진(晉)나라의 황제 사마씨(司馬氏)가 옛날 전설상의 제왕 전욱(顓頊)의 자손인 중려(重黎)의 후손이어서, 여기서는 '重黎'와 중국어 독음이 같은 '重離'로 동진(東晉) 왕조, 또는 그 황제를 가리킨다고 풀이하기도 함.
　南陸(남륙): 남부 중국, 즉 동진이 통치하는 양자강 이남 지역.
　重離照南陸(중리조남륙): 진나라가 강남에서 중흥하였음을 말함.
3) 鳴鳥(명조): 봉황(鳳凰)을 가리킴. 어진 사람을 비유함.
　鳴鳥聲相聞(명조성상문): 동진 초에 인재가 많았음을 말함.
4) 融風(융풍): 입춘 이후의 따뜻한 바람, 즉 봄바람.
　秋草雖未黃(추초수미황), 融風久已分(융풍구이분): 동진 왕실이 점차 쇠약해져 돌이킬 수 없는 지경이 되었음을 말함.

주(周) 평왕(平王)은 옛 도읍을 떠나고
골짜기 가운데로 연기가 스며들었다.
중원 사람들 처음으로 휴식 취하고
세 발 달린 새가 기이한 글을 나타내었다네.
왕자 진(晉)은 피리 불기 좋아해
대낮에 황하(黃河)와 분수(汾水)에서 날아올랐네.
도주공(陶朱公)은 장생술(長生術) 수련하여
한가로이 살며 세상의 분란을 떠났느니.
높고 높은 서산(西山) 안에
내 항상 존경하던 사람 누워 쉬고 있구나.
훌륭한 그 모습 오래도록 전해지리니
팽조(彭祖)를 요절한 아이와 똑같이 볼 수는 없는 법.

平王去舊京,[18] 峽中納遺薰.[19]

雙陵甫云育,[20] 三趾顯奇文.[21]

王子愛淸吹,[22] 日中翔河汾.[23]

朱公練九齒,[24] 閒居離世紛.

峨峨西嶺內,[25] 偃息常所親.

天容自永固,　彭殤非等倫.[26]

5) 素礫(소력): 흰 조약돌. '礫'은 여기서 간사한 무리를 가리킴.
   修渚(수저): 긴 물가.
   素礫晶修渚(소력효수저): 환현(桓玄)이 강릉(江陵)에 자리잡고서 정권 탈취의 음모를 꾸몄음을 말함.
6) 南嶽(남악): 형산(衡山). 중국의 5대 명산 중의 하나.
   雲(운): 여기서는 자운(紫雲)을 가리킴. 고대에는 왕실의 번성을 나타내는 상서로운 조짐으로 여겼음.
   南嶽無餘雲(남악무여운): 환현이 득세한 이래로 진나라 왕실의 기운이 다했음을 말함.
7) 豫章(예장): 지금의 강서성(江西省) 남창시(南昌市). 여기서는 예장군공(豫章郡公)에 봉해진 유유(劉裕)를 가리킴.
   高門(고문): 왕궁의 바깥 성문. 여기서는 동진의 조정을 가리킴.
   豫章抗高門(예장항고문): 유유가 환현의 뒤를 이어 조정과 대항했음을 말함.
8) 重華(중화): 순(舜) 임금의 이름. 여기서는 공제(恭帝)를 가리킴.
   重華固靈墳(중화고영분): 공제가 핍박을 받고 제위(帝位)를 물려준 뒤 살해된 것을 말함.
9) 司晨(사신): 수탉이 새벽이 밝은 것을 알리다.
10) 神州(신주): 중국. 여기서는 국내를 가리킴.
11) 西靈(서령): '사령(四靈)'이 옳을 듯. '사령'은 기린, 봉황, 거북, 용을 가리킴.
    爲我馴(위아순): 나에게 길들여지다, 나를 따르다. '我'는 유유(劉裕)를 가리킴.
    神州獻嘉粟(신주헌가속), 西靈爲我馴(서령위아순): 유유가 상서로운 조짐을 거짓으로 만들어내어 제위 찬탈을 꾀함을 말함.
12) 諸梁(제량): 심제량(沈諸梁). 춘추 시대 초나라 사람.
13) 芈勝(미승): 초나라 태자의 아들. 스스로 초왕에 올랐다가 나중에 자살함. 여기서는 환현이 진(晉)을 찬탈한 뒤 유유에게 죽임을 당한 것을 가리킴.
14) 山陽(산양): 산양공(山陽公). 한(漢) 헌제(獻帝) 유협(劉協)을 가리킴. 위왕(魏王) 조비(曹丕)가 황제를 자칭하여 헌제를 내쫓아 산양공으로 삼음. 여기서는 진 공제가 제위를 내주고 영릉왕(零陵王)으로 물러난 일을 가리킴.

15) 成名猶不勤(성명유불근): 조비가 헌제를 핍박하여 제위에서 물러나게 한 뒤에도 계속 여생을 누릴 수 있도록 내버려둔 데에 비해, 유유는 공제를 폐위하고 나서 바로 그를 죽인 것을 가리킴.
16) 卜生(복생): 복식(卜式). 서한(西漢) 무제(武帝) 때의 사람.
  善斯牧(선사목): 복식은 양을 기르면서 나쁜 놈은 없애버려 다른 양들에게 영향이 미치지 않게 하였다 함. 여기서는 유유가 진나라를 찬탈하기 위해 자기와 생각이 다른 사람들, 이를테면 유의(劉毅), 제갈장민(諸葛長民), 사마휴지(司馬休之) 등을 제거한 것을 가리킴.
17) 安樂(안락): 한(漢) 창읍왕(昌邑王) 유하(劉賀)의 신하. 임금이 교만한데도 말리지 않았음.
18) 平王(평왕): 동주(東周)를 개국한 주(周) 평왕. 기원전 770년에 견융(犬戎)의 침략을 받아 동쪽의 낙읍(雒邑, 지금의 河南省 洛陽市)으로 수도를 옮김.
  去舊京(거구경): 옛 수도를 떠나다. '舊京'은 호경(鎬京, 지금의 陝西省 西安市). 여기서는 안제(安帝)가 환현에 의해 제위를 찬탈당하고 평고왕(平固王)으로 강등되어 건업(建業)을 떠나 심양으로 옮겨간 것을 가리킴.
19) 薰(훈): 연기. 옛날 월(越)나라에서 임금이 3대에 걸쳐 피살당하자, 왕자 수(搜)가 골짜기의 굴 속으로 도망쳤는데, 월나라 사람들이 쑥을 태운 연기를 굴 속으로 보내어 그를 밖으로 나오게 해 수레에 태워 데리고 가서 왕으로 추대하였음(『장자(莊子)』 양왕(讓王) 편). 여기서는 유유가 황제의 자리를 노리며 안제(安帝)를 목졸라 죽인 뒤, 공제를 억지로 세운 것을 가리킴. 또는 '峽'은 '郟'과 같이 쓰여 겹욕(郟鄏), 즉 지금의 낙양(洛陽)을 가리키고, '薰'은 훈육(薰育, 또는 燻鬻)으로 중국의 북방 민족의 이름, 즉 흉노를 가리킨다고 보아, 이 구를 낙양 일대의 중원 지역이 흉노에게 점령당했다고 풀이하기도 함. 이 경우, 앞의 구는 진(晉) 원제(元帝)가 흉노의 침략을 받아 낙양을 떠나 수도를 강남으로 옮겼다고 풀이함.
20) 雙陵(쌍릉): 낙양에 있는 진(晉) 무제(武帝)와 혜제(惠帝) 두 황제의 무덤. 여기서는 관중(關中)과 낙양 일대의 중원 지역을 가리킴.
  雙陵甫云育(쌍릉보운육): 유유가 북쪽으로 진군하여 잃었던 관중과 낙양 일대를 수복한 것을 가리킴.
21) 三趾(삼지): 세 발 달린 새. 상서로운 조짐을 나타냄.
  奇文(기문): 길흉화복을 예언한 글. 여기서는 그러한 예언.
22) 王子(왕자): 왕자 진(晉). 주(周) 영왕(靈王)의 태자. 생황 부는 것을 좋아하였는데 나중에 학을 타고 승천하여 신선이 되었다 함.

23) 日中(일중): 정오(正午). '午'는 '馬'의 뜻이니, 사마씨(司馬氏)의 진(晉)을 가리키는 뜻을 내포함.
河汾(하분): 황하(黃河)와 분수(汾水) 일대.
王子愛淸吹(왕자애청취), 日中翔河汾(일중상하분): 왕자 진(晉)이 신선이 되어 떠나간 일을 빌어 동진의 멸망을 은근히 말함.
24) 朱公(주공): 도주공(陶朱公), 즉 범려(范蠡). 전국 시대 월(越)나라 대부로 있으면서 월왕 구천(勾踐)을 도와 오(吳)나라를 멸망시킨 뒤, 도(陶, 지금의 山東省 定陶縣 서북쪽)에 이르러 이름을 도주공이라 바꾸고 장사를 하여 부자가 됨. 여기서는 시인 자신을 가리킴.
25) 峨峨(아아): 높고 큰 모양.
西嶺(서령): 서산(西山). 백이(伯夷)와 숙제(叔齊)가 은거하던 곳.
26) 彭殤(팽상): 팽조(彭祖)와 상자(殤子). '팽조'는 고대 전설에서 장수한 사람으로, 요 임금 때부터 주나라에 이르기까지 8백 살을 살았다고 전해짐. '상자'는 요절한 어린아이.

五言詩 191

자식들을 나무라다

흰머리가 양쪽 귀밑 덮고
피부도 더 이상 실하지 못하다.
비록 아들을 다섯 두었지만
모두 종이와 붓을 싫어한다.
서(舒)는 이미 열여섯 살이지만
게으르기 정말 짝이 없다.
선(宣)은 열다섯 살이 되어가는데
책 읽기도 산수도 좋아하지 않는다.
옹(雍)과 단(端)은 열세 살이지만
여섯과 일곱도 구별하지 못하고
통(通)이란 놈은 아홉 살이 가까웠건만
배와 밤만 찾는다.
타고난 운이 만약 이러하다면
에라 술이나 먹자.

責子

白髮被兩鬢,　　肌膚不復實.
雖有五男兒,[1]　總不好紙筆.
阿舒已二八,[2]　懶惰故無匹.
阿宣行志學,[3]　而不愛文術.[4]
雍端年十三,[5]　不識六與七.
通子垂九齡,[6]　但覓梨與栗.
天運苟如此,　　且進杯中物.[7]

---

* 이 시는 다섯 아들을 나무라면서 훌륭한 사람이 될 것을 격려함.
1) 五男兒(오남아): 다섯 아들. 엄(儼), 사(俟), 빈(份), 일(佚), 동(佟). 시에 나오는 이름은 아명(兒名).
2) 阿舒(아서): 도엄(陶儼)의 아명. '阿'는 아명이나 성(姓) 앞에 붙이는 애칭.
   二八(이팔): 열여섯 살.
3) 阿宣(아선): 도사(陶俟)의 아명.
   行(행): 장차. 바야흐로.
   志學(지학): 공부에 뜻을 두는 나이, 즉 열다섯 살을 가리킴.
4) 文術(문술): 책 읽기와 산수 등을 가리킴.
5) 雍端(옹단): '雍'은 도분(陶份)의 아명이고, '端'은 도일(陶佚)의 아명.
6) 通子(통자): 도동(陶佟). '子'는 이름 뒤에 붙어 애칭을 나타내는 말.
   垂九齡(수구령): 아홉 살이 되어가다. '垂'는 가깝다.
7) 進杯中物(진배중물): 술을 마시다. '杯中物'은 술을 가리킴.

느낀 바가 있어 짓다

[서문] 묵은 곡식은 이미 다 떨어지고 새 곡식은 아직 익지 않았다. 오래도록 농사 경험 많은 농부로 지냈는데 흉년을 만났다. 한 해는 아직 많이 남았고 우환이 그치지 않으니, 풍년 수확은 바랄 수 없고 아침저녁으로 겨우 밥 짓는 불이나 지펴 생활한다. 십여 일 전부터 처음으로 굶주리고 곤궁함을 생각하게 되었다. 한 해는 저물어가는데 깊이 개탄하며 속마음을 읊조린다. 지금 내가 말하지 않으면 후손들이 어떻게 알 수 있겠는가.

어려서 집안이 가난하였는데
늙어서는 더 오래도록 굶주리네.
콩과 보리도 실로 부러운 것이거늘
어찌 감히 맛있는 음식을 바랄 수 있으랴.
굶주린 채 한 달에 아홉 끼도 못 먹고
여름에도 겨울옷 지겹구나.
한 해도 장차 저무는데
어찌하여 이리도 고되고 슬픈가.
죽을 주는 사람의 마음 늘 착하게 여기고
소매로 얼굴 가린 행동 옳지 않다 깊이 느끼네.
어이 와서 먹으라며 준들 어찌 원망할 게 있나.
공연히 굶어 죽어 자기만 버렸네.
궁핍하여 방종한 행동 어찌 원하는 것이랴
곤궁해도 절조 지키는 것이 평소의 뜻이라네.

有會而作

[序] 舊穀旣沒, 新穀未登,[1] 頗爲老農, 而値年災. 日月尙悠, 爲患未已. 登歲之功,[2] 旣不可希, 朝夕所資, 煙火裁通.[3] 旬日已來, 始念飢乏. 歲云夕矣, 慨然永懷. 今我不述, 後生何聞哉.

弱年逢家乏,　老至更長飢.
菽麥實所羨,　孰敢慕甘肥.[4]
怒如亞九飯,[5]　當暑厭寒衣.
歲月將欲暮,　如何辛苦悲.
常善粥者心,[6]　深念蒙袂非.[7]
嗟來何足吝,[8]　徒沒空自遺.
斯濫豈攸志,[9]　固窮夙所歸.[10]

---

* 이 시는 집이 가난한데 흉년까지 들어 생활이 더욱 어렵지만 이에 굴하지 않는 굳은 마음을 나타냄.
1) 未登(미등): 아직 익지 않다. 아직 수확하지 않다.
2) 登歲之功(등세지공): 풍년의 수확.
3) 裁(재): 겨우.
4) 甘肥(감비): 맛있는 음식을 가리킴.
5) 亞九飯(아구반): 한 달에 아홉 번 식사한 사람에 버금가다. '九飯'은 한 달에 아홉 번 식사하는 것으로, 자사(子思)의 고사를 가리킴.
6) 粥者(죽자): 죽을 만들어 굶주린 사람들을 먹인 사람. 여기서는 춘추 시대 제(齊)나라 사람 검오(黔敖)를 가리킴. 제나라에 흉년이 들자, 음식을 만들어 길에서 굶주린 사람을 기다렸다가 먹였다고 함.
7) 蒙袂非(몽메비): 소매로 얼굴 가린 사람의 행동은 옳지 않다. 어떤 굶주린 사람이 소매로 얼굴을 가리고 오는 것을 보고 검오(黔敖)가 "어이, 와서 먹어." 하고 말하자, 이 사람이 말하기를 자기가 바로 예를 갖추지 않고 주는 음식을 먹지 않기 때문에 이런 지경에 이르렀다고 하면서 그것을 거절하고 끝내 굶어 죽은 것을 가리킴.

굶주린들 그뿐일지니
옛날에 이런 나의 스승 많았다네.

餒也已矣夫,　　在昔余多師.

---

8) 嗟來(차래): "어이, 와서 먹어" 하는 '嗟來食'의 줄임말로, 먹을 것을 베풀면서 무례하게 말하는 말투.
   吝(린): 원망하다.
9) 斯濫(사람): 방종하고 함부로 행동하다. 온갖 나쁜 짓을 저지르다. 공자가 "군자는 곤궁함에 처해도 절조를 굳게 지키나, 소인은 곤궁하면 넘치는 행동을 한다〔君子固窮, 小人窮斯濫〕"라고 한 말에서 따온 말(『논어(論語)』위령공(衛靈公) 편 참조).
10) 固窮(고궁): 곤궁해도 절조를 굳게 지키다. 군자의 행위를 가리킴.
    夙所歸(숙소귀): 평소에 지향하는 것. 평소의 뜻.

섣달 제삿날

바람과 눈이 남은 한 해 보내는데
계절이 따뜻해지는 것은 막을 수 없다네.
문 앞 양쪽에 심은 매화와 버드나무
가지 하나에 예쁜 꽃 피었네.
내 노래하니 그대 좋다고 하는데
술 마시는 즐거움 어쩌면 이리 많은가.
어떠한지 분명히는 말 못해도
장산(章山)에 빼어난 노래 울려 퍼지리.

蜡日[1)]

風雪送餘運,[2)]　無妨時已和.
梅柳夾門植,　一條有佳花.
我唱爾言得,[3)]　酒中適何多.[4)]
未能明多少,　章山有奇歌.[5)]

---

* 이 시는 음력 섣달 제삿날, 눈 내리는 가운데 술을 마시며 매화를 구경하는 정취를 노래함.
1) 蜡日(사일): 동지 뒤의 세번 째 술일(戌日)로 여러 신에게 제사를 지냄. '蜡'는 주대(周代) 12월에 신에게 올리던 제사.
2) 餘運(여운): 일년 중에 남아 있는 시운(時運). 세모를 가리킴.
3) 爾(이): 그대. 같이 술을 마시는 사람을 가리킴. 또는 제사지내는 신으로 보기도 함.
4) 酒中(주중): '中酒'와 뜻이 같다. 술에 취하다.
5) 章山(장산): 즉 장산(鄣山)으로 여산(廬山) 북쪽에 있음.
　奇歌(기가): 빼어난 노래. 작자가 술 마시면서 부른 노래를 가리킴.

五言詩　199

옛 시를 본떠서 짓다

1
무성한 창 밑의 난초
빽빽한 집 앞의 버들
처음에 그대와 이별할 때는
가면 오래 걸리리라 생각 안 했네.
문을 나선 만리 나그네
길에서 좋은 친구 만났네.
말을 주고받지 않아도 마음 먼저 끌리니
한잔 술 나누었기 때문은 아니라네.
난초는 마르고 버들 역시 시드니
마침내 그 맹세 어겨버렸네.
여러 젊은이들에게 거듭 고하노니
서로 사귐이 성실하지 못하구려.
의기투합하면 목숨도 바친다지만
이별하여 떨어지면 또 무엇이 있겠는가.

2
집 나서려 새벽에 수레 준비하니
무종(無終)에 가려고 하네.

擬古

一

榮榮窗下蘭,¹⁾　密密堂前柳.²⁾

初與君別時,　不謂行當久.

出門萬里客,　中道逢嘉友.

未言心先醉,　不在接杯酒.

蘭枯柳亦衰,　遂令此言負.

多謝諸少年,　相知不忠厚.

意氣傾人命,　離隔復何有.

二

辭家夙嚴駕,³⁾　當往至無終.⁴⁾

---

* 이 시는 세상 사람들이 신의를 저버리고 명리를 추구하는 데 대한 개탄과, 그들과 영합하지 않고 자신의 절조를 지키겠다는 신념, 진(晉)나라가 망하고 송(宋)으로 조대(朝代)가 바뀐 것에 대한 감개 등을 나타냄.
1) 榮榮(영영): 무성한 모양.
2) 密密(밀밀): 빽빽한 모양.
3) 夙嚴駕(숙엄가): 새벽에 수레를 준비하다.
4) 無終(무종): 지금의 하북성(河北省) 계현(薊縣). 한(漢)나라 말기 때 은사(隱士) 전자태(田子泰)의 고향.

그대에게 묻노니, 지금 무엇 하러 가는가?
장사도 아니고 종군(從軍)도 아니라네.
들으니 전자태(田子泰)라는 사람이 있어
절개와 의리는 사나이들 중에서도 뛰어났다지.
그 사람 이미 오래 전에 죽었으나
마을에선 그의 기풍 익히고 있다네.
살아 있을 때 세상에 명성 드높았는데
죽은 뒤에도 그 이름 길이길이 전해지는구려.
미친 듯 달리는 자들은 본받지 않으리니
그 영화 단지 살아 있는 동안뿐이라네.

3

2월에 때맞추어 비 내리니
첫 우레가 동쪽 모퉁이에서 울린다.
동면하던 동물들 저마다 놀라 깨고
풀과 나무 분방하게 싹을 뻗기 시작한다.
훨훨 새로 날아온 제비
쌍쌍이 나의 집으로 날아드는데
먼젓번 둥지 아직 그대로 있어
짝지어 옛 살던 곳으로 돌아오누나.
"너희들과 이별한 뒤로
문과 뜰이 날로 황폐해지는구나.
내 마음은 돌 구르듯 바뀌는 일 없겠으나
너희들 생각은 정녕 어떠한가?"

問君今何行,　非商復非戎.
聞有田子泰,[5]　節義爲士雄.
斯人久已死,　鄕里習其風.
生有高世名,　旣沒傳無窮.
不學狂馳子,[6]　直在百年中.

三

仲春遘時雨,　始雷發東隅.
衆蟄各潛駭,[7]　草木從橫舒.
翩翩新來燕,[8]　雙雙入我廬.
先巢故尙在,　相將還舊居.
自從分別來,　門庭日荒蕪.
我心固匪石,[9]　君情定何如.

---

5) 田子泰(전자태): 이름은 전주(田疇), 자태(子泰)는 그의 자. 동한(東漢) 말 우북평(右北平) 무종 사람. 절의를 중시하였다. 동탁(董卓)이 헌제(獻帝)를 장안(長安)으로 옮기자 유주목(幽州牧) 유우(劉虞)의 명을 받아 갖은 어려움 끝에 헌제를 알현하였고, 헌제가 벼슬을 내렸으나 받지 않고 돌아와 서무산(徐無山)에서 은거하면서 기강을 바로 세우고 학교를 설립하여 그 고장이 잘 다스려지게 하였음.
6) 狂馳子(광치자): 부귀를 추구하기 위해 미친 듯이 달리는 사람.
7) 衆蟄(중칩): 동면하던 여러 동물들. '蟄'은 동물이 겨울잠을 자다.
8) 翩翩(편편): 가볍게 나는 모양.
9) 匪石(비석): 돌이 아니다. 돌처럼 굴릴 수 있지 않다. '匪'는 '非'와 통용됨.『시경(詩經)』패풍(邶風) 백주(柏舟)의 "내 마음은 돌이 아니어서 굴릴 수 없다[我心匪石, 不可轉也]"라는 내용에서 따옴. 여기서는 시인이 은거할 마음이 확고하여 변치 않음을 뜻함.

4
아득히 높은 누각
또렷이 사방 끝까지 바라보인다.
저녁에는 구름 돌아오는 집이고
아침에는 새들 날아드는 대청(大廳)이라네.
산하가 눈에 가득 들어오는데
평원은 홀로 한없이 넓구나.
옛날 공명을 쫓던 사람들
격앙된 마음으로 이 땅을 다투었는데
하루아침에 죽은 뒤엔
서로 더불어 북망산(北邙山)으로 돌아갔네.
무덤 가 소나무와 잣나무 베어지고
높다랗던 무덤도 낮고 높고 다르다.
무너진 묘 돌볼 후손 없으니
떠도는 혼백은 어디에 있는가.
살았을 때의 부귀영화 실로 귀하지만
죽고 나니 역시 가련하고 슬프네.

5
동방에 한 선비 있으니
입은 옷 늘상 너덜너덜.
한 달에 아홉 번 밥 먹고
십 년 동안 갓 하나라네.

四

迢迢百尺樓,[10] 分明望四荒.[11]
暮作歸雲宅,　朝爲飛鳥堂.
山河滿目中,　平原獨茫茫.
古時功名士,　慷慨爭此場.
一旦百歲後,　相與還北邙.[12]
松柏爲人伐,　高墳互低昻.
積基無遺主,　游魂在何方.
榮華誠足貴,　亦復可憐傷.

五

東方有一士,　被服常不完.
三旬九遇食,　十年著一冠.

---

10) 迢迢(초초): 까마득히 높은 모양.
11) 四荒(사황): 아득히 먼 사방.
12) 還北邙(환북망): 북망산(北邙山)으로 돌아가다, 북망산에 묻히다. 북망산은 지금의 하남성(河南省) 낙양(洛陽)의 북쪽에 있음.

고생은 견줄 데 없으나
항상 즐거운 얼굴을 하고 있다.
나는 그 사람 보고자 하여
새벽 길 떠나 하천과 관문을 넘노라.
푸른 소나무 길을 끼고 자라고
흰 구름은 처마 끝에 머무르네.
은자(隱者)는 내가 일부러 온 뜻을 알고
금(琴)을 가져와 나를 위해 타누나.
먼저 별학조(別鶴操) 연주하고
뒤이어 쌍봉이란(雙鳳離鸞)을 탄다.
원컨대 그대 곁에 머물러
지금부터 추운 겨울까지 함께 하고 싶소.

6
푸르고 푸른 골짜기 나무
겨울도 여름도 항상 이와 같네.
해마다 서리와 눈 만나는데
계절을 모른다고 누가 말하랴.
세속의 말 물리도록 들어
새 친구 사귀러 임치(臨淄)에 가려 한다.
직하(稷下)에는 담론 잘하는 선비 많아
그들에게 물어 나의 의문을 풀고자 하네.
행장을 꾸린 지 벌써 며칠 되고
집안사람들과도 작별을 고했네.

辛勤無此比,　常有好容顏.
我欲觀其人,　晨去越河關.
靑松夾路生,　白雲宿簷端.
知我故來意,　取琴爲我彈.
上弦驚別鶴,[13]　下絃操孤鸞.[14]
願留就君住,　從今至歲寒.[15]

六

蒼蒼谷中樹,　冬夏常如玆.
年年見霜雪,　誰謂不知時.
厭聞世上語,　結友到臨淄.[16]
稷下多談士,[17]　指彼決吾疑.
裝束旣有日,　已與家人辭.

---

13) 上弦(상현): 앞의 곡. 처음 곡.
　別鶴(별학):「별학조(別鶴操)」. 옛 금곡(琴曲)의 이름. 원래의 곡은 부부의 이별을 탄식하는 것이나, 여기서는 속세를 떠나 은거함을 비유함.
14) 下絃(하현): 뒤의 곡. 끝 곡.
　孤鸞(고란): 옛 금곡의 이름.「쌍봉이란(雙鳳離鸞)」을 가리킴. 원래 곡은 봉황새가 짝을 잃음을 탄식한 것이나, 여기서는 고고한 지조를 비유함.
15) 至歲寒(지세한): 추운 겨울에 이르다. 어떤 어려움 속에서도 지조를 꿋꿋하게 지키다.
16) 臨淄(임치): 전국 시대 제(齊)나라의 수도. 지금의 산동성 광요현(廣饒縣) 남쪽에 있음.
17) 稷下(직하): 임치성 안에 있음. 제나라 때 학술 활동이 성했던 곳.

가려다가는 문에서 머뭇거리고
돌아와 앉아서 다시 혼자 생각하네.
길이 먼 것은 두렵지 않지만
사람들이 나를 속이진 않을까,
만일 서로 뜻이 맞지 않으면
오래오래 세인들 웃음거리 되리라.
이 마음 다 말하기 어려우니
그대들 위해 이 시를 짓노라.

7
해 저문 하늘엔 구름 한 점 없고
부드리운 봄비람 살랑살랑 불어온다.
아름다운 사람 맑은 밤을 좋아하여
날이 새도록 술 마시고 노래 부르네.
노래 끝나자 길게 탄식하니
좋은 경치 바라보며 감회도 많네.
구름 사이론 달이 휘영청 밝고
나뭇잎 사이엔 꽃이 활짝 피었네.
어찌 한때 아름다움 없으리오마는
오래가지 못하니 어이할거나.

8
젊었을 때는 건장하고 굳세어
검을 어루만지면서 홀로 돌아다녔네.

行行停出門,　還坐更自思.
不畏道里長,　但畏人我欺.
萬一不合意,　永爲世笑嗤.
伊懷難具道,　爲君作此詩.

七
日暮天無雲,　春風扇微和.
佳人美淸夜,　達曙酣且歌.
歌竟長歎息,　持此感人多.
皎皎雲間月,[18]　灼灼葉中華.[19]
豈無一時好,　不久當如何.

八
少時壯且厲,　撫劍獨行遊.

---

18) 皎皎(교교): 희고 밝은 모양.
19) 灼灼(작작): 선명하고 아름다운 모양. 밝게 빛나는 모양.

돌아다닌 곳 가깝다 누가 말하랴
장액(張掖)에서 유주(幽州)까지 이르렀다네.
배고프면 수양산(首陽山) 고사리 먹고
목마르면 역수(易水)의 물 마셨네.
알아주는 사람은 만나지 못하고
단지 옛날의 무덤만 보았네.
길가에 높은 두 무덤은
백아(伯牙)와 장주(莊周)였다네.
이런 사람 다시 만나기 어려우니
내 길 떠난들 무엇을 구할 것인가.

9

장강(長江) 가에 뽕나무 심고
삼 년이면 잎 딸 수 있길 바랐네.
가지가 비로소 무성해지려는데
갑자기 산하가 바뀌어버렸네.
가지와 잎 절로 꺾이고
뿌리와 줄기 큰 바다를 떠돈다네.
봄누에 먹을 것이 없으니
겨울옷은 누구에게 얻어 입나.
본래 높은 언덕에 심지 않았으니
지금 와서 다시 무엇을 후회하겠는가.

誰言行遊近,　張掖至幽州.[20]
飢食首陽薇,[21]　渇飲易水流.[22]
不見相知人,　惟見古時邱.
路邊兩高墳,　伯牙與莊周.[23]
此士難再得,　吾行欲何求.

九

種桑長江邊,　三年望當採.
枝條始欲茂,　忽値山河改.
柯葉自摧折,　根株浮滄海.
春蠶既無食,　寒衣欲誰待.
本不植高原,　今日復何悔.

---

20) 張掖(장액): 지금의 감숙성(甘肅省) 서부에 있음. 옛날 서쪽 변경 지역.
　　幽州(유주): 지금의 하북성(河北省) 동북부에 있음. 장액에서 유주까지는 수천 리 떨어져 있음.
21) 首陽薇(수양미): 수양산(首陽山)의 고사리. 여기서는 백이(伯夷)와 숙제(叔齊)의 고사를 은연중에 비유함.
22) 易水流(역수류): 역수의 물. 여기서는 형가(荊軻)의 고사를 비유함.
23) 伯牙(백아): 춘추 시대 금(琴)의 명인. 자신의 음악을 잘 이해하던 종자기(鍾子期)가 죽자 더 이상 금을 타지 않았음.
　　莊周(장주): 장자(莊子). 전국 시대의 사상가. 친구 혜시(惠施)가 죽자 더 이상 자신의 생각을 다른 사람과 이야기 나누는 일이 없었다고 함.

잡시

1
사람의 삶이란 뿌리도 없이
길에서 나부끼는 먼지 같은 것
흩어져 바람 따라 돌아다니니
이것은 이미 영원불변의 몸이 아니라네.
세상에 태어나면 모두가 형제
어찌 꼭 골육만이 친하리오.
기쁜 일 생기면 즐겨야 하니
한 말 술로 이웃 사람 불러모은다.
한창때는 다시 오지 않고
하루 중에 두 번 새벽 맞기 어렵다네.
때맞춰 부지런히 힘써야 할지니
세월은 사람을 기다리지 않는다네.

2
태양은 서쪽 언덕에 떨어지고
하얀 달은 동쪽 산봉우리에서 나온다.
아득히 만리 너머 빛나며
광활한 하늘에 달빛 가득하다.

雜詩

一

人生無根蔕,¹⁾ 飄如陌上塵.
分散逐風轉, 此已非常身.
落地爲兄弟, 何必骨肉親.
得歡當作樂, 斗酒聚比鄰.
盛年不重來, 一日難再晨.
及時當勉勵, 歲月不待人.

二

白日淪西阿, 素月出東嶺.
遙遙萬里輝,²⁾ 蕩蕩空中景.³⁾

---

* 이 시는 특정 시기나 일에 구애됨이 없이 느끼는 대로 시로 나타낸 것임. 모두 12수이며, 앞의 여덟 수는 대체로 세월의 빠름과 자신의 늙음과 가난함, 큰 뜻을 이루지 못함을 개탄하면서 스스로 격려하는 뜻을 읊었고, 뒤의 네 수는 주로 행역(行役)의 괴로움을 말함.
1) 根蔕(근체): 나무의 뿌리와 열매의 꼭지. 근거(根據).
2) 遙遙(요요): 아득히 먼 모양.
3) 蕩蕩(탕탕): 광활한 모양.

바람 불어 방문으로 들어오니
한밤중에 잠자리가 차구나.
기후가 변하니 계절의 바뀜 느끼겠고
잠 못 이루니 밤이 길어진 줄 알겠다.
말하고자 해도 화답해줄 사람 없어
술잔 들어 외로운 그림자에게 권하네.
세월은 사람을 버리고 떠나가니
뜻이 있어도 펼칠 수가 없다네.
이것을 생각하니 마음이 처량해져
새벽이 밝도록 진정시킬 수 없네.

3
부귀영화는 오래 가기 어렵고
번성과 쇠퇴를 헤아릴 수 없다네.
지난 봄 석 달 피었던 연꽃이
지금은 가을 연밥집이 되었네.
된서리 들풀에 맺혀
시들어도 금세 죽지는 않네.
해와 달은 돌고 또 돌지만
내 죽으면 다시 살아나지 못하는구나.
지나간 옛 시절 그리워하니
이를 생각하면 애간장 끊어지네.

風來入房戶,　夜中枕席冷.

氣變悟時易,　不眠知夕永.

欲言無予和,　揮杯勸孤影.

日月擲人去,　有志不獲騁.[4]

念此懷悲悽,　終曉不能靜.

三

榮華難久居,　盛衰不可量.

昔爲三春蕖,　今作秋蓮房.

嚴霜結野草,　枯悴未遽央.

日月還復周,　我去不再陽.

眷眷往昔時,[5]　憶此斷人腸.

---

4) 不獲騁(불획빙): 펼치지 못하다. 실현시킬 수 없다. '獲'은 얻다, '騁'은 펼치다, 발휘하다.
5) 眷眷(권권): 그리워하는 모양.

4
대장부는 천하에 뜻을 둔다지만
내 소원은 늙는 걸 모르는 것.
친척들은 한곳에 모여 살고
자손들은 또 서로 보살핀다.
하루종일 술 마시고 금(琴)을 타니
술통엔 술이 비질 않는다.
허리띠 풀고 즐거움을 다하며
느지막이 일어났다가 일찍 잔다네.
어찌 같겠나, 지금 세상 사람들
얼음과 숯이 가슴속에 가득한 것과.
한평생 살다 죽어 무덤으로 돌아가면
이런 공허한 이름으로 일컬어질 텐데.

5
내 젊었을 때를 회상해보니
즐거운 일 없어도 스스로 유쾌하였네.
웅대한 뜻은 천하를 내달리고
날개 펼쳐 멀리 날아오르려 하였네.
덧없이 세월은 흘러가고
이런 마음도 점차 없어졌네.
기쁜 일 있어도 더 이상 즐겁지 않고
언제나 근심만 많다네.

四

丈夫志四海,　我願不知老.
親戚共一處,　子孫還相保.
觴弦肆朝日,[6]　樽中酒不燥.
緩帶盡歡娛,　起晚眠常早.
孰若當世士,[7]　冰炭滿懷抱.[8]
百年歸邱壟,　用此空名道.

五

憶我少壯時,　無樂自欣豫.
猛志逸四海,　騫翮思遠翥.[9]
荏苒歲月穨,[10]　此心稍已去.
值歡無復娛,　每每多憂慮.

---

6) 觴弦(상현): 음주와 악기 연주를 가리킴.
7) 士(사): 도주(陶澍) 본에는 '時'로 되어 있으나 다른 여러 판본에 의거해 고침.
8) 冰炭(빙탄): 얼음과 숯이 성질상 서로 용납할 수 없듯이, 여기서는 이익과 명성 추구의 충돌을 비유함.
9) 騫翮(건핵): 날개를 펼치다.
10) 荏苒(임염): 세월이 덧없이 흘러가다.

기력은 점점 쇠약해져
갈수록 전만 못해짐을 느끼는데
시간은 잠시도 가만히 있질 않아
나를 머물러 있지 못하게 하는구나.
앞으로 남은 길 얼마나 되나
멈추어 머무를 곳 모르겠네.
옛 사람은 촌음(寸陰)도 아꼈다는데
이것을 생각하니 두렵기만 하누나.

6

옛날에 노인들 말씀 들으면
귀 막고 언제나 기쁘지 않았다.
어찌할거나 내 나이 쉰이 되어
홀연 이 일을 내가 겪게 되었네.
한창때의 즐거움 찾아보지만
조금도 그 시절 그런 심정이 아니구나.
세월은 가고 가며 점차 더 빨라지려 하니
이 삶을 어찌 다시 만날 수 있으랴.
집의 재산 다 써서 즐기며
내달리는 이 세월 마치리라.
자식 있어도 돈을 남기지 않으리니
어찌 죽은 뒤를 위해 남겨둘 필요 있으랴.

氣力漸衰損,　轉覺日不如.
壑舟無須臾,[11]　引我不得住.
前途當幾許,　未知止泊處.[12]
古人惜寸陰,　念此使人懼.

六

昔聞長者言,[13]　掩耳每不喜.
奈何五十年,　忽已親此事.
求我盛年歡,　一毫無復意.
去去轉欲速,　此生豈再值.
傾家持作樂,　竟此歲月駛.
有子不留金,　何用身後置.

---

11) 壑舟(학주): 골짜기에 감춰 놓은 배. 배를 골짜기에 감춰 두고서 안전하다고 여기지만 한밤중에 어떤 힘센 사람이 짊어지고 도망가버려도 어리석은 사람은 그것을 알지 못한다는 내용을 전고(典故)로 취함(『장자(莊子)』대종사(大宗師) 편 참조). 대자연이 부단히 변화함을 의미하며, 여기서는 시간이 빨리 흘러감을 비유함.
12) 止泊處(지박처): 배가 정박하는 곳. 인생의 돌아가 쉴 곳을 가리킴.
13) 長者言(장자언): 노인들이 지난 일을 회상하는 말. 또는 옛 친구 중 누구는 죽고 누구는 살아 있고 등에 대한 이야기를 가리킴.

7
세월은 더디 가려 않고
사계절은 서로 재촉하는구나.
찬바람은 마른 가지에 스치고
낙엽은 긴 길을 덮는다.
약한 몸은 시간과 더불어 쇠해지고
검던 귀밑머리 어느새 하얗게 세었다.
흰색 표시 머리에 꼽혔으니
앞 길은 점점 좁아지리라.
집은 손님 맞는 여관이요
나는 떠나야 하는 나그네 같네.
가고 가서 어디로 가려 하나?
남산(南山)에 대대로 옛 묘지 있다네.

8
관리되는 것은 본래 바라는 바 아니니
나의 본업은 밭 갈고 누에 치는 것.
몸소 농사지으며 그만둔 적 없으나
춥고 굶주리며 항상 술지게미와 겨만 먹는다네.
어찌 배 채우는 것 이상이야 바라겠는가?
거친 밥이나마 실컷 먹을 수 있길 원할 뿐.
겨울 추위 막는 데는 거친 베면 족하고
거친 갈포(葛布)로 뙤약볕 가리면 그만인데

七

日月不肯遲,　四時相催迫.
寒風拂枯條,　落葉掩長陌.
弱質與運穨,　玄鬢早已白.
素標挿人頭,　前途漸就窄.
家爲逆旅舍,[14] 我如當去客.
去去欲何之,　南山有舊宅.[15]

八

代耕本非望,[16] 所業在田桑.
躬親未曾替,　寒餒常糟糠.[17]
豈期過滿腹,　但願飽粳糧.
御冬足大布,　麤絺以應陽.[18]

---

14) 逆旅舍(역려사): 손님을 접대하는 여관. '逆'은 맞이하다.
15) 南山(남산): 여산(廬山)을 가리킴.
    舊宅(구택): 도씨(陶氏) 집안의 묘지를 가리킴.
16) 代耕(대경): 관리의 봉급으로 농사짓는 수입을 대체하다. 관리가 됨을 뜻함.
17) 糟糠(조강): 술지게미와 쌀겨. 조악한 음식을 가리킴.
18) 麤絺(추치): 거친 갈포(葛布).

이런 것조차 얻을 수 없으니
슬프고 가슴 아프다네.
남들은 모두 잘 하고 있는데
못난 나는 방법을 모른다네.
하늘의 이치 어쩔 수 없으니
에라, 술이나 한잔 마시자.

9

멀리 외지로 벼슬살이 떠나니
이 한 마음이 타향과 고향에 있네.
눈물을 훔치고 배 띄워 동쪽으로 가면서
물결을 따라 바뀌는 시간 쫓아간다.
해는 성수(星宿)와 묘수(昴宿)로 지고
별자리도 서산 꼭대기에 숨어버리네.
쓸쓸하게 하늘 끝에 떨어져서
슬퍼하며 집에서 먹던 식사를 그리워한다.
탄식하며 남쪽으로 돌아가려 생각하나
길이 멀어 어쩔 수 없구나.
관문과 다리를 없앨 수 없으니
끊어진 소식만 이 시에 담는다네.

10

한가하게 지낼 때는 분방한 뜻 가졌으나
시간은 흘러가 더 이상 머무를 수 없었네.

正爾不能得,　哀哉亦可傷.
人皆盡獲宜,[19] 拙生失其方.
理也可奈何,　且爲陶一觴.

九

遙遙從羈役,[20] 一心處兩端.[21]
掩淚汎東逝,　順流追時遷.
日沒星與昴,[22] 勢翳西山嶺.
蕭條隔天涯,　惆悵念常餐.
慷慨思南歸,　路遐無由緣.
關梁難虧替,　絶音寄斯篇.

十

閒居執蕩志,　時駛不可稽.

---

19) 獲宜(획의): 각자 자기가 있을 자리에 있다. 소원대로 되다.
20) 羈役(기역): 타향을 떠돌며 벼슬살이를 하다.
21) 處兩端(처양단): 몸은 벼슬에 있으나 마음은 고향에 있음을 가리킴.
22) 星與昴(성여묘): 성수(星宿)와 묘수(昴宿). 각기 이십팔수(宿) 중의 하나.

五言詩　223

일에 내몰려 멈추어 쉴 틈도 없이
수레 몰아 동쪽 물가로 갔노라.
음침한 날씨 사향(麝香)을 피운 듯 안개 짙고
차가운 기운 나의 가슴 격동시키누나.
세월은 늘상 흐르고
내 이곳에 와 머문 지도 이미 오래되었네.
격앙되어 얽히고설킨 생각들 회상하나
이 마음 오래 전에 이미 떠났네.
어느덧 십 년을 지나면서
잠시 다른 사람에 매여 있었네.
뜰과 처마 많은 나무에 가려 있고
눈 깜짝할 사이에 세월은 사라져가누나.

11
길 떠난 지 아직 멀지 않은데
돌이켜보니 구슬픈 바람 서늘하였네.
봄 제비 계절 맞춰 날아와
높이 날아 먼지 낀 들보를 터누나.
변방의 기러기 머무를 곳 없음을 슬퍼하며
제비와 교대하여 북쪽 고향으로 돌아간다.
무리에서 떨어진 곤계(鵾鷄)만이 맑은 연못에서 울며
여름 지나고 가을 서리 겪는다.
시름에 찬 사람 가슴속을 말로 하기 어려운데
아득하니 봄밤은 길기도 하구나.

驅役無停息,　軒裳逝東崖.
沈陰擬薰麝,　寒氣激我懷.
歲月有常御,23)　我來淹已彌.
慷慨憶綢繆,24)　此情久已離.
荏苒經十載,25)　暫爲人所羈.
庭宇翳餘木,　儵忽日月虧.

十一

我行未云遠,　回顧慘風涼.
春燕應節起,　高飛拂塵梁.
邊雁悲無所,　代謝歸北鄉.
離鵾鳴淸池,26)　涉暑經秋霜.
愁人難爲辭,　遙遙春夜長.

---

23) 常御(상어): 일상대로의 운행. '御'는 가다.
24) 綢繆(주무): 서로 얽혀 떨어지지 않다. 감정이 깊은 모양.
25) 十載(십재): 10년. 작자가 29세에 강주 좨주(江州祭酒)로 벼슬을 시작한 이후 이 시를 지을 때까지 대략 10년이 됨.
26) 離鵾(이곤): 무리에서 떨어진 곤계(鵾鷄). '鵾'은 학과 비슷한 물새.

五言詩　225

12

하늘하늘 벼랑 위의 소나무
잘생기고 부드러운 소년 같구나.
나이 비로소 열다섯
높은 나뭇가지 어찌 기댈 수 있으리오.
자태를 가꾸고 정기 머금어 자라면서
분명히 큰 뜻 품으리라.

十二

嫋嫋松標崖,[27] 婉孌柔童子.[28]

年始三五間,[29] 喬柯何可倚.

養色含精氣,　粲然有心理.

---

27) 嫋嫋(요뇨): 바람에 하늘하늘 흔들리는 모양.
28) 婉孌(완연): 나이가 어리고 아름다운 모양.
29) 三五間(삼오간): 나이가 열다섯 살쯤 된 것을 가리킴.

가난한 선비를 노래하다

1

만물은 제각기 의탁하는 바가 있는데
외로운 구름은 홀로 의지할 곳 없다.
어슴푸레 공중에서 사라지니
언제나 남겨 놓은 빛을 볼 수 있을까.
아침노을이 밤안개를 걷어내자
여러 새들이 서로 함께 날아간다.
느릿느릿 숲에서 나온 새는
날도 저물지 않아 다시 돌아오누나.
능력 헤아려 예전의 삶을 고수하니
어찌 춥고 배고프지 않겠는가.
알아주는 사람이 만일 없다면
그만두자, 무얼 슬퍼하겠는가.

2

매섭게 추운 날씨 한 해도 저무는데
거친 베옷 걸치고 창 앞에서 햇볕을 쬔다.
남쪽 채소밭엔 남은 이삭 없고
마른 가지만 북쪽 정원에 가득하구나.

詠貧士

一

萬族各有託,[1]　孤雲獨無依.
曖曖空中滅,[2]　何時見餘暉.
朝霞開宿霧,　衆鳥相與飛.
遲遲出林翮,　未夕復來歸.
量力守故轍,[3]　豈不寒與飢.
知音苟不存,　已矣何所悲.

二

凄厲歲云暮,　擁褐曝前軒.
南圃無遺秀,　枯條盈北園.

---

* 이 시는 옛날의 가난한 사람들을 노래하면서 작자가 가난한 가운데서도 뜻을 굳게 지키며 명예와 이익을 부러워하지 않는 마음을 나타냄.
1) 萬族(만족): 만물.
2) 曖曖(애애): 흐릿한 모양. 희미한 모양.
3) 故轍(고철): 옛 길. 지금까지 살아왔던 방식, 또는 옛날의 가난한 사람들이 걸었던 길.

단지를 기울여도 남은 쌀 한 톨 없고
부엌을 보아도 밥 짓는 연기 보이지 않네.
온갖 책들이 자리 옆에 수북해도
해 저무니 연구할 겨를 없다.
가난해도 공자(孔子)가 진(陳)나라에서 고생한 것과는 다르지만
슬그머니 말에 노여움이 나타난다.
무엇으로 내 마음 위로할거나.
옛날 어진 사람들에게 힘입을 따름이네.

3
영계기(榮啓期) 노인 늙어서도 새끼줄로 허리띠 하고
기쁘게 금(琴)을 탔다네.
원헌(原憲)은 떨어진 신발 신고
맑은 소리로 상송(商頌)을 흥겹게 불렀지.
순(舜) 임금의 태평시대 나와 멀리 떨어져 있고
가난한 사람 대대로 이어지고 있네.
해진 옷 팔꿈치도 가리지 못하고
나물국엔 항상 쌀알조차 없다.
어찌 가벼운 가죽옷 입을 줄 모르랴마는
구차하게 얻는 것은 부럽지 않다네.
자공(子貢)은 헛되이 말솜씨만 좋을 뿐
내 마음은 알지 못하리니.

傾壺絶餘粒,⁴⁾　闕竈不見煙.
詩書塞座外,　日昃不遑研.
閒居非陳厄,⁵⁾　竊有慍見言.
何以慰吾懷,　賴古多此賢.⁶⁾

三

榮叟老帶索,⁷⁾　欣然方彈琴.
原生納決履,⁸⁾　清歌暢商音.⁹⁾
重華去我久,¹⁰⁾　貧士世相尋.
弊襟不掩肘,　藜羹常乏斟.¹¹⁾
豈忘襲輕裘,　苟得非所欽.
賜也徒能辨,¹²⁾　乃不見吾心.

---

4) 餘粒(여립): 남은 쌀알. '粒'은 '瀝'으로 된 판본도 있음.
5) 陳厄(진액): 공자가 진(陳)나라에서 7일 동안 식량이 끊겨 고생한 일.
6) 賢(현): 어진 사람. 가난해도 편안해하며 도(道)를 즐기는 현인을 말함.
7) 榮叟(영수): 영계기(榮啓期)를 가리킴. 춘추 시대의 은사(隱士). '叟'는 노인에 대한 호칭.
8) 原生(원생): 원헌(原憲). 공자의 제자.
   納決履(납결리): 떨어진 신발을 신다.
9) 商音(상음): 『시경』중의 상송(商頌).
10) 重華(중화): 순(舜) 임금의 이름. 이때는 천하가 태평해 가난한 사람이 없었다 함.
11) 藜羹(여갱): 나물국. '藜'는 일년생 초본식물인 명아주. '羹'은 국.
    斟(짐): 여기서는 '糂'의 뜻으로, 국에 넣는 쌀알을 가리킴.
12) 賜(사): 공자의 제자 자공(子貢). 성은 단목(端木), 이름은 사(賜). 구변(口辯)이 뛰어났음.

4

가난해도 편안하고 비천함을 지킨 사람으로는
옛날부터 검루(黔婁)가 있었다.
좋은 관직도 영광으로 여기지 않고
후한 선물도 받지 않는다 말했네.
하루아침에 수명이 다하자
떨어진 옷조차 몸을 덮지 못하였다.
어찌 극도로 가난함을 몰랐겠는가?
도(道)와 관계 없기에 근심하지 않았다네.
그가 죽은 뒤로 천년이 되어가는데
다시는 이런 사람 보지 못했네.
아침에 인의(仁義)와 더불어 살 수 있으면
저녁에 죽은들 또 무엇을 바라겠는가.

5

원안(袁安)은 문에 눈이 쌓였어도
절조 지키며 남의 도움 구하지 않았고
완공(阮公)은 뇌물 들어오는 것을 보자
그날로 벼슬을 그만두었다.
건초 위에서 자도 온기는 있고
토란 캐면 아침 식사로 충분하다.
어찌 정말로 고생스럽지 않을까마는
두려운 건 배고프고 추운 것이 아니라오.

四

安貧守賤者,　自古有黔婁.[13]
好爵吾不榮,　厚饋吾不酬.
一旦壽命盡,　弊服仍不周.
豈不知其極,　非道故無憂.
從來將千載,　未復見斯儔.
朝與仁義生,　夕死復何求.

五

袁安門積雪,[14]　邈然不可干.[15]
阮公見錢入,[16]　卽日棄其官.
芻葉有常溫,　採莒足朝餐.
豈不實辛苦,　所懼非飢寒.

---

13) 黔婁(검루): 춘추 시대 제(齊)나라의 은사(隱士).
14) 袁安(원안): 동한(東漢) 여남(汝南) 남양(南陽, 지금의 河南省 商水縣 西北) 사람.
15) 邈然(막연): 높고 먼 모양. 인품이 고상한 모양.
16) 阮公(완공): 생애와 사적에 대해 자세히 알 수 없음.

가난과 부귀가 늘 서로 싸우나
도(道)의 마음이 이기니 근심스런 얼굴 없다네.
고상한 덕행은 나라와 마을에서 으뜸이고
청렴한 절개는 서관(西關)에서 빛났다네.

6
장중울(張仲蔚)은 가난하게 사는 것도 좋아해
집을 둘러싸고 쑥이 가득 자랐다네.
은거하여 세상과 내왕 끊고
시를 매우 잘 지었다네.
온 세상에 알아주는 이 없고
다만 유공(劉龔) 한 사람만 있었으니
이 사람은 어찌하여 홀로 그러하였는가?
실은 뜻을 같이하는 사람이 드물었기 때문이라네.
꿋꿋이 홀로 자기 일에 편안하고
즐거움이 빈궁이나 영달에 있지 않았네.
나 또한 세상사에 본래 서투니
그저 길이 그를 따르고 싶다오.

7
옛날에 황자렴(黃子廉)이란 사람 있어
벼슬길에 나가 이름난 고을의 태수 되었네.
하루아침에 벼슬 그만두고 돌아오니
그 청빈에 비교될 만한 사람 없었네.

貧富常交戰,　道勝無戚顏.
至德冠邦閭,　淸節映西關.[17)]

六

仲蔚愛窮居,[18)]　繞宅生蒿蓬.
翳然絶交遊,　賦詩頗能工.
擧世無知音,　止有一劉龔.[19)]
此士胡獨然,　實由罕所同.
介焉安其業,[20)]　所樂非窮通.
人事固以拙,　聊得長相從.

七

昔在黃子廉,[21)]　彈冠佐名州.[22)]
一朝辭吏歸,　淸貧略難儔.

---

17) 西關(서관): 완공(阮公)의 고향 혹은 살았던 곳인 듯함.
18) 仲蔚(중울): 장중울(張仲蔚). 동한(東漢) 평릉(平陵, 지금의 陝西省 咸陽市 西北) 사람.
19) 劉龔(유공): 동한(東漢) 장안(長安, 지금의 陝西省 西安市) 사람. 경학가(經學家) 유흠(劉歆)의 조카.
20) 介焉(개언): 의지가 굳은 모양. 고고한 모양.
21) 黃子廉(황자렴): 동한(東漢) 때 남양(南陽)의 태수를 지낸 동명(同名) 인물과 같은 사람인지 분명치 않음.
22) 彈冠(탄관): 갓의 먼지를 털다. 장차 벼슬길에 나가려 함을 가리킴.
　　佐名州(좌명주): 이름난 고을의 태수가 되다. '佐'는 도와서 다스리다.

"흉년 들자 어진 아내 탄식하면서
나를 보고 눈물 흘리며 말했다오.
'대장부 비록 큰 뜻 가져야 하나
마땅히 자녀 위해 걱정해야 한답니다.'"
혜손(惠孫)이 한번 만나고는 감탄하여
후한 선물 보내도 끝내 받지 않았네.
곤궁하면서 절조 지키기 어렵다고 누가 말하는가.
아득한 옛날에 이런 어진 분 계셨거늘.

年饑感仁妻,　　泣涕向我流.
丈夫雖有志,　　固爲兒女憂.
惠孫一晤歎,[23]　腆贈竟莫酬.
誰云固窮難,　　邈哉此前修.[24]

---

23) 惠孫(혜손): 생애와 사적을 자세히 알 수 없음.
24) 前修(전수): 전대(前代)의 현인.

두 소씨를 노래하다

하늘이 사계절에 따라 돌듯이
공명(功名)을 이루고는 스스로 떠나가야 하네.
물어보세, 주(周)나라 말년 이래로
몇 사람이나 이런 이치 알았을까.
한(漢)나라 조정으로 눈을 돌리니
두 소씨(疏氏)가 다시 이렇게 하였네.
휘파람 높이 불며 옛 살던 곳으로 돌아오니
태자의 스승 벼슬을 사직하였구나.
전송할 때 온 조정 신하 몰려드니
화려한 수레 길에 가득하였다네.
이별은 인정에 슬픈 것이지만
남겨둔 영광 어찌 돌아볼 가치 있나.
고상한 행동에 길 가는 사람도 감동하니
현명하다는 찬사 어찌 흔히 하는 칭송이랴.
안락하게 마을에서 즐거이 지내면서
하는 일은 잡다한 것 아니었네.
옛 친구 불러 가까이 앉아
술잔 들며 지난 일을 말하는데
돈에 대해 물으며 결국 관심을 말하자
고상한 말로 깨닫지 못한 사람 일깨워주었다네.

詠二疏[1]

大象轉四時,　功成者自去.
借問衰周來,　幾人得其趣.
游目漢廷中,　二疏復此擧.
高嘯返舊居,　長揖儲君傅.
餞送傾皇朝,　華軒盈道路.
離別情所悲,　餘榮何足顧.
事勝感行人,　賢哉豈常譽.
厭厭閭里歡,　所營非近務.
促席延故老,　揮觴道平素.
問金終寄心,[2]　清言曉未悟.[3]

---

* 이 시는 소광(疏廣)과 소수(疏受) 두 사람이 공을 이룬 뒤 물러난 고상한 행동을 칭송하면서 자기의 뜻을 나타냄.
1) 二疏(이소): 소광(疏廣)과 그의 조카 소수(疏受). 서한 때 동해 난릉(蘭陵, 지금의 山東省 棗莊市 東南) 사람. 선제(宣帝) 때 소광은 태자태부(太子太傅)에 임명되고 소수는 태자소부(太子少傅)를 맡아 5년을 지내다가 사직하고 고향에 돌아감.
   儲君傅(저군부): 태자의 스승을 담당하는 벼슬. '儲君'은 태자.
2) 問金(문금): 돈에 대해 묻다. 소광이 관직에서 은퇴한 뒤 1년이 지나, 자손이 사람에게 부탁해서 전별금으로 받은 돈이 얼마 남아 있는지를 물으면서, 밭과 집을 사서 자손에게 물려 주기를 바란 것을 가리킴.
   寄心(기심): 마음속의 생각을 말하다.
3) 淸言(청언): 고상한 말, 사리에 밝은 말. 남은 돈을 물은 것에 대해, 자손들에게 많은 재산을 주는 것은 그들을 나태하게 만들 따름이므로 돈을 남기지 않겠다고 한 소광의 대답을 가리킴.

마음껏 여생을 즐기리니
어찌 죽은 뒤를 염려할 겨를 있으리오.
누가 이들이 죽고 없다고 말하는가?
오래되어도 그들의 덕행 더욱 드러나거늘.

放意樂餘年,⁴⁾　遑恤身後慮.
誰云其人亡,　久而道彌著.

---

4) 放意(방의): 마음 내키는 대로 행동하다.

세 어진 이를 노래하다

벼슬길에 나가 요직에 올랐으나
단지 시대가 나를 버릴까 두려워하였다.
성실히 임금 모시며 세월을 다 보내지만
항상 공로가 적어질까 더욱 두려워하였다.
충성된 마음 외람되게도 드러나게 되어
마침내 임금님의 총애를 받게 되었구나.
나갈 때는 화려한 수레를 수행하고
들어오면 반드시 붉은 휘장 가에서 모셨다.
간하는 말은 지금껏 즉시 받아들여졌고
계책과 건의는 여지껏 손색이 없었다.
하루아침에 임금이 세상을 떠난 뒤
함께 죽기를 원하였으니
두터운 은혜 진실로 잊기 어려우며
임금의 명령 어찌 어길 수 있으리오.
무덤 앞에서도 아무런 망설임 없었으니
대의에 몸 바침은 마음으로 바라던 바였네.
가시나무는 높다란 묘를 덮고
꾀꼬리 울음소리 참으로 슬프구나.
어진 이들 다시 살려낼 수 없으니
흐르는 눈물 내 옷을 적시누나.

詠三良

彈冠乘通津,¹⁾　但懼時我遺.
服勤盡歲月,　常恐功愈微.
忠情謬獲露,　遂爲君所私.
出則陪文輿,²⁾　入必侍丹帷.³⁾
箴規嚮已從,　計議初無虧.
一朝長逝後,　願言同此歸.
厚恩固難忘,　君命安可違.⁴⁾
臨穴罔惟疑,　投義志攸希.
荊棘籠高墳,　黃鳥聲正悲.
良人不可贖,　泫然霑我衣.⁵⁾

---

* 이 시는, 춘추 시대 진(秦)나라의 세 명의 어진 신하, 즉 자거씨(子車氏)의 세 아들 엄식(奄息), 중행(仲行), 침호(鍼虎)가 목공(穆公)을 따라 죽은 고상한 행동을 칭송함.
1) 通津(통진): 교통의 요지. 여기서는 높은 관직을 가리킴.
2) 文輿(문여): 무늬가 있는 화려한 수레. 목공(穆公)이 타는 수레를 가리킴.
3) 丹帷(단유): 붉은 휘장. 목공(穆公)의 침소를 가리킴.
4) 君命(군명): 임금의 명령. 목공(穆公)이 여러 신하들과 술을 마시면서 살아서 즐거움을 같이 누리고 죽으면 슬픔을 같이 하자고 말하여 엄식 등이 그렇게 하겠다고 한 적이 있음.
5) 泫然(현연): 눈물을 흘리는 모양.

형가를 노래하다

연(燕)나라 태자 단(丹)은 재능 있는 인물을 잘 길렀으니
그의 뜻은 포악한 진왕(秦王)에게 복수하는 것이었다.
출중한 용사를 모집하여
느지막에야 형경(荊卿)을 얻었다.
군자는 자기를 알아주는 이를 위해 죽는 법
칼을 뽑아들고 연나라 서울을 나섰다.
백마는 큰길에서 울고
모두들 격앙되어 전송하는데
곤두선 머리카락 높은 관에 치솟고
용맹한 기세는 긴 갓끈을 찌른다.
역수(易水) 가에서 술 마시며 전송하니
사방의 자리에 영웅호걸들 늘어서 있다.
고점리(高漸離)는 슬픈 가락으로 축(筑)을 타고
송의(宋意)는 높은 소리로 노래하였다.
쏴아쏴아 슬픈 바람 지나가고
출렁출렁 차가운 물결 일어난다.
처량한 상음(商音)은 더욱 눈물짓게 하는데
비장한 우조(羽調)는 장사의 마음을 격동시킨다.
이제 가면 돌아오지 못할 줄 알지만
장차 후세에 이름을 남기게 되리.

詠荊軻[1]

燕丹善養士,[2]　志在報強嬴.[3]

招集百夫良,　歲暮得荊卿.

君子死知己,　提劍出燕京.[4]

素驥鳴廣陌,　慷慨送我行.

雄髮指危冠,　猛氣衝長纓.

飲餞易水上,[5]　四座列羣英.

漸離擊悲筑,[6]　宋意唱高聲.[7]

蕭蕭哀風逝,　淡淡寒波生.

商音更流涕,[8]　羽奏壯士驚.[9]

心知去不歸,　且有後世名.

---

* 이 시는 형가(荊軻)가 진왕(秦王)을 암살하려다가 실패한 것을 애석히 여기는 마음을 노래함.
1) 荊軻(형가): 전국 시대 제(齊)나라 사람. 뒤에 연(燕)나라에 가서 태자 단(丹)의 문객이 되어 부탁을 받고 진왕(秦王)을 암살하려고 하였으나 실패하고 죽임을 당함. 사적이 『사기(史記)』 자객열전(刺客列傳)에 나옴.
2) 燕丹(연단): 연나라 태자. 성(姓)은 연(燕), 이름은 단(丹).
　士(사): 여기서는 춘추 전국 시대에 제후들이 거두어 기른 문객을 가리킴.
3) 强嬴(강영): 포악한 진(秦)나라의 왕. 진왕의 성이 영(嬴)임.
4) 燕京(연경): 연나라 서울. 지금의 북경 지역.
5) 易水(역수): 지금의 하북성(河北省) 서쪽에 있음.
6) 漸離(점리): 고점리(高漸離). 전국 시대 연나라 사람으로, 형가의 친구.
7) 宋意(송의): 연나라의 용사.
8) 商音(상음): 고대 음악의 기본 음조는 궁(宮)·상(商)·각(角)·치(徵)·우(羽)의 다섯으로 나누어 오음이라 하였는데, 상음은 음조가 처량함.
9) 羽奏(우주): 우음을 연주하다. 우조(羽調)는 비장함.

五言詩

수레에 올라 고개 한번 뒤돌아보지 않고
나는 듯한 수레 진(秦)나라 조정으로 들어갔다.
용감하게 나아가 만리를 넘어
꾸불꾸불 천 개의 성을 지나갔다.
지도가 끝나는 곳에서 일 벌어지니
호탕한 진왕(秦王) 정녕 놀라 허둥대었다.
애석타, 검술이 시원찮아
뛰어난 공을 결국 이루지 못했네.
이 사람 비록 이미 죽어버렸으나
천년토록 아직도 사람 마음 격동시키누나.

登車何時顧,　飛蓋入秦庭.
凌厲越萬里,　逶迤過千城.
圖窮事自至,[10]　豪主正怔營.[11]
惜哉劍術疎,　奇功遂不成.
其人雖已沒,　千載有餘情.

---

10) 圖窮(도궁): 지도가 끝까지 펼쳐지다. '圖'는 형가가 바친 연나라 독항(督亢) 지역의 지도를 가리킴.
　　事自至(사자지): 암살의 일이 자연스레 발생하다.
11) 豪主(호주): 호강한 임금. 진왕을 가리킴.
　　怔營(정영): 놀라 허둥대며 어쩔 줄 모르는 모양.

『산해경』을 읽고

1

초여름이라 초목이 자라
집을 둘러싸고 나뭇잎 무성하네.
뭇 새들은 깃들 곳 있어 기뻐하고
나 또한 나의 초가집을 사랑하노라.
밭 갈고 씨도 뿌리고는
때로는 돌아와서 나의 책을 읽는다네.
외진 골목이라 부귀한 사람의 수레 끊어지고
자주 친구들 수레조차 돌아가게 한다네.
기쁘게 봄술을 마시고자
이내 정원의 채소를 뜯노라.
가랑비는 동쪽에서 내리고
좋은 바람도 함께 불어오누나.
목천자전(穆天子傳)을 대충 보고
산해경(山海經) 그림을 두루 본다.
잠깐 사이에 우주를 다 둘러보니
이것이 즐겁지 않으면 또 어떠하리오.

讀山海經[1]

一

孟夏草木長, 繞屋樹扶疏.
衆鳥欣有託, 吾亦愛吾廬.
旣耕亦已種, 時還讀我書.
窮巷隔深轍,[2] 頗廻故人車.
歡言酌春酒, 摘我園中蔬.
微雨從東來, 好風與之俱.
汎覽周王傳,[3] 流觀山海圖.[4]
俯仰終宇宙, 不樂復何如.

---

* 이 시는『산해경(山海經)』과『목천자전(穆天子傳)』에 기록된 기이한 사물을 노래하면서 시인의 호쾌한 정취와 현실에 대한 불만과 감개를 나타냄.
1) 山海經(산해경): 중국의 고대 지리서(地理書). 총 18권. 작자 미상. 내용은 주로 민간에서 전해지는 지리에 관한 지식으로, 산천, 도로, 민족, 물산(物産), 약물(藥物), 제사, 무의(巫醫) 등에 관한 것임. 진(晉)나라의 곽박(郭璞)이 주(注)를 달았음.
2) 深轍(심철): 깊은 수레바퀴 자국. 수레가 크면 바퀴자국이 깊으므로 신분이 높은 사람이 타는 수레를 가리킴.
3) 周王傳(주왕전):『목천자전(穆天子傳)』을 말함. '周王'은 주나라 목왕(穆王).
4) 山海圖(산해도):『산해경도(山海經圖)』.『산해경』의 이야기에 근거해서 그린 그림.

2
옥산(玉山)의 요대(瑤臺)는 노을 위로 우뚝 솟았고
서왕모(西王母)는 아리따운 얼굴에 기쁜 빛을 띤다.
천지와 함께 태어나
얼마나 세월 흘렀는지 알지 못하니
신령스러운 변화 끝이 없고
사는 집도 하나의 산만이 아니네.
즐겁게 술 마시며 새 노래 부르지만
어찌 세속의 말을 흉내 내겠는가.

3
아득히 높은 괴강산(槐江山)
이곳을 현포(玄圃) 언덕이라 부르네.
서남쪽으로 곤륜산이 보이는데
구슬 빛과 보배 기운 견줄 것이 없다네.
환한 낭간수(琅玕樹) 우뚝 솟아 빛나고
맑은 요수(瑤水)는 졸졸 흐르누나.
유감스러운 것은 주(周) 목왕(穆王)을 따라
수레 타고 이곳에 놀러올 수 없는 것.

4
단목(丹木)이 어디에서 자라는가 하면
바로 밀산(峚山)의 남쪽이라네.

二

玉臺凌霞秀,[5] 王母怡妙顏.[6]

天地共俱生, 不知幾何年.

靈化無窮已, 館宇非一山.[7]

高酣發新謠, 寧效俗中言.

三

迢遞槐江嶺,[8] 是謂玄圃邱.[9]

西南望崑墟,[10] 光氣難與儔.

亭亭明玕照,[11] 落落清瑤流.[12]

恨不及周穆,[13] 託乘一來游.

四

丹木生何許,[14] 乃在峚山陽.[15]

---

5) 玉臺(옥대): 옥산(玉山) 위의 요대(瑤臺). 서왕모의 거처.
6) 王母(왕모): 서왕모(西王母)를 가리킴. 『산해경』 서산경(西山經)에 의하면, 사람 모습에 표범 꼬리와 호랑이 이빨을 하고 휘파람을 잘 불었다 함.
7) 非一山(비일산): 하나의 산에서만 살지 않다. 옥산뿐만 아니라 곤륜산(崑崙山)에서도 살며, 그 밖에도 별관(別館)이 있었다 함.
8) 槐江嶺(괴강령): 괴강산(槐江山). 옥과 황금이 많이 묻혀 있다 함. 『산해경』 서산경에 나옴.
9) 玄圃(현포): 천제(天帝)가 사는 곳.
10) 崑墟(곤허): 곤륜산.
11) 玕(간): 낭간수(琅玕樹). 구슬 나무. 『산해경』 해내서경(海內西經)에 나옴.
12) 瑤(요): 요수(瑤水), 즉 요수(滛水). 괴강산에 흐르는 물.
13) 周穆(주목): 주 목왕. 『목천자전(穆天子傳)』에 의하면 주 목왕이 일찍이 현포에서 노닌 적이 있음.
14) 丹木(단목): 나무 이름. 『산해경』 서산경에 나옴.
15) 峚山(밀산): 산 이름. 『산해경』 서산경에 나옴.

노란 꽃에 또 붉은 열매 열려
먹으면 수명이 길어진다네.
흰 옥은 하얀 진액으로 응결되고
근유(瑾瑜) 옥은 기이한 광채를 발한다.
어찌 군자들만이 보배로 여길까?
우리 헌원씨(軒轅氏)도 귀중히 여기셨는데.

5

훨훨 나는 세 마리 청조(靑鳥)
털빛이 매우 사랑스럽구나.
아침에 서왕모 심부름꾼이 되었다가
저녁엔 삼위산(三危山)에 돌아간다네.
나는 이 새에게 부탁하여
서왕모에게 소원을 말하고 싶으니
세상에 살며 달리 바라는 것은 없고
오직 술과 오래 사는 것뿐이라오.

6

무고산(無皐山) 위를 한가로이 거닐면
아득히 멀리 부목(扶木)이 바라보인다.
큰 나뭇가지는 길이가 백만 심(尋)
무성한 나뭇잎이 양곡(暘谷)을 덮고 있네.
희화(羲和)가 단지(丹池)에서 돌봐주며
아침마다 태양을 목욕시키니

黃花復朱實,　食之壽命長.
白玉凝素液,　瑾瑜發奇光.[16)]
豈伊君子寶,　見重我軒皇.[17)]

五

翩翩三靑鳥,[18)]　毛色奇可憐.
朝爲王母使,[19)]　暮歸三危山.[20)]
我欲因此鳥,　具向王母言.
在世無所須,　惟酒與長年.

六

逍遙蕉皐上,[21)]　杳然望扶木.[22)]
洪柯百萬尋,[23)]　森散覆暘谷.[24)]
靈人侍丹池,[25)]　朝朝爲日浴.

---

16) 瑾瑜(근유): 아름다운 옥의 이름.
17) 軒皇(헌황): 황제(黃帝) 헌원씨(軒轅氏). 전설상의 제왕.
18) 三靑鳥(삼청조): 세 마리 청조(靑鳥). 머리는 붉고 눈은 검은색임. 『산해경』 대황서경(大荒西經)을 비롯하여 해내북경(海內北經), 서산경에 나옴.
19) 王母使(왕모사): 서왕모의 심부름꾼.
20) 三危山(삼위산): 신화 중의 선산(仙山). 『산해경』 서산경에 나옴.
21) 蕉皐(무고): 산 이름. 『산해경』 동산경(東山經)에 나오는 무고산(無皐山).
22) 扶木(부목): 중국 고대 전설에서 대황산(大荒山)에 있다는 큰 나무.
23) 尋(심): 옛날의 길이의 단위로, 1심은 8척(尺).
24) 森散(삼산): 나뭇잎이 무성하게 사방을 덮는 모양.
    暘谷(양곡): 고대 전설에서 해가 뜨는 곳. '暘'은 해가 뜨다.
25) 靈人(영인): 신(神), 즉 희화(羲和)를 가리킴. 신화 전설에서 태양의 어머니.
    侍丹池(시단지): 단지(丹池) 가에서 돌보다. 태양을 목욕시킴을 가리킴. '丹池'는 함지(咸池)로, 태양이 목욕하는 곳.

신비한 빛 한번 하늘에 올라가면
아무리 어두운 곳일지라도 비추지 않으랴.

7
광채 찬란한 삼주수(三珠樹)
적수(赤水) 남쪽에서 자란다.
우뚝하니 바람 위로 높이 솟은 계수나무
여덟 그루가 이어져 숲을 이룬다.
신령한 봉황은 구름 타고 춤추고
신비한 난(鸞)새는 옥 같은 소리로 우네.
비록 세속에선 진귀하게 여기지 않지만
서왕모의 사랑을 받는다네.

8
예로부터 모두 죽을 때 있으니
누가 신선같이 오래 살 수 있으리오.
죽지도 늙지도 않고
만년을 살아도 평시와 같으면서.
적천(赤泉)은 나에게 마실 물 주고
원구산(員邱山)은 나에게 먹을 양식 충분하게 한다.
바야흐로 해와 달과 별과 노니니
장수하여 어찌 갑자기 수명 다하는 일 있겠는가.

神景一登天,　何幽不見燭.

七

粲粲三珠樹,[26]　寄生赤水陰.[27]
亭亭凌風桂,　八榦共成林.
靈鳳撫雲舞,　神鸞調玉音.[28]
雖非世上寶,　爰得王母心.[29]

八

自古皆有沒,　何人得靈長.
不死復不老,　萬歲如平常.
赤泉給我飲,[30]　員邱足我糧.[31]
方與三辰游,[32]　壽考豈渠央.

---

26) 三珠樹(삼주수): 신화 중의 나무 이름.『산해경』해외남경(海外南經)에 나옴.
27) 赤水(적수): 신화 전설 중의 하천 이름.
28) 神鸞(신난): 신비한 난새. '鸞'은 봉황과 비슷한 전설상의 새.
29) 王母心(왕모심): 서왕모의 환심.
30) 赤泉(적천): 신화에 나오는 샘의 이름.『산해경』해외남경(海外南經) 불사민(不死民) 조(條)의 곽박(郭璞)의 주(注)에 의하면 원구산(員邱山)에 있는 이 샘물을 마시면 늙지 않을 수 있다고 함.
31) 員邱(원구): 산 이름.『산해경』해외남경 곽박의 주에 의하면 이 산에 불사수(不死樹)가 있어 그 과실을 먹으면 장수할 수 있다고 함.
32) 三辰(삼신): 해와 달과 별.

9
과보(夸父)는 허황되게 큰 뜻 품고
해와 달리기 시합을 했다네.
함께 우연(虞淵) 아래에 이르니
승부가 나지 않은 것 같았지.
신비한 힘 특별나고 기묘하니
황하(黃河)의 물 다 마신들 어찌 족할까.
남긴 자취 등림(鄧林)이 되었으니
그의 공적 죽은 뒤에야 이루어졌네.

10
정위(精衛)는 작은 나뭇가지를 물고
넓은 바다를 메우려고 하였네.
형천(刑天)은 방패와 도끼 들고 춤추니
용맹한 뜻은 여전히 있었네.
다른 사물로 바뀌어도 걱정함이 없고
죽어버려도 더 이상 후회하지 않았네.
헛되이 지난날의 마음 가지고 있지만
좋은 때를 어찌 기다릴 수 있겠는가.

11
교활한 위(危)는 흉포한 짓 제멋대로 하고
흠비(欽䲸)는 천제(天帝)의 뜻을 거슬렀다.

九

夸父誕宏志,[33] 乃與日競走.

俱至虞淵下,[34] 似若無勝負.

神力旣殊妙,　傾河焉足有.[35]

餘迹寄鄧林,[36] 功竟在身後.

十

精衛銜微木,[37] 將以塡滄海.

刑天舞干戚,[38] 猛志固常在.

同物旣無慮,　化去不復悔.

徒設在昔心,　良晨詎可待.

十一

巨猾肆威暴,[39] 欽䲹違帝旨.[40]

---

33) 夸父(과보): 신화 속의 인물. 태양을 좇다가 목이 말라 황하(黃河)와 위수(渭水)의 물을 다 마셨으나 갈증이 풀리지 않아 북쪽 큰 늪의 물을 마시러 가는 도중에 죽음. 그 자리에 남긴 지팡이가 등림(鄧林)이 되었다고 함.『산해경』해외북경(海外北經)에 나옴.
34) 虞淵(우연): 즉 우연(禺淵)과 우곡(禺谷)으로, 신화에서 해가 떨어지는 곳.
35) 傾河(경하): 황하의 물을 다 마시다. 과보가 해와 경주를 하다가 목이 말라 황하와 위수의 물을 다 마신 것을 가리킴.
36) 餘迹(여적): 남긴 자취. 과보가 남긴 지팡이를 가리킴.
　　寄鄧林(기등림): 등림이 되어 남아 있다. '鄧林'은 신화 중의 복숭아나무숲. 과보가 남겨 놓은 지팡이가 변해서 된 것.
37) 精衛(정위):『산해경』북산경(北山經)에 나오는 새의 이름. 염제(炎帝)의 딸 여와(女娃)가 동해에서 놀다가 익사한 뒤 정위가 되었는데, 늘 서산(西山)의 나무와 돌을 물어와 동해를 메꾸었다고 함.
38) 刑天(형천): 신화에 나오는 신(神)의 이름. 일찍이 천제와 다투었는데 천제가 그의 머리를 잘라 상양(常羊)의 산에 묻어버리자 젖으로 눈을 삼고 배꼽으로 입을 삼으며 손에 방패와 도끼를 들고 휘두르며 춤을 추었다고 함.『산해경』해외서경(海外西經)에 나옴.

알유(猰貐)는 그래도 변신할 수 있었으나
조강(祖江)은 마침내 홀로 죽었다.
분명하게 하늘이 살피시니
나쁜 짓을 해서는 안 된다.
오래 묶이는 것 실로 매우 고통스러우며
금계와 물수리로 변한들 어찌 믿을 만한 게 되리오.

12

치주(鴟鵃)새가 고을에 나타나면
그 나라에는 쫓겨나는 사람이 있다고 한다.
저 회왕(懷王) 때를 생각해보면
낭시에 자주 와서 머물렀으리라.
청구산(靑邱山)에는 기이한 새 있어
스스로 말하길 드물게 나타난다고 한다.
본래 미혹된 자를 위해 태어난 것이니
군자를 깨우치지는 않네.

13

권세 높은 대신 조정에서 위엄 떨치니
임금은 인재 등용 신중히 해야 한다.
어찌하여 공공(共工)과 곤(鯀)을 내쫓았는가.
순(舜) 임금이 간악한 자 처벌하셨네.
중보(仲父)는 성실한 말을 올렸으나
제(齊) 환공(桓公)의 의심을 받았네.

窫窳強能變,⁴¹⁾ 祖江遂獨死.⁴²⁾

明明上天鑒,　　爲惡不可履.

長梏固已劇,⁴³⁾ 駿鶚豈足恃.⁴⁴⁾

十二

鴟鵂見城邑,⁴⁵⁾ 其國有放士.

念彼懷王世,⁴⁶⁾ 當時數來止.

靑邱有奇鳥,⁴⁷⁾ 自言獨見爾.

本爲迷者生,　　不以喩君子.

十三

巖巖顯朝市,⁴⁸⁾ 帝者愼用才.

何以廢共鯀,⁴⁹⁾ 重華爲之來.⁵⁰⁾

仲父獻誠言,⁵¹⁾ 姜公乃見猜.⁵²⁾

---

39) 巨猾(거활): 대단히 교활한 사람. 천신(天神) 이부(貳負)의 신하 위(危)를 가리킴. 이부와 함께 알유(窫窳)를 죽였는데, 천제가 그를 소속산(疏屬山)에 묶어둠. 『산해경』 서산경(西山經)에 나옴.

40) 欽䲹(흠비): 신괴(神怪)의 이름. 종산(鍾山)의 신의 아들 고(鼓)와 함께 조강(祖江)을 곤륜산의 남쪽에서 죽임. 천제가 그들을 종산의 동쪽 요애(嶢崖)에서 죽이자 흠비는 큰 물수리로 변하고 고는 금계로 변하였음. 『산해경』 서산경에 나옴.

41) 窫窳(알유): 신괴의 이름. 본래 뱀의 몸에 사람 얼굴을 하고 있었는데 이부의 신하 위에게 죽임을 당한 뒤, 용의 머리를 한 형상으로 바뀜. 『산해경』 해내남경(海內南經)에 나옴.

42) 祖江(조강): 신화에 나오는 인물. 흠비(欽䲹)와 고(鼓)에 의해 죽임을 당함. 보강(葆江)이라고도 함.

43) 長梏(장곡): 오래 묶이다. 이부의 신하 위가 알유를 죽인 뒤, 천제에 의해 소속산에 묶여 있던 일을 가리킴.

44) 駿鶚(준학): 금계와 물수리. 고와 흠비가 천제에 의해 죽임을 당한 뒤 변하여 된 것.

45) 鴟鵂(치주): 올빼미와 비슷하게 생긴 흉조(凶鳥). 『산해경』 남산경(南山經)에 의하면 거산(柜山)에 주(鵂)라는 새가 있다고 함.

46) 懷王(회왕): 전국 시대 말의 초(楚) 회왕(懷王)을 가리킴. 일찍이 간신들이 참소하는 말을 듣고 굴원(屈原)을 내쫓은 일이 있음.

죽을 때 환공은 배고프고 목마르다 호소했으나
후회한들 어찌하리오.

臨沒告飢渴,⁵³⁾ 當復何及哉.

47) 靑邱(청구): 신화에 나오는 선산(仙山).
   奇鳥(기조): 기이한 새. 『산해경』 남산경에 의하면 이름을 관관(灌灌)이라고 함. 비둘기처럼 생겼으며, 몸에 지니고 다니면 미혹되는 일이 없다고 함.
48) 巖巖(암암): 높고 험준한 모양. 여기서는 권세 높은 대신을 가리킴.
49) 共鯀(공곤): 공공(共工)과 곤(鯀). 모두 요 임금의 신하였으나 현명하지 못하여 내쫓김을 당함.
50) 來(래): 동작이나 행위가 이미 이루어졌음을 나타내는 어조사.
51) 仲父(중보): 아버지에 버금가는 사람. 춘추 시대 제(齊) 환공(桓公)이 관중(管仲)을 높여서 부른 말.
   獻誠言(헌성언): 성실한 말을 올리다. 관중이 병이 위중하여 제 환공이 역아(易牙), 개방(開方), 수조(竪刁) 세 사람을 중용하여도 되는가 물었을 때, 관중이 불가하다고 말한 것을 가리킴.
52) 姜公(강공): 제 환공을 가리킴. 성(姓)이 강(姜)임.
   見猜(견시): 의심받다. 관중이 죽은 뒤, 환공이 그의 말을 듣지 않고 역아 등의 세 사람을 등용한 것을 가리킴.
53) 臨沒告飢渴(임몰고기갈): 환공이 위독하자 역아 등이 난을 일으켜 환공을 유폐시키고 음식을 주지 않았다. 한 부인이 그의 처소에 왔을 때 배고프고 목마름을 호소했으나 도움을 받지 못하고 결국 죽은 것을 가리킴.

나의 죽음을 애도하는 시

1

태어남이 있으면 반드시 죽음도 있게 마련
일찍 죽는다 해서 목숨이 짧은 것 아니리.
어제 저녁에는 똑같이 산 사람이었으나
오늘 아침에는 귀신 명부에 이름 올랐구나.
혼백은 흩어져 어디로 가는가?
마른 몸은 빈 나무 관에 놓여진다.
귀여운 아이는 아비 찾으며 울고
친한 친구는 나를 어루만지며 통곡하네.
이득과 손실 더 이상 알지 못하니
옳고 그름 어찌 느끼겠는가.
천년만년 뒤에는
누가 또 영광과 치욕을 알겠는가.
단지 유감인 것은 세상에 있을 때
만족스럽게 술을 마시지 못한 것일세.

2

옛날에는 마실 술이 없었으나
이젠 부질없이 비었던 잔에 술이 가득 찬다.

挽歌詩[1]

一

有生必有死,　早終非命促.
昨暮同爲人,　今旦在鬼錄.[2]
魂氣散何之,　枯形寄空木.[3]
嬌兒索父啼,　良友撫我哭.
得失不復知,　是非安能覺.
千秋萬歲後,　誰知榮與辱.
但恨在世時,　飮酒不得足.

二

在昔無酒飮,　今但湛空觴.

---

* 이 시는 작자 스스로 자신의 죽음을 애도하며, 금방 죽어 염하는 장면(첫째 수), 친구들이 발인하는 장면(둘째 수), 교외에 안장하는 장면(셋째 수)을 묘사함.
1) 挽歌(만가): 죽은 사람을 애도하는 노래.
2) 在鬼錄(재귀록): 귀신의 명부에 이름이 오르다. 죽은 것을 가리킴.
3) 枯形(고형): 마른 시신.
　空木(공목): 빈 나무. 관을 가리킴.

봄 막걸리에 거품이 둥둥 뜨지만
어느 때나 다시 맛볼 수 있으리오.
안주상 내 앞에 가득 차려지고
친구들 내 옆에서 통곡하네.
말하려 해도 입에서 소리나지 않고
보려고 해도 눈에서 빛이 나오지 않는구려.
전에는 높은 집에서 잤는데
오늘은 거친 들판에서 자게 되었구나.
하루아침에 집 문을 나서 떠나면
돌아올 날 분명 기약이 없으리.

3

황량한 풀 어찌 그리 끝도 없이 무성한가.
백양나무도 바람에 우수수 소리낸다.
된서리 내린 9월에
나를 묻으러 멀리 교외로 나가는데
사방에는 인가도 없이
높은 무덤들만 우뚝우뚝 솟았네.
말은 하늘 쳐다보며 울고
바람도 저 혼자 쓸쓸히 분다오.
무덤 구덩이 한번 닫혀버리면
천년 동안 다시는 아침을 보지 못하리니
천년 동안 다시는 아침을 보지 못하는 것은
현명하고 뛰어난 사람도 어쩔 수 없는 것.

春醪生浮蟻,⁴⁾　何時更能嘗.
肴案盈我前,⁵⁾　親舊哭我傍.
欲語口無音,　欲視眼無光.
昔在高堂寢,　今宿荒草鄉.
一朝出門去,　歸來良未央.⁶⁾

三

荒草何茫茫,　白楊亦蕭蕭.
嚴霜九月中,　送我出遠郊.
四面無人居,　高墳正嶕嶢.⁷⁾
馬爲仰天鳴,　風爲自蕭條.
幽室一已閉,⁸⁾　千年不復朝.
千年不復朝,　賢達無奈何.

---

4) 浮蟻(부의): 술의 표면에 뜨는 거품. '蟻'는 개미. 막걸리 위에 뜨는 거품이 개미 같이 보이기 때문에 붙인 말임.
5) 肴案(효안): 안주를 담은 제삿상.
6) 未央(미앙): 끝이 없다. 기한이 없다.
7) 嶕嶢(초요): 우뚝 솟은 모양.
8) 幽室(유실): 묘실(墓室). 무덤 구덩이를 가리킴.

앞서 나를 묻으러 왔던 사람들
각자 자기 집으로 돌아가네.
친척들은 혹 슬픔 남아 있지만
다른 사람들은 하마 노래도 부르는구나.
죽어버리면 무슨 할 말 있나.
몸을 산에 맡겨 하나가 될 따름인걸.

向來相送人，　各自還其家.
親戚或餘悲，　他人亦已歌.
死去何所道，　託體同山阿.

시구를 연이어 지은 시

기러기 울며 바람 타고 날아가니
가고 가서 어디 끝까지 가려 하나.
저 가난한 선비를 생각하니
어찌 탄식하지 않을 수 있겠는가. (연명)
비록 구만 리 하늘을 오르고 싶지만
도대체 무슨 힘으로 날아오랴까?
멀리서 왕자교(王子喬)를 초청하면
구름 수레 준비할 수 있네. (음지)
짝을 돌아보며 배회하다가
가지런히 하늘 가를 난다.
서리와 이슬 어찌 살을 에지 않으랴만
함께 따라가고파 날개 떨쳐 날아가네. (순지)
높은 나무에 우뚝 솟은 가지와 줄기
멀리서 바라보니 하늘색과 같구나.
생각 끊어지고 보지 않아 다행이니
공연히 미혹된 마음만 생기기 때문이라네. (연명)

聯句[1]

鳴雁乘風飛,　去去當何極.
念彼窮居士,　如何不歎息. (淵明)
雖欲騰九萬,　扶搖竟何力.
遠招王子喬,[2]　雲駕庶可飭. (愔之)[3]
顧侶正徘徊,　離離翔天側.[4]
霜露豈不切,　務從忘愛翼. (循之)
高柯擢條榦,　遠眺同天色.
思絶慶未看,　徒使生迷惑. (淵明)

---

* 이 시는 두 친구와 함께 하늘을 날아가는 기러기를 보고 각자의 감회를 읊음.
1) 聯句(연구): 작시 방식의 하나. 어떤 시제(詩題)를 정해 놓고 두 사람 이상이 시구를 이어서 읊조림.
2) 王子喬(왕자교): 이름은 진(晉). 주(周) 영왕(靈王)의 태자. 전하는 말에 나중에 흰 학을 타고 하늘에 올라가 신선이 되었다 함.
3) 愔之(음지): 아래의 순지(循之)와 더불어 누구인지 알 수 없음.
4) 離離(이리): 행렬이 가지런한 모양.

賦·辭

뛰어난 인물들의 불우함을 개탄하며

[서문] 옛날에 동중서(董仲舒)는 「사불우부(士不遇賦)」를 짓고, 사마천(司馬遷) 또한 「비사불우부(悲士不遇賦)」를 지었다. 나는 일찍이 한가할 때나 학문을 강론하고 익히는 여가에 그들의 글을 읽고 개탄하며 슬퍼하였다. 신의를 실천하고 충효를 생각하는 것은 사람으로서의 좋은 행동이다. 질박함을 간직하고 조용함을 지키는 것은 군자(君子)의 본 모습이다. 순박한 풍속이 사라져버리면서부터 허위의 풍조가 크게 일어나, 민간에서는 청렴하고 겸양하는 절조가 해이해지고 조정에서는 쉽게 출세하려는 마음이 치달리고 있었다. 정의를 가슴에 품고 도(道)에 뜻을 둔 선비 중에 어떤 사람은 한창나이에 재주를 감추고 은거하여 벼슬길에 나가지 않고, 자신을 깨끗이 하여 지조를 바르게 하는 사람들 중에 어떤 사람은 죽는 날까지 헛되이 고생만 한다. 그러므로 백이(伯夷)·숙제(叔齊)와 상산사호(商山四皓)들은 "어디로 돌아갈 것인가" 하며 탄식하였고, 삼려대부(三閭大夫) 굴원(屈原)은 "그만둘지어다"라며 슬픔을 말하였던 것이다.

슬프다! 사람이 세상에서 사는 게 기껏해야 백년인데 순식간에 다 지나가 버리고, 큰 공을 세우기란 어려운데도 하나의 성(城)조차도 상으로 받지 못하는 경우가 있다. 이것이 바로 옛 사람들이 비분강개하며 붓을 휘둘러 누차 그 마음을 펼쳐내며 그만두지 못하는 이유이다. 뜻과 기분을 전달할 수 있는 것은 아마도 오직 문장뿐이리라. 책을 어루만지며 주저하다가 마침내 느끼는 것이 있어 이 부(賦)를 짓는다.

아아, 대지 만물이 자연의 기를 받으매
어찌하여 이 인간만이 유독 만물의 영장이 되었을까.
신령스러운 지혜 받아 빛나는 총명을 간직하여
삼정(三正)과 오상(五常)을 가지고 이름을 후세에 전하였네.

感士不遇賦[1]

[序] 昔董仲舒作士不遇賦,[2] 司馬子長又爲之.[3] 余嘗以三餘之日,[4] 講習之暇, 讀其文, 慨然惆悵. 夫履信思順, 生人之善行. 抱朴守靜, 君子之篤素. 自眞風告逝, 大僞斯興, 閭閻懈廉退之節, 市朝驅易進之心. 懷正志道之士, 或潛玉於當年.[5] 潔己清操之人, 或沒世以徒勤. 故夷皓有安歸之歎,[6] 三閭發已矣之哀.[7]

悲夫, 寓形百年, 而瞬息已盡, 立行之難, 而一城莫賞. 此古人所以染翰慷慨, 屢伸而不能已者也. 夫導達意氣, 其惟文乎. 撫卷躊躇, 遂感而賦之.

咨大塊之受氣,　何斯人之獨靈.
稟神智以藏照,　秉三五而垂名.[8]

---

* 이 글은 진실됨이 사라지고 거짓이 범람하는 사회 현실 속에서 선량하고 재능 있는 사람들이 불우하게 일생을 보낸 것을 슬퍼하며, 전원에 은거하여 지조를 지키겠다는 작자 자신의 뜻을 표명함.
1) 賦(부): 중국 고대 문학 체재의 하나로, 산문과 운문의 성격을 겸하여 가지고 있음.
2) 董仲舒(동중서): 서한(西漢)의 저명한 학자.
3) 司馬子長(사마자장): 서한의 사마천(司馬遷), '子長'은 그의 자(字). 저명한 사학가. 「비사불우부(悲士不遇賦)」를 지음.
4) 三餘之日(삼여지일): 책 읽기에 좋은 세 때, 즉 겨울, 밤, 흐리고 비 오는 날. 여기서는 한가한 때를 가리킴.
5) 潛玉(잠옥): 재능을 감추다. 뛰어난 재능이 있으면서도 은거하여 벼슬을 하지 않다.
6) 夷皓(이호): 백이, 숙제와 상산사호(商山四皓). 161쪽 주6)과 115쪽 주9) 참조.
7) 三閭(삼려): 삼려대부(三閭大夫). 굴원(屈原)을 가리킴.
已矣(이의): 그만두어라. 굴원이 「이소(離騷)」의 끝부분에서 초나라에 자기를 알아주는 사람이 없는데 어찌 고향을 그리워하겠냐고 개탄하면서 한 말.
8) 三五(삼오): 삼정(三正), 즉 천(天), 지(地), 인(人)의 정도(正道)와 오상(五常), 즉 인(仁), 의(義), 예(禮), 지(智), 신(信).

어떤 사람은 격양(擊壤) 놀이를 하며 스스로 즐거워하고
어떤 사람은 백성들을 크게 구제하였구나.
은거하거나 벼슬하거나 분수에 맞지 않은 적이 없었으니
항상 도도하며 만족하였네.
순박하던 그 옛날 물결치며 흘러가 마침내 저 멀리 가버리고
사람들은 무리가 나누어져 서로 구별이 생겼네.
촘촘한 그물이 만들어지니 물고기가 놀라고
큰 그물이 만들어지니 새가 놀랐도다.
저 지혜로운 사람은 잘 깨달아서
벼슬에서 도망쳐 전원으로 돌아가 밭을 갈았네.
산은 우뚝 높아 그림자를 품어주고
하천은 넓고 깊어 소리를 감추어 주었다네.
황제(黃帝)와 요(堯) 임금 시대를 바라보며 길이 탄식하노니
빈천(貧賤)을 달게 여기고 부귀영화 사양하였노라.

맑은 근원의 물 흐르고 흘러 먼 곳에서 나누어지듯이
아름답고 사악함 생겨나 사람들은 다른 길을 걷게 되었네.
수많은 행실 중에서 가장 귀중한 것을 따져보면
착한 일을 하는 것보다 더 즐거운 것이 없으니
하늘이 정한 도리 받들고
성인이 남긴 책 스승 삼으며
임금과 부모에게 충성과 효도를 다하고
마을에서는 신의를 행해야 한다네.

或擊壤以自歡,⁹⁾　或大濟於蒼生.
靡潛躍之非分,　常傲然以稱情.
世流浪而遂徂,　物羣分以相形.
密網裁而魚駭,　宏羅制而鳥驚.
彼達人之善覺,　乃逃祿而歸耕.¹⁰⁾
山嶷嶷而懷影,¹¹⁾　川汪汪而藏聲.¹²⁾
望軒唐而永歎,¹³⁾　甘貧賤以辭榮.

淳源汩以長分,　美惡作以異途.
原百行之攸貴,　莫爲善之可娛.
奉上天之成命,　師聖人之遺書.
發忠孝於君親,　生信義於鄕閭.

---

9) 擊壤(격양): 중국 상고 시대 민간에서 행해졌던 유희의 한 가지. 길이가 네 치 폭이 세 치 되며 신발같이 생긴 나무를 3, 40보 떨어진 땅에 놓고 다른 한 개를 던져서 맞추는 놀이.
10) 逃祿(도록): 작위와 봉록에서 도망치다. 벼슬을 하지 않음을 가리킴.
11) 嶷嶷(의의): 산이 높고 험준한 모양.
　　懷影(회영): 은사(隱士)의 그림자를 품다. 또는, 높은 산이 자신의 그림자를 품고 있다고 풀이하기도 함.
12) 汪汪(왕왕): 물이 깊고 넓은 모양.
　　藏聲(장성): 은사(隱士)의 소리를 감추다. 또는, 강이 깊고 넓어 물 흐르는 소리가 들리지 않는다고 풀이하기도 함.
13) 軒唐(헌당): 헌원(軒轅)과 당요(唐堯). 즉 황제와 요 임금. 모두 중국 고대 전설상 태평시대의 제왕.

진실한 마음으로 남을 대하면 존귀해지지만
거짓된 행동으로 명예를 구해서는 안 된다오.

아아, 사람들은 같으면 맹종하고 다르면 비방하며
자기보다 뛰어난 사람을 미워한다네.
사려 깊은 사람은 어리석다 하고
바른말 하는 사람은 경솔하다 하네.
솔직하고 지극히 공평하며 남을 시기하지 않아도
결국엔 수치스러운 일 당하고 비방을 받는구나.
비록 옥과 난초 같은 훌륭한 덕을 품고 있어도
헛되이 향기롭고 고결할 뿐 누가 알아주겠는가?
슬프구나, 뛰어난 사람들 불우하니
염제(炎帝)나 제괴(帝魁)가 다스리던 세상이 아니기 때문이라네.
홀로 공경스럽게 몸을 닦고 스스로 부지런히 힘쓰니
하루 세 가지로 반성하는 일 어찌 소홀히 한 적 있었겠는가?
덕행 닦으며 좋은 때 만나기를 바라지만
때가 이미 왔는데도 순조롭지 않다오.
원앙(爰盎)이 한(漢) 무제(武帝)에게 추천하지 않았더라면
아마도 장석지(張釋之)의 재능은 끝내 파묻혔을 것이며
가련하게도 풍당(馮唐)은 늙도록 낭중서장(郎中署長)에 있었으나
위상(魏尚)의 일로 의견 올려 관직이 높아졌으니
비록 가까스로 재능을 인정받게는 되었지만
역시 괴로운 마음으로 오랜 세월을 헛되이 보냈네.

推誠心而獲顯,　　不矯然而祈譽.

嗟乎, 雷同毀異, 物惡其上.
妙算者謂迷,[14]　　直道者云妄.[15]
坦至公而無猜,　　卒蒙恥以受謗.
雖懷瓊而握蘭,[16]　徒芳潔而誰亮.
哀哉士之不遇,　　已不在炎帝帝魁之世.[17]
獨祇修以自勤,　　豈三省之或廢.[18]
庶進德以及時,　　時旣至而不惠.
無爰生之晤言,[19]　念張季之終蔽.[20]
愍馮叟於郎署,[21]　賴魏守以納計.[22]
雖僅然於必知,　　亦苦心而曠歲.

---

14) 妙算者(묘산자): 예견을 잘 하는 사람. 멀리 내다보고 생각이 깊은 사람.
15) 直道者(직도자): 직언을 하는 사람. 바른말을 하는 사람.
16) 瓊(경): 아름다운 옥. 곧고 고결함을 비유함.
    蘭(란): 난초. 향기로움을 비유함.
17) 炎帝(염제): 신농씨(神農氏). 전설상의 옛날 태평시대 때의 제왕.
    帝魁(제괴): 황제(黃帝)의 자손. 전설상의 옛날 태평시대 때의 제왕.
18) 三省(삼성): 세 가지 일, 즉 다른 사람을 위해 일을 할 때 성실했는지, 친구와 사귐에 있어 신의가 있었는지, 전수받은 학업을 열심히 복습했는지로 자신을 반성함.
19) 爰生(원생): 서한(西漢)의 원앙(爰盎).
    晤言(오언): 만나서 말하다. 원앙이 무제(武帝)을 직접 만나 장계(張季)를 추천한 일을 가리킴.
20) 張季(장계): 서한의 장석지(張釋之), '季'는 그의 자(字).
21) 馮叟(풍수): 서한(西漢)의 풍당(馮唐).
    郎署(낭서): 낭중서장(郎中署長). 지위가 아주 낮은 관직.
22) 魏守(위수): 운중 태수(雲中太守) 위상(魏尙).
    納計(납계): 의견을 올리다. 운중 태수 위상이 흉노를 쳐서 공을 세웠으나 전적(戰績) 보고서에 잘못이 있어 벼슬을 박탈당하는 처벌을 받았는데, 풍당이 문제(文帝)에게 벌이 너무 무거움을 지적하여 위상은 다시 복직하게 되었고, 풍당 자신도 거기도위(車騎都尉)로 승진함.

賦·辭　277

시장에 호랑이가 있을 리 없다는 것을 잘 알면서도
세 사람이 그렇다고 하면 현혹되는 법.
애통하구나, 가의(賈誼)는 재주가 뛰어났으나
좁은 곳에서 서성거리는 천리마 같았네.
슬프구나, 동중서(董仲舒)는 학문이 깊었으나
몇 차례나 위기를 겪다가 요행히 살아났네.
이같이 재주와 지혜 뛰어난 사람들의 불우함을 개탄하니
눈물이 줄줄 흘러내려 옷소매를 적시누나.

옛 임금의 밝은 가르침을 받으니
하늘의 도(道)는 편애하는 것이 없다 하셨고
하늘은 하나의 표준(道)으로 만물을 밝게 살피고
항상 착한 사람을 돕고 어진 사람을 보살핀다 하셨네.
그러나 백이(伯夷)와 숙제(叔齊)는 늙도록 언제나 굶주렸고
안회(顔回)는 일찍 죽었으며 게다가 가난했다네.
슬프게도 안회의 아버지는 공자(孔子)에게 수레를 달라 하여 관(棺)을 마련하려 했고
슬프게도 백이와 숙제는 고사리를 캐어 먹다가 끝내 죽었네.
비록 학문을 좋아하고 의(義)를 행했지만
어찌하여 이들의 삶과 죽음은 이토록 고달팠는가!
덕이 있는 사람에게 보답하는 것이 이와 같은가 의심스러우며
하늘의 도는 편애하는 것이 없다는 말이 거짓말인가 두렵구나.

審夫市之無虎,　　眩三夫之獻說.
悼賈傅之秀朗,²³⁾ 紆遠轡於促界.
悲董相之淵致,²⁴⁾ 屢乘危而幸濟.²⁵⁾
感哲人之無偶,　　淚淋浪以灑袂.

承前王之淸誨,　　曰天道之無親,²⁶⁾
澄得一以作鑒,　　恒輔善而佑仁.
夷投老以長飢,　　回早夭而又貧.
傷請車以備槨,²⁷⁾ 悲茹薇而隕身.
雖好學與行義,²⁸⁾ 何死生之苦辛.
疑報德之若茲,²⁹⁾ 懼斯言之虛陳.

---

23) 賈(傅)(가부): 서한의 가의(賈誼). 장사왕 태부(長沙王太傅)와 양회왕 태부(梁懷王太傅)를 지낸 적이 있기 때문에 이렇게 부름.
24) 董相(동상): 서한의 동중서(董仲舒). 강도왕(江都王)과 교서왕(膠西王)의 재상을 지낸 적이 있음.
25) 乘危(승위): 위기를 만나다. 강도왕과 교서왕이 교만하여 동중서가 여러 차례 간언을 올렸는데 왕의 뜻에 거슬려 하마터면 죽을 뻔했으나 요행히 모면하게 됨.
26) 이 구와 다음 구는 모두 『노자(老子)』에서 말을 따옴.
27) 請車(청거): 안회가 죽자 그의 아버지 안로(顔路)가 공자의 수레를 팔아 그 돈으로 덧관을 사서 장례를 치를 수 있도록 청한 일을 가리킴.
28) 好學(호학): 학문을 좋아하다. 안회를 가리킴.
　　行義(행의): 의(義)를 행하다. 백이를 가리킴.
29) 若茲(약자): 이와 같다. 안회는 집이 가난하고 일찍 죽었으며, 백이는 굶어 죽은 것을 가리킴.

어찌 이 넓은 세상에 인재가 없겠는가마는
인생 길에 막힘이 없는 사람이 드물다오.
그래서 옛 사람들은 비분강개하며
아름다운 이름을 세우지 못할까 걱정하였다네.
이광(李廣)은 어릴 때부터 군대를 따라 싸움터에 나가
만읍(萬邑)의 제후에 봉해져도 부끄럽지 않을 공적 세웠으나
웅대한 뜻이 외척의 소인배에 의해 꺾여
마침내 한 치의 봉지(封地)도 받지 못하였네.
그러나 성실한 신의를 죽은 뒤에 남겨
많은 사람들 감동시켜 슬피 울게 하였네.
왕상(王商)은 힘써 계획 세워 폐단을 바로잡으려 했는데
처음에는 간언이 잘 받아들여졌으나 뒤이어 우환이 찾아왔구나.
어찌하여 좋은 때는 쉽게 지나가고
어찌하여 뛰어난 사람 해치려는 일은 그렇게도 급한 것인가!

푸른 하늘은 아득히 멀고 먼데
사람의 일은 끝없이 일어난다.
어떤 일은 깨달아 알 수 있으나 어떤 일은 알 수 없으니
누가 그 이치를 헤아릴 수 있겠는가?
차라리 곤궁함을 굳게 지키며 뜻을 이룰지언정
뜻을 굽혀서 스스로를 해치지는 않으리라.
이미 높은 관직을 영광으로 여기지 않으니
어찌 해진 솜옷을 부끄럽게 여기겠는가?

何曠世之無才,　罕無路之不澁.
伊古人之慷慨,　病奇名之不立.
廣結髮以從政,30)　不愧賞於萬邑.
屈雄志於戚豎,31)　竟尺土之莫及.
留誠信於身後,　動衆人之悲泣.
商盡規以拯弊,32)　言始順而患入.
奚良辰之易傾,　胡害勝其乃急.

蒼旻遐緬,　人事無已.
有感有昧,　疇測其理.
寧固窮以濟意,　不委曲而累己.
旣軒冕之非榮,33)　豈縕袍之爲恥.34)

---

30) 廣(광): 서한(西漢)의 명장(名將) 이광(李廣).
　　結髮(결발): 머리를 땋다. 어릴 때.
　　從政(종정): 종군(從軍)하다. '政'은 '征'과 통용됨.
31) 戚豎(척수): 외척(外戚) 아이. 여기서는 위청(衛靑)을 멸시해서 부르는 말. 위청은 한 무제가 총애하는 위 황후(衛皇后)의 동생으로, 늘 이광(李廣)을 질투하여 배척하였다. 한번은 이광이 출정했다가 길을 잃자 이것을 구실 삼아 그를 처벌하였는데, 이에 이광은 울분에 차 자살함.
32) 商(상): 서한의 왕상(王商).
33) 軒冕(헌면): 옛날 사대부의 수레와 옷. 높은 벼슬하는 것을 가리킴.
34) 縕袍(온포): 헌솜이나 삼 부스러기를 넣어 만든 옷. 허름한 의복.

이것이 잘못된 생각일지라도 졸박(拙朴)한 본성을 지키려고 하는 것이라면

기쁘게 고향으로 돌아갈 일이다.

고독한 마음을 품고 남은 생을 마칠 뿐

비싼 값으로 조정에 파는 일은 사양하노라.

誠謬會以取拙，　且欣然而歸止．
擁孤襟以畢歲，　謝良價於朝市．

애정의 갈망을 가라앉히며

[서문] 처음에 장형(張衡)이 「정정부(定情賦)」를 지었고 채옹(蔡邕)이 「정정부(靜情賦)」를 지어 방탕한 말을 거두어들이고 감정을 담담하게 돌리는 데에 뜻을 두었다. 이들의 글은 처음에는 생각이 분방하게 펼쳐졌지만 끝에 가서는 우아하고 바른 데로 돌아갔다. 이로써 방탕하게 흐르는 사악한 마음을 억제하고자 하니, 완곡하게 간하는 데에 도움이 있으리라 생각한다. 그 뒤, 글을 짓는 사람들이 대대로 이런 글을 지었는데, 모두 같은 내용을 다루면서 표현과 뜻을 넓혀왔다. 나도 전원에 살면서 여가가 많아 붓을 들어 한 편을 지었다. 비록 문장이 훌륭하지는 못하지만 아마도 이전 작자들의 뜻에 어긋나지는 않을 것이다.

얼마나 뛰어나고 아름다운 자태인가
세상에 비길 자 없이 사람들 중에서 홀로 빼어나네.
온 성(城) 사람들 탄복시키는 아름다움 나타내며
훌륭한 덕행 또한 널리 전해지길 희망하네.
아름답게 울리는 패옥(佩玉)에 순결함 견주고
그윽한 곳에 핀 난초와 향기를 다툴 만하네.
세속에 살면서도 부드러운 정은 담담하고
높은 구름 위로 우아한 뜻을 품고 있다.
새벽빛 쉽사리 저녁이 되는 것을 슬퍼하고
인생이 오래도록 고생스러움을 탄식하나니
사람은 누구나 백년도 못 사는데
어찌하여 즐거움은 적고 근심만 많은가!

閑情賦

[序] 初, 張衡作定情賦,[1] 蔡邕作靜情賦,[2] 檢逸辭而宗澹泊, 始則蕩以思慮, 而終歸閑正. 將以抑流宕之邪心, 諒有助于諷諫. 綴文之士, 奕代繼作,[3] 並因觸類, 廣其辭義. 余園閭多暇, 復染翰爲之. 雖文妙不足, 庶不謬作者之意乎.

夫何瓌逸之令姿,　獨曠世以秀羣.
表傾城之豔色,[4]　期有德於傳聞.
佩鳴玉以比潔,[5]　齊幽蘭以爭芬.
淡柔情於俗內,　負雅志於高雲.
悲晨曦之易夕,[6]　感人生之長勤.
同一盡於百年,　何歡寡而愁殷.

---

* 이 글은 아름다운 여인을 열렬히 사모하는 마음과 만나지 못하는 슬픔, 그리고 진실된 마음을 고이 간직하겠다는 뜻을 노래함.
1) 張衡(장형): 동한(東漢)의 문학가.
2) 蔡邕(채옹): 동한의 문학가.
3) 奕代繼作(혁대계작): 대대로 이어서 짓다. 건안(建安) 시대의 진림(陳琳)과 완우(阮瑀)의 「지욕부(止欲賦)」, 왕찬(王粲)의 「한사부(閑邪賦)」, 조식(曹植)의 「정사부(正思賦)」, 그리고 진(晉)나라 장화(張華)의 「영회부(永懷賦)」 등을 가리킴.
4) 傾城(경성): 용모가 아름다워 온 성의 사람들이 다 매혹되다. 여자의 용모가 대단히 아름다움을 형용함.
5) 鳴玉(명옥): 옛날에 사람들이 허리에 차는 옥(玉). 걸어다닐 때 서로 부딪치면 맑고 아름다운 소리를 냄.
6) 晨曦(신희): 아침 해. '曦'는 햇빛.

붉은 휘장 걷고 단정하게 앉아
맑은 소리 비파를 타며 스스로 즐기누나.
가느다란 손가락으로 아름다운 소리 보내니
흰 소매는 어지럽게 움직인다.

아름다운 눈길로 둘러보는데
말하려는 듯 웃으려는 듯 분간하기 어렵구나.
곡조를 반쯤 타니
햇볕은 서쪽 창에 떨어지고
슬픈 가을바람 숲을 두드리는데
흰 구름은 산에 기대어 있다.
머리 들어 하늘을 바라보고
고개 숙여 비파줄 급히 타누나.
아름다운 모습 점잖고 우아한 거동
맑은 소리 퉁겨내니 이내 마음 감동시켜
무릎 맞대고 이야기 나누고 싶네.
직접 가서 사랑의 맹세 맺고 싶지만
예의에 거슬려 잘못 범할까 두렵구려.
봉황새 기다렸다가 말을 전하자니
다른 사람이 나보다 먼저 할까 두렵네.

마음은 안절부절 편안할 수 없고
넋은 잠깐 사이에도 수없이 왔다 갔다 한다.

褰朱幃而正坐,　汎淸瑟以自欣.⁷⁾
送纖指之餘好,　攘皓袖之繽紛.⁸⁾

瞬美目以流盼,⁹⁾　含言笑而不分.
曲調將半,　　　景落西軒.
悲商叩林,¹⁰⁾　　白雲依山.
仰睇天路,　　　俯促鳴絃.
神儀嫵媚,　　　擧止詳姸.
激淸音以感余,　願接膝以交言.
欲自往以結誓,　懼冒禮之爲愆.
待鳳鳥以致辭,¹¹⁾ 恐他人之我先.

意惶惑而靡寧,　魂須臾而九遷.¹²⁾

---

7) 汎(범): 연주하다.
8) 繽紛(빈분): 어지러운 모양. 금(琴)을 연주할 때 옷소매가 빈번하게 나부끼는 모양을 가리킴.
9) 流盼(유반): 눈짓을 하다, 곁눈으로 보다. '盼'은 예쁜 눈. 미인이 눈을 움직이는 모양.
10) 悲商(비상): 슬픈 가을바람. '商'은 오음(五音)의 하나로 계절로는 가을을 대표함.
11) 鳳鳥(봉조): 봉황. 옛날 상고 시대의 제곡(帝嚳) 고신씨(高辛氏)는 간적(簡狄)을 아내로 맞을 때 봉황을 심부름꾼으로 삼아 예물을 보냈다 함. 그 뒤 봉황을 사랑을 전하는 심부름꾼에 비유함.
12) 九遷(구천): 여러 차례 옮기다. '九'는 많은 것을 나타냄.

옷이라면 그녀의 옷깃이 되어

아름다운 머리 향기 흠뻑 맡고 싶지만

밤이 되면 비단옷 벗어버려 슬프고

긴긴 가을밤이 원망스럽다오.

치마라면 치마끈이 되어

그녀의 가는 허리를 묶고 싶지만

따뜻하고 차가운 기후 변하여

때때로 이전의 옷 벗고 새 옷 갈아입을 것을 탄식하노라.

머리카락이라면 머리 기름이 되어

부드러운 어깨에 늘어뜨린 검은 머리를 바르고 싶지만

아름다운 님이 자주 머리 감아

맑은 물로 씻겨 말라버릴 것이 슬프구나.

눈썹이라면 눈썹 그리는 먹이 되어

그녀의 눈길 따라 한가로이 멀리 바라보고 싶지만

연지와 분은 고운 것을 좋아하여

혹시 화려한 화장에 지워져버릴까 슬프다오.

왕골이라면 돗자리가 되어

그녀의 약한 몸 가을 내내 편안히 받쳐주고 싶지만

무늬 있는 모피 방석이 대신 사용되어

한 해가 지나서야 찾아줄까 슬프구나.

실이라면 신발이 되어

흰 발에 붙어서 돌아다니고 싶지만

그녀의 행동에는 절도가 있으니

헛되이 침상 앞에 버려질까 슬프구나

願在衣而爲領,　　承華首之餘芳.
悲羅襟之宵離,[13]　怨秋夜之未央.
願在裳而爲帶,　　束窈窕之纖身.
嗟溫涼之異氣,　　或脫故而服新.
願在髮而爲澤,　　刷玄鬢于積肩.
悲佳人之屢沐,　　從白水以枯煎.
願在眉而爲黛,　　隨瞻視以閒揚.
悲脂粉之尙鮮,[14]　或取毀于華妝.
願在莞而爲席,　　安弱體于三秋.
悲文茵之代御,　　方經年而見求.
願在絲而爲履,　　附素足以周旋.
悲行止之有節,　　空委棄於牀前.

---

13) 宵離(소리): 밤에 떼놓다. 밤에 비단옷을 벗어버리는 것을 가리킴.
14) 尙鮮(상선): 고운 것을 좋아하다. 새롭고 화려한 것을 귀하게 여기다.

낮이라면 그림자 되어

항상 그녀 몸을 의지하여 여기저기 다니고 싶지만

높은 나무에 그늘이 많은 것이 슬프니

때때로 같이 있지 못하는 것을 탄식하노라.

밤이라면 촛불이 되어

두 기둥 사이에서 옥 같은 그녀 얼굴 비추고 싶지만

아침 태양이 빛을 내뿜어

갑자기 촛불 꺼지고 밝은 빛 감추어질까 슬프다네.

대나무라면 부채가 되어

부드러운 그녀 손 안에 시원한 바람 머금게 하고 싶지만

새벽에 흰 이슬 내려

멀리서 그녀 옷소매만 바라보게 될까 슬프구나.

나무라면 오동나무가 되어

그녀 무릎 위에서 울리는 금(琴)이 되고 싶지만

즐거움이 지극하면 슬픔이 생기리니

끝내는 나를 밀어내고 연주를 그칠까 슬프구나.

생각해보니 내 소망은 반드시 이루어질 수 없으리니

공연히 근심하며 마음만 괴로울 뿐이네.

가슴 가득 괴로워도 하소연할 곳 없어

남쪽 숲을 걸으며 배회하노라.

목란꽃 떨어지는 이슬 곁에서 머물러 쉬고

푸른 소나무 짙은 그늘 속에 몸을 숨긴다.

願在晝而爲影,　　常依形而西東.
悲高樹之多蔭,　　慨有時而不同.
願在夜而爲燭,　　照玉容於兩楹.
悲扶桑之舒光,[15]　奄滅景而藏明.
願在竹而爲扇,　　含淒飆於柔握.[16]
悲白露之晨零,　　顧衿袖以緬邈.
願在木而爲桐,　　作膝上之鳴琴.
悲樂極以哀來,　　終推我而輟音.

考所願而必違,　　徒契契以苦心.[17]
擁勞情而罔訴,[18]　步容與於南林.
栖木蘭之遺露,　　翳靑松之餘陰.

---

15) 扶桑(부상): 옛날 전설에서 해가 떠오르는 곳. 여기서는 태양을 가리킴.
16) 淒飆(처표): 서늘한 바람. '飆'는 폭풍, 회오리바람. 여기서는 바람의 의미.
　　柔握(유악): 부드러운 수중(手中).
17) 契契(계계): 근심으로 괴로워하는 모양.
18) 擁勞情(옹노정): 괴로운 마음을 품다. '勞情'은 괴로운 마음.

혹시 이리저리 거닐다가 서로 만나지나 않을까
기쁨과 두려움이 가슴속에서 엇갈리누나.
결국은 적막하기만 할 뿐 만나지 못하고
홀로 시름에 잠겨 부질없이 찾아나서니
가벼운 옷자락을 매만지고 왔던 길로 다시 와서
저녁 해를 바라보며 길게 탄식하노라.

서성이며 어디로 가야할지 잊었는데
얼굴빛은 처량하여 병든 사람 같구나.
나뭇잎은 부스스 가지에서 떨어지고
기온은 쌀쌀하니 점차 차가워지누나.
해는 그림자를 띤 채 함께 시리지고
달은 구름 끝에서 아름다운 빛을 뽐낸다.
새는 슬피 울며 홀로 돌아오는데
짐승은 짝을 찾느라 돌아가지 않네.
한창때가 끝나감을 슬퍼하고
금년도 다 지나가니 원망스럽네.
꿈속에서라도 고운 님 따르고자 생각하니
정신이 흔들리어 안정되지 못하누나.
마치 배를 탔는데 노를 잃어버린 듯하고
절벽을 올라가는데 붙잡을 게 없는 것과 같구나.

수많은 별들이 창가에 가득하고
북풍은 쌀쌀한데

儻行行之有覿,　交欣懼於中襟.
竟寂寞而無見,　獨悁想以空尋.[19]
斂輕裾以復路,　瞻夕陽而流歎.

步徙倚以忘趣,[20]　色慘悽而矜顔.[21]
葉燮燮以去條,[22]　氣淒淒而就寒.
日負影以偕沒,　月媚景於雲端.
鳥悽聲以孤歸,　獸索偶而不還.
悼當年之晚暮,　恨茲歲之欲殫.
思宵夢以從之,　神飄颻而不安.[23]
若憑舟之失櫂,　譬緣崖而無攀.

于時畢昴盈軒,[24]　北風淒淒.

---

19) 悁想(연상): 근심하다, 우울하다.
20) 徙倚(사의): 망설이며 앞으로 가지 않는 모양.
　　忘趣(망취): 어디로 가야할지를 잊다. '趣'는 걷다, 앞으로 가다.
21) 慘悽(참처): 처량하다.
　　矜顔(궁안): 병든 얼굴. '矜'은 '瘝'의 뜻. 병들다.
22) 燮燮(섭섭): 나뭇잎이 떨어지는 소리.
23) 飄颻(표요): 흔들거리다. 동요하다.
24) 畢昴(필묘): 별자리 이름. 필성(畢星)과 묘성(昴星). 여기서는 많은 별들을 가리킴.

초조한 마음에 잠 못 이루고
오만 생각이 뒤엉킨다.
일어나 허리띠 매고 날 밝기를 기다리니
흰 섬돌 위에 쌓인 서리가 반짝이누나.
닭은 날개를 접은 채 아직 울지 않는데
피리 소리만 멀리서 구슬프게 들려온다.
처음에는 미묘하고 한가롭더니
끝에 가서는 높이 울려 퍼지며 애간장을 끊는다.
고운 님 여기에 있다 생각하니
흘러가는 구름에 부탁해 사모하는 마음 보낼까.
흘러가는 구름은 지나가며 아무 말 없고
시간도 점점 흘러가누나.
헛되이 애닯게 생각하며 스스로 슬퍼하니
끝내 산에 막히고 강에 막혀버렸네.
맑은 바람 맞아 번민 없애고
나약한 마음은 돌아가는 파도에 띄워 보내노라.
만초(蔓草) 시의 남녀 밀회 나무라고
소남(召南)에 전해오는 노래 낭송하네.
온갖 잡념 없애고 성실한 마음 간직한 채
아득히 팔방에 치달리던 마음을 쉬게 하노라.

焖焖不寐,²⁵⁾　　衆念徘徊.
起攝帶以伺晨,　繁霜燦於素階.
雞斂翅而未鳴,　笛流遠以淸哀.²⁶⁾
始妙密以閑和,　終寥亮而藏摧.
意夫人之在玆,　託行雲以送懷.
行雲逝而無語,　時奄冉而就過.²⁷⁾
徒勤思以自悲,　終阻山而帶河.
迎淸風以袪累,　寄弱志於歸波.
尤蔓草之爲會,²⁸⁾誦邵南之餘歌.²⁹⁾
坦萬慮以存誠,　憩遙情于八遐.

---

25) 焖焖(형형): 근심스러운 모양, 불안한 모양.
26) 笛流遠(적유원): 피리 소리가 흐르는 물처럼 느릿느릿 멀리서 들려오다.
27) 奄冉(엄염): 점점.
28) 蔓草(만초): 『시경(詩經)』 정풍(鄭風) 야유만초(野有蔓草) 편을 가리킴. 남녀가 들판에서 밀회하는 내용의 시임.
29) 邵南(소남): 소남(召南). 『시경(詩經)』 국풍(國風) 중의 하나.
　　餘歌(여가): 전해오는 시. 여기서는 소남의 시 가운데 예법에 맞는 시들을 가리킴.

돌아가자

[서문] 나는 집이 가난하여 밭 갈고 뽕나무를 심어도 자급자족할 수 없었다. 어린아이들은 집안에 가득하나 쌀독에는 저장해둔 곡식이 없고, 생활에 필요한 것을 구하려 해도 그 방법을 알지 못했다. 친척과 친구들 중 많은 사람이 나에게 현(縣)의 관리가 되라고 권하여, 문득 그럴까 생각하고 구했으나 길이 없었다. 마침 사방에서 전쟁이 벌어져, 제후들은 인재 아끼는 것을 미덕으로 삼았는데, 숙부가 가난으로 고생한다며 나를 추천하여 마침내 작은 고을에 부임하게 되었다. 당시 시국이 아직 안정되지 못해, 마음속으로 멀리 나가 벼슬하는 것을 꺼렸으나, 팽택현(彭澤縣)은 집에서 불과 백 리 떨어져 있고, 봉급으로 받는 밭의 수입으로 족히 술을 담글 수 있겠기에 희망하여 현령이 되었다.

부임한 지 얼마 되지 않아, 집이 그리워 돌아가야겠다는 생각이 생겨났다. 왜냐하면, 나의 본성이 자연스러움을 좋아하여 억지로 꾸밀 수 없었기 때문이다. 배고프고 추위에 떠는 것이 비록 절박하지만 본심을 어기는 것은 더욱 고통스러웠다. 전에도 벼슬한 적이 있으나 모두 생계에 쫓겨서 스스로를 부렸던 것이다. 이에 슬퍼하고 비분강개하며 평생 품었던 뜻에 깊이 부끄러워하였다. 그러면서도 일 년을 채우고 나면 마땅히 옷을 챙겨 밤에라도 돌아가리라 작정하였다. 얼마 있지 않아, 정씨(程氏)에게 시집갔던 누이동생이 무창(武昌)에서 죽으니, 급히 장례에 가고 싶은 마음에 스스로 관직을 그만두고 떠났다. 음력 8월에서 겨울에 이르기까지, 관직에 있은 지 80여 일 되었다. 이 일로 인해 본심을 따르게 되어, 글을 지어 이름 붙이길 '귀거래혜(歸去來 兮)'라 하였다. 을사년 11월에 서문을 쓴다.

돌아가자.
전원이 바야흐로 황폐해지려는데 어찌 돌아가지 않으리오.

歸去來兮辭[1]

[序] 余家貧, 耕植不足以自給. 幼稚盈室, 缾無儲粟, 生生所資, 未見其術. 親故多勸余爲長吏, 脫然有懷, 求之靡途. 會有四方之事,[2] 諸侯以惠愛爲德,[3] 家叔以余貧苦,[4] 遂見用於小邑. 于時風波未靜,[5] 心憚遠役. 彭澤去家百里,[6] 公田之利, 足以爲酒, 故便求之. 及少日, 眷然有歸與之情. 何則, 質性自然, 非矯厲所得. 飢凍雖切, 違己交病. 嘗從人事, 皆口腹自役. 於是悵然慷慨, 深媿平生之志. 猶望一稔,[7] 當斂裳宵逝. 尋程氏妹喪於武昌.[8] 情在駿奔, 自免去職. 仲秋至冬, 在官八十餘日. 因事順心, 命篇曰歸去來兮. 序乙巳歲十一月也.[9]

歸去來兮,　　田園將蕪胡不歸.

---

* 이 글은 팽택현령(彭澤縣令)을 시작하여 그만두기까지의 경위와 고향에 돌아간 이후의 생활과 생각을 서술함.
1) 歸去來兮(귀거래혜): 돌아가자. '來'는 명령이나 권면(勸勉)의 어기를 나타내는 어조사. '兮'는 영탄의 어기를 나타내는 어조사.
   辭(사):『초사(楚辭)』계통에 속하는 문체.
2) 四方之事(사방지사): 당시 각 지방 세력간의 전쟁을 가리킴.
3) 諸侯(제후): 서주(西周)와 춘추(春秋) 시대에 분봉(分封)된 각 나라의 임금. 여기서는 당시 각지의 군벌(軍閥)들을 가리킴.
4) 家叔(가숙): 도기(陶夔)를 가리킴. 도연명의 숙부로서 당시 태상경(太常卿)에 임명되어 국가의 제사와 예악(禮樂)을 관장하고 있었음.
5) 風波未靜(풍파미정): 전쟁이 아직 끝나지 않아 시국이 안정되지 않다. 여기서는 유유(劉裕)가 환현(桓玄)을 토벌한 것을 가리킴.
6) 彭澤(팽택): 지금의 강서성(江西省) 팽택현(彭澤縣) 서남쪽에 있음.
7) 一稔(일임): 곡식이 한 번 익다. 즉 1년.
8) 程氏妹(정씨매): 정씨 집에 시집간 여동생. 작자의 배다른 누이동생.
   武昌(무창): 지금의 호북성(湖北省) 악성현(鄂城縣).
9) 乙巳歲(을사세): 진(晉) 안제(安帝) 의희(義熙) 원년(405).

이미 스스로 마음이 육신의 부림을 받도록 하였거늘
어찌 근심하여 홀로 슬퍼만 하리오.
지나간 일은 돌이킬 수 없음을 깨닫고
앞으로의 일은 바른 길 쫓을 수 있음을 알았다네.
실로 길을 잘못 들었으나 아직 멀리 가지는 않았으며
지금이 옳고 어제가 틀렸음을 깨달았네.
배는 흔들흔들 경쾌하게 나아가고
바람은 살랑살랑 불어 옷자락을 날린다.
길 가는 사람에게 앞길을 묻고
새벽빛 희미하니 한스럽게 여긴다.

드디어 집이 보이니
기뻐서 달렸다오.
머슴아이는 반겨 맞고
아이들은 문에서 기다리고 있구나.
뜰 안의 세 갈래 작은 길은 황폐해졌으나
소나무와 국화는 아직껏 남아 있네.
어린아이 이끌고 방에 들어가니
술통에 술이 가득 차 있네.
술병과 술잔을 끌어당겨 혼자서 술 따라 마시고
뜰의 나무 바라보며 얼굴에 기쁜 표정을 짓는다.
남쪽 창에 기대어 거리낌없이 마음을 푸니
좁은 방이지만 참으로 편안함을 느끼겠네.

既自以心爲形役, 奚惆悵而獨悲.
悟已往之不諫,　知來者之可追.
實迷途其未遠,　覺今是而昨非.[10]
舟遙遙以輕颺,　風飄飄而吹衣.
問征夫以前路,　恨晨光之熹微.

乃瞻衡宇,[11]　　載欣載奔.
僮僕歡迎,　　　稚子候門.
三逕就荒,[12]　　松菊猶存.
攜幼入室,　　　有酒盈樽.
引壺觴以自酌,　眄庭柯以怡顔.
倚南窓以寄傲,[13] 審容膝之易安.[14]

---

10) 今是(금시): 지금 물러나 은거하는 것이 옳다는 것을 가리킴.
　　昨非(작비): 지난날 나가서 벼슬한 것은 옳지 않다는 것을 가리킴.
11) 衡宇(형우): 나무를 가로질러 대문을 만든 집. 누추한 집. '衡'은 두 개의 기둥에 한 개의 횡목(橫木)을 가로 질러서 만든 허술한 대문. '宇'는 집.
12) 三逕(삼경): 세 군데 좁은 길. 동한(東漢)의 연주 자사(兗州刺史) 장후(蔣詡)가 벼슬을 그만두고 은거하면서 대나무 숲 가운데에 세 군데 좁은 길을 만들어 은자들과 내왕하였음.
13) 寄傲(기오): 어떤 것에도 속박받지 않는 감정을 기탁하다.
14) 容膝(용슬): 무릎을 겨우 들여 넣을 만한 작은 방.

정원을 날마다 거닐어 절로 흥취가 일고
문은 비록 있어도 언제나 닫혀 있네.
지팡이 짚고 이리저리 거닐다가 쉬며
때때로 머리 들어 먼 곳을 바라본다오.
구름은 무심히 산봉우리에서 피어오르고
새는 날다가 지쳐 제 집으로 돌아올 줄 아네.
어둑어둑 곧 해가 지려는데도
외로운 소나무 어루만지며 서성인다오.

돌아가자.
사귀는 것을 쉬고 노는 것을 끊으리라.
세상이 나와 서로 어긋나 맞지 않거늘
다시 수레를 몰아 무엇을 구할 것인가?
친척들의 정다운 이야기 즐겁고
금(琴)과 책을 즐기며 근심을 푸노라.
농부는 나에게 봄이 왔으니
서쪽 밭에 나가 농사지으리라 알려준다.
때로는 휘장 친 수레를 타고
때로는 작은 배를 저어서
깊숙한 골짜기 찾아가기도 하고
가파른 언덕을 지나가기도 한다.
나무들은 싱싱하니 무성해지려 하고
샘물은 졸졸 흐르기 시작한다.

園日涉以成趣,　　門雖設而常關.
策扶老以流憩,¹⁵⁾ 時矯首而遐觀.
雲無心以出岫,　　鳥倦飛而知還.
景翳翳以將入,　　撫孤松而盤桓.

歸去來兮,　　　　請息交以絶游.
世與我而相違,　　復駕言兮焉求.
悅親戚之情話,　　樂琴書以消憂.
農人告余以春及,　將有事於西疇.
或命巾車,　　　　或棹孤舟,
旣窈窕以尋壑,　　亦崎嶇而經邱.
木欣欣以向榮,　　泉涓涓而始流.

---

15) 策扶老(책부로): 지팡이를 짚다.
　　流憩(유게): 발길 닿는 대로 거닐며 쉬다.

만물이 제때 만난 것을 부러워하며
나는 인생살이 다해감을 탄식하노라.

그만두어라.
몸뚱이를 세상에 붙일 날 다시 얼마나 되겠는가?
어찌하여 마음 따라 가고 머무는 것을 맡기지 않는가?
무엇 때문에 허겁지겁 어디로 가려 하는가?
부귀는 내가 바라는 것이 아니며
하늘 나라는 기약할 수 없노라.
좋은 시절이라 생각하며 홀로 나서서
때로는 지팡이를 세워놓고 김매고 흙을 북돋운다.
동쪽 언덕에 올라 휘파람 불고
맑은 시냇가에서는 시를 읊조리노라.
잠시나마 자연의 변화를 따르다가 죽음으로 돌아가는 것이니
천명을 즐기는 데에 다시 무엇을 의심하리!

善萬物之得時,　　感吾生之行休.

已矣乎,　　　　寓形宇內復幾時.
曷不委心任去留, 胡爲乎遑遑欲何之.[16]
富貴非吾願,　　　帝鄕不可期.[17]
懷良辰以孤往,　　或植杖而耘耔.[18]
登東皐以舒嘯,　　臨淸流而賦詩.
聊乘化以歸盡,　　樂夫天命復奚疑.

---

16) 胡爲乎(호위호): 어찌하여.
　　遑遑(황황): 허둥대는 모양.
17) 帝鄕(제향): 신화에서 천제(天帝)가 사는 곳. 여기서는 선계(仙界), 또는 신선이 되는 것을 가리킴.
18) 植杖(치장): 지팡이를 한쪽에 꽂아두다.
　　耘耔(운자): 김매고 흙을 북돋우다. '耘'은 풀을 베다. '耔'는 뿌리에 흙을 북돋우다.

記・傳・述・贊

복사꽃 마을의 이야기와 시

진(晉)나라 태원(太元) 연간에 무릉(武陵) 지방 사람이 물고기를 잡으며 살아가고 있었는데, 하루는 시내를 따라 가다가 길을 얼마나 멀리 왔는지를 잊어버렸다. 홀연 복숭아나무 숲을 만났는데, 시내의 양 언덕 수백 보 되는 땅 안에 다른 나무는 없고 향기로운 풀이 산뜻하고 아름다웠으며, 떨어지는 꽃잎이 펄펄 바람에 흩날리고 있었다. 어부는 매우 이상하게 여기고 다시 앞으로 나아가며 그 숲 끝까지 가보려고 하였다. 숲은 시냇물의 발원지에서 끝나고 거기에 산이 하나 있었다. 산에는 작은 동굴 입구가 있었는데 빛이 나오는 것 같았다. 곧 배를 버리고 입구로 들어갔다. 처음에는 매우 좁아서 겨우 한 사람이 지나갈 만하였다. 다시 수십 보를 가니 툭 트이며 밝아졌다. 토지는 평탄하고 넓었으며 가옥이 가지런하게 늘어서 있고, 비옥한 밭과 아름다운 못과 뽕나무며 대나무 같은 것들도 있었다. 밭 사이의 길은 사방으로 통하고 닭과 개 소리가 곳곳에서 들렸다. 그 가운데에서 사람들이 왕래하면서 밭을 갈고 있었는데, 남녀의 옷차림이 모두 바깥 세상의 사람들과 같았다. 노인과 어린이 모두 기쁜 듯이 저마다 즐거워하고 있었다. 그들은 어부를 보고는 크게 놀라면서 어디서 왔냐고 물었다. 어부가 자세히 대답해주자 곧 그를 초대하여 집에 데리고 돌아가, 술자리를 벌여 닭을 잡고 음식을 만들어 대접했다.

마을 사람들이 이런 사람이 와 있다는 것을 듣고는 모두 와서

桃花源記幷詩

　　晉太元中,[1] 武陵人捕魚爲業.[2] 緣溪行, 忘路之遠近. 忽逢桃花林, 夾岸數百步, 中無雜樹. 芳草鮮美, 落英繽紛.[3] 漁人甚異之. 復前行, 欲窮其林, 林盡水源, 便得一山. 山有小口, 髣髴若有光. 便捨船從口入. 初極狹, 纔通人. 復行數十步, 豁然開朗. 土地平曠, 屋舍儼然. 有良田美池桑竹之屬. 阡陌交通,[4] 鷄犬相聞. 其中往來種作, 男女衣著, 悉如外人. 黃髮垂髫,[5] 並怡然自樂. 見漁人, 乃大驚. 問所從來, 具答之. 便要還家,[6] 設酒, 殺雞作食.

　　村中聞有此人, 咸來問訊. 自云先世避秦時亂, 率妻子邑人來此絶境,

---

* 이 글과 시는 사람들이 전란이나 관리들로부터 괴로움을 당하는 일 없이 평화롭고 즐겁게 사는 이상 세계를 묘사함.
1) 太元(태원): 동진(東晉) 효무제(孝武帝)의 연호. 376~396년.
2) 武陵(무릉): 지명. 군청의 소재지는 지금의 호남성(湖南省) 상덕현(常德縣) 서쪽에 있음.
3) 繽紛(빈분): 많고 성한 모양. 꽃 따위가 어지럽게 떨어지는 모양.
4) 阡陌(천맥): 밭 사이에 난 길. 남북으로 난 것을 '阡', 동서로 난 것을 '陌'이라 함.
5) 黃髮(황발): 누런 머리. 노인을 가리킴.
　　垂髫(수초): 늘어뜨린 머리. 어린아이를 가리킴.
6) 要(요): 초대하다.

바깥 세상의 소식을 물었다. 그들 스스로 말하길, "선조가 진(秦)나라의 난리를 피하여 처자식과 마을 사람을 이끌고 세상과 떨어진 이곳에 와서, 다시 나가지 않아 마침내 외부 사람과 단절이 되었다"하고는, "지금이 어느 시대요?" 하고 물었다. 한(漢)나라가 있은 줄조차 모르니, 위진(魏晉)은 더 말할 것도 없었다. 이 어부가 자기가 들은 것을 하나하나 그들을 위해서 자세히 말해주니, 모두 탄식하고 놀랐다. 나머지 사람들도 각기 또 어부를 초청하여 자기들 집으로 데리고 가서 모두 술과 밥을 내놓고 대접했다. 며칠 머물다가 작별하고 돌아가려고 하자, 이 마을 사람이 "바깥 세상 사람들에게 말하지 마시오" 하였다. 어부가 나와서 배를 찾아, 지난번의 길을 따라 가면서 곳곳에 표시를 해두었다.

군(郡)에 이르러 태수를 만나보고 이런 일이 있었음을 아뢰었다. 태수가 곧 사람을 보내 그가 가는 곳을 따라가 전에 표시한 곳을 찾게 하였으나 끝내 길을 잃고 더 이상 가는 길을 찾지 못했다.

남양(南陽)의 유자기(劉子驥)는 고상한 선비다. 이 말을 듣고 기뻐하며 그곳을 찾아갈 계획을 세웠으나 실현하지 못하고 얼마 지나지 않아 병들어 죽었다. 그후로는 마침내 그곳을 찾는 자가 없었다.

    진 시황(秦始皇)이 천하의 질서를 어지럽히자
    어진 사람들은 그 난세를 피하였네.
    하황공(夏黃公), 기리계(綺里季)는 상산(商山)으로 은거하고
    도화원(桃花源)의 조상들도 떠났네.
    지나간 자취 점차 파묻혀 없어지고
    도화원으로 왔던 길도 마침내 황폐해졌다네.

不復出焉. 遂與外人間隔. 問今是何世. 乃不知有漢, 無論魏晉. 此人一一爲具言所聞, 皆歎惋. 餘人各復延至其家, 皆出酒食. 停數日辭去. 此中人語云, 不足爲外人道也. 旣出, 得其船, 便扶向路, 處處誌之.

及郡下,[7] 詣太守說如此. 太守卽遣人隨其往. 尋向所誌, 遂迷不復得路. 南陽劉子驥,[8] 高尙士也. 聞之, 欣然規往, 未果. 尋病終, 後遂無問津者.

嬴氏亂天紀,[9] 賢者避其世.
黃綺之商山,[10] 伊人亦云逝.[11]
往迹浸復湮,[12] 來逕遂蕪廢.

---

7) 郡下(군하): 군청이 있는 곳.
8) 南陽(남양): 지금의 하남성 남양시.
　劉子驥(유자기): 유인지(劉驎之). 자(字)는 자기(子驥). 진(晉) 태원(太元) 연간에 살았던 은사(隱士). 산수 유람을 좋아하였음.
9) 嬴氏(영씨): 진(秦)나라 임금의 성이 영씨(嬴氏)임. 여기서는 진 시황 영정(嬴政)을 가리킴.
10) 黃綺(황기): 하황공(夏黃公)과 기리계(綺里季). 여기서는 진(秦)나라 때의 은사(隱士)들인 상산사호(商山四皓)를 가리킴.
　之商山(지상산): 상산(商山, 지금의 陝西省 商縣)에 가다.
11) 伊人(이인): 그 사람들. 맨 처음에 도화원에 온 사람들을 가리킴.
12) 往跡(왕적): 맨 처음에 도화원으로 피난 갔을 때의 자취.
　浸復湮(침부인): 점점 파묻혀 없어지다.

서로 격려하며 농사일에 힘쓰고
해 지면 서로 더불어 돌아와 쉬었다네.
뽕나무와 대나무는 짙은 그늘 드리우고
콩과 기장은 철 따라 심네.
봄에는 누에에서 긴 실을 뽑고
가을에는 수확해도 세금이 없네.
황폐한 길은 내왕하기에 흐릿하고
닭과 개만 서로 소리내어 운다네.
제사는 여전히 옛 법도대로 하고
복장도 새로운 모양이 없구나.
아이들은 마음껏 다니면서 노래부르고
노인들은 즐겁게 놀러다니네.
초목이 무성하면 봄이 온 걸 알고
나무가 시들면 바람이 매서움을 아노라.
비록 세월 적은 달력 없지만
사계절은 저절로 한 해를 이루나니
기쁘고도 즐거움이 많은데
어찌 수고로이 꾀 쓸 필요 있으랴.
기이한 자취 오백 년 숨어 있다가
하루아침에 신선 세계 드러났네.
순박함과 경박함 본래부터 서로 달라
곧바로 다시 깊이 숨었네.
세속의 사람들에게 묻노니
어찌 세속 밖의 일 알 수 있으리오.

相命肆農耕,¹³⁾　日入從所憩.
桑竹垂餘蔭,　菽稷隨時藝.
春蠶收長絲,　秋熟靡王稅.
荒路曖交通,¹⁴⁾　雞犬互鳴吠.
俎豆猶古法,¹⁵⁾　衣裳無新製.
童孺縱行歌,　斑白歡游詣.
草榮識節和,¹⁶⁾　木衰知風厲.
雖無紀歷志,¹⁷⁾　四時自成歲.
怡然有餘樂,　于何勞智慧.
奇蹤隱五百,¹⁸⁾　一朝敞神界.
淳薄旣異源,　旋復還幽蔽.
借問游方士,　焉測塵囂外.

---

13) 相命(상명): 서로 격려하다, 서로 부르다.
    肆(사): 힘을 다하다.
14) 曖(애): 희미하다, 분명하지 않다.
15) 俎豆(조두): 고대의 제기(祭器). 여기서는 제사를 가리킴.
16) 節和(절화): 계절이 따뜻하다. 봄을 가리킴.
17) 紀歷志(기력지): 세시(歲時)의 기재(記載), 즉 달력. '志'는 기재.
18) 五百(오백): 5백 년. 진(秦)나라로부터 진(晉) 태원(太元) 연간까지 5백여 년임.

원하노니 가벼운 바람 타고

높이 날아 나와 뜻 맞는 사람 찾고 싶네.

願言躡輕風， 高舉尋吾契.

진나라 정서대장군의 장사를 지내신 맹씨 외할아버지의 전기

외할아버지는 성함이 가(嘉)이고 자(字)는 만년(萬年)으로 강하군(江夏郡) 맹현(鄳縣) 출신이다. 증조부는 성함이 종(宗)인데 효행으로 칭송되었고 오(吳)나라에서 벼슬하여 사공(司空)을 지냈다. 할아버지는 성함이 읍(揖)으로 원강(元康) 연간에 여릉(廬陵) 태수를 지냈다. 증조부는 무창군(武昌郡) 신양현(新陽縣)에 묻히셨는데 자손들이 그곳에서 일가를 이루고 살아 결국 그 현의 사람이 되었다.

외할아버지는 어릴 때 아버지를 여의고 어머니를 모시며 두 아우와 함께 살았다. 나중에 대사마(大司馬)에 추증(追贈)되신 장사군공(長沙郡公) 환공(桓公) 도간(陶侃) 할아버지의 열 번째 따님을 아내로 맞았는데, 이 분은 가정에서 부모에게 효도하고 형제에게 우애로우며 누구도 흠잡을 데가 없어 마을 사람들이 칭송하였다.

외할아버지는 성품이 온화하고 말수가 적었으며 도량이 넓으셔서 젊었을 때부터 친구들이 모두 공경하였다. 같은 고을에 사는 곽손(郭遜)은 고상하고 지조 있는 사람으로 이름이 나서 당시 명성이 외할아버지보다 더 높았으나 항상 온화하고 점잖으며 평온하고 속이 넓으신 외할아버지를 보고 탄식하며 스스로 미치지 못한다고 생각하였다. 곽손의 사촌 동생 곽립(郭立) 또한 재주와 큰 뜻을 지니고 있어 외할아버지와 더불어 동시에 명성이 높았으나 늘 외할아버지를 받들어 칭송하며 마음으로 존경하였다. 이로 말미암아 외할아버지의 명망이 그 고장에서 제일이었으며 명성이 수도

晉故征西大將軍長史孟府君傳[1]

　　君諱嘉, 字萬年, 江夏鄳人也.[2] 曾祖父宗, 以孝行稱, 仕吳司空.[3] 祖父揖, 元康中爲廬陵太守.[4] 宗葬武昌新陽縣,[5] 子孫家焉, 遂爲縣人也.

　　君少失父, 奉母二弟居. 娶大司馬長沙桓公陶侃第十女,[6] 閨門孝友, 人無能間, 鄉閭稱之.

　　冲默有遠量, 弱冠儔類咸敬之. 同郡郭遜,[7] 以清操知名, 時在君右, 常歎君溫雅平曠, 自以爲不及. 遜從弟立, 亦有才志, 與君同時齊譽, 每

---

* 이 글은 외조부 맹가(孟嘉)에 대한 전기로, 평생의 사적을 서술하면서 몇 가지 사례와 당시의 저명한 인사들의 칭송을 통하여 겸허하고 활달한 개성을 생동적으로 표현함.
1) 征西大將軍(정서대장군): 환온(桓溫)을 가리킴. 진(晉) 명제(明帝) 때 정서대장군이 됨.
　長史(장사): 대장군 밑의 관직으로 막부(幕府)를 전체적으로 관리함.
　孟府君(맹부군): 맹씨(孟氏) 할아버지. 맹가(孟嘉)를 가리킴. 도연명의 외할아버지. '府君'은 돌아가신 아버지나 할아버지에 대한 존칭.
2) 江夏(강하): 군청 소재지는 지금의 호북성(湖北省) 안륙현(安陸縣).
　鄳(맹): 도주(陶澍) 본에 '鄂(악)'으로 되어 있으나 『진서(晉書)』 맹가전(孟嘉傳)에 의거하여 '鄳'으로 바로잡음. 지금의 하남성(河南省) 나산현(羅山縣).
3) 司空(사공): 옛날의 관직 이름. 토목 건설 등의 일을 관장함. 도주(陶澍) 본에 '司馬'로 되어 있으나 『진서』 맹가전에 의거하여 '司空'으로 바로잡음.
4) 元康(원강): 진(晉) 혜제(惠帝)의 연호(291 ~ 299).
　廬陵(여릉): 군청 소재지는 지금의 강서성(江西省) 길수현(吉水縣) 동북쪽.
5) 武昌(무창): 군청 소재지는 지금의 호북성 악성현(鄂城縣).
　新陽縣(신양현): 『진서(晉書)』 지리지(地理志)에 의하면 '陽新縣'이라 하는 것이 옳음. 지금의 호북성 양신현(陽新縣) 서남쪽.
6) 長沙(장사): 지금의 호남성 장사시(長沙市). 여기서는 도간(陶侃)이 소준(蘇峻)의 난(亂)을 평정한 공으로 봉해진 장사군공(長沙郡公)을 가리킴.
　桓公(환공): 도간(陶侃)이 죽은 뒤의 시호가 '桓'이므로 이렇게 부름.
　陶侃(도간): 도연명의 증조부(曾祖父). 태위(太尉)를 역임하고 장사군공(長沙郡公)에 봉해졌으며, 죽은 뒤 대사마에 추증됨.
7) 郭遜(곽손): 사람 이름. 자세한 사적은 알 수 없음.

건강(健康)에까지 흘러 들어갔다.

　죽은 뒤 태위(太尉)에 추증된 영천(潁川) 출신 유량(庾亮)은 황제의 외삼촌이라는 신분과 백성들의 높은 신망으로 조정의 중임을 받아 무창(武昌)에 주둔하여 강주(江州)까지 다스리고 있으면서 외할아버지를 초빙하여 여릉군(廬陵郡)의 종사(從事)에 임명하였다. 외할아버지가 여릉군에서 무창으로 돌아오자 유량이 불러서 접견하고 그곳의 민정(民情)이 좋은지 나쁜지에 대해 물었다. 외할아버지는 "저는 잘 모릅니다. 역사(驛舍)에 돌아가서 부하에게 물어보겠습니다"하고 대답했다. 유량은 불진(拂塵)으로 입을 가리고 웃었다. 여러 종사(從事)들이 떠난 뒤 동생 유익(庾翼)을 불러 "맹가(孟嘉)는 본래 덕(德)이 높은 사람이구나" 하였다.

　외할아버지는 작별 인사를 하고 밖으로 나와서는 스스로 종사라는 관직을 그만두고 걸어서 집으로 돌아갔는데, 어머니는 마루에 계셨고 형제들은 함께 서로 즐거워하며 기뻐하였다. 10여 일이 지나, 새로이 권학종사(勸學從事)라는 관직에 임명되었다. 당시 유량은 학교 세우는 것을 중시하여 명망 높은 사람을 학관(學官)으로 뽑았는데, 외할아버지의 명망과 재능을 높이 샀기 때문에 도덕 수양을 중시하는 이 직무에 추천하였던 것이다.

　죽은 뒤 태부(太傅)에 추증된 하남(河南) 출신 저포(褚褒)는 말이 적고 온화하며 인재를 알아보는 식견이 뛰어났는데, 그때 예장 태수(豫章太守)로 있다가 예장을 떠나 유량을 뵈러 왔다. 정월 초하루에 유량이 주(州)와 부(府)의 사람들을 많이 모았는데 대부분이 당시의 유명 인사들이었으며 외할아버지께서도 아주 멀리 떨어진 자리에 앉아 있었다. 저포가 유량에게 "강주(江州)에 맹가(孟嘉)라는

推服焉. 由是名冠州里, 聲流京邑.[8]

太尉潁川庾亮,[9] 以帝舅民望,[10] 受分陝之重,[11] 鎭武昌, 幷領江州,[12] 辟君部廬陵從事. 下郡還, 亮引見問風俗得失. 對曰, 嘉不知, 還傳, 當問從吏.[13] 亮以麈尾掩口而笑.[14] 諸從事旣去, 喚弟翼語之曰, 孟嘉故是盛德人也.

君旣辭出外, 自除吏名, 便步歸家, 母在堂, 兄弟共相歡樂, 怡怡如也. 旬有餘日, 更版爲勸學從事. 時亮崇修學校, 高選儒官, 以君望實, 故應尙德之擧.

太傅河南褚裒,[15] 簡穆有器識, 時爲豫章太守,[16] 出朝宗亮. 正旦大會州府人士, 率多時彦, 君在坐次甚遠. 裒問亮, 江州有孟嘉, 其人何在.

---

8) 京邑(경읍): 경성(京城). 동진(東晉)의 수도 건강(建康)을 가리킴.
9) 潁川(영천): 군(郡)의 이름. 군청 소재지는 지금의 하남성(河南省) 허창시(許昌市).
   庾亮(유량): 자(字)는 원규(元規), 영천 언릉(鄢陵, 지금의 河南省 鄢陵 서북쪽) 사람. 벼슬이 정서장군(征西將軍)에 이르렀으며, 죽은 뒤 태위에 추증됨.
10) 帝舅(제구): 천자의 외삼촌. 유량은 진(晉) 명제(明帝)의 황후의 오빠이므로 성제(成帝)에게는 외삼촌이 됨.
11) 分陝之重(분협지중): 주공(周公)과 소공(召公)이 협(陝)땅을 나누어 다스린 것과 같은 중임. 군주의 정사를 보좌하는 중임.
    협(陝): 지금의 하남성(河南省) 협현(陝縣).
12) 江州(강주): 관청 소재지는 지금의 강서성(江西省) 구강시(九江市).
13) 還傳(환전): 객사(客舍)에 돌아가다. '傳'은 역참(驛站)에 딸린 객사.
14) 麈尾(주미): 불진(拂塵). 중이나 도사가 번뇌 따위를 물리치는 표지로 쓰는 총채. '麈'는 큰사슴의 꼬리털로 만든 먼지떨이.
15) 褚裒(저포): 자(字)는 계야(季野). 하남(河南) 양적(陽翟, 지금의 河南省 禹縣) 사람. 예장 태수(豫章太守)를 지냈으며, 죽은 뒤 시중태부(侍中太傅)에 추증됨.
16) 豫章(예장): 군(郡)의 이름. 관청 소재지는 지금의 강서성 남창시(南昌市).

사람이 있다던데 이 사람은 어디에 있습니까?"하고 물었다. 유량이 "이 자리에 있소만 그대 스스로 찾아보시오"하였다. 저포가 여러 사람을 두루 보더니 마침내 외할아버지를 가리키며 유량에게 말했다. "바로 이 사람이 아닙니까?" 유량은 싱긋이 웃었다. 저포가 외할아버지를 알아본 것을 기뻐하면서 외할아버지가 저포의 눈에 띈 것을 신기하게 여겼으며, 이에 외할아버지를 더욱 중히 여겼다.

수재(秀才)에 뽑혔다가 또 안서장군(安西將軍) 유익(庾翼) 막부(幕府)의 공조(功曹)가 되었고, 다시 강주 별가(江州別駕), 파구 현령(巴邱縣令), 그리고 정서대장군(征西大將軍)인 초국(譙國) 사람 환온(桓溫)의 참군(參軍)이 되었다. 외할아버지는 표정이 온화하고 엄정하여 환온이 매우 중히 여겼다. 9월 9일 환온이 용산(龍山)에 놀러갔는데 부하 관리들이 모두 모였으며 그의 네 명의 동생과 두 조카도 모두 좌석에 있었다. 그때 막료들은 모두 군복을 입고 있었는데 바람이 불어 외할아버지의 모자를 땅에 떨어뜨리자 환온이 좌우에 있는 사람과 손님들에게 눈짓을 하여 말하지 말도록 하고 외할아버지의 거동을 보고자 하였다. 외할아버지는 처음에 스스로 깨닫지 못하고 한참 지나서 변소에 가니 환온이 모자를 집어서 돌려주도록 명령하였다. 나중에 정위(廷尉)가 된 태원(太原) 사람 손성(孫盛)이 자의참군(諮議參軍)이 되어 그때 자리에 있었다. 환온이 종이와 붓을 가져오도록 하고는 손성으로 하여금 글을 지어 외할아버지를 조롱하게 하였다. 글을 다 지어 환온에게 보이자 환온은 그것을 외할아버지가 앉았던 자리에 놓아 두었다. 외할아버지가 돌아와서 비웃는 글을 보고는 붓을 달라고 하여 답을 하였는데, 잠시 생각

亮云, 在坐, 卿但自覓. 裒歷觀, 遂指君謂亮曰, 將無是耶. 亮欣然而笑, 喜裒之得君, 奇君爲裒之所得. 乃益器焉.

擧秀才,[17] 又爲安西將軍庾翼府功曹,[18] 再爲江州別駕巴邱令征西大將軍譙國桓溫參軍.[19] 君色和而正, 溫甚重之. 九月九日, 溫遊龍山,[20] 參佐畢集, 四弟二甥咸在坐.[21] 時佐吏並著戎服, 有風吹君帽墮落, 溫目左右及賓客勿言, 以觀其擧止. 君初不自覺, 良久如廁, 溫命取以還之. 廷尉太原孫盛,[22] 爲諮議參軍,[23] 時在坐. 溫命紙筆令嘲之. 文成示溫, 溫

---

17) 秀才(수재): 한대(漢代) 이후 인재를 천거하는 과목(科目)의 하나.
18) 庾翼(유익): 유량(庾亮)의 동생.
   功曹(공조): 공로 있는 사람을 뽑아 배치하는 일을 담당하는 관직.
19) 別駕(별가): 주(州)의 자사(刺史)를 보좌하는 관리.
   巴邱令(파구령): 파구현령(巴邱縣令). '巴邱'는 지금의 강서성(江西省) 협강현(峽江縣) 북쪽.
   桓溫(환온): 자(字)는 원자(元子), 초국(譙國) 용항(龍亢, 지금의 安徽省 懷遠縣) 사람. 당시 벼슬이 정서대장군(征西大將軍) 형주 자사였음.
20) 龍山(용산): 지금의 호북성(湖北省) 강릉현(江陵縣) 서북쪽에 있음.
21) 四弟(사제): 환온(桓溫)의 네 명의 동생. 즉 환운(桓雲), 환활(桓豁), 환비(桓秘), 환충(桓沖).
   二甥(이생): 환온의 두 명의 조카. 누군지 자세히 알 수 없음.
22) 廷尉(정위): 형법을 담당하는 관리.
   太原(태원): 지금의 산서성(山西省) 태원시(太原市).
   孫盛(손성): 자(字)는 안국(安國), 태원(太原) 중도(中都, 지금의 山西省 平遙縣 西北쪽) 사람. 당시 저명한 문인.
23) 諮議參軍(자의참군): 장군부(將軍府)나 승상부(丞相府)에 소속되어 군사 자문의 일을 담당했던 보좌관. 다른 참군보다 지위가 높음.

하지 않았는데도 문장이 탁월하여 사방의 자리에 앉았던 사람들이 감탄하였다.

명령을 받고 수도 건강에 공무 출장을 가서 상서산정랑(尙書刪定郎)에 임명되었으나 관직을 받지 않았다. 목제(穆帝)가 외할아버지의 명성을 듣고 정전(正殿)에서 만나보려고 하였다. 외할아버지가 다리에 병이 나서 절하고 일어나는 예를 행하기 어렵다며 사양하자, 사람을 시켜 외할아버지를 부축해서 들어오게 하였다.

외할아버지는 일찍이 자사(刺史) 사영(謝永)의 별가(別駕)가 된 적이 있다. 사영은 회계(會稽) 사람인데, 그가 죽자 외할아버지는 휴가를 얻어 조문하러 가던 도중에 영흥현(永興縣)을 지나가게 되었다. 고양(高陽)의 허순(許詢)은 재주가 뛰어났으나 영화(榮華)를 사양하고 벼슬을 하지 않았다. 언제나 마음 내키는 대로 혼자서 돌아다녔는데, 그때 마침 영흥현 경내(境內)에서 나그네로 머물고 있었다. 한번은 배를 타고 부근에 갔다가 마침 지나가던 외할아버지를 만나고는 탄식하며 말했다. "도읍의 뛰어난 인물들은 내가 모두 알고 있는데 유독 이 사람만은 모르겠다. 중주(中州)에 맹가(孟嘉)라는 사람이 있다는 것만은 들었는데 혹시 이 사람이 아닐까? 그러나 어째서 여기에 왔을까?" 사람을 시켜 외할아버지의 시종에게 물어보게 하였다. 외할아버지께서는 허순이 보낸 사람에게, "본래부터 찾아뵈려고 생각하고 있었습니다. 지금 문상을 먼저 갔다가 바로 돌아와서 허선생께 인사드리러 가겠습니다" 하였다. 돌아온 뒤, 허순의 거처에서 이틀을 머물렀는데 서로 아주 잘 이해하여 마치 오랜 친구 같았다.

환온의 막부에 돌아온 뒤 종사중랑(從事中郎)으로 전임되었으며

以著坐處. 君歸, 見嘲笑而請筆作答, 了不容思, 文辭超卓, 四坐歎之.

奉使京師,²⁴⁾ 除尙書刪定郞,²⁵⁾ 不拜. 孝宗穆皇帝聞其名,²⁶⁾ 賜見東堂.²⁷⁾ 君辭以脚疾, 不任拜起, 詔使人扶入.

君嘗爲刺史謝永別駕. 永, 會稽人,²⁸⁾ 喪亡, 君求赴義, 路由永興.²⁹⁾ 高陽許詢有雋才,³⁰⁾ 辭榮不仕, 每縱心獨往, 客居縣界, 嘗乘船近行, 適逢君過. 歎曰, 都邑美士, 吾盡識之, 獨不識此人. 唯聞中州有孟嘉者,³¹⁾ 將非是乎. 然亦何由來此. 使問君之從者, 君謂其使曰, 本心相過, 今先赴義, 尋還就君. 及歸, 遂止信宿, 雅相知得, 有若舊交.

還至, 轉從事中郞,³²⁾ 俄遷長史.³³⁾ 在朝隤然, 仗正順而已. 門無雜賓.

---

24) 京師(경사): 수도(首都), 즉 건강(建康).
25) 尙書刪定郞(상서산정랑): 상서성(尙書省)에서 문서를 다듬고 정리하는 일을 담당하는 관직.
26) 孝宗穆皇帝(효종목황제): 진(晉)나라 목제(穆帝, 345~361 재위). '孝宗'은 죽은 뒤 종묘에 모실 때 지은 이름.
27) 東堂(동당): 진(晉)나라 궁궐의 정전(正殿).
28) 會稽(회계): 군(郡)의 이름. 관청 소재지는 지금의 절강성(浙江省) 소흥시(紹興市).
29) 永興(영흥): 현(縣)의 이름. 지금의 절강성(浙江省) 소산현(蕭山縣) 서쪽.
30) 高陽(고양): 지금의 하북성(河北省) 여현(蠡縣) 일대.
    許詢(허순): 자(字)는 원도(元度), 고양(高陽) 사람. 시인.
31) 中州(중주): 지금의 하남성(河南省) 일대. 옛날의 예주(豫州) 땅인데, 중국 전체를 아홉으로 나눈 구주(九州)의 가운데에 위치하기 때문에 '中州'라고 부름.
32) 從事中郞(종사중랑): 주(州)의 하급 관리로, 일정 직무 없이 사안에 따라 직책을 맡음.
33) 長史(장사): 도독이나 자사의 보좌관.

금세 또 장사(長史)로 승진하였는데, 관청에서는 태도가 온화하였으며 공정함과 순리에 따라 일을 처리하였다. 집에는 잡된 손님이 찾아오는 일이 없었으며, 평소에 마음속으로 무언가 특별한 느낌이 있으면 곧 초연하게 수레를 준비시켜 곧장 용산(龍山)에 가서 경치를 돌아보며 즐거이 술을 마시다가 저녁때가 되어서야 돌아왔다. 환온이 한번은 조용히 외할아버지에게 말하기를, "사람은 권세가 없을 수 없으니 그래서 내가 그대를 부릴 수 있는 것이오" 하였다.

뒤에 병으로 집에서 돌아가시니 향년 51세였다. 어릴 때부터 50세에 이르기까지 일을 행함에는 다른 사람과 구차하게 영합하려 하지 않았고, 말을 할 적에는 자기 자랑을 하는 일이 없었으며, 일찍이 기쁘고 성내는 얼굴을 하신 적이 없었다. 흥겹게 술 마시기를 좋아하였으나 주량을 넘게 많이 마셔도 문란하지 않았다. 가슴을 마음껏 펼쳐 뜻에 맞을 때에는 즐거움에 마음을 멀리 세상 밖에 부쳐 마치 옆에 사람이 없는 것 같았다. 환온이 일찍이 외할아버지에게 "술에 무슨 좋은 점이 있길래 그대는 이렇게 그것을 좋아하는가?" 하고 물으니, 외할아버지께서 웃으면서 대답하기를, "상관께서는 아직 술의 묘미를 알지 못하셔서 그런 것입니다" 하셨다. 환온이 또, "기녀(妓女)의 노래를 듣는 경우, 현악기는 관악기만 못하고 관악기는 사람의 육성만 못한 것은 어째서인가?" 하고 물으니, "점점 자연에 가깝기 때문입니다" 하셨다. 나중에 중산대부(中散大夫)에 추증된 계양(桂陽) 사람 나함(羅含)이 시를 지어, "맹군은 술 마시기를 좋아하지만 가슴속의 본뜻은 잃어버리지 않는다" 하였다. 광록대부(光祿大夫)를 지낸 남양(南陽) 사람 유탐(劉耽)

嘗會神情獨得, 便超然命駕, 逕之龍山, 顧景酣宴, 造夕乃歸. 溫從容謂君曰, 人不可無勢, 我乃能駕御卿.

後以疾終於家, 年五十一. 始自總髮, 至於知命,[34] 行不苟合, 言無夸矜, 未嘗有喜慍之容. 好酣飲, 逾多不亂. 至於任懷得意, 融然遠寄, 傍若無人. 溫嘗問君, 酒有何好, 而卿嗜之. 君笑而答之, 明公但不得酒中趣爾.[35] 又問聽妓, 絲不如竹, 竹不如肉, 答曰, 漸近自然. 中散大夫桂陽羅含賦之曰,[36] 孟生善酣, 不愆其意. 光祿大夫南陽劉耽,[37] 昔與君同

---

34) 知命(지명): 50세. 『논어(論語)』 위정(爲政) 편의 "나이 오십에 천명(天命)을 알았다〔五十而知天命〕"에서 나온 말임.
35) 明公(명공): 명성과 지위가 있는 사람에 대한 존칭. 높은 관직에 있는 사람을 높여 부르는 호칭.
36) 桂陽(계양): 지금의 호남성(湖南省) 침현(郴縣).
  羅含(나함): 당시의 저명한 문인. 계양(桂陽) 뇌양(耒陽, 지금의 湖南省 耒陽縣) 사람. 일찍이 주(州)의 주부(主簿)를 지냈고 정위(廷尉)를 거쳤으며, 늙어 벼슬을 그만두자 중산대부(中散大夫)를 제수받음.
37) 南陽(남양): 지금의 하남성(河南省) 남양시(南陽市).
  劉耽(유탐): 자(字)는 경도(敬道). 남양(南陽) 사람. 환온(桓溫)의 아들 환현(桓玄)의 장인.

은 과거에 외할아버지와 함께 환온의 막부에 있었는데 나의 삼촌으로 태상경(太常卿)을 지내신 도기(陶夔)께서 유탐에게 "맹가가 만약 아직 세상에 살아 있다면 당연히 삼공(三公)이 되지 않았겠소?" 하고 물으니, 유탐이, "이 사람은 본래가 삼공의 인물감이었소" 하였다. 외할아버지는 당시 사람들에게 이처럼 존중을 받았다.

돌아가신 나의 어머니는 외할아버지의 넷째 따님이시다. 『시경(詩經)』 개풍(凱風) 편의 '한천(寒泉)' 시구와 같은 어머니에 대한 그리움이 내 가슴에 가득하다. 신중하게 할아버지의 사적(事迹)을 살피고 채집하여 이 전기를 짓는다. 혹시 잘못하여 크게 우아하신 군자의 덕을 훼손시킬까 두려워 전전긍긍하며 마치 깊은 연못가를 걷고 얇은 얼음 위를 밟듯이 하는 것이다.

찬(贊)에 말한다.

공자님께서 말씀하기를, "덕(德)에 나아가고 학업을 닦는 것은 필요한 때에 맞추어 세상에 쓰여지기 위해서이다" 하셨네. 외할아버지께서 누추한 집에서 고상하게 은거하고 계실 때는 훌륭한 명성이 크게 퍼졌고, 조정에서 벼슬할 때는 찬미하는 말이 참으로 모여들었다. 그러나 하늘의 도는 유구하나 사람의 목숨은 짧아 원대한 사업을 마치지 못하셨으니 안타까워라, 어진 사람은 반드시 장수한다더니 설마 이 말이 틀린 것이었단 말인가.

在溫府, 淵明從父太常夔嘗問耽,³⁸⁾ 君若在,³⁹⁾ 當已作公不.⁴⁰⁾ 答曰, 此本是三司人. 爲時所重如此.

淵明先親, 君之第四女也. 凱風寒泉之思,⁴¹⁾ 實鍾厥心. 謹按採行事, 撰爲此 傳. 懼或乖謬, 有虧大雅君子之德, 所以戰戰兢兢, 若履深薄云爾.

贊曰,⁴²⁾ 孔子稱, 進德修業, 以及時也. 君淸蹈衡門, 則令聞孔昭. 振纓公朝, 則德音允集. 道悠運促, 不終遠業, 惜哉. 仁者必壽,⁴³⁾ 豈斯言之謬乎.

---

38) 太常(태상): 태상경(太常卿). 종묘(宗廟)의 예의(禮儀)를 맡아보던 관직.
   夔(기): 도기(陶夔). 도연명의 숙부.
39) 君(군): 도연명의 외할아버지 맹가(孟嘉)를 가리킴.
40) 公(공): 삼공(三公), 즉 사도(司徒), 사마(司馬), 사공(司空)을 가리킴. 삼사(三司)라고도 부름. 국가의 군정(軍政)을 담당하는 최고 관직.
41) 凱風寒泉之思(개풍한천지사): 어머니를 그리는 마음을 가리킴. 『시경(詩經)』 패풍(邶風)의 개풍(凱風) 시 중에 "차가운 샘이 준(浚)의 옆에 있네. 아들이 일곱 있어, 어머니 노고로우시네[爰有寒泉, 在浚之下. 有子七人, 母氏勞苦]"라고 하였음.
42) 贊(찬): 옛날 문체의 하나로, 작자가 기록하는 사람에 대해 내리는 평론과 칭송.
43) 仁者必壽(인자필수): 『논어(論語)』 옹야(雍也) 편에 "어진 사람은 장수한다[仁者壽]"는 말이 있음.

오류선생의 전기

선생은 어느 지방 사람인지 알 수 없고 그의 성(姓)과 자(字)도 자세하지 않다. 집 가에 다섯 그루의 버드나무가 있어 그것으로 호를 삼았다. 조용하고 말이 적으며 영화(榮華)와 이익을 부러워하지 않았다. 책 읽기를 좋아하나 지나치게 따지려고 하지 않았으며, 매번 깨닫는 바가 있으면 기뻐하며 밥 먹는 것도 잊었다. 성품이 술을 즐기나 집이 가난하여 항상 먹을 수는 없었다. 친구들이 그의 이 같은 사정을 알고 간혹 술을 차려놓고 부르면, 가서 언제나 흥겹게 마시며 반드시 취하고자 하였다. 이미 취하여 물러갈 때에는 언제나 가거나 머무르거나 하는 데에 미련을 두지 않았다. 좁은 집은 텅 비어 있고 바람과 햇볕을 가리지 못하였다. 짧은 베옷은 해진 데를 기웠고, 밥그릇과 표주박이 종종 비었지만 태연하였다. 항상 문장을 지어 스스로 즐기며 자못 자기의 뜻을 나타내고 이해득실은 잊은 채 이런 태도로 스스로의 일생을 마쳤다.

찬(贊)에 말한다.

검루(黔婁)가 말하기를, "빈천을 걱정하지 않고 부귀에 급급하지 않는다" 하였다. 이 말은 바로 이 오류선생 같은 사람을 말하는 것이 아니겠는가? 흥겹게 술을 마시고 시를 지어 자기의 뜻을 즐기니, 옛날 태평성대의 임금 무회씨(無懷氏)의 백성인가, 갈천씨(葛天氏)의 백성인가?

五柳先生傳

先生不知何許人也, 亦不詳其姓字. 宅邊有五柳樹, 因以爲號焉. 閒靖少言, 不慕榮利. 好讀書, 不求甚解. 每有會意便欣然忘食. 性嗜酒, 家貧不能常得. 親舊知其如此, 或置酒而招之. 造飮輒盡, 期在必醉. 旣醉而退, 曾不吝情去留. 環堵蕭然, 不蔽風日. 短褐穿結, 簞瓢屢空, 晏如也. 常著文章自娛, 頗示己志. 忘懷得失, 以此自終.

贊曰, 黔婁有言,[1] 不戚戚於貧賤, 不汲汲於富貴. 其言茲若人之儔乎. 酣觴賦詩, 以樂其志. 無懷氏之民歟,[2] 葛天氏之民歟.[3]

---

* 이 글은 부귀빈천에 마음을 두지 않고 독서와 음주, 그리고 시를 지으며 즐겁게 살아가는 자신의 모습을 묘사함.
1) 黔婁(검루): 춘추 시대 제(齊)나라의 은사(隱士).
2) 無懷氏(무회씨): 전설상 상고 시대 태평성대 때의 제왕(帝王).
3) 葛天氏(갈천씨): 전설상 상고 시대 태평성대 때의 제왕.

『사기』를 읽고 쓴 아홉 편

[서문] 『사기(史記)』를 읽고 느낀 바가 있어 적는다.

백이와 숙제

두 사람은 나라를 양보하고
서로 이끌고 바닷가로 달아났네.
하늘의 명령과 백성들 뜻을 따라 은(殷)나라를 치자
자취를 감추고 외진 곳에서 살았다네.
고사리 캐며 높이 노래부르고
탄식하며 황제(黃帝)와 순(舜) 임금을 생각하였네.
곧은 지조는 세속에 뛰어나
나약한 사람들을 감동시키누나.

기자

고향을 떠날 때도 그 마음은
차마 발걸음을 떼지 못했는데
하물며 조대(朝代)가 바뀌어
눈에 보이는 모든 것 옛 모습 아님에랴.
슬프고 슬픈 기자여,
어찌 마음이 평안할 수 있었겠는가.

讀史述九章

[序] 余讀史記, 有所感而述之.

夷齊[1]

二子讓國,　相將海隅.

天人革命,[2]　絶景窮居.

采薇高歌,　慨想黃虞.[3]

貞風凌俗,　爰感懦夫.

箕子[4]

去鄕之感,　猶有遲遲.

矧伊代謝,　觸物皆非.

哀哀箕子,　云胡能夷.

---

* 이 글은 『사기(史記)』를 읽고 백이(伯夷) 숙제(叔齊) 등의 사적에 대한 감상을 적음.
1) 夷齊(이제): 백이(伯夷)와 숙제(叔齊). 은(殷)나라 말 고죽국(孤竹國) 임금의 아들들로, 아버지가 죽은 뒤 서로 왕위를 양보하여 함께 도망쳤으며, 주(周) 무왕(武王)이 주왕(紂王)을 치자 의롭지 못하다 여겨 수양산(首陽山)에 은거하여 고사리를 캐먹다가 굶어 죽음. 『사기(史記)』 백이열전(伯夷列傳)에 나옴.
2) 天人革命(천인혁명): 하늘의 명(命)과 사람들의 뜻을 따른 변혁. 주(周) 무왕(武王)이 은(殷)의 주왕(紂王)을 쳐서 새 왕조를 세운 것을 가리킴.
3) 黃虞(황우): 황제(黃帝)와 우순(虞舜, 舜 임금).
4) 箕子(기자): 은(殷)나라 주왕(紂王)의 신하. 주왕이 음란하고 포악하여 간(諫)하는 말을 듣지 않고 비간(比干)을 죽이자 두려워 거짓으로 미친 체하며 남의 노예가 되었다가 주왕에게 사로잡혀 감옥에 갇힘. 뒤에 주(周) 무왕(武王)이 은나라를 멸망시킨 뒤 풀려남. 『사기』 은본기(殷本紀)에 나옴.

「교활한 아이」의 그 노래
처량하고도 슬프네.

관중과 포숙

다른 사람을 아는 것은 쉽지 않으며
서로 지기(知己)가 되기란 진실로 어려운 일.
처음 사귈 때는 담담하고 아름답지만,
곤궁해지면 이익으로 사이가 어긋난다네.
관중(管仲)이 만족하기만 하면
포숙(鮑叔)은 반드시 편안히 여겼으니
보기 드문 우정 서로 빛나
아름다운 이름 모두 영원히 전해지네.

정영과 공손저구

목숨 버리기는 참으로 어려운 일이나
선비는 자기를 알아주는 사람 위해 그렇게 하노라.
의(義)를 위해 죽기를 집으로 돌아가는 것같이 여긴 것은
진실로 이 두 사람이 그러하였네.
정영(程嬰)은 칼을 휘둘러 자살하였는데
살아남은 부끄러움을 두려워했기 때문이지.
이들의 미덕은 영원히 전해져서
오랜 후대에까지 기록되리라.

狡童之歌,[5] 悽矣其悲.

管鮑[6]

知人未易,　相知實難.
淡美初交,　利乖歲寒.
管生稱心,　鮑叔必安.
奇情雙亮,　令名俱完.

程杵[7]

遺生良難,　士爲知己.
望義如歸,　允伊二子.
程生揮劍,　懼茲餘恥.[8]
令德永聞,　百代見紀.

---

5) 狡童之歌(교동지가): 기자가 지은 「맥수(麥秀)」 시를 가리킴. 은(殷)이 멸망한 뒤 기자가 주(周)의 천자를 보러 가는 길에 은의 옛터를 지나게 되었는데 궁실(宮室)이 파괴되고 보리와 기장이 온통 무성하게 자란 것을 보고 슬픈 마음에 이 시를 지어 노래 불렀음. 시는 다음과 같다. "보리에 이삭이 패어 줄기는 가지런하고, 벼와 기장은 무성하게 자랐네. 저 교활한 어린아이는 나와 친하려 하지 않았네[麥秀漸漸兮, 禾黍油油. 彼狡童兮, 不與我好兮]." 여기서 '狡童'은 주왕(紂王)을 가리킴.
6) 管鮑(관포): 관중(管仲)과 포숙(鮑叔). 관중은 춘추 시대 제(齊)나라 사람. 포숙은 춘추 시대 제나라 대부(大夫)로 관중과 친구 사이였는데, 관중을 늘 이해해줌. 『사기』 관안열전(管晏列傳)에 나옴.
7) 정저(程杵): 정영(程嬰)과 공손저구(公孫杵臼). 춘추 시대 진(晉)나라 사람. 두 사람 모두 조삭(趙朔)과 친하였는데 그가 도안고(屠岸賈)에게 죽임을 당하자 계책을 꾸미며 그의 아들을 구해낸 다음, 공손저구가 다른 사람의 어린아이를 데리고 산속에 숨고 정영은 도안고에게 고발을 하기로 하였다. 이에 도안고가 사람을 보내 공손저구와 가짜 조삭의 아들을 죽이고, 정영은 진짜 아이를 산속에 감추어 놓고 키웠다. 15년 뒤 조삭의 아들, 즉 조무(趙武)가 장성하여 도안고를 공격하여 죽이자 정영은 공손저구의 희생에 보답하기 위하여 자살함. 『사기』 조세가(趙世家)에 나옴.
8) 恥(치): 공손저구가 의(義)를 위해 죽었는데 자기 혼자만 살아남는 것을 치욕으로 여기는 것을 말함.

공자의 72제자

공손하게 가르침 따르며 무우(舞雩)에서 노닐고자 했던 제자들
어느 누구 현명하지 않은 사람 없었네.
그들의 덕행은 모두 해와 달과 함께 서로 빛났고
함께 지극한 말씀을 들었다오.
공자는 인재를 얻기 어려움을 애통해하셨고
제자의 깊은 정에 이끌려 탄식하셨다.
안회(顔回)는 일찍 죽었으나
자공(子貢)은 홀로 오래 살았네.

굴원과 가의

도덕에 힘쓰고 학업을 닦는 것은
좋은 때 만나 세상 위해 일하려는 것이네.
저 후직(后稷)이나 설(契) 같은 이를
그 누가 원치 않겠는가.
아아, 이 두 어진 사람은
의심 많은 세상을 만났네.
굴원은 정첨윤(鄭詹尹)에게 점을 보며 뜻을 나타내었고,
가의는 복조(鵩鳥)를 보고 느낀 바를 글로 지었네.

七十二弟子[9]

恂恂舞雩,[10] 莫曰匪賢.

俱映日月,   共飡至言.[11]

慟由才難,[12] 感爲情牽.[13]

回也早夭,[14] 賜獨長年.

屈賈[15]

進德修業,   將以及時.

如彼稷契,[16] 孰不願之.

嗟乎二賢,[17] 逢世多疑.

候詹寫志,[18] 感鵩獻辭.[19]

---

9) 七十二弟子(칠십이제자): 공자의 3천 제자 중에서도 육예(六藝, 禮·樂·射·御·書·數)에 정통한 사람들.『사기』중니제자열전(仲尼弟子列傳)에 나옴.
10) 舞雩(무우): 기우제(祈雨祭)를 지내는 제단(祭壇). 지금의 산동성(山東省)곡부시(曲阜市) 동남쪽에 있었음.『사기』중니제자열전에 의하면, 공자가 증점(曾點)에게 뜻을 말해보라 하여 그가 기수(沂水)에서 목욕하고 무우(舞雩)에서 바람을 쐬며 시를 읊조리다가 돌아오고 싶다고 대답하자 공자가 칭찬하였다는 기록이 있음. 여기서는 공자의 여러 제자들이 공자를 따르며 공부하였음을 가리킴.
11) 飡(찬): '餐'과 같음. 여기서는 '깨닫다, 체득하다'의 뜻.
12) 慟(통): 몹시 슬퍼하다. 여기서는 공자가 아끼던 제자 안회(顔回)가 일찍 죽은 것을 슬퍼함을 가리킴.
13) 牽(견): 이끌다. 잡아당기다. 공자가 병이 들었을 때 제자 자공(子貢)이 뵙기를 청하자 공자가 눈물을 흘리면서 탄식한 것을 가리킴.
14) 夭(조요): 일찍 죽다. 안회(顔回)는 31세의 나이로 죽음.
15) 屈賈(굴가): 굴원(屈原)과 가의(賈誼). 굴원은 이름이 평(平)이고 原(원)은 그의 자(字). 전국(戰國) 시대 초(楚)나라 사람으로, 처음에는 회왕(懷王)의 신임을 얻어 좌도(左徒), 삼려대부(三閭大夫) 등을 지냈으나 참소를 당해 쫓겨났으며, 경양왕(頃襄王) 때 다시 참소를 당해 결국 멱라강(汨羅江)에 투신 자살함. 작품으로「이소(離騷)」「천문(天問)」「구가(九歌)」등이 있음. 가의는 서한(西漢) 사람으로 문제(文帝) 때 부름을 받아 박사(博士)가 된 이후 태중대부(太中大夫)로 승진하여 법도를 제정하고 당시의 폐단을 말했다가 대신들의 미움을 사서 장사왕 태부(長沙王太傅)로 귀양감. 뒤에 양회왕 태부(梁懷王太傅)로 있다가 33세의 나이로, 죽음. 작품으로「과진론(過秦論)」「조굴원부(弔屈原賦)」「복조부(鵩鳥賦)」등이 있음.『사기』굴원가생열전(屈原賈生列傳)에 나옴.

한비

큰 여우는 굴 속에 숨어 있어도
아름다운 털 때문에 스스로를 해친다네.
군자도 때를 만나지 못하면
머리가 세도록 관문(關門)이나 지킨다네.
교묘한 행동은 재앙에 처하게 하고
뛰어난 언변은 화를 부른다.
슬프다 한비여,
결국 유세의 어려움 때문에 죽었구려.

노(魯) 땅의 두 선비

왕조가 바뀌면 시대의 변화를 따르며
제대로 응할 줄 모르면 어리석은 사람이라 여기는데
강직한 이 두 선비는
유달리 지조가 굳은 사람들이었다네.
덕을 쌓은 지 백년이 못 되는데
예악을 제정하는 건 성현의 경전 더럽히는 것이네.
단호하게 초빙에 응하지 않고
허름한 옷 입고 숨어 살았네.

韓非[20]

豐狐隱穴,　以文自殘.

君子失時,　白首抱關.

巧行居災,　忮辨召患.

哀矣韓生,　竟死說難.[21]

魯二儒[22]

易代隨時,　迷變則愚.[23]

介介若人,　特爲貞夫.

德不百年,　汙我詩書.

逝然不顧,　被褐幽居.

---

16) 稷契(직설): 후직(后稷)과 설(契). 모두 순(舜) 임금 때의 어진 신하들. 후직은 농관(農官)이 되어 백성들에게 농사짓는 법을 가르쳤고, 설은 사도(司徒)가 되어 백성들에게 인륜 도덕을 가르쳤음.
17) 二賢(이현): 굴원과 가의를 가리킴.
18) 候詹寫志(후첨사지): 굴원이 조정에서 쫓겨나 3년을 보낸 다음, 국가의 길흉을 점치는 일을 담당하는 관직인 태복(太卜) 정첨윤(鄭詹尹)을 찾아가 결단을 내리지 못하고 있는 일과 관련하여 점을 쳐주길 부탁하고「복거(卜居)」를 지어 자신의 생각을 나타낸 것을 가리킴.
19) 感鵩獻辭(감복헌사): 가의가 장사왕 태부로 폄적(貶謫)되었을 때 복조(鵩鳥)가 집안으로 날아드는 것을 보고 불길한 징조라 생각하고 자신의 수명이 길지 않을 것을 탄식하며「복조부(鵩鳥賦)」를 지은 것을 가리킴. '鵩'은 부엉이과의 새. 불길한 새로 여겨짐.
20) 韓非(한비): 전국 시대 한(韓)나라 사람. 이사(李斯)와 함께 순자(荀子)에게서 공부를 배움. 한왕(韓王)에게 변법(變法)을 건의했으나 받아들여지지 않음. 뒤에 진(秦)나라에 사신으로 갔다가 이사의 모함을 받아 감옥에서 자살함. 현재『한비자(韓非子)』가 전해옴.『사기』노장신한열전(老莊申韓列傳)에 나옴.
21) 說難(세난): 유세(遊說)의 어려움. 한비가 제후에게 유세하기 어려움을 분석한 글「세난(說難)」을 지었는데 그 자신은 결국 진(秦)나라에 유세를 갔다가 죽음.
22) 魯二儒(노이유): 노(魯) 땅의 두 선비. 한(漢) 고조(高祖)가 천하를 통일한 뒤 숙손통(叔孫通)이 노 땅의 유생들을 불러모아 조정의 의례(儀禮)를 제정하도록 건의하였다. 초청을 받은 사람들 중 두 사람은 이에 응하지 않고 이것은 덕을 쌓은지 백년 정도는 지나야 가능한 일이라면서 반대하였다. 이에 숙손통은 이들을 시대에 따라 변할 줄 모르는 비루한 선비라고 조소하였음.『사기』유경숙손통열전(劉敬叔孫通列傳)에 나옴.

장장공

고매한 장공(長公)이여
쓸쓸하게 지낸 것은 무슨 일 때문이었나.
세상의 길 갈래가 많으나
모두 나의 뜻과 다르기 때문.
벼슬을 그만두고 돌아와서는
홀로 그 뜻을 지켰네.
자취를 감추고 일생을 마치니
누가 이런 뜻을 알아줄까.

張長公[24]

遠哉長公,　蕭然何事.
世路多端,　皆爲我異.
斂轡揭來,　獨養其志.
寢跡窮年,　誰知斯意.

---

23) 迷變(미변): 때에 따라 변화할 줄을 모르다. 이상의 두 구는 숙손통(叔孫通)이 노 땅의 두 선비를 시대에 따라 변할 줄 모르는 비루한 선비라고 비웃은 말을 가리킴.
24) 張長公(장장공): 서한(西漢) 때의 장지(張摯), '長公'은 그의 자(字). 벼슬이 대부에 이르렀으나 세상과 맞지를 않아 그만두고 평생 벼슬하지 않음.『사기』장석지 풍당열전(張釋之馮唐列傳)에 나옴.

부채에 그려진 사람들 찬(贊)

하조장인, 장저와 걸닉, 오릉중자, 장장공, 병만용, 정차도, 설맹상, 주양규.

삼황오제(三皇五帝)의 도는 멀어지고,
순박한 풍속도 날로 사라지네.
아홉 개 학파 주장이 저마다 달라
서로 자기 파 추앙하고 다른 파는 배척한다오.

학설이 사물에 따라 바뀌니
마음속에 일정한 표준 없어.
이 때문에 사리에 통달한 사람은
때때로 세속을 떠나 숨어 지낸다네.

사지를 부지런히 움직이지 않으면
오곡도 분간하지 못하는 법.
속세를 벗어난 하조장인(荷蓧丈人)은
날이 저물어도 풀을 뽑고 있었다네.

아득히 먼 옛날의 장저(長沮)와 걸닉(桀溺)은
짝지어 밭 갈며 스스로 즐거웠다네.

扇上畫贊

荷蓧丈人[1] 長沮桀溺[2] 於陵仲子[3] 張長公[4] 邴曼容[5] 鄭次都[6] 薛孟嘗[7] 周陽珪[8]

三五道邈,[9] 淳風日盡.
九流參差,[10] 互相推隕.

形逐物遷, 心無常準.
是以達人, 有時而隱.

四體不勤, 五穀不分.[11]
超超丈人,[12] 日夕在耘.

遼遼沮溺, 耦耕自欣.

---
* 이 글은 부채에 그려진 사람들이 속세를 떠나 전원에서 청고(淸高)하게 산 것을 칭송하면서 자신도 역시 그러하다는 뜻을 나타냄.
1) 荷蓧丈人(하조장인): 춘추 시대의 은사(隱士).
2) 長沮桀溺(장저걸닉): 장저와 걸닉. 춘추 시대의 은사.
3) 於陵仲子(오릉중자): 오릉(於陵)에 살았던 진중자(陳仲子). 전국 시대 초(楚)나라 사람.
4) 張長公(장장공): 서한(西漢)의 장지(張摯), '長公'은 그의 자.
5) 邴曼容(병만용): 서한 말의 병단(邴丹), '曼容'은 그의 자.
6) 鄭次都(정차도): 동한(東漢)의 정경(鄭敬), '次都'는 그의 자.
7) 薛孟嘗(설맹상): 동한의 설포(薛包), '孟嘗'은 그의 자.
8) 周陽珪(주양규): 생애와 사적을 자세히 알 수 없음.
9) 三五(삼오): 삼황오제(三皇五帝). '三皇'은 수인씨(燧人氏), 복희씨(伏羲氏), 신농씨(神農氏). '五帝'는 황제(黃帝), 전욱(顓頊), 제곡(帝嚳), 요(堯), 순(舜).

새들 사이에 들어가도 놀라지 않고
짐승들과 섞여 함께 살았네.

지극히 고상하구나, 오릉중자(於陵仲子)여!
호연지기를 잘 길렀네.
부귀영화를 업신여기고
정원에 물주는 것 기꺼이 하였네.

장장공(張長公)은 한 번 벼슬했지만
일찍이 어떤 일로 면직되어 고향에 돌아왔네.
스스로 세속에 영합할 수 없다고 생각하고
인간 세상과 삭별하였다네.

저 높이 뛰어난 병만용(邴曼容)은
높은 벼슬을 받으면 곧바로 돌아왔네.
교만하지도 아니하고 탐욕스럽지도 않았으니,
벼슬살이 앞길이 험난함을 알았기 때문이지.

정차도(鄭次都) 노인은 세상과 맞지 않자
시냇가에서 낚시줄을 드리웠다네.
친구와 숲 속 나무 아래서 술 주고받으며
맑은 말로 오묘한 이치 따졌네.

入鳥不駭,　雜獸斯羣.

至矣於陵,[13]　養氣浩然.
蔑彼結駟,　甘此灌園.

張生一仕,[14]　曾以事還.[15]
顧我不能,　高謝人間.

岩岩丙公,[16]　望崖輒歸.[17]
匪驕匪吝,　前路威夷.[18]

鄭叟不合,[19]　垂釣川湄.
交酌林下,　淸言究微.

10) 九流(구류): 선진(先秦) 시대의 아홉 개 학파. 즉 유가(儒家), 도가(道家), 음양가(陰陽家), 법가(法家), 명가(名家), 묵가(墨家), 종횡가(縱橫家), 잡가(雜家), 농가(農家).
11) 이상의 두 구는 하조장인이 공자를 일컬은 말.
12) 超超(초초): 세속을 벗어난 모양.
　　丈人(장인): 하조장인을 가리킴.
13) 於陵(오릉): 지금의 산동성(山東省) 장산현(長山縣) 서남쪽. 여기서는 이곳에 살았던 오릉중자(於陵仲子), 즉 진중자(陳仲子)를 가리킴.
14) 張生(장생): 서한의 장지(張摯), 자(字)는 장공(長公).
15) 事(사): 장장공(張長公)이 성격이 강직하여 세상에 몸을 굽히지 못해 결국 대부에서 면직당한 일을 가리킴.
16) 丙公(병공): 서한의 병단(邴丹). 자(字)는 만용(曼容).
17) 輒歸(첩귀): 즉시 돌아오다. 병만용(邴曼容)은 봉급이 6백 석 이상 되는 관직은 맡으려 하지 않았으며 어쩌다 그런 지위에 승진하게 되면 즉시 사직하고 고향으로 돌아갔음.
18) 威夷(위이): 험난하다.
19) 鄭叟(정수): 동한의 정경(鄭敬), 자(字)는 차도(次都).

설맹상(薛孟嘗)은 밖에 나가 공부를 하였는데
조정의 기강이 그때 느슨하였지.
지혜로운 친구 생각나자
거친 베옷을 떨쳐 입고 함께 돌아갔다네.

훌륭하다 주양규(周陽珪)여,
병을 핑계 대고 한가롭게 살았네.
청아하고 고상한 데 마음을 두고
유유하게 스스로 즐겼구나.

나무 그늘 짙게 드리운 초가집 앞으로
출렁출렁 시냇물 흐르는데
금(琴) 있고 책이 있으며
돌아보는 곳에 친구들 있다.
강물을 마셔도 배만 부르면 만족하니
이 밖의 것일랑 모두 아랑곳 않는다네.
아득히 그 옛날 사람들을 생각하니
통하는 마음 기탁하며 나 홀로 노니네.

孟嘗遊學,[20] 天網時疏.
眷言哲友,　振褐偕徂.

英哉周子,[21] 稱疾閒居.
寄心淸尙,　悠然自娛.

翳翳衡門,[22] 洋洋泌流.
曰琴曰書,　顧盼有儔.
飮河旣足,　自外皆休.
緬懷千載,　託契孤遊.

---

20) 孟嘗(맹상): 동한의 설포(薛包), '孟嘗'은 그의 자.
21) 周子(주자): 주양규(周陽珪).
22) 翳翳(예예): 어두운 모양. 여기서는 나무그늘이 덮고 있는 모양을 가리킴.

記·傳·述·贊　343

상장과 금경 찬(贊)

상장(尙長)은 옛날에 벼슬살이 하찮게 여기며
처자와 아침저녁으로 함께 지냈다네.
빈천과 부귀는
『주역(周易)』 읽고서 이롭고 해로움 깨달았네.
금경(禽慶)은 두루 돌아다니기를 좋아하여
돌아다니느라 날이 갈수록 멀리까지 갔다네.
속세를 떠나 명산을 찾아다니니
산에 올라가면 어찌 돌아올 줄 알았으랴.

尚長禽慶贊[1]

尚子昔薄宦,　　妻拏共早晚.
貧賤與富貴,　　讀易悟益損.[2]
禽生善周遊,　　周遊日已遠.
去矣尋名山,　　上山豈知反.[3]

---

* 이 글은 동한(東漢)의 상장(尙長)과 금경(禽慶)이 부귀공명에 연연하지 않고 명산을 찾아 은거한 고상한 절조를 칭송함.
1) 尙長(상장):『고사전(高士傳)』에는 '尙長'이라 하였으나『후한서(後漢書)』에는 '向長'이라 되어 있음. 동한 조가(朝歌, 지금의 河南省 淇縣 북쪽) 사람. 은거하여 벼슬을 하지 않음.『노자(老子)』와『주역(周易)』에 정통하였음. 광무제(光武帝) 건무(建武: 25~55) 중에 자녀를 모두 결혼시키고는 금경(禽慶)과 더불어 오악(五嶽)의 명산에 놀러다녔는데 어디서 죽었는지 알 수 없음.
禽慶(금경): 동한 북해(北海, 지금의 山東省 昌樂縣 동남쪽) 사람. 왕망(王莽)이 한(漢)을 찬탈(簒奪)하자 벼슬을 버리고 은거함.
2) 悟益損(오익손): 이익과 손해를 깨닫다.『후한서』에 의하면『주역』의 익괘(益卦)와 손괘(損卦)를 읽고 부귀가 빈천만 못함을 깨달았다고 함.
3) 上山(상산): 도주(陶澍) 본(本)에 '上反'으로 되어 있으나『예문유취(藝文類聚)』에 의거하여 '上山'으로 고침.

疏·祭文

아들 엄 등에게 주는 글

엄(儼), 사(俟), 빈(份), 일(佚), 동(佟)에게 이른다.

천지가 사람에게 생명을 부여하매 나면 반드시 죽게 되어 있으니, 옛부터 성현이라도 누가 홀로 이것을 피할 수 있었겠느냐. 자하(子夏)가 말하길, "죽고 사는 것은 운명으로 정해져 있고, 부귀는 하늘에 달려 있다"고 하였다. 네 명의 공자(孔子) 제자들은 직접 가르침을 받았다. 자하가 이런 말을 한 것은 곤궁(困窮)과 영달(榮達)은 정해진 운명을 벗어나 구할 수 있는 것이 아니며, 수명의 길고 짧음도 영원히 분수를 넘어 바랄 수 없기 때문이 아니겠느냐.

내 나이 쉰이 넘었는데, 어릴 때부터 가난으로 고생하며 언제나 집이 빈궁하여 사방으로 나다녔다. 그러나 성격은 강하고 재주는 없어 세상 사람이나 세상사와 어긋나는 일이 많았느니라. 스스로 내 자신을 헤아려보니, 반드시 세상 사람들에 의해 화(禍)를 불러올 것 같았다. 그래서 힘을 다해 벼슬을 그만두고 돌아왔으나, 너희들에겐 어려서부터 춥고 배고픈 생활을 하게 했구나. 나는 일찍이 유중(孺仲)의 현명한 아내가 한 말에 감동을 받은 적이 있는데, "자기는 떨어진 솜옷을 입고 있으면서 어찌 아이들이 다른 사람보다 못하다고 부끄러워할 수 있겠습니까" 하였다. 이것은 같은 이치이다. 다만 이웃에 구중(求仲)과 양중(羊仲) 같은 사람이 없고, 집에 노래자(老萊子)의 부인 같은 사람이 없음이 유감이구나. 이런 괴로운 마음을 품고, 진실로 몰래 속으로 부끄러워하였느니라.

與子儼等疏[1]

告儼俟份佚佟.[2] 天地賦命, 生必有死, 自古聖賢, 誰能獨免. 子夏有言,[3] 死生有命, 富貴在天.[4] 四友之人,[5] 親受音旨. 發斯談者, 將非窮達不可外求, 壽夭永無外請故耶.

吾年過五十, 少而窮苦, 每以家弊, 東西遊走. 性剛才拙, 與物多忤. 自量爲己, 必貽俗患. 俛俛辭世, 使汝等幼而飢寒. 余嘗感孺仲賢妻之言,[6] 敗絮自擁, 何慙兒子. 此旣一事矣. 但恨鄰靡二仲,[7] 室無萊婦,[8] 抱茲苦心, 良獨內愧.

---

* 이 글은 작자가 오랜 병중에 자신이 걸어온 길과 평생의 뜻을 돌아보며, 아들들이 서로 우애로우며 훌륭한 사람이 되기를 바라는 마음을 나타냄.
1) 儼(엄): 도엄(陶儼). 도연명의 큰아들.
  疏(소): 훈계하고 타이르는 내용으로 서신과 유사한 문체의 하나.
2) 儼俟份佚佟(엄사빈일동): 도연명의 다섯 아들. 도엄(陶儼), 도사(陶俟), 도빈(陶份), 도일(陶佚), 도동(陶佟).
3) 子夏(자하): 복상(卜商), '子夏'는 그의 자(字). 공자의 제자.
4) 이상의 두 구는 『논어(論語)』 안연(顏淵) 편에 나옴.
5) 四友(사우): 공자의 제자 중 안회(顏回), 자공(子貢), 자장(子張), 자로(子路)를 가리킴. 자하(子夏) 또한 이러한 부류에 속함.
6) 孺仲賢妻之言(유중현처지언): 유중(孺仲)의 어진 아내의 말. '孺仲'은 동한(東漢) 사람 왕패(王霸)의 자. 왕망(王莽)이 나라를 찬탈하자 벼슬을 버리고 고향으로 돌아갔으며, 광무제(光武帝) 때 여러 차례 불렸으나 벼슬길에 나아가지 않았음. 하루는 같은 고을의 친구로 초(楚)나라 재상으로 있는 영호자백(令狐子伯)이 아들을 시켜 왕패에게 편지를 전하게 하였는데, 왕패가 보니 영호자백의 아들은 용모도 수려하고 복장이 아름다우며 행동거지가 예법에 맞는 데 비해, 자신의 아들은 머리도 제대로 빗지 않아 어지럽고 얼굴에 때가 끼어 있으며 예절을 모르는지라 매우 부끄럽게 여기고, 손님이 돌아간 뒤 이불을 뒤집어쓰고 누워 있었다. 그의 아내가 까닭을 물어보고는, 왕패가 어려서부터 세상의 부귀영화를 추구하지 않았는데, 지금 영호자백이 관리가 되었지만 어떻게 그의 높은 지조에 비교가 될 수 있으며, 어찌하여 아들을 부끄럽게 여기냐고 하였다. 왕패가 아내의 말을 듣고는 일어나 웃으면서 옳은 말이라 하고는 아내와 함께 평생을 은거 생활로 보냈음.
7) 二仲(이중): 동한(東漢)의 은사(隱士) 양중(羊仲)과 구중(求仲).

어릴 적에 금(琴)과 책을 배웠고, 간혹 한가하고 조용한 생활을 좋아하였는데, 책을 펼쳐 마음으로 얻는 것이 있으면 기뻐서 밥 먹는 것도 잊었느니라. 나무가 서로 그늘을 이루는 것을 보고 각 계절마다 새가 다른 목소리로 지저귀는 것을 들으면 나 또한 더욱 기뻐하였다. 나는 항상 말하기를, "5, 6월에 북쪽으로 난 창 밑에 누워 있는데 시원한 바람이 살랑살랑 불어오면, 스스로 옛날 태평성대의 제왕인 복희씨(伏羲氏) 이전의 사람이 된 듯한 기분이 든다" 하였다. 생각이 얕고 아는 것도 적지만 이 말대로 생활을 계속해 나갈 수 있으리라 생각하였다. 세월은 점점 지나가고, 아첨하고 교활하게 행동하는 재주는 아주 서툴렀구나. 먼 옛날을 그리워하지만 아득하기만 하니 어찌할 수가 없다.

병든 이래로 점점 쇠약해지니 친척과 친구들이 나를 버리시 않고 늘 약을 보내 치료해주지만, 스스로는 목숨이 이제 다하게 되는 것은 아닐까 두렵다. 너희들은 어린 나이에 집이 가난하여 늘 나무 하고 물 긷는 수고를 하는데, 어느 때나 이런 일 하지 않을 수 있을까. 마음속으로 이것을 생각하고 있지만 어떻게 말할 수 있겠느냐. 그러나 너희들은 비록 같은 어머니가 낳지는 않았으나 마땅히 온 세상 사람이 모두 형제라는 이치를 생각해야 하느니라. 포숙(鮑叔)과 관중(管仲)은 재물을 나눌 때 시기함이 없었고, 귀생(歸生)과 오거(伍擧)는 가시나무 가지를 깔고 앉아 옛 정을 이야기하였다. 결국 실패했던 관중은 성공을 하게 되었고, 도망가던 오거는 돌아와 공을 세우게 되었다. 다른 사람들도 오히려 이렇게 하였는데, 하물며 아버지가 같은 너희들이야 더 말할 나위가 있겠느냐. 영천(潁川)의 한원장(韓元長)은 한(漢)나라 말의 유명한 선비로 경좌

少學琴書, 偶愛閒靜, 開卷有得, 便欣然忘食. 見樹木交蔭, 時鳥變聲, 亦復歡然有喜. 常言五六月中, 北窓下臥, 遇涼風暫至, 自謂是羲皇上人.[9] 意淺識罕, 謂斯言可保. 日月遂往, 機巧好疎. 緬求在昔, 眇然如何.

病患以來, 漸就衰損, 親舊不遺, 每以藥石見救, 自恐大分將有限也.[10] 汝輩稚小家貧, 每役柴水之勞, 何時可免, 念之在心, 若何可言. 然汝等雖不同生,[11] 當思四海皆兄弟之義. 鮑叔管仲, 分財無猜,[12] 歸生伍舉,[13] 班荊道舊.[14] 遂能以敗爲成,[15] 因喪立功.[16] 他人尙爾, 況同父之人哉.

---

8) 萊婦(래부): 노래자(老萊子)의 아내. 노래자는 춘추 시대 초나라 사람으로 몽산(蒙山)의 남쪽에 은거하여 몸소 밭을 갈며 살았음. 초나라 왕이 그가 현명하다는 것을 알고 벼슬할 것을 요청하였는데 그의 아내가 난세(亂世)에 관리가 되는 것은 반드시 화를 당하게 된다고 극력 만류함. 이에 노래자는 아내와 함께 강남으로 달아나 숨어서 지냈음.
9) 羲皇上人(희황상인): 복희씨 시대 이전의 사람. '羲皇'은 복희씨.
10) 大分(대분): 수명(壽命).
11) 不同生(부동생): 같은 어머니가 낳은 것이 아니다. 도연명은 30세 무렵에 부인을 잃고 적씨(翟氏)를 다시 맞았는데, 다섯 아들 중 첫째 엄만이 전 부인의 소생임.
12) 無猜(무시): 시기함이 없다. 포숙과 관중이 함께 장사를 하였는데 돈을 나눌 때 관중이 더 많이 가져갔으나 포숙은 그의 집이 가난함을 알기에 개의치 않았음.
13) 歸生伍舉(귀생오거): 귀생(歸生)과 오거(伍舉). 두 사람 모두 전국 시대 초나라 사람. 서로 친한 친구 사이였음.
14) 班荊道舊(반형도구): 가시나무 가지를 깔고 앉아서 옛 이야기를 나누다. 오거(伍舉)가 죄를 짓고 정(鄭)나라로 도망갔다가 다시 진(晉)나라에 벼슬하러 가는 도중에 진나라에 사신으로 가는 귀생(歸生)을 만나 땅에 가시나무 가지를 깔고 앉아 옛날의 우정을 서로 나누었음.
15) 以敗爲成(이패위성): 실패를 성공으로 바꾸다. 관중이 포숙의 도움으로 실패에서 성공으로 바뀌게 됨을 가리킴. 관중은 공자(公子) 규(糾)를 보좌하여 공자 소백(小白)과 임금의 자리를 다투다가 실패하여 사로잡혔으나 포숙의 추천으로 재상이 되어 제(齊)나라의 패업(霸業)을 이룩함.
16) 因喪立功(인상입공): 도망으로 인하여 공을 세우게 되다. '喪'은 도망. 오거(伍舉)는 본래 죄를 짓고 다른 나라로 도망갔다가 뒤에 귀생(歸生)의 도움으로 돌아와 공자(公子) 위(圍)가 왕위를 계승하는 데에 공을 세움.

(卿佐)라는 높은 관직에 있다가 80세에 죽었는데, 형제들이 죽을 때까지 함께 살았다. 제북(濟北)의 범치춘(氾稚春)은 진(晉)나라의 지조 높은 사람으로 7대(代)가 재산을 함께 공유하였으나 집안사람들이 원망하는 기색이 없었느니라. 『시경(詩經)』에서 말하기를 "높은 산을 우러러 보며, 큰길을 다닌다" 하였다. 비록 이렇게 하지는 못하더라도 지극한 마음으로 본받아야 할 것이다. 너희들은 신중하게 처신할지어다. 내 더 이상 무슨 말을 하겠느냐.

潁川韓元長,[17] 漢末名士, 身處卿佐,[18] 八十而終, 兄弟同居, 至於沒齒. 濟北氾稚春,[19] 晉時操行人也, 七世同財, 家人無怨色. 詩曰, 高山仰止, 景行行止.[20] 雖不能爾, 至心尙之. 汝其愼哉. 吾復何言.

---

17) 潁川(영천): 군(郡) 이름. 지금의 하남성(河南省) 우현(禹縣).
　　韓元長(한원장): 동한(東漢)의 한융(韓融), 元長(원장)은 그의 자. 사리를 잘 따졌으며 벼슬이 황제의 수레와 말을 관장하는 벼슬인 태복(太僕)에 이르렀음.
18) 卿佐(경좌): 집정(執政)하며 보좌하는 신하. 한대(漢代)에 태복은 구경(九卿)의 하나임.
19) 濟北(제북): 옛 지명. 지금의 산동성(山東省) 장청현(長淸縣)에 있음.
　　氾稚春(범치춘): 서진(西晉)의 범육(氾毓), '稚春'은 그의 자.
20) 景行(경행): 큰 길. '景'은 크다.
　　이상의 두 구는 『시경』 소아(小雅) 거할(車舝) 편에 나옴.

정씨에게 시집간 누이의 제문

　진(晉) 의희(義熙) 3년 5월 6일, 정씨(程氏)에게 시집간 누이가 죽은 지 2주기가 되어, 나 도연명은 양과 돼지의 제물로 제사 지내며, 고개 숙여 술을 땅에 붓는다. 아아, 슬프도다.

추위가 물러가고 더위가 오고
세월은 점점 멀리 가니
대들보엔 먼지만 쌓였고
뜰의 풀은 황폐하구나.
쓸쓸한 빈방엔
슬픔에 찬 고아만이 있을 뿐.
고기와 술로 부질없는 제사 지내니
사람이 죽으면 어디로 가는 걸까.

누군들 형제자매가 없겠는가?
모두가 같은 부모에게서 태어난다.
아 슬프다, 나와 너는
정이 보통 사람보다 백 배나 더 하였다.
어머니 일찍 세상을 떠나시고
그때 아직 어렸는데

祭程氏妹文[1]

維晉義熙三年,[2] 五月甲辰,[3] 程氏妹服制再周,[4] 淵明以少牢之奠, 俛而酹之.[5] 嗚呼哀哉.

寒往暑來,　日月寖疏,
梁塵委積,　庭草荒蕪.
寥寥空室,　哀哀遺孤,
肴觴虛奠,　人逝焉如.

誰無兄弟,　人亦同生,
嗟我與爾,　特百常情.
慈妣早世,[6] 時尙孺嬰,

---

* 이 글은 누이동생이 죽은 지 1년 6개월이 지나, 옛날 같이 지내던 때를 돌이켜 생각하며 누이의 덕행을 칭송하고 다시금 그의 죽음을 슬퍼한 것임.
1) 程氏妹(정씨매): 정씨(程氏)에게 시집간 누이동생. 작자의 이복 누이로 그보다 세 살이 적으며, 의희(義熙) 원년(405) 11월 무창(武昌, 지금의 湖北省 鄂城縣)에서 38세의 나이로 죽음.
2) 晉義熙三年(진의희삼년): 서기 407년.
3) 五月甲辰(오월갑진): 음력 5월 6일.
4) 再周(재주): 2주기(週期). 예법에 따르면 시집간 누이동생이 죽은 경우 아홉 달 상복을 입는데, 정씨에게 시집간 누이동생이 의희 원년(405년) 11월에 죽어 의희 3년(407) 5월까지는 대략 18개월이 되므로 2주기라고 말한 것임.
5) 酹(뢰): 술을 땅에 붓고 신에게 제사지내다.
6) 妣(비): 돌아가신 어머니. 누이동생의 생모요 작자의 서모(庶母)를 가리킴.

내 나이 열두 살이요
너는 겨우 아홉 살이었다.
아무것도 모르는 어린 시절부터
머리카락 만지며 함께 자랐다.
아아, 아름다운 누이여,
덕스럽고 품행이 방정했으니
조용하고 공손하며 말이 적었고
착한 일을 들으면 즐거워했다.
사람됨이 단정하고 온화하며
형제간에 우애 있고 부모에게 효순(孝順)했으니
행동거지는 여성의 법도에 맞아
모범이 되고 본받을 만하였다.

내가 들으니 착한 일을 하면
스스로 복을 얻을 수 있다 했는데
저 하늘은 어찌 그리 공정하지 못하여
너에게 좋은 보답을 해주지 않는구나.
옛날 내가 강릉(江陵)에 있을 때
다시 한 번 하늘의 벌을 받아 어머니 돌아가시자
형제들이 흩어져
서로 멀리 떨어져 지냈다.
나와 너는
온갖 슬픔이 사무쳤으니

我年二六,　爾纔九齡.
爰從靡識,　撫髫相成.⁷⁾
咨爾令妹,　有德有操.
靖恭鮮言,　聞善則樂.
能正能和,　惟友惟孝.
行止中閨,　可象可傚.

我聞爲善,　慶自己蹈.
彼蒼何偏,　而不斯報.
昔在江陵,⁸⁾　重罹天罰,⁹⁾
兄弟索居,　乖隔楚越.¹⁰⁾
伊我與爾,　百哀是切.

---

7) 撫髫(무초): 머리카락을 어루만지다. 서로 친애함을 가리킴. '髫'는 옛날 어린아이의 길게 늘어뜨린 머리카락.
8) 昔在江陵(석재강릉): 작자가 융안(隆安) 5년(401) 7월 휴가를 마치고 강릉(江陵)으로 돌아가 환현(桓玄)의 막부(幕府)에서 일을 한 것을 가리킴.
9) 重罹天罰(중리천벌): 하늘의 벌을 다시 받다. 작자의 생모(生母) 맹씨(孟氏)가 이해 겨울에 세상을 떠난 것을 가리킴. 서모가 먼저 죽고 뒤이어 생모가 또 돌아갔기 때문에 '하늘의 벌을 다시 받다'라고 말한 것임.
10) 乖隔楚越(괴격초월): 각지 다른 지역에 나뉘어 살다. '楚'는 지금의 호북성, 호남성 일대이고, '越'은 지금의 절강성(浙江省) 일대임. 여기서는 실제 지역을 가리키는 것은 아니고 단지 서로 멀리 떨어져 사는 것을 나타냄.

높은 하늘에 검은 구름 가득하고
겨울 달빛에 찬바람은 싸늘했구나.
흰 눈은 새벽을 덮고
큰바람은 이 계절에 슬피 우는데
애통하여 산이 무너지듯 머리 조아려 통곡하고
북받치는 슬픔에 피눈물이 흘렀다.

옛날을 돌이켜 생각하니
내왕했던 일 그리 옛 일은 아닌 것 같구나.
주고받던 편지는 여전히 그대로인데
남겨놓은 고아의 모습 눈에 가득 들어온다.
어찌하여 한번 가더니
끝내 돌아오지 않는가?
적적한 집을
어느 때나 다시 밟아볼 것인가?
어린 나이에 혼자가 된 딸아이는
누구를 의지하고 누구를 믿어야 하나?
너의 외로운 떠돌이 혼은
누가 주관하여 제사 지내줄 것인가?
어찌해야 하나, 누이여!
이렇게 영원히 끝나는 것인가!
죽은 뒤에도 지각이 있다면
우리 지하에서나 만나자꾸나.
아아, 슬프도다.

黯黯高雲,　蕭蕭冬月,
白雪掩晨,　長風悲節.
感惟崩號,　興言泣血.

尋念平昔,　觸事未遠,
書疏猶存,　遺孤滿眼.
如何一往,　終天不返.
寂寂高堂,　何時復踐.
藐藐孤女,　曷依曷恃.
煢煢遊魂,　誰主誰祀.
奈何程妹,　于此永已.
死如有知,　相見蒿里.[11]
嗚呼哀哉.

---

11) 蒿里(호리): 죽은 사람을 매장하는 곳. 묘지.

사촌 동생 경원의 제문

　신해년 8월 19일, 사촌 동생 경원(敬遠)을 날을 받아 묻으니, 길이 대지에 편안히 잠들게 되었다. 살아 생전 함께 노닐며 지낸 것을 생각하며 한 번 가면 돌아오지 못하는 것을 슬퍼한다. 심정은 비통하여 마음을 찢는 듯하고 눈물은 그렁그렁 눈에 가득하다. 이에 밭의 과일과 새로 담근 술로 제사를 지내며 전송한다. 아아, 슬프도다.

　　아아, 훌륭한 나의 아우는
　　지조 높고 기개가 뛰어났네.
　　어릴 때부터 부모에게 효순하였고
　　타고난 성품이 형제에게 우애로웠다.
　　자기 위하는 생각 적고 욕심 없으며
　　고집 부리지 않고 괴팍하지도 않았다.
　　자기를 뒤로 미루고 남을 먼저하며
　　재물에 임해서는 남에게 베풀 것을 생각해
　　마음에 득실은 잊어버리고
　　감정은 세속을 따르지 않았으니
　　얼굴빛은 온화하지만
　　말은 준엄하였다.

祭從弟敬遠文[1]

歲在辛亥,[2] 月惟仲秋, 旬有九日,[3] 從弟敬遠, 卜辰云窆,[4] 永寧后土. 感平生之遊處, 悲一往之不返, 情惻惻以摧心, 淚愍愍而盈眼. 乃以園果時醪, 祖其將行.[5] 嗚乎哀哉!

於鑠吾弟,[6]　有操有概.
孝發幼齡,　友自天愛.
少思寡欲,　靡執靡介.
後己先人,　臨財思惠.
心遺得失,　情不依世.
其色能溫,　其言則厲.

---

* 이 글은 경원(敬遠)의 고상한 인품과 행동, 그리고 두 사람이 어려서부터 같이 지낸 친밀한 정에 대한 묘사를 통하여 그의 죽음을 슬퍼함.
1) 敬遠(경원): 도연명의 사촌 동생. 도연명보다 16살이 적으며, 31살에 죽음.
2) 辛亥(신해): 진(晉) 안제(安帝) 의희(義熙) 7년(411).
3) 旬有九日(순유구일): 19일. '旬'은 열흘. 10일. '有'는 '又'의 뜻. 또.
4) 卜辰(복신): 점을 쳐서 날을 택하다.
5) 祖(조): 길 떠나기 전에 도로의 신에게 제사 지내다. 여기서는 경원을 묘지에 안장하러 가기 전에 지내는 제사를 가리킴.
6) 於鑠(오삭): 찬미하는 감탄사. '鑠'은 빛나다, 아름답다.

아름다운 경치 즐기고 높은 산 친구 삼았으며

문예(文藝)를 좋아했다.

아득한 신선세계에

호기심 품고서

오곡(五穀)을 먹지 않고 세상일 버려 두고

산속에 은거했다.

콸콸 떨어지는 폭포와

어두컴컴한 황량한 숲에서

새벽에는 선약(仙藥)을 캐고

저녁에는 장식 없는 금(琴)을 익혔다.

어진 사람은 장수한다는 말을

은근히 홀로 믿었더니

어찌된 일인가 이 말에

헛되이 속을 줄이야.

그대 나이 겨우 서른이 넘어

홀연 세상과 작별하고

영원히 무덤으로 돌아가니

아득하니 돌아올 기약 없구나.

나와 너는

친구일 뿐만 아니라

우리들의 아버지는 친형제이고

어머니는 서로의 이모였다네.

서로 어려서 이를 갈 나이에

모두 아버지가 돌아가셨는데

樂勝朋高,⁷⁾ 好是文藝.

遙遙帝鄕, 爰感奇心.

絶粒委務,⁸⁾ 考槃山陰.⁹⁾

淙淙懸溜,¹⁰⁾ 曖曖荒林.

晨採上藥, 夕閑素琴.¹¹⁾

曰仁者壽,¹²⁾ 竊獨信之.

如何斯言, 徒能見欺.

年甫過立,¹³⁾ 奄與世辭.

長歸蒿里, 邈無還期.

惟我與爾, 匪但親友.

父則同生,¹⁴⁾ 母則從母,

相及齠齔, 並羅偏咎.

---

7) 樂勝(낙승): 아름다운 경치를 즐기다. '勝'은 아름다운 경치.
朋高(붕고): 높은 산을 친구로 하다. '高'는 높은 산.
8) 絶粒(절립): 오곡(五穀)을 먹지 않다. 도교(道敎)의 신선 수련법.
9) 考槃(고반): 오두막집을 짓다. 은거를 가리킴. 일설에는 쟁반을 두드리며 노래하는 것으로 봄.
10) 淙淙(종종): 물 흐르는 소리.
懸溜(현류): 폭포.
11) 閑(한): 익히다. 연습하다.
12) 曰(왈): 공자가 말한 것을 가리킴. 『논어』 옹야(雍也) 편에서 "어진 사람은 장수(長壽)한다[仁者壽]"고 하였음.
13) 甫(보): 겨우. 막.
立(립): 이립(而立)의 나이. 즉 30세.
14) 父則同生(부즉동생): 두 사람의 아버지가 친형제간이다. 모두 도무(陶茂)의 아들임.

우리들 정은 참으로 깊고

우애는 참으로 두터웠지.

그 옛날을 생각해보면

한 방을 같이 쓰며 즐겁게 지냈네.

겨울에는 허름한 솜옷조차 없고

여름에는 먹고 마실 것도 제대로 없었으나

서로 도(道)로써 격려하고

서로 웃는 얼굴 하며 살았다.

어찌 생활이 매우 궁핍하지 않았겠는가마는

문득 배고프고 추운 것을 잊었네.

내가 일찍이 벼슬하여

세상 일에 얽매여

여기저기 돌아다녔으나 이룬 것이 없어

평소의 뜻을 저버릴까 두려워했다.

벼슬을 그만두고 돌아오니

너는 나의 뜻을 알고는

항상 손을 맞잡고 같이 있길 원하며

저 여러 사람들의 이야기 따위는 아랑곳 하지 않았다.

언제나 추수하던 그때가 생각나는데

나는 수확을 하려고

너와 함께 가서

배를 타고 함께 물을 건넜다.

사흘 밤을 강가에서 묵으며

물가에서 즐겁게 술을 마셨으니

斯情實深,　　斯愛實厚.
念彼昔日,　　同房之歡.
冬無縕褐,[15]　夏渴瓢簞,
相將以道,　　相開以顔.
豈不多乏,　　忽忘飢寒.
余嘗學仕,　　纏綣人事.
流浪無成,　　懼負素志.
斂策歸來,[16]　爾知我意.
常願攜手,　　寘彼衆議.
每憶有秋,　　我將其刈.
與汝偕行,　　舫舟同濟.
三宿水濱,　　樂歆川界.

---

15) 縕褐(온갈): 허름한 솜옷. '縕'은 헌솜. '褐'은 거친 털옷. 변변찮은 옷.
16) 斂策(염책): 말채찍을 거두다. 관직을 그만둠을 가리킴.

고요한 달은 맑은 하늘에 높이 뜨고
따뜻한 바람은 점차 사라지기 시작했다.
술잔을 손에 쥐고
만물은 오래가건만 사람은 나약하다 했는데
어찌하여 내 아우여,
나보다 먼저 세상을 떠났는가.

지난 일 다시 찾을 수 없으나
생각은 또 어찌 끝이 있겠는가.
날이 가고 달이 흘러
추위와 더위는 갈마드는데,
죽은 사람과 산 사람은 세상 달리하고
산 자와 죽은 자의 경계가 뚜렷하구나.
새벽을 기다려 영원히 땅으로 돌아가리니
길을 안내하며 묘지로 향한다.
남겨놓은 어린아이는 엉엉 울며
아직 말도 제대로 못하고
미망인은 슬픔에 차 있으나
예의를 잘 알고 있다.
뜰의 나무는 여전한데
집 안은 텅 비어 있다.
누가 말할 수 있겠는가, 경원이
언제 다시 돌아올 수 있다고.

靜月澄高,　溫風始逝.
撫杯而言,　物久人脆.[17]
奈何吾弟,　先我離世.

事不可尋,　思亦何極.
日徂月流,　寒暑代息.
死生異方,　存亡有域,
候晨永歸,　指塗載陟.
呱呱遺稚,　未能正言.
哀哀嫠人,[18]　禮儀孔閑.
庭樹如故,　齋宇廓然.
孰云敬遠,　何時復還.

---

17) 脆(취) ; 약하다. 사람의 생명이 짧음을 가리킴.
18) 嫠人(이인): 과부(寡婦). '嫠'는 과부.

내 생각건대 다른 사람들은
이렇듯 친근한 정을 이해하지 못하리라.
길일을 점쳐
예법에 따라 먼 길 떠나보내면서
바라보니 상여 앞에 깃발이 펄럭이는데
붓을 잡으니 눈물이 가득하다.
그대의 넋이 만일 지각이 있다면
내 마음속의 성심을 알리라.
아아, 슬프도다.

余惟人斯,　昧玆近情.

蓍龜有吉,[19]　制我祖行.[20]

望旐翩翩,[21]　執筆涕盈.

神其有知,　昭余中誠.

嗚呼哀哉!

---

19) 蓍龜(시귀): 점칠 때 사용하는 시초(蓍草, 가새풀)와 거북의 등껍데기.
20) 制(제): 예제(禮制). 규정된 상례(喪禮) 제도를 따르는 것을 가리킴.
　　祖行(조행): 먼 길 떠나는 사람을 전송하다.
21) 旐(조): 운구(運柩) 때 앞세우는 기(旗).

나의 제문

 때는 정묘년 9월, 날씨는 차고 밤은 길며 바람은 쓸쓸하게 부는데 기러기는 남쪽으로 날아가고 초목은 누렇게 시들어 떨어진다. 나 도연명은 이제 잠시 깃들었던 인생이란 여관을 작별하고 영원히 본래의 집으로 돌아가노라. 친구들은 구슬프게 울며 오늘 저녁 나를 제사 지내며 떠나보낸다. 좋은 음식을 차리고 맑은 술을 따른다. 나의 얼굴을 보아도 이미 흐릿하고, 나의 소리를 들으려 해도 더욱 적막하기만 하다. 아아, 슬프도다.

끝없이 넓은 대지
아득히 높은 하늘
이 하늘과 땅 만물을 낳고
나도 사람으로 태어났다.
사람으로 태어나면서부터
가난한 운명을 만나
밥 소쿠리와 표주박은 자주 비고
거친 베옷을 겨울에도 입었다.
그러나 기쁜 마음으로 골짜기에서 물을 긷고
땔나무 지고 걸어가며 노래했으며
어둡고 누추한 집에서
아침부터 밤까지 내 일을 하였다.

自祭文

歲惟丁卯,[1] 律中無射.[2] 天寒夜長, 風氣蕭索, 鴻雁于征, 草木黃落. 陶子將辭逆旅之館,[3] 永歸于本宅.[4] 故人悽其相悲, 同祖行於今夕.[5] 羞以嘉蔬, 薦以清酌. 候顔已冥, 聆音愈漠. 嗚呼哀哉!

茫茫大塊,　悠悠高旻.
是生萬物,　余得爲人.
自余爲人,　逢運之貧.
簞瓢屢罄,　絺綌冬陳.
含歡谷汲,　行歌負薪.
翳翳柴門,　事我宵晨.

---

* 이 글은 작자가 죽기 전에 지은 마지막 작품으로, 자신의 일생을 되돌아보면서 세속에 휩쓸리지 않은 생활과 사상을 나타냄.
1) 丁卯(정묘): 송(宋) 문제(文帝) 원가(元嘉) 4년(427).
2) 律中無射(율중무역): 음력 9월. '律'은 악률(樂律). 옛날에는 음의 높이를 나타내는 12율(律)을 열두 달과 서로 짝을 지어 12율의 명칭으로 달을 대표하였음. '無射'은 12율의 하나로 음력 9월을 가리킴.
3) 逆旅之館(역려지관): 나그네를 맞이하는 여관. 세상을 가리킴.
4) 本宅(본택): 고향. 무덤을 가리킴.
5) 祖行(조행): 관을 묘지로 옮기기 전날 저녁에 망자에게 제사를 지내다.

봄과 가을은 바뀌지만
전원에는 언제나 할 일이 있으니
풀 뽑고 흙 북돋우면
작물이 자라 번성한다.
책 읽으며 즐거워하고
칠현금(七弦琴) 타며 편안하였다.
겨울에는 햇볕을 쬐고
여름에는 시내에서 목욕을 한다.
일 할 때는 힘껏 열심히 하고
마음은 언제나 한가로웠으니
천명을 즐거이 따르고 본분에 맡기며
이렇게 일생을 보냈다.

이 한평생을
사람마다 모두 아끼는데
일생토록 이룬 바 없을까 두려워
하루 한시를 탐하고 아까워한다.
살아 있을 때는 사람들의 존경을 받고
죽은 뒤에도 그리워하길 원한다.
아아, 나만은 홀로 나의 길을 걸으며
지금껏 세상 사람들과는 달랐다.
사랑을 받는 건 내 영광으로 여기지 않았으니
혼탁한 세상이 어찌 나를 검게 물들일 수 있겠는가.

春秋代謝,　有務中園.
載耘載耔,　迺育迺繁.
欣以素牘,　和以七弦.
冬曝其日,　夏濯其泉.
勤靡餘勞,　心有常閒.
樂天委分,　以至百年.

惟此百年,　夫人愛之.
懼彼無成,　愒日惜時.
存爲世珍,　沒亦見思.
嗟我獨邁,　曾是異茲.
寵非己榮,　涅豈吾緇.[6]

---

6) 涅(열): 검은색 염료.
　緇(치): 검은색. 검게 변하다.

누추한 집일지언정 꼿꼿하게 지내며
흥겹게 술 마시고 시를 지으며 살아왔다.
운명이란 것을 잘 알지라도
누군들 뒤돌아보지 않을 수 있겠는가.
나는 이제 이렇게 죽어도
유감이 없다.
백 살 가깝도록
은거 생활을 동경하였는데
늙어 천수를 다 하였으니
또 무엇을 연연해하리오.

세월은 점점 흘러
죽어 살았을 때와는 달라지니
친척들은 새벽에 오고
친한 친구들도 밤에 문상을 와서
들판에 나를 묻어
내 영혼을 편안하게 한다.
어두운 곳으로 내가 가는 길
바람 소리 쓸쓸한 무덤 문을 들어서니
송(宋)나라 환퇴(桓魋)같이 사치한 장례 부끄럽고
양왕손(楊王孫)같이 검소한 것도 우습구나.
공허하니 나는 이미 죽어버리고
개탄스럽게도 이미 멀리 떠났네.

捽兀窮廬,⁷⁾　酣飮賦詩.
識運知命,　疇能罔眷,
余今斯化,　可以無恨.
壽涉百齡,　身慕肥遯,⁸⁾
從老得終,　奚所復戀.

寒暑逾邁,　亡旣異存,
外姻晨來,⁹⁾　良友宵奔,
葬之中野,　以安其魂.
窅窅我行,¹⁰⁾　蕭蕭墓門,
奢恥宋臣,¹¹⁾　儉笑王孫.¹²⁾
廓兮已滅,　慨焉已遐.

---

7) 捽兀(졸올): 우뚝 솟은 모양. 도도한 모양.
8) 肥遯(비돈): 은거하다.
9) 外姻(외인): 어머니나 아내의 친척. 여기서는 친척들을 두루 가리킴.
10) 窅窅(요요): 깊고 먼 모양. 어둡게 감추어진 모양.
11) 宋臣(송신): 춘추 시대 송(宋)나라의 군정(軍政)을 맡아보는 사마(司馬)를 지낸 환퇴(桓魋). 그는 생전에 자기가 나중에 쓸 석관(石棺)을 준비하였는데 3년이 걸려도 다 만들지 못했다고 함.
12) 王孫(왕손): 서한(西漢)의 양왕손(楊王孫). 그는 병이 들어 죽게 되자 자녀들에게 유언을 하여, 자기가 죽으면 시체를 자루에 담아 알몸으로 흙속에 묻으라고 하였음.

높이 봉분도 만들지 않고 나무도 심지 않으며
세월은 점차 흘러가버린다.
살아 생전 명예를 귀하게 여기지 않았으니
누가 죽은 뒤의 칭송을 중시할 것인가.
인생살이 참으로 어려웠는데
죽은 뒤는 또 어떠할까.
아아, 슬프도다.

不封不樹，　日月遂過.
匪貴前譽，　孰重後歌.
人生實難，　死如之何.
嗚呼哀哉.

도연명 관련 지도
옮긴이 해설: 전원(田園)과 은일(隱逸)의 시인, 도연명 – 이치수
도연명 관계 단행본 자료
시구 색인
문구 색인
도연명 연보

■ 도연명 관련 지도

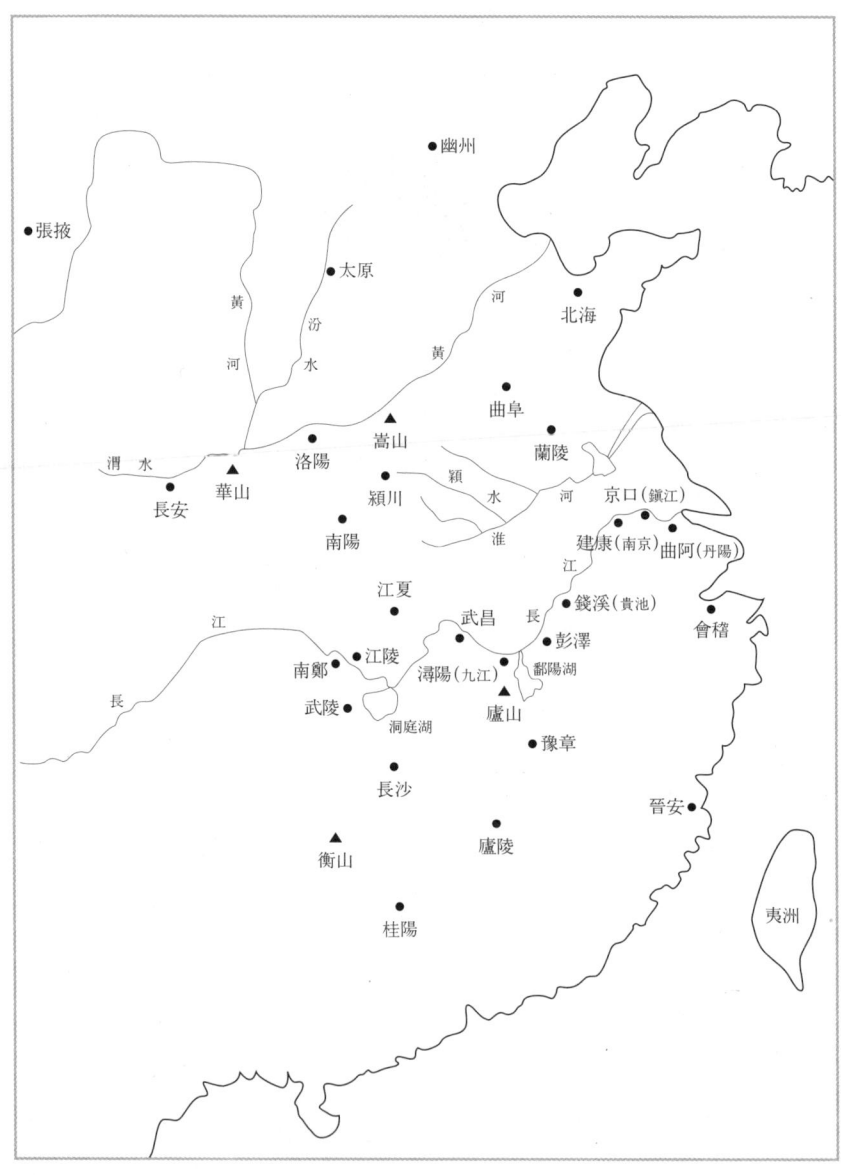

■ 옮긴이 해설

전원(田園)과 은일(隱逸)의 시인, 도연명

"세상이 나와 서로 어긋나 맞지 않거늘
다시 수레를 몰아 무엇을 구할 것인가"

1

　도연명(陶淵明, 365~427년)은 문학사에서 일반적으로 '은일 시인(隱逸詩人)' 혹은 '전원 시인(田園詩人)'이라 불린다. 전자는 그가 관직에서 물러나 속세를 떠나 살았음을, 그리고 후자는 전원이 그의 시의 주요 제재이자 내용임을 말해준다. 단순히 이러한 몇 자만으로 도연명과 그의 시 세계를 전부 개괄할 수는 없지만 그래도 그 특징을 가장 잘 대변하는 말의 하나임은 분명하다.

　도연명은 동진(東晉, 317~420년) 말에서 송(宋, 420~479년) 초에 걸쳐 살았다. 동진은 내우외환이 계속된 시대였다. 우선 322년 왕돈(王敦)의 반란, 327년 소준(蘇峻)의 반란이 일어났으며, 도연명이 19세이던 383년에는 북방 전진(前秦)의 부견(苻堅)이 대군을 이끌고 침공하는 일이 발생했는데 비수(淝水)의 전투에서 사현(謝玄)이 이들을 격퇴시켰다. 그러나 그 뒤에도 지방 군벌의 반란과 농민 봉기가 계속 일어났다. 399년에는 손은(孫恩)이 농민 봉기를 일으켰고, 402년에는 환현(桓玄)이 반란을 일으켜 수도를 함락시키고 이듬해 제위에 올라 국호를 초(楚)라 하였다. 그 이듬해 유유(劉裕)가 환현을 토벌하고 폐위되었던 안제(安帝)를 다시 복위시켰다. 그러나 418년 유유는 결국 안제를 유폐하고 공제(恭帝)를 즉위시켰다가, 420년 다시 공제를 폐위하고 자신이 황제가 되니 이로써 동진은 멸망하고 송(宋)이 시작되었다. 도연명은 이처럼 사회가 어지럽고 백성들이 고통을 겪으며, 왕조가 교체되는 혼란기에 살았다. 이러한 가운데 현실과 이상의 괴리 속에서 출사(出仕)와 퇴은(退隱)의 문제를 고민하는 도연명의 문학이 생겨나게 된 것이다.

도연명의 생애에 관해서는 현재 전하는 자료가 명확하지 못하여 몇 가지 점, 이를테면 가장 기본적인 사항 가운데 하나라고 할 수 있는 이름과 자(字), 생졸년(生卒年) 등에 대해서도 이견이 있다. 현재 가장 일반적인 견해에 따르면, 도연명은 자(字)가 원량(元亮)으로, 동진(東晉) 애제(哀帝) 흥녕(興寧) 3년(365)에 강주(江州) 심양군(潯陽郡) 시상현(柴桑縣, 지금의 江西省 九江市 서남쪽)에서 태어났다. 증조부 도간(陶侃)은 소준의 반란을 평정한 공으로 장사군공(長沙郡公)에 봉해졌으며, 죽은 뒤 대사마(大司馬)에 추증(追贈)되었다. 그러나 조부를 거쳐 도연명이 출생했을 무렵에 이르러서는 집이 가난하였다. 봉건사회의 일반 지식인과 마찬가지로 도연명 또한 젊었을 때는 유가(儒家)에서 이른바 치국평천하(治國平天下)의 큰 뜻을 가졌다. 그러나 문벌을 중시하는 사회에서 한문(寒門) 출신의 시인이 아무리 큰 뜻을 품었더라도 벼슬길에서 이를 이루기란 쉽지 않았고, 특히 도연명은 거짓이 가득한 세상에서 부귀영달을 추구하는 세속 사람들을 좇아 벼슬길에 연연하는 것을 원치 않았다.「술을 마시다[飮酒]」제9수에서 집을 찾아온 늙은 농부와 나눈 대화는 도연명의 이러한 입장을 잘 보여주고 있다.『초사(楚辭)』의「어부사(漁父辭)」에 나오는 어부가 굴원(屈原)에게 그러하였듯이 이 시의 농부 또한 도연명에게 벼슬길에 나가 온 세상 사람과 동조하기를 권하지만, 도연명은 자신이 타고난 기질이 남과 잘 어울리지 못하고 자신의 본심을 어기는 것은 어리석은 일이라면서 완곡하지만 강하게 거절의 뜻을 표명하였다. 그의 시문(詩文)에는 세상의 경박한 풍조를 비판하는 반세속(反世俗)의 입장이 강하게 표명되어 있다. 그는 "온 세상에 참됨 되찾는 사람 적으며"(「술을 마시다[飮酒]」20), "서로 사귐이 성실하지 못하고" (「옛 시를 본떠서 짓다[擬古]」1), "세상 사람 오랫동안 서로 속이며"

(「술을 마시다〔飮酒〕」12), 지금 세상 사람들은 "얼음과 숯이 가슴속에 가득함"(「잡시(雜詩)」4)을 개탄하였다. 결국 도연명은 거짓이 팽배한 "세상이 나와 서로 어긋나 맞지 않음"(「돌아가자〔歸去來兮辭〕」)을 뼈저리게 깨닫고 세속의 굴레에 매이는 것을 거부하고(「술을 마시다〔飮酒〕」8), "마침내 곧은 본성을 지키고자 옷을 털고 전원으로 돌아왔다"(「술을 마시다〔飮酒〕」19). 이러기까지 그는 출사(出仕)와 퇴은(退隱)을 여러 차례 되풀이하였다.

　도연명은 29세에 강주 좨주(祭酒)가 되어 처음으로 관리 생활을 시작하였으나 얼마 되지 않아 스스로 그만두었다. 이어 주(州)에서 주부(主簿)로 불렀으나 나아가지 않았다. 그뒤 35세에 다시 벼슬길에 나가 환현의 참군(參軍)이 되었다가, 40세에 유유의 참군이 되었고, 41세에는 유경선(劉敬宣)의 참군이 되었다. 이 해, 유경선이 관직을 그만두자 도연명도 집에 돌아갔다가 8월에 팽택령(彭澤令)이 되었다. 그러나 11월에 사직하고 고향에 돌아갔다. 이때 관리 생활에서의 괴로운 심경과 전원 생활의 즐거움을 적은 것이 유명한 「돌아가자〔歸去來兮辭〕」이다. 고향에 돌아온 뒤에는 두 번 다시 벼슬길에 나가지 않고 원가(元嘉) 4년(427) 63세로 세상을 떠날 때까지 23년간 고향에서 전원 생활을 하였다. 그 가운데 420년 도연명의 나이 56세 때 유유가 진(晉)을 찬탈하여 송(宋)을 세우는 일이 일어났다. 세속에 대한 강렬히 비판과 거부감 속에, 도연명에게 있어서 전원으로의 회귀는 소극적 도피라기보다는 차라리 적극적인 선택이었다고 보아야 할 것이다. 육조(六朝) 시대에는 왕권의 교체에 따른 심각한 혼란과 노장(老莊) 사상의 영향으로 사회에 은일(隱逸)의 풍조가 성행하였다. 그러나 도연명의 경우는 이것을 단순히 흉내낸 것이 아니라는 점에서 일반적인 은사(隱士)들과 크게 구분된다. 도연명의 이러한 인생관은 그의 문학관과 문학 창작에 큰 영향을 미쳤다.

2

　도연명의 작품은 시와 문장으로 이루어지는데, 현재 전하는 것으로는 시 126수, 사부(辭賦) 3편, 산문(散文) 10편이 있다. 이것은 위작(僞作)으로 공인된 작품, 이를테면 "種苗在東皐"로 시작하는 「귀전원거(歸田園居)」와 「문래사(問來使)」 「사시(四時)」 등 시 3수와 「오효전(五孝傳)」 「성현군보록(聖賢群輔錄)」 등 문장 2편을 제외한 숫자이다.

　수량이나 성취 등 어느 면으로 보나 도연명의 작품 세계를 가장 잘 대표하는 장르는 시이다. 도연명의 시는 진대(晉代)에 이르기까지 문인의 작품으로는 수량이 가장 많으며, 이전의 한(漢)·위(魏)·진(晉)의 전통을 종합적으로 계승한 바탕 위에서 새로운 면모를 창출하여, 육조(六朝) 이후 당(唐), 송(宋), 원(元), 명(明), 청(淸)으로 이어지는 시단에 어느 누구보다도 큰 영향을 미쳤다. 도연명은 진실된 삶을 추구하였기에 책을 읽더라도 자구 풀이에 깊이 천착하지 않고 내심으로 깨닫는 바가 있으면 기뻐하여 밥 먹는 것도 잊었으며, 글을 짓는 것도 스스로 즐기며 자신의 뜻을 나타내는 데에 중점을 두었다(「오류선생의 전기〔五柳先生傳〕」). 또한 문학을 통해 명성과 명예를 추구하려고 하지도 않았다. 이러한 문학관으로 해서 그의 문학은 수사(修辭)에 힘을 쏟기보다는 자신의 진실된 사상과 감정을 나타내는 데에 주력하였고, 기려(綺麗)한 표현보다는 평담(平淡)한 특색을 보였다. 귀족 중심의 중앙 시단에서 사교성이 짙은 시를 짓기보다는 평민으로 시골에서 살며 자신의 생활을 진솔하게 표현하여, 시대의 조류와는 다른 개성적인 시를 지었다. 이러한 특색은 구체적으로 제재와 표현, 그리고 체재의 세 측면에 나타나 있다.

　동진(東晉)에 들어서면서 손작(孫綽)과 허순(許詢) 등의 현언시(玄言詩)가 시단을 풍미하였다. 이들의 시는 대다수가 현리(玄理)를 논하여 도덕론(道德論)과 같고, 시로서의 맛은 적었다. 심약(沈約)은 『송서(宋書)』 「사령운전론(謝靈運傳論)」에서 건무(建武, 317년)에서부터 도연명이 살았던 의희(義熙, 405~418년) 연간에 이르는 백 년 동안 "황로

(黃老)의 사상에 말과 뜻을 기탁하지 않은 이가 없는" 문단의 풍조를 지적하였다.

도연명의 시에도 철리(哲理)를 표현한 것이 여러 편 있으나, 이전의 현언시 작가들처럼 추상적인 언어로 현학적인 사상을 표현하는 것이 아니라 일상생활 속의 감수(感受)를 바탕으로 하였기에 동진 때 성행하였던 현언시와는 또 다른 모습을 보인다. 도연명은 인생의 여러 문제에 대한 그의 철학적 사고를 시를 통해 나타냈다. 그 가운데에서도 그가 평생을 두고 가장 거듭해서 고심한 것은 바로 생(生)과 사(死)의 문제이다. 이에 대한 고민은 「육체, 그림자, 정신〔形影神〕」에 가장 잘 나타나 있다. 이 시는 육체〔形〕와 그림자〔影〕, 정신〔神〕 삼자의 대화로 이루어져 있다. 우선 육체가 그림자에게 인간의 유한한 생명에 대한 한탄과 두려움을 이야기하면서 술에 의한 근심 해소를 권하자, 그림자는 착한 일을 할 것을 주장한다. 그러나 정신은 이 두 입장에 모두 반대하며 그 대안으로 "마땅히 자연의 운행에 맡겨 살아가야 함"을 제시하였다. 도연명은 태어남이 있으면 반드시 죽음도 있게 마련이고, 일찍 죽는다 해서 목숨이 짧은 것도 아니므로(「나의 죽음을 애도하는 시〔挽歌詩〕」1) 이같이 달관적으로 생각한다면 굳이 신선이 산다는 화산(華山)이나 숭산(嵩山)을 찾아갈 필요가 없다고 여겼다(「오월 초하루에 시를 지어 대주부에게 화답하다〔五月旦作和戴主簿〕」). 천명(天命)을 즐기면서 자연의 변화를 따르다가 죽음으로 돌아간다(「돌아가자〔歸去來兮辭〕」)는 것이 그가 지향하는 차원 높은 이상의 경지다. 도연명은 속세를 완전히 초탈하여 고고하게 홀로 서 있는 나무 같은 존재가 아니다. 현실에서 느끼는 희로애락을 솔직하게 표현하며 현실에 발을 굳건하게 디디고 진실하게 살고자 한 데에 한 인간으로서의 시인 도연명이 있으며, 바로 이런 모습이 그대로 독자에게 전해져 독자는 그의 시에 공감하고 매료되는 것이다.

「술을 마시다〔飮酒〕」 제6수에서는 사람들의 행동거지가 천태만상인데 누가 옳고 그름을 알겠냐면서 이러한 시비에 매이지 말고 벗어날 것을 말하였다. 같은 제목의 제1수에서는 전에 진(秦)에서 동릉후

(東陵侯)를 지냈던 소평(邵平)이 진(秦)이 망한 뒤에는 오이를 가꾸며 생활한 것을 예로 들면서 부귀영화라는 것도 마치 추위와 더위가 번갈아 찾아오듯이 고정되어 있는 것이 아니라는 달관의 뜻을 강조하였다. 세속의 명예도 이와 마찬가지로 부질없는 것이다. 그리하여 도연명은 참된 본성에 따라 살 것을 주장하였다. 「술을 마시다〔飮酒〕」 제5수는 바로 이러한 생각이 생활 속에서 잘 나타난 예로, 세간(世間)에 살지만 마음이 속세에서 멀어져 있으므로 사는 곳도 한적하며, 자연 경물과 하나로 어우러지는 가운데에 인생의 참뜻을 체득하게 됨을 말하고 있다. 이 시는 도연명의 대표작 가운데 하나로 손꼽히며, 특히 "동쪽 울타리 밑에서 국화를 따노라니, 유연히 남산(南山)이 눈에 들어온다"는 5·6구는 인구에 회자되는 명구이다. 청대(淸代)의 심덕잠(沈德潛)은 "시는 이취(理趣)가 담겨 있는 것을 귀하게 여긴다" 하여 시에 이치를 나타내되 그 안에 맛이 담겨 있어야 함을 주장하였다. 도연명의 시는 바로 일상생활 속에서 깨닫는 철리(哲理)와 서정성이 하나로 결합된 데에 특색이 있다. 추상적인 말을 나열하고 오로지 의논(議論)만을 펼치는 데에 그치지 않았기에 현언시처럼 고삽(苦澁)하거나 과미(寡味)하지 않고 독자로 하여금 인생의 어떤 도리에 대해 깊이 생각하게 만든다. 이러한 점에서 그의 시는 이후의 철리시(哲理詩)의 발전에 새로운 길을 제시하였다고 할 수 있다.

  도연명의 시는 그가 살았던 시기의 시단의 조류에서 볼 적에도 특이한 모습을 보인다. 송(宋) 초에는 노장(老莊)의 사상을 표현하는 현언시가 물러나고 산수시(山水詩)가 바야흐로 성행하였다. 그러나 도연명은 시대의 조류를 좇아 산수문학 쪽으로 나아가지 않고 전원시(田園詩)라고 하는 새로운 영역을 개척하였다. 도연명의 시는 제재에 있어서 증답(贈答), 영회(詠懷), 현언(玄言), 영사(詠史), 의고(擬古), 음주(飮酒), 잡시(雜詩) 등과 같이 진대(晉代)까지 보이는 각종 유형을 어느 하나 포함하지 않은 것이 없다. 그러면서도 제재에 있어서 도연명이 새로이 개척한 것이 바로 전원시이다. 후세 사람들은 도연명을 일컬어 '전원 시인' 혹은 '은일 시인'이라고 하는데, 그의 시 가운데에서

도 전원의 생활과 경치를 노래한 시들이 가장 대표적인 작품으로 꼽히기 때문이다. 도연명은 현실에서 자신의 이상이 벽에 부딪쳤을 때 출사와 퇴은에 대해 고민을 거듭하다가 결국 후자를 택하였다. 「전원의 집으로 돌아와[歸園田居]」 제1수는 바로 이러한 도연명의 심경을 잘 나타낸 시이다. 이 시는 처음 여덟 구에서 관리 생활의 고통을 토로하였다. 천성이 본시 자연을 사랑하는 시인에게 관리 세계는 '속세의 그물'이요 '새장'과도 같아 그곳에서의 생활은 그를 속박하기만 하였다. 그리하여 돌아오게 된 전원의 아늑하면서도 정겨운 경치를 묘사하고, 끝에 가서는 전원 생활의 즐거움을 노래하였는데, 이전의 관리 생활과 극명한 대조를 이룬다. 시의 마지막 두 구 "오랫동안 새장 속에 갇혀 있다가, 다시 자연으로 돌아오게 되었네"라는 말에는 이제 전원에 돌아온 뒤의 생활이 그에게 얼마나 큰 기쁨을 주었는지 잘 나타나 있다.

도연명을 전원 시인이라고 부를 때 흔히 그가 속세를 떠나 전원에서 유유자적하면서 언제나 즐거운 생활만을 보낸 것 같이 생각되지만 사실 꼭 그렇지만도 않다. 전원으로 돌아온 뒤에 생활의 어려움에서 오는 우울과 탄식을 노래한 시들이 있다. 「초나라 가락의 원망하는 시를 방주부와 등치중에게 보이다[怨詩楚調示龐主簿鄧治中]」에서는 여름에는 오랫동안 굶주린 채 지내고 추운 겨울에는 덮고 잘 이불도 없으며, 하루를 보내기가 힘들어 저녁이 되면 새벽닭이 얼른 울기를 기다리고, 아침이 되면 또 해가 빨리 지기를 기다리는 시인의 모습이 그려져 있다. 그리고 「밥을 구걸하며[乞食]」에서는 시인이 먹을 것을 구걸하러 무작정 집을 나서기조차 한다. 그러나 비록 이렇게 어려운 지경에 처해도 전원을 택한 본래의 뜻을 바꾸지 않았으니 그것은 "가난과 부귀가 늘 서로 싸우나, 도(道)의 마음이 이기니 근심스런 얼굴 없으며"(「가난한 선비를 노래하다[詠貧士]」5) 곤궁함에 처할지라도 자기의 뜻을 굳게 지키는 '고궁절(固窮節)'을 고집하기 때문이다. 도연명은 시에서 그 옛날의 안회(顔回)나 영계기(榮啓期), 검루(黔婁), 원안(袁安) 등과 같이 안빈낙도(安貧樂道)하였던 사람들을 칭송하면서 이들의 사상과 행동을 배우고자 하였고, 또 이들로부터 위안을 얻기도 했다. 그러므로 만년에 조정에서 그를 저작좌랑(著作佐郎)으로 불렀으나 끝내 응하지 않고 농촌에서 일생을 마칠 수 있었다.

중국문학사상 전원 생활을 시에 담아 표현한 것은 『시경(詩經)』 중의 「칠월(七月)」 같은 민간 가요를 제외하고는 문인 작품으로 도연명이 처음이다. 전원을 단지 관상(觀賞)의 대상으로만 보지 않고 그 가운데서 "새벽에 일어나 거친 밭 김매고, 달빛 받으며 호미 메고 돌아오는"(「전원의 집으로 돌아와〔歸園田居〕」3) 생활을 하며 그것을 시화(詩化)한 것이 도연명 시의 특색이자 가치다. 전원은 이전의 시에서는 단순히 산수 풍경의 하나였지 도연명처럼 인간의 땀과 호흡이 어우러진 모습을 띠고 있지는 않았다. 도연명이 살았던 동진(東晋)의 시인들은 귀족을 중심으로 모여 화려한 수사(修辭)를 강구하고, 내용적으로는 현실 생활을 떠나 신선 세계를 추구하는 유선시(遊仙詩)와 노장(老莊)의 말로 이치를 나타내는 현언시에 열중하고 있었다. 이러한 시단의 경향과는 달리 도연명의 시는 귀족 문학이나 초현실적인 문학이 아니라 전원의 일상생활을 소박하고 자연스러운 언어로 표현하여 일찍이 없었던 새로운 경지를 개척하였다. 닭 한 마리를 잡아 이웃 사람들을 불러 밤새 같이 술을 마시기도 하고, 길에서 만난 농부와 농사 이야기를 나누기도 하며, "농사일로 바쁠 땐 각자 돌아갔다가, 한가해지면 서로를 생각하니, 생각나면 옷 걸치고 찾아가, 웃고 이야기하며 싫증날 때 없다"(「이사〔移居〕」2). 추수에서 돌아와 손발을 씻고 처마 밑에서 쉬며 한잔 술로 기분 풀고 얼굴을 펴기도 하고, 말을 갓 배우기 시작하여 발음이 아직 분명치 않은 어린 아들이 곁에서 노는 것을 흐뭇하게 바라보기도 한다. 「자식들을 나무라다〔責子〕」는 공부를 열심히 하지 않는 다섯 아이들을 나무라는 시로, 아버지의 따뜻한 정을 느끼게 한다. 시인의 일상 생활 모습을 시에 담는 것은 도연명 이전의 시인들의 시에서는 많이 보이지 않았다. 그러므로 중국의 시는 도연명에 이르러서야 비로소 개성이 점차 드러나기 시작했다고 말할 수 있다.

이러한 새로운 제재의 개척과 더불어, 위진(魏晉) 시의 역사를 살필 때 도연명 시의 주요 특색 중의 하나는 바로 건안(建安, 196~220년)과 정시(正始, 240~249년) 이래 점차 미약해진 서정(抒情) 전통을 다시 회복한 것이다. 도연명의 시는 창작 시기로 볼 적에는 관직을 그만두고 전원으로 돌아온 뒤에 대다수가 지어졌으며, 내용상으로는 대체로 영회시(詠懷詩)와 전원시(田園詩), 철리시(哲理詩) 등으로 대별된다. 전원시가 30수에 못 미치는 데에 비해 시집 중에서 가장 수량이 많고 사상의 심도가 높은 것이 바로 어지러운 시기를 살면서 겪는 이상과 현실 사이의 갈등 등의 감회를 노래한 영회시로 전체 도연명 시에서 대략 3분의 2를 차지한다. 도연명의 영회시는 한 제목 아래 여러 시를 짓는 조시(組詩)가 많은 것이 특색이며, 그 내용은 장지(壯志)를 이루지 못한 것에 대한 탄식, 고적(孤寂)한 가운데 지음(知音)이 없는 것에 대한 슬픔, 인생의 짧음에 대한 슬픔, 세속의 경박한 풍기에 대한 근심 등으로 다양하게 이루어져 있다. 이를테면 「술을 마시다〔飮酒〕」 제4수는 '무리 잃은 새'로 자신을 비유하며 출사(出仕)와 은거(隱居) 사이의 방황을 거친 뒤 전원에서 안식을 찾는 뜻을 표명하고 있다. 「가난한 선비를 노래하다〔詠貧士〕」 제1수에 나오는 '의지할 곳 없이 홀로 떠도는 외로운 구름' 또한 세속을 벗어나 홀로 고고한 지조를 지키는 도연명을 상징한다. 그리고 「잡시(雜詩)」 제2수에는 쌀쌀한 가을밤에 잠 못 이룬 채 평생의 큰 뜻을 실현시키지 못하는 고민을 하나 대작할 사람이 없어 자신의 그림자를 마주하며 한잔 술로 달래는 모습이 잘 나타나 있다.

표현의 측면에서 볼 때 중국의 고전 시가는 건안(建安) 이후, 진대(晉代)에 들어서면 시인들이 화려한 수사(修辭)를 추구하는 추세로 나아갔으며, 송나라 때에는 서진(西晉)의 태강(太康, 280~289년) 시풍을 이어, 더욱 화려하고 기이한 표현을 추구하는 것이 시단의 풍조였다. 사령운(謝靈運)과 안연지(顔延之) 등이 바로 그 대표로, "백 자에 달하는 대우(對偶)로 아름다움을 추구하고, 한 구절의 기이함으로 가치를 다투었다. 정사(情思)는 반드시 모습을 극진히 형용하여 경물을 묘사하고, 문사(文辭)는 반드시 온 힘을 다하여 새로움을 추구하였다"(유협(劉勰)『문심조룡(文心雕龍)』명시(明詩)).

도연명은 생전에 사령운과 더불어 시단을 대표하는 안연지와 절친하였으나 시를 짓는 데에 있어서는 수사와 기교에 힘을 기울인 안연지와는 창작 경향을 달리하였다. 안연지도 이러한 점에 주목하여 도연명을 추도하는 글에서 그의 시가 뜻의 전달을 중시한 점을 지적하였다. "어찌 세속의 말을 흉내 내겠는가"(「산해경을 읽고〔讀山海經〕」2)라고 한 도연명의 말에는 세속의 풍조와는 다른 길을 걸으려는 그의 생각이 잘 나타나 있다. 도연명은 굳이 다른 사람에게 잘 보이기 위해, 또는 다른 사람의 칭찬을 듣고자 시구를 다듬는 데에 힘을 기울이지는 않았다. 남송(南宋)의 진모(陳模)는 도연명 시의 특색을 평하면서 "대체로 도연명은 인품이 본래 높고 가슴속이 쇄락(灑落)하여 붓 가는 대로 시를 이루었는데 가슴속의 묘(妙)를 그려낸 데에 지나지 않는다. 일찍이 시를 짓는다고 여기지 않았으며, 또한 다른 사람이 시에 대해 칭찬해주기를 바라지 않았기 때문에 그의 좋은 시는 모두 자연스럽게 나온 것이니, 이것이 그에 미칠 수 없는 점이다(『회고록(懷古錄)』)"라고 말하였다. 그러므로 도연명의 시는 형식에 구속되지 않고 가슴속의 생각을 그대로 드러내는 데에 중점을 두었다. 종영(鍾嶸)은 도연명의 시를 '질직(質直)' '전가어(田家語)'란 말로 평하였다. 그의 시는 언어가 간결하고 구어(口語)에 가까우며, 지나치게 변려(騈儷)의 사구(辭句)를 조탁하는 데서부터 전환하여 비교적 산문에 가까운 구법(句法)으로 시를 지었다. 용전(用典)의 솜씨를 과시하지도, 대우(對偶)를 늘어놓지도 않았다. 그러나 도연명이 연자(鍊字)를 전혀 등한히 하지는 않았으니, 이를테면 "有風自南, 翼彼新苗"(「사계절의 운행〔時運〕」)는 명사 '翼'자를 동사로 활용하여 새싹이 불어오는 바람에 날개를 펼치고 춤추는 듯한 모습을 생동적으로 그려내었고, "藹藹堂前林, 中夏貯淸陰"(곽주부에게 화답하다〔和郭主簿〕」1)은 한여름에 집 앞 숲의 그늘이 시원하다는, 어떻게 보면 평범한 내용을 묘사한 것인데 여기서는 '貯'자를 사용하여 숲이 마치 그늘을 모아놓고 있다는 식으로 의인화하여 표현함으로써 한층 묘미를 느끼게 한다. 도연명의 시는 자구(字句)나 조직을 막론하고 정련(精練)하지 않음이 없으나 인위적으로 다듬은 흔적이 드러나 보이지 않을 따름이다.

체재면에서 볼 때, 도연명의 시는 사언시(四言詩)와 오언시(五言詩)의 두 종류로 나누어진다. 사언시는 중국의 고전 시가 역사에서 가장 오래된 시체(詩體)로서, 『시경(詩經)』의 주요 시형(詩型)이다. 그러나 한대(漢代) 이후에는 악부시(樂府詩)와 오언시(五言詩)가 새로이 등장하면서 점차 퇴조하기 시작하는 가운데에서도 도연명에 이르기까지 여전히 명맥을 유지하였다. 서진(西晉) 때는 전아(典雅)한 시어로 가공송덕(歌功頌德)을 내용으로 하는 시가 많았고, 동진(東晉) 시기에 들어서는 현학(玄學) 풍조의 영향을 받아 4언으로 노장(老莊)의 현리(玄理)를 나타내는 시가 지어졌다. 도연명의 사언시는 이런 시대 조류 속에서 서정성을 회복한 데에 그 특색이 있다. 도연명의 시집에서 사언시는 전체 126수의 시 가운데 9수에 불과하여 수량은 적지만 일상생활 속의 진실한 정감을 평이한 표현을 통하여 나타냈으며 작품의 수준이 높다. 다른 사람들처럼 간삽(艱澁)하지 않으며, 무겁게 응결되고 판에 박힌 듯 막힌 점이 없다. 당시 많은 시인들은 이미 대다수가 신흥 시체인 오언시의 창작에 힘을 쏟는 가운데, 도연명은 세인들의 주목을 거의 받지 못하고 점차 퇴조해가는 사언시의 새로운 표현 가능성을 추구하였다.

동한(東漢)에 오언시가 등장한 이후, 이 시체는 시단의 주류를 이루며 많은 시인들이 여기에 힘을 기울였다. 도연명에게도 오언시는 시의 주요 시체였다. 그는 이를 통하여 제재와 표현 두 방면에서 새로운 시 세계를 개척하였다. 전자에 대해서는 이미 앞에서 논술한 바와 같고, 후자의 경우 도연명이 오언시에서 이룩한 창신으로 평담(平淡) 또는 충담(沖淡) 풍격의 창시를 들 수 있다. 이러한 점에서 도연명의 시는 건안(建安)의 강개비량(慷慨悲涼)이나 태강(太康)의 기려(綺麗)와는 다른 경지를 개척하였다. 북송(北宋)의 소식(蘇軾)은 도연명의 시를 평해, "질박하면서도 실제로는 아름다우며, 마른 듯하지만 실제로는 살이 쪘다"(『동파속집(東坡續集)』여자유서(與子由書))고 하였다. 이것은 도연명의 시가 겉으로는 담담한 것 같으면서도 이면에는 풍부하고 다양한 감정이 담겨 있고 고도의 정련(精練)을 거친 표현으로 이루어졌음을 지적한 것이다. 원호문(元好問)은 또 "한 마디 말도 자연스러워 만고에 새롭고, 호화로움 다 떨어지자 참되고 순박함이 보이네"(「논시절구(論詩絶句)」)라고 평하였다. 도연명 시의 평담 풍격의 특징은 질박하고 간결한 언어로 심후한 뜻을 나타낸 것이다. 선진(先秦) 이후 남북조(南北朝)에 이르기까지 중국 고전 시가의 총체적인 추세는 질박에서 화려로 나아갔다. 특히 제량(齊梁) 시대의 사람들은 대우(對偶)의 정공(精工)과 사조(辭藻)의 화미(華美), 그리고 음운(音韻)의 화해(和諧)를 추구하였다. 이러한 시대 조류 속에서 도연명의 시는 청량한 느낌을 주는 샘물과도 같은 특이한 존재였다.

도연명의 시는 이전의 시단에 등장한 각종 전통을 계승하였으나 그것과는 구별되며, 당시 시단의 영향을 받았으나 또한 거기에 매이지도 않고 나름대로 개성적인 세계를 개척하였다. 그가 일생토록 세파(世波)에 휩쓸리지 않고 홀로 고고한 인격을 유지하였듯이, 그의 시 또한 시단의 일반적인 풍조를 맹목적으로 따르지 않았다. 그의 시의 성취는 바로 이러한 독자적인 특색에 있다. 세상과의 타협을 거부하고, 관리의 생활과 중앙의 시단을 벗어남으로 해서 오히려 자신의 개성적인 풍격의 시를 써낼 수 있었다. 그래서 위진(魏晉)의 전체 시사(詩史)의 흐름에서 살필 적에 도연명의 시는 내용이나 표현, 어느 방면을 막론하고 특이한 존재로 평가받는다.

도연명은 시인으로 이름이 높다. 또한 그의 사부(辭賦)와 산문(散文)도 비록 편수는 많지 않지만 문학적 평가가 매우 높다. 시 외의 작품으로는 사부 3편, 산문 10편 등 모두 13편이 전한다. 「오류선생의 전기[五柳先生傳]」는 도연명 자신의 자서전으로 안빈낙도(安貧樂道)하는 모습을 생동감 있게 그려냈고, 「뛰어난 인물들의 불우함을 개탄하며〔感士不遇賦〕」에서는 거짓에 찬 사회 세태에 대한 비판과 불우한 생을 보낸 사람들에 대한 동정을 나타냈으며, 동시에 빈궁한 가운데서도 지조를 굳게 지키겠다는 도연명 자신의 결심 또한 표명되어 있다. 그리고「돌아가자〔歸去來兮辭〕」에서는 고통을 주는 벼슬을 그만두고 전원으로 돌아온 뒤의 즐거운 생활을 묘사하였다.「복사꽃 마을의 이야기와 시〔桃花源記幷詩〕」는 어지러운 세상에서 벗어나 사람들이 평화롭고 순박하게 살아간다는 그의 이상향을 그린 작품으로 널리 읽힌다. 그 밖에 자신의 일생을 돌아보며 아들들에게 교훈을 주는「아들 엄 등에게 주는 글〔與子儼等疏〕」을 비롯하여「정씨에게 시집간 누이의 제문〔祭程氏妹文〕」「사촌 동생 경원의 제문〔祭從弟敬遠文〕」「진나라 정서대장군의 장사를 지내신 맹씨 외할아버지의 전기〔晉故征西大將軍長史孟府君傳〕」등에서는 이미 세상을 떠나고 없는 누이동생과 사촌 동생, 그리고 외할아버지를 그리는 친족애(親族愛)를 감동적으로 그려냈다. 동한(東漢)의 건안(建安) 이후, 중국의 산문과 부(賦)는 위진(魏晉)에 접어들면서 갈수록 더욱 수사(修辭)를 중시하는 유미주의(唯美主義)로 흘렀다. 이러한 시대 조류 속에서 도연명의 문장은 시와 마찬가지로 질박하고 간결한 표현으로 진실된 감정을 표현한 데에 특색이 있으며, 문학사에서 나름대로의 가치와 위치를 지니는 것으로 평가받는다.

3

후세 문인들의 도연명에 대한 평가와 칭송은 대체로 그의 고매한 인품과 뛰어난 문학적 성취에 모아진다고 할 수 있다. 혹자는 시류에 휩쓸리지 않은 그의 고상한 인격을 추앙하기도 하고, 혹자는 도연명이 큰 뜻을 품고 있었으나 결국 부득이 고향으로 돌아와 은거하지 않을 수 없는 사정에 대해 공감하기도 하고, 또 혹자는 도연명 시에 나타난 유연한적(悠然閑適)한 정취를 좋아하기도 하였다. 물론 진솔한 감정을 질박하고 자연스러운 표현으로 나타낸 예술상의 뛰어난 성취 또한 많은 사람들의 찬사를 받는 점이었다. 그러나 도연명이 살아 있을 때와 죽은 뒤에도 상당 기간 동안 그의 시문(詩文)은 당시 문단의 보편적인 경향과 성격이 달랐고 그의 출신 또한 대단치 않았던 관계로 크게 주목을 받지 못했다. 명대(明代)의 허학이(許學夷)는 『시원변체(詩源辯體)』에서 도연명의 시가 당시에 중시받지 못한 이유에 대하여 진(晉)과 송(宋) 때의 시는 배우(排偶)와 조탁(雕琢)을 공교(工巧)한 것으로 여겼는데 도연명의 시는 진솔하고 자연스럽게 가슴속을 그대로 드러냈기에 당시 사람들이 높이 칠 줄 몰랐기 때문이라고 분석하였다. 요컨대 도연명의 시는 남북조의 시인이나 비평가들이 자구를 조탁하고 사조(辭藻)의 화려함을 추구하는 심미관(審美觀)이나 예술적 표준과 경향을 달리했기 때문일 것이다. 도연명의 시는 당대(唐代)에 이르러서야 비로소 널리 추앙을 받게 되어, 왕유(王維)와 맹호연(孟浩然)을 비롯한 자연시파(自然詩派) 시인들을 비롯하여 이백(李白), 두보(杜甫), 백거이(白居易) 등이 모두 도연명의 시문을 극찬하였다. 송대(宋代)에 이르러서는 도연명의 지위가 더욱 높아져서, 도연명의 시품(詩品)과 인품은 모두 학습의 모범이 되었다. 소식(蘇軾)은 도연명의 시에 대해, "조식(曹植), 유정(劉楨), 포조(鮑照), 사령운(謝靈運), 이백, 두보 이래의 모든 시인들이 그에 미치지 못한다" 하여, 이백과 두보도 그에는 미치지 못한다고 높이 평가한 적이 있다.(『동파속집(東坡續集)』여자유서(與子由書)) 그뒤에도 도연명의 작품은 금(金), 원(元), 명(明), 청(淸)에 이르는 모든 시기에 많은 시인들의 학습 대상이 되었다. 도연명 이후의 중국 시 역사는 어떤 의미에서 보면 도연명의 시에 대한 이해와 평가가 시대를 내려갈수록 점점 더 높아져 처음에는 홀시하다가 나중에 극도로 추숭(推崇)하는 것으로 바뀌어 지금까지 이르는 역사라고 볼 수 있다.

4

도연명은 중국의 후대 문인들뿐만 아니라 우리나라에도 큰 영향을 미쳤다. 삼국 시대에 이미 중국과의 빈번한 접촉을 통하여 도연명의 작품이 수록되어 있는 『문선(文選)』이 전래되어 그의 시문이 읽히기 시작했다. 특히 7세기 중엽 신라의 국학(國學)에서는 『문선』을 가르쳤고 독서삼품과(讀書三品科)의 시험 과목의 하나로 채택되기도 하였다. 그뒤 고려와 조선의 많은 문인들도 도연명의 작품을 읽고 도연명의 인품과 작품에 대해 경모(敬慕)의 뜻을 표하며 도연명의 시구를 빌려 자신의 사상과 감정을 나타냈다. 도연명은 어지러운 시대에 관직을 버리고 전원으로 돌아와 일생을 보냈다. 속세를 물러난 그의 고상한 절조와 궁핍한 가운데에서도 유유자적했던 전원 생활은 관직에 있는 시인에게나 벼슬에서 물러난 시인에게나 깊은 인상을 주어 많은 사람들이 이에 대한 동경을 자신의 시 속에서 드러내었다. 고려의 이색(李穡)은 도연명을 '천고(千古)의 고상한 선비'라 높였고(「種菊未訖雨又作短歌」), 조선의 이황(李滉)은 "우뚝 솟은 도연명 노인을 한평생 아침저녁으로 친애하네. 넘실대는 큰 물결 속에서도 오지 ㄱ 대만은 나루터에서 헤매지 않았네"(「和陶集飮酒二十首」)라고 극찬하였다. 무명씨가 지은 가사 「귀래가(歸來歌)」 중의 "歸去來辭 한 曲調에 萬事가 浮雲이라"는 표현은 도연명이 관직을 버리고 전원에 돌아온 이후의 낙천지명(樂天知命)하는 생활을 개괄한 것이며, 이규보(李奎報)는 "전원으로 돌아갈 계획 늦어지니, 진나라 도연명에게 부끄럽네"(「偶吟二首有感」)라고 하였는데, 이러한 것들은 모두 도연명의 탈속광달(脫俗曠達)한 인품을 앙모(仰慕)한 데서 나온 표현이다. 이 밖에 원호(元昊)의 시조 "柴桑里 五柳村에 陶處士의 몸이 되여, 줄업슨 거문고를 소리업이 집헛시니, 白鶴이 知音ᄒᆞ눈지 우즘우즘 ᄒᆞ더라"는 작자 자신이 도연명이 되어 전원에서 거문고를 타고 백학을 친구로 하여 같이 노는 즐거움을 노래한 것이다. 또한 이상향을 그린 도연명의 「복사꽃 마을의 이야기[桃花源記]」를 본떠서 진화(陳澕)의 「도원가(桃源歌)」, 이인로(李仁老)의 「청학동기(靑鶴洞記)」 등이 지어지기도 하였다. 이외에도 도연명의 이름이나 그의 시문에 나오는 말들, 예컨대 삼경(三徑), 남산(南山), 동리(東籬), 오류(五柳) 등의 글자를 빌려, 도연명의 사람됨과 생활을 숭모하는 자신의 사상과 감정을 나타낸 예를 많은 작품에서 어렵지 않게 볼 수 있다. 이상과 같이 도연명과 그의 시문은 한시, 시조, 가사, 문장 등 우리나라의 한문학 전반에 걸쳐 영향을 미쳤다.

이 밖에 일본의 경우 또한 『도연명집(陶淵明集)』이 일찍 전래되어 많은 사람에게 읽혔고 특히 하이꾸(俳句)에 큰 영향을 미쳤으며, 구미(歐美)의 여러 나라에도 도연명의 명시(名詩)들이 널리 소개되고 있어 도연명의 시문은 세계 문학의 하나로서 그 위상을 확고히 하고 있다.

5

도연명 시의 주석(註釋)은 남송(南宋) 탕한(湯漢)에 의해 처음 시작된 것으로 알려지고 있으며, 그뒤로 여러 사람에 의해 주석 작업이 점차 많아지면서 현재에는 선집(選集)과 전역(全譯)을 포함하여 십여 종에 이르고 있다. 본서는 도연명 시문을 우리말로 번역하면서 그동안 국내외에서 출판된 여러 책도 두루 참조하면서 가능한 한 새로운 연구 성과를 반영하고자 하였다.

본서는 도연명의 작품 전부를 대상으로 하여 번역하였다. 저본(底本)으로는 고증(考證)이 정밀하기로 높이 평가받고, 또 현재 비교적 가장 널리 통용되는 청대(淸代) 도주(陶澍)의 『도정절전집주(陶靖節全集注)』(臺灣, 世界書局, 1974)를 택하였다. 본서는 이 책의 작품 배열 순서와 원문을 따랐다. 그러나 위에서 이미 언급하였듯이 원서(原書)에서도 분명히 다른 사람의 위작(僞作)이라고 단정한 작품은 번역에서 제외하였다. 그리하여 본서에서 번역한 작품은 시가 126수, 사부와 문장이 13편이다. 그리고 원문의 경우 아주 드물지만 몇 군데 다른 판본을 따른 경우도 있다. 전체 체재에 있어서도 원서는 권1이 사언시(四言詩), 권2에서 권4까지가 오언시(五言詩), 권5가 부(賦)와 사(辭), 권6이 기(記)·전(傳)·술(述)·찬(贊), 권7이 소(疏)와 제문(祭文)으로 되어 있으나, 본서에서는 한눈에 보기 좋도록 전체 작품을 시(詩)와 문(文)으로 나누어 시에는 사언시와 오언시 두 항목을 두어 통합했고, 나머지는 모두 문에 넣고 다시 원서대로 세 항목으로 나누어, 전체적으로 다섯 부분으로 만들었다. 다만 '도화원기(桃花源記)'와 '도화원시(桃花源詩)'의 경우는 두 작품을 병렬하는 원서의 체제를 그대로 따랐다.

작품 번역 뒤에는 시구(詩句)와 문구(文句) 색인을 두어 검색에 편리하도록 하였다. 원래는 일자(一字) 색인도 고려하였으나 편폭이 너무 많이 소요되어 단행본으로 출판하는 데에 어려움이 있는 관계로 아쉽지만 본서에서는 한 구절 단위로 정리하였다. 색인에서 한자 독음 표기는 각 구절의 맨 앞에 나오는 글자만 두음법칙을 적용하고 나머지는 원음 그대로 적었다. 또 도연명 관련 서적과 연구 논문 목록도 국내외를 망라하여 최근의 자료까지 정리하였으나 분량이 너무 많아 모두 수록하지는 못하고 단행본 목록만 실었다. 도연명에 관심이 있고 그의 시와 글에 대해 더 깊이 살피려는 분들께 참고가 된다면 더없는 기쁨일 것이다.

『도연명 전집』 역주 작업을 마치고 원고를 대산문화재단에 넘겼을 때만 해도 시중에는 아직 완역본이 없었다. 그 뒤 세월이 흘러 이제 이렇게 모습을 선보이니 감개무량하다. 번역 작업에 지원을 해주신 대산문화재단과 책이 나오기까지 많은 도움을 주신 문학과지성사 편집부, 그리고 일일이 거명을 다 할 수 없지만 이 작업에 도움을 주신 여러분께 감사를 드린다.

2005년 정초에
이 치 수

도연명 관계 단행본 자료(1914~2004)

1. 한 국

金學主 譯註, 『歸去來兮辭陶淵明詩選』, 民音社, 1975.
──── 譯, 『新譯 陶淵明』, 明文堂, 2002.
안영욱 역편, 『독산해경』, 태학당, 1997.
禹玄民 譯註, 『陶淵明詩全集』(上·下), 瑞文堂, 1976.
李成鎬 譯, 『도연명전집』, 문자향, 2001.
張基槿 編著, 『陶淵明』, 大宗出版社, 1975.
──── 편저, 『陶淵明』, 서원, 1997.
──── 譯著, 『新譯 陶淵明』, 明文堂, 2002.
車柱環 譯, 『韓譯 陶淵明全集』, 서울대학교출판부, 2001.
──── 편저, 『陶淵明詩』, 문이재, 2002.
팽철호 역해, 『도연명 시선』, 계명대학교출판부, 2002.

2. 중 국

江西省星子縣政協文史資料研究委員會, 『偉大詩人陶淵明』, 1985.
────────────────────, 『陶淵明研究』, 1986.
江西省宜豊縣陶淵明研究小組, 『陶淵明始家宜豊研究』, 宜豊縣博物館,
    1986.
高大鵬, 『陶詩新論』, 時報出版公司(臺北), 1981.
古直 撰, 『陶靖節年譜』, 中華書局 1926. 『隅樓叢書』本, 1927(訂正再版).
────, 『陶靖節詩箋』, 廣文書局(臺北), 1974.
────, 『陶靖節詩箋定本』(層冰堂五種), 中華書局, 1961./ 國立編譯館中
    華叢書編審委員會, 1984.
高海夫·金性堯 主編, 『陶淵明』, 地球, 1993.
顧皓 輯, 『陶淵明集箋注』, 上海鴻寶齋書局, 1914.

顧皓,『陶集發微』, 上海元記書局, 1918.
谷雲義,『陶淵明』, 黑龍江人民出版社, 1983.
龔斌 校箋,『陶淵明集校箋』, 上海古籍出版社, 1996.
──,『陶淵明集導讀』, 四川敎育出版社, 1997.
郭伯恭,『歌詠自然之兩大詩豪』, 臺灣商務印書館, 1964. 1970.
郭紹虞,『陶集考』, 燕京大學 國文系, 1936.
郭維森·包景誠 譯注,『陶淵明集全譯』, 貴州人民出版社, 1992.
郭銀田,『田園詩人陶潛』, 臺北 三人行出版社, 1974.
──,『田園詩人陶淵明』, 臺北 桂冠圖書公司, 1981.
九思叢書編輯部,『陶淵明硏究』(1-2), 九思出版社(九思), 1977.
逯欽立 校注,『陶淵明集』, 中華書局(北京), 1979./ 里仁書局(臺灣), 1982.
譚繼山 譯,『陶淵明』(松枝茂夫·和田武司 共著), 萬盛出版社有限公司, 1984.
譚時霖,『陶淵明詩文英譯』, 書林出版有限公司, 1993.
唐滿先 選注,『陶淵明詩文選注』, 上海古籍出版社, 1981.
──, 箋注,『陶淵明集箋注』, 江西人民出版社, 1985.
戴建業,『澄明之境: 陶淵明新論』, 華中師範大學出版社, 1998.
陶文鵬,『戀戀桃花源: 陶淵明作品賞析』, 臺灣 開今文化出版公司, 1993.
陶文鵬·丘萬紫 選析,『陶淵明詩文賞析』, 廣西敎育出版社, 1990.
陶澍 注,『陶靖節全集注』, 世界書局(臺北), 1974.
杜景華,『陶淵明小傳』, 百花文藝出版社, 1992.
鄧仕樑,『兩晉詩論』, 香港中文大學, 1972.
鄧安生,『陶淵明年譜』, 天津古籍出版社, 1991.
──,『陶淵明新探』, 臺灣 文津出版社, 1995.
孟二冬 注譯,『陶淵明集譯注』, 吉林文史出版社, 1996.
文學遺産編輯部,『陶淵明討論集』, 中華書局, 1961.
方祖燊『陶潛詩箋註校證論評』, 臺北 蘭臺書局, 1971.
──,『陶淵明』, 河洛圖書出版社, 1978./ 國家書店, 1982.
──,『陶淵明詩箋註校證論評』, 臺灣書店 1988(修訂本).
方重 譯,『陶淵明詩文選譯』(英譯), 華聯出版社, 1981.
傅東華 選注,『陶淵明詩』, 商務印書館, 1927.
北京大學·北京師範大學中文系敎師 編,『古典文學硏究資料匯編: 陶淵明卷』(上・下), 中華書局, 1962.
北京大學・北京師範大學中文系教師同學 編,『陶淵明研究資料滙編』, 中華書局, 1962.
北京大學中文系文學史教研室教師・五六級四班同學 編,『陶淵明詩文匯評』, 中華書局, 1961.
謝先俊・王勛敏 譯注,『陶淵明詩文選譯』, 巴蜀書社, 1990.
徐敏霞,『陶淵明年譜』, 中華書局, 1986.
徐聲揚・陳忠,『徐論陳詞集』, 自印本, 1997.
徐巍 選注,『陶淵明詩選』, 三聯書店(香港), 1982./ 廣東人民出版社, 1984.
成偉出版社編輯,『陶淵明研究』, 成偉, 1979.
蕭望卿,『陶淵明批評』, 臺灣開明書店, 1957. 1978./ 香港 太平書局, 1963.
孫鈞錫 校注,『陶淵明集校注』, 中州古籍出版社, 1986.
孫毓修,『陶淵明』, 上海商務印書館, 1926.
孫靜,『陶淵明之精神世界與藝術天地』, 河南教育出版社, 1996.
宋丘龍,『蘇東坡和陶淵明詩比較研究』, 臺灣商務印書館, 1982.
―――,『陶淵明詩說』, 文史哲出版社(臺北), 1984.
宋雲彬,『陶淵明』, 開明書店, 1937.
施淑枝,『陶淵明及其作品研究』, 國彰出版社, 1986.
沈振奇,『陶謝詩之比較』, 學生書局, 1986.
楊家駱,『陶淵明詩文彙評』, 世界書局, 1964.
梁啓超,『陶淵明』, 上海商務印書館, 1924./ 臺灣中華書局, 1956. 1975./ 臺灣商務印書館, 1969.
楊勇,『陶淵明集校箋』, 新亞出版社, 1974.
呂興昌,『陶淵明作品新探』, 華正書局, 1988.
吳鷺山,『讀陶叢札』, 浙江文藝出版社, 1985.
吳松,『淵明詩話』, 上海源記書莊, 1926.
吳雲,『陶淵明論稿』, 陝西人民出版社, 1981.
吳澤順,『陶淵明集』, 岳麓書社, 1996.
溫汝能,『陶集匯評』, 上海掃葉書房, 1925.
王光前,『陶淵明和他的作品』, 前程出版社, 1985.
王國瓔,『古今隱逸詩人之宗陶淵明論釋』, 臺北 允晨出版社出版, 1999.
王貴苓,『陶淵明及其詩的研究』, 臺灣大學文學院, 1966.

王企榮,『陶淵明思想及其詩文』, 金氏圖書公司, 1976.
王孟白 校箋,『陶淵明詩文校箋』, 黑龍江人民出版社, 1985.
王紹齡,『陶淵明』, 中華書局, 1983.
王叔岷,『陶淵明詩箋證稿』, 臺北 藝文印書館, 1975.
王瑤 編注,『陶淵明集』, 人民文學出版社, 1956. 1983./ 作家出版社 1957.
汪榕培,『陶淵明詩歌英譯比較研究』, 外語教學與研究出版社, 2000.
王運生,『陶詩及東坡和陶詩評注』, 雲南教育出版社, 1991.
王定璋,『陶淵明懸案揭秘』, 四川大學出版社, 1996.
王振泰,『論孔子陶子蘇子』, 中國文聯出版社, 1999.
廖仲安,『陶淵明』, 中華書局, 1963./ 上海古籍出版社, 1979.
廖仲安·唐滿先,『陶淵明及其作品選』, 海古籍出版社, 1999.
袁行霈,『陶淵明研究』, 北京大學出版社, 1997.
袁行霈·楊賀松 編校,『陶淵明集』, 遼寧教育出版社, 1997.
渭卿 選注,『陶淵明詩選』, 山東大學出版社, 1999.
韋鳳娟,『悠然見南山: 陶淵明與中國閑情』, 香港 中華書局, 1991.
魏正申,『陶淵明探稿』, 文津出版社, 1990.
――,『陶淵明集譯注』, 文津出版社, 1994.
――,『陶淵明評傳』, 文津出版社, 1996.
――,『二十世紀陶學論著』, 花城出版社, 1999.
――,『陶淵明及其研究論』, 文津出版社, 1999.
劉繼才·閔振貴 編著,『陶淵明詩文譯釋』, 黑龍江人民出版社 1986.
劉本棟,『陶靖節事迹及其作品繫年』, 文史哲出版社 1995.
俞紹初·王曉東·李華 選注,『曹植·陶淵明選集』, 人民文學出版社, 1997.
劉維崇,『陶淵明評傳』, 黎明文化事業公司, 1978.
陸曉光 譯,『世俗與超俗: 陶淵明新論』(岡村繁 著), 臺灣書店, 1992.
李公煥 注,『陶淵明詩』, 臺中 中庸出版社 1956.
李君奭 譯,『陶潛』(吉川幸次郎 著), 彰化專心企業公司, 1981.
李文初,『陶淵明論略』, 廣東人民出版社, 1986.
李辰冬,『陶淵明評論』, 中央文物供應社, 1974./ 東大圖書公司, 1975.
李華 選注,『陶淵明詩文選』, 人民文學出版社, 1981. 1987(再版).
――, 主編,『陶淵明詩文賞析集』, 巴蜀書社, 1988.
――,『陶淵明新論』, 北京師範學院出版社, 1992.

林玟儀 選註,『南山佳氣：陶淵明詩文選』, 時報文化公司, 1984.
張芝,『陶淵明傳論』, 上海 棠棣出版社, 1953./ 波文書局, 1953.
錢玉峯,『陶詩繫年』, 臺灣中華書局, 1992.
丁福保 編,『陶淵明詩箋注』, 上海醫學書局, 1927.
丁永忠,『陶詩佛音辨』, 四川大學出版社, 1997
丁仲祜,『陶淵明詩箋注』, 藝文印書館, 1960/ 文光圖書公司, 1974.
───,『陶靖節全集注』, 世界書局, 1966.
齊益壽,『陶淵明的政治立場與政治思想』, 臺灣大學文學院, 1968.
曹明綱 標點,『陶淵明全集』, 上海古籍出版社, 1998.
趙治中,『陶淵明論叢』, 中國文聯出版社, 1999.
鍾優民,『陶淵明論集』, 湖南人民出版社, 1981.
───,『陶淵明傳』, 國際文化公司, 1985.
───,『陶學史話』, 臺北 允晨文化實業股份有限公司, 1991.
───,『陶學發展史』, 吉林教育出版社, 2000.
───,『陶淵明研究資料新編』, 吉林教育出版社, 2000.
鍾應梅,『陶詩新論』, 能仁書院(香港) 文學研究所, 1984.
朱太忙 編,『陶淵明詩話』(二冊), 大達圖書供應社, 1935.
中華書局編輯部,『陶淵明詩文彙評』, 中華書局, 1974.
陳美利,『陶淵明探索』, 文津出版社, 1996.
陳怡良,『陶淵明生平及其思想研究』, 臺南 興業圖書公司, 1972.
───,『陶淵明研究』, 臺南 第一書局, 1983.
───,『陶淵明的人品與詩品』, 臺北 文津出版社, 1993.
陳俊山,『陶淵明』, 百花洲文藝出版社, 1994.
陳忠 主編,『陶淵明研究』, 中國首屆陶淵明學術討論會籌備組, 1985.
陳澧 撰·陳之邁 編,『陶淵明集札記』, 香港 龍文書店, 1974.
卓爾堪 輯,『三家詩』(曹植·陶潛·謝靈運), 清康熙中刻本.
湯漢 注,『陶靖節先生詩』, 上海商務印書館, 1935.
───,『陶靖節詩集』, 商務印書館, 1953.
鮑霈,『陶詩蘇和較論』, 復文書局印, 1979.
韓傳達 選注,『屈原·陶淵明』, 大連出版社, 1997.
許印芳·渡邊正 訓編,『陶靖節詩話』, 1975.
許逸民 校輯,『陶淵明年譜』, 中華書局, 1986.

胡懷琛, 『陶淵明的生活』, 世界書局, 1930.
洪順隆 評註, 『陶淵明』(一海知義 編選), 林白出版社, 1979.
黃國彬, 『陶淵明的藝術』, 學津書店(香港), 1983.
黃新光, 『田園詩人陶淵明』, 江西人民出版社, 1986.
黃仲侖, 『陶淵明評傳』, 帕米爾書店(臺灣), 1965.
─────, 『陶淵明作品硏究』, 帕米爾書店(臺灣), 1969. 1975(增訂再版).
候爵良·彭華生 編, 『陶淵明名篇賞析』, 北京十月文藝出版社, 1989.

3. 일 본

加島祥造, 『加島祥造が詩でよむ漢詩: 陶淵明から袁枚まで』, 里文出版, 2003.
岡村繁, 『陶淵明世俗と超俗』, 日本放送出版協會, 1974.
高橋徹, 『陶淵明ノート歸去來の思想』, 國文社, 1981.
─────, 『歸去來の思想: 陶淵明ノト』, 國文社, 2000.
菅原兵治述, 『陶淵明: 歸耕の人』, 金鷄學院, 1931.
橋川時雄, 『陶集版本源流考』, 文字同盟社, 1931.
崛江忠道, 『陶淵明詩文綜合索引』, 彙文堂書店, 1975.
宮澤正順, 『人生幻化に似たり詩人陶淵明と作家梅崎春生』, NHK學園, 1984.
近藤元粹 編, 『陶淵明集』, 靑木嵩山堂, 1952.
近藤春雄, 『詩經から陶淵明まで』, 武藏野書院, 1989.
吉源重久, 『陶淵明と文天祥』, 近代文藝社, 1992.
吉川幸次郞, 『陶淵明傳』, 新潮社, 1956./『陶淵明傳』, 中央公論社, 1989.
南史一, 『詩傳陶淵明歸りなんいざ』, 創元社, 1984.
大矢根文次郞, 『陶淵明の生涯』, 早稻田大學敎育會, 1951.
─────, 『陶淵明硏究』, 早稻田大學出版部, 1967.
都留春雄, 『陶淵明』, 筑摩書房, 1974.
都留春雄·釜谷武志, 『陶淵明』, 角川書店, 1988.
牟田哲二, 『陶淵明傳』, 勁草書房, 1977.
朴美子, 『韓國高麗時代における陶淵明觀』, 白帝社, 2000.

白木豊,『陶淵明の人と芸術』,廣島高等師範學校, 1937.
白川靜,『中國の古代文學(2): 史記から陶淵明へ』,中央公論社, 1976,
　　　1981, 2003.
本田成之,『陶淵明集講義』,隆文館, 1921.
富士正晴 譯,『陶淵明詩集』,角川書店, 1972.
斯波六郎,『陶淵明詩注釋』,東門書房, 1951.
─────,『陶淵明詩注譯』,北九州中國書店, 1981.
上田武 譯注,『陶淵明傳中國におけるその人間像の形成過程』(廖仲安 著),
　　　汲古書院, 1987.
山田侑平 譯,『陶淵明』(廖仲安 著),日中出版, 1984.
上村忠治,『陶淵明』,ブックドム社, 1933.
─────,『田園詩人陶淵明』,春秋社, 1938.
釋清潭 編,『陶淵明集』(續國譯漢文大成), 1939.
───── 譯注,『淵明・王維全詩集』,東京 日本圖書センター, 1978, 2000.
石山徹郎,『陶淵明詩集』,日向新しき村, 1927.
石川忠久,『漢詩を讀む陶淵明』,日本放送出版協會, 1989.
─────,『陶淵明とその時代』,研文出版, 1994.
星川清孝,『陶淵明』,集英社, 1967, 1972.
─────,『陶淵明』,小澤書店, 1996.
沼口勝,『桃花源記の謎を解く: 寓意の詩人・陶淵明』,日本放送出版協會,
　　　2001.
小尾郊一,『中國の隱遁思想陶淵明の心の軌跡』,中央公論社, 1988.
─────,『陶淵明の故鄕: 隨想・旅行記』,研文出版. 2002.
小守郁子,『白樂天と陶淵明』,丸善名古屋出版サービスセソター, 1989.
松本幸男,「陶淵明の生涯と作品」,日本 中國藝文硏究會.
松枝茂夫・和田武司 譯,『陶淵明』(李長之 著),筑摩書房, 1966.
─────────────,『隱逸詩人陶淵明』,集英社, 1983.
─────────────, 譯注,『陶淵明全集(上・下)』,岩波書店, 1990.
松浦友久,『陶淵明・白居易論: 抒情と說理』,研文出版, 2004.
鈴木虎雄,『陶淵明詩解』,弘文堂, 1948, 1964./ 平凡社, 1991.
伊藤直哉,『「笑い」としての陶淵明: 古しいユモア』,五月書房, 2001.
一海知義 注,『陶淵明』,岩波書店, 1958.

一海知義, 『陶淵明虛構の詩人』, 岩波書店, 1997.
一海知義・入矢義高, 『陶淵明・寒山』, 岩波書店, 1984.
一海知義・興膳宏 譯, 『陶淵明・文心雕龍』, 筑摩書房, 1968.
長谷川滋成, 『陶淵明の精神生活』, 汲古書院, 1995.
─────, 『「文選」陶淵明詩詳解』, 溪水社, 2000.
田部井文雄・上田武, 『陶淵明集全釋』, 明治書院, 2001.
井出大, 『陶淵明の詩の研究』, 嶋屋書店, 1984.
─────, 『菅原道眞と陶淵明: 詩とのかかわりから』, 井出大, 2002.
佐久節, 『陶淵明の詩』, 日本放送出版協會, 1941.
───── 編, 『漢詩大觀・陶淵明集』, 井田書店, 1943./ 鳳出版, 1974.
竹內實・萩野修二, 『閑適のうた中華愛謠詩選 陶淵明から魯迅まで』, 中央公論社, 1990.
中谷孝雄, 『陶淵明』, 南風書房, 1948.
─────, 『わが陶淵明』, 筑摩書房, 1974.
─────, 『中谷孝雄全集 第3卷 わが陶淵明』, 新學社, 1997.
村上嘉實, 『陶淵明』, 富山房, 1943.
漆山又四郎, 『譯註陶淵明集』, 岩波書店, 1928, 1940, 1948.
漆山又四郎・幸田露伴, 『評注陶淵明集』, 岩波文庫, 1982.
和田武司, 『陶淵明傳論: 田園詩人の憂鬱』, 朝日新聞社, 2000.
興膳宏, 『陶淵明』, 集英社, 1981.
─────, 『風呂で讀む陶淵明』, 世界思想社, 1998.

4. 구 미

Bantock Granville Sir, *Song of the Peach-Blossom Fountain. [Song.] From the Chinese poem by T'ao Ch'ien(365-426 a.d.)*, Chappell & Co, 1946.
Beal Acker・William Reynolds, *T'ao the Hermit: Sixty Poems by T'ao Ch'ien(365-427)*, Allen & Unsin, 1951.
─────────────, *T'ao the Hermit: Sixty Poems by T'ao Ch'ien*, Thames & Huson, 1952.

BERNHARDI Anna, HSIAO T'ung Prince, T'AO YUAN-MING main entry, *Tau Jüan-ming (365-428). Leben und Dichtungen. [Being the text and translation of the life of Tau Jüan-ming by Prince Chao-ming, together with the text and translation of his poems.] Von Anna Bernhardi.*, 1912.

Chang Hsin-chang, *T'ao Yüan-ming*(Chinese Literature, Volume2: Nature Poetry), New York, 1977.

Chang Lily Pao-hu(張鄭寶滬), tr., Sinclair, Marjorie Jane Putnam, tr., *Poems; translated by Lily Pao-hu Chang [and] Marjorie Sinclair. Brush drawings by Tseng Yu-ho*, University of Hawaii Press, 1953.

Charles Yim-tze Kwang, *Tao Qian and The Chinese Poetic Tradition*, University of Michigan, 1994.

David Hinton, *The Selected Poems of T'Ao Ch'Ien*.

Davis Albert Richard, *Tao Yüan-ming, (AD 365-427), his works and their meaning*, Cambridge University Press, 1983.

──────────, *T'ao Yuan-ming(AD365-427): his works and their meaning. v1, Translation and commentary*, Cambridge University Press, 1983.

──────────, *T'ao Yuan-ming(AD365-427): his works and their meaning. v2, Additional commentary,notes and biography*, Cambridge University Press, 1983.

──────────, *T'ao Yuan-ming(AD365-427): his works and their meaning. v1, Translation and commentary*, Hongkong University Press, 1983.

──────────, *T'ao Yuan-ming(AD365-427): his works and their meaning. v2, Additional commentary,notes and biography*, Hongkong University Press, 1983.

Eidlin Lev Zalmanovich, *Lirika*, Khudozhestvennaia literatura, 1964.

──────────, 「Тао Юань-мин и его стихотворения..」, Москва, 1967.

Hartmut Walravens, *T'ao Yüan-ming (365-428): Leben und Werk eines chinesischen Dichters/ Anna Bernhardi ; mit einem Schriftenverzeichnis*

von Hartmut Walravens, C. Bell, 1985.
Hightower James Robert·Wen-Lin, *T'ao Ch'iens, "Drinking Wine" Poems*, University of Wisconsin, 1968.
Hightower James Robert, tr., *The poetry of T'ao Ch'ien; translated with commentary and annotation by James Robert Hightowe』*, Clarendon, 1970.
Hightower James Robert·Wen-Lin, *The Poetry of T'ao Ch'ien*, Oxford University, 1970.
Hinton David, *The selected poems of T'ao Ch'ien*, Copper Canyon Press, 1993.
Hundhausen Vincenz, *Tau Yüan-ming, ausgewählte in deutscher Nachdichtung*, Pekinger Verlag, Leipzig, 1928.
Guidacci Margherita, *Due antichi poeti cinesi/ Tao Yuan-ming e Tu Fu; a cura di Margherita Guidacci*, Scheiwiller, 1988.
Jacob Paul, *Oeuvres complètes de Tao Yuan-Ming/ traduit du chinois, présenté, annoté par Paul Jacob*, Gallimard, 1990.
Karl-Heinz Pohl., *Der Pfirsichblütenquell: gesammelte Gedichte*, Diederichs, 1985.
Liang Tsong tai(梁宗岱), *Les poèmes de T'ao Ts'ien, traduit de chinois par Liang Tsong tai; préface de Paul Valéry; avec trois eaux-fortes originales de Sanyu et un portrait du poète d'après Hwang Shen*, Lemarget, 1930.
Mole, Harvey Edward, *Su Shih's echoing T'ao Ch'ien's On drinking wine: twenty poems*, 1964.
Pohl, Karl-Heinz, *Der Pfirsichblütenquell: gesammelte Gedichte/ herausgegeben von Karl-Heinz Pohl*, Bochumer Universitätsverlag, 2002.
Qian Tao, *Gleanings from Tao Yuan-ming: Prose & poetry by Qian Tao*, Commercial Press, 1980.
──────, *Gleanings from Tao Yuan-ming: Prose & poetry = Tao Yuanming shi wen xuan yi*, Shanghai wai yu jiao yu chu ban she, 1984.
Wang Wen-po, *T'ao Yuan-ming. Fr*, Vigot Freres, 1934.
William Acker, *T'ao the hermit; sixty poems by T'ao Ch'ien (365-427)*

Translated, introduced and annotated by William Acker, New York, Thames and Hudson, 1952.

시구 색인

1. 시구 출처 표기

원래 제목 / [표기 제목](앞 두 자를 기준) / 본문의 페이지

ㄱ

乞食 / [乞食] / 81
庚戌歲九月中於西田穫早稻 / [庚戌] / 157
庚子歲五月中從都還阻風于規林 / [庚子]
　　/ 131
癸卯歲始春懷古田舍 / [癸始] / 139
癸卯歲十二月中作與從弟敬遠 / [癸十]
　　/ 143
九日閒居 / [九日] / 65
勸農 / [勸農] / 37
歸園田居 / [歸園] / 67
歸鳥 / [歸鳥] / 51
己酉歲九月九日 / [己酉] / 155

ㄷ

答龐參軍(四言) / [答龐4] / 31
答龐參軍(五言) / [答龐5] / 89
桃花源詩 / [桃花] / 309
讀山海經 / [讀山] / 249

ㅁ

挽歌詩 / [挽歌] / 263
命子 / [命子] / 43
戊申歲六月中遇火 / [戊申] / 151
丙辰歲八月中於下潠田舍穫 / [丙辰] / 159

ㅂ

悲從弟仲德 / [悲從] / 123

ㅅ

蜡日 / [蜡日] / 199
歲暮和張常侍 / [歲暮] / 119
酬劉柴桑 / [酬劉] / 103
酬丁柴桑 / [酬丁] / 29
述酒 / [述酒] / 187
時運 / [時運] / 17
始作鎭軍參軍經曲阿作 / [始作] / 127
示周續之祖企謝景夷三郎 / [示周] / 79
辛丑歲七月赴假還江陵夜行塗口 / [辛丑]
　　/ 135

ㅇ

於王撫軍坐送客 / [於王] / 109
與殷晉安別 / [與殷] / 111
聯句 / [聯句] / 269
連雨獨飮 / [連雨] / 95
榮木 / [榮木] / 21
詠貧士 / [詠貧] / 229
詠三良 / [詠三] / 243
詠二疏 / [詠二] / 239
詠荊軻 / [詠荊] / 245
五月旦作和戴主簿 / [五月] / 91

怨詩楚調示龐主簿鄧治中 / [怨詩] / 85
遊斜川 / [遊斜] / 75
有會而作 / [有會] / 195
乙巳歲三月爲建威參軍使都經錢溪 / [乙巳] / 147
飲酒 / [飲酒] / 161
擬古 / [擬古] / 201
移居 / [移居] / 97

雜詩 / [雜詩] / 213
停雲 / [停雲] / 13
諸人共游周家墓柏下 / [諸人] / 83

贈羊長史 / [贈羊] / 115
贈長沙公 / [贈長] / 25
止酒 / [止酒] / 185

責子 / [責子] / 193

形影神 / [形影] / 57
和郭主簿 / [和郭] / 105
和劉柴桑 / [和劉] / 101
和胡西曹示顧賊曹 / [和胡] / 121
還舊居 / [還舊] / 149

2. 시구 색인

시구/제목(앞 두 자를 기준)-(組詩의 순서)/본문의 페이지

(1) 사언

ㄱ

嘉遊未斁(가유미역) / 答龐4 / 33
敢不斂衽(감불염임) / 勸農 / 41
感彼行路(감피행로) / 贈長 / 25
慨獨在余(개독재여) / 時運 / 19
慨暮不存(개모부존) / 榮木 / 21
慨然寤歎(개연오탄) / 贈長 / 25
遽而求火(거이구화) / 命子 / 49
見林情依(견림정의) / 歸鳥 / 51
結根於玆(결근어자) / 榮木 / 21
競用新好(경용신호) / 停雲 / 15
敬玆良辰(경자양신) / 答龐4 / 35
敬哉離人(경재이인) / 贈長 / 27
敬讚德美(경찬덕미) / 勸農 / 41
啓土開封(계토개봉) / 命子 / 45
呱聞爾泣(고문이읍) / 命子 / 47
顧爾儔列(고이주열) / 勸農 / 39
顧儔相鳴(고주상명) / 歸鳥 / 51
顧慙華鬢(고참화빈) / 命子 / 47
功遂辭歸(공수사귀) / 命子 / 45
孔耽道德(공탐도덕) / 勸農 / 41
款襟或遼(관금혹료) / 贈長 / 27
羣川載導(군천재도) / 命子 / 45
眷予愍侯(권여민후) / 命子 / 43
眷然躊躇(권연주저) / 贈長 / 25
厥族以昌(궐족이창) / 命子 / 43
厥初生民(궐초생민) / 勸農 / 37
近憩雲岑(근게운잠) / 歸鳥 / 51

勤則不匱(근즉불궤) / 勸農 / 39
今也遇之(금야우지) / 答龐4 / 33
旣見其生(기견기생) / 命子 / 49
冀缺攜儷(기결휴려) / 勸農 / 39
豈忘晏安(기망안안) / 答龐4 / 35
豈無他人(기무타인) / 停雲 / 15
豈無他好(기무타호) / 答龐4 / 31
豈思天路(기사천로) / 歸鳥 / 53
寄跡風雲(기적풍운) / 命子 / 47
氣節易邁(기절이매) / 勸農 / 39
旣醉還休(기취환휴) / 酬丁 / 29
飢寒交至(기한교지) / 勸農 / 39

ㄴ

樂是幽居(낙시유거) / 答龐4 / 31
乃漱乃濯(내수내탁) / 時運 / 17
乃著新詩(내저신시) / 答龐4 / 33
乃陳好言(내진호언) / 答龐4 / 33
農夫野宿(농부야숙) / 勸農 / 37
屢有良游(누유양유) / 酬丁 / 29
能不懷愧(능불회괴) / 勸農 / 39

ㄷ

但恨殊世(단한수세) / 時運 / 19
怛焉內疚(달언내구) / 榮木 / 23
儋石不儲(담석부저) / 勸農 / 39
淡焉虛止(담언허지) / 命子 / 47
大藩有命(대번유명) / 答龐4 / 33
滔滔九江(도도구강) / 贈長 / 27
陶然自樂(도연자락) / 時運 / 17
童冠齊業(동관제업) / 時運 / 19

董樂琴書(동락금서) / 勸農 / 41
棟宇惟鄰(동우유린) / 答龐4 / 31
同源分流(동원분류) / 贈長 / 25
東園之樹(동원지수) / 停雲 / 15

ㅁ

邈邈西雲(막막서운) / 答龐4 / 33
漠漠衰周(막막쇠주) / 命子 / 43
邈邈遐景(막막하경) / 時運 / 17
邈不可追(막불가추) / 時運 / 19
邈焉虞賓(막언우빈) / 命子 / 43
邁邁時運(매매시운) / 時運 / 17
名汝曰儼(명여왈엄) / 命子 / 47
冥玆慍喜(명자온희) / 命子 / 47
穆穆司徒(목목사도) / 命子 / 43
穆穆良朝(목목양조) / 時運 / 17
濛濛時雨(몽몽시우) / 停雲 / 13
撫劍風邁(무검풍매) / 命子 / 45
無後爲急(무후위급) / 命子 / 47
亹亹丞相(미미승상) / 命子 / 45
民生在勤(민생재근) / 勸農 / 39

ㅂ

薄言東郊(박언동교) / 時運 / 17
方從我遊(방종아유) / 酬丁 / 29
放歡一遇(방환일우) / 酬丁 / 29
樊須是鄙(번지시비) / 勸農 / 41
翩翩求心(번핵구심) / 歸鳥 / 51
繁華朝起(번화조기) / 榮木 / 21
凡百有心(범백유심) / 命子 / 49
秉直司聰(병직사총) / 酬丁 / 29
福不虛至(복불허지) / 命子 / 49
卜云嘉日(복운가일) / 命子 / 47
鳳隱于林(봉은우림) / 命子 / 43
負影隻立(부영척립) / 命子 / 47
奔鯨駭流(분경해류) / 命子 / 43
紛紛士女(분분사녀) / 勸農 / 37

紛紛戰國(분분전국) / 命子 / 43
不有同好(불유동호) / 答龐4 / 31
匪道曷依(비도갈의) / 榮木 / 21
匪善奚敦(비선해돈) / 榮木 / 21
匪惟也諧(비유야해) / 酬丁 / 29

ㅅ

斯不足畏(사부족외) / 榮木 / 23
斯晨斯夕(사신사석) / 時運 / 19
四十無聞(사십무문) / 榮木 / 23
斯情無假(사정무가) / 命子 / 49
霰雪飄零(산설표령) / 答龐4 / 33
山滌餘靄(산척여애) / 時運 / 17
山川阻遠(산천조원) / 贈長 / 27
三千之罪(삼천지죄) / 命子 / 47
相林徘徊(상림배회) / 歸鳥 / 51
相鳴而歸(상명이귀) / 歸鳥 / 51
桑婦宵興(상부소흥) / 勸農 / 37
尙想孔伋(상상공급) / 命子 / 49
相彼賢達(상피현달) / 勸農 / 39
尙或未珍(상혹미진) / 答龐4 / 31
庶其企而(서기기이) / 命子 / 49
書誓山河(서서산하) / 命子 / 45
逝焉西東(서언서동) / 贈長 / 27
誓將離分(서장이분) / 答龐4 / 33
昔我云別(석아운별) / 答龐4 / 33
夕偃蓬廬(석언봉려) / 答龐4 / 31
夕已喪之(석이상지) / 榮木 / 21
先師遺訓(선사유훈) / 榮木 / 23
說彼平生(설피평생) / 停雲 / 15
瞻之伊何(섬지이하) / 勸農 / 37
性愛無遺(성애무유) / 歸鳥 / 51
歲暮奚冀(세모해기) / 勸農 / 39
歲月眇徂(세월묘조) / 贈長 / 25
搔首延佇(소수연저) / 停雲 / 13
笑言未久(소언미구) / 贈長 / 27
送爾于路(송이우로) / 答龐4 / 33

412

誰其贍之(수기섬지) / 勸農 / 37
雖無昔侶(수무석려) / 歸鳥 / 53
雖不懷游(수불회유) / 歸鳥 / 51
孰敢不至(숙감부지) / 榮木 / 23
肅肅其風(숙숙기풍) / 答龐4 / 35
孰謂斯心(숙위사심) / 命子 / 45
肅矣我祖(숙의아조) / 命子 / 47
宿則森標(숙즉삼표) / 歸鳥 / 53
夙興夜寐(숙흥야매) / 命子 / 49
舜旣躬耕(순기궁경) / 勸農 / 37
襲我春服(습아춘복) / 時運 / 17
時雨濛濛(시우몽몽) / 停雲 / 13
豕韋翼商(시위익상) / 命子 / 43
時爲后稷(시위후직) / 勸農 / 37
時有語默(시유어묵) / 命子 / 45
息我庭柯(식아정가) / 停雲 / 15
晨夫於林(신거어림) / 歸鳥 / 51
晨耀其華(신요기화) / 榮木 / 21
矧玆衆庶(신자중서) / 勸農 / 39
愼終如始(신종여시) / 命子 / 47
晨風淸興(신풍청흥) / 歸鳥 / 53
實覯懷人(실구회인) / 答龐4 / 31
實賴哲人(실뢰철인) / 勸農 / 37
實曰播殖(실왈파식) / 勸農 / 37
實欲其可(실욕기가) / 命子 / 49
實宗之光(실종지광) / 增長 / 25
實欣心期(실흔심기) / 酬丁 / 29

我求良友(아구양우) / 答龐4 / 31
我誠念哉(아성염재) / 命子 / 47
我愛其靜(아애기정) / 時運 / 19
我曰欽哉(아왈흠재) / 贈長 / 25
我有旨酒(아유지주) / 答龐4 / 33
我之懷矣(아지회의) / 榮木 / 23
安得促席(안득촉석) / 停雲 / 15
安此日富(안차일부) / 榮木 / 23

靄靄停雲(애애정운) / 停雲 / 13
若能超然(약능초연) / 勸農 / 41
良朋悠邈(양붕유막) / 停雲 / 13
洋洋平津(양양평진) / 時運 / 17
良話曷聞(양화갈문) / 答龐4 / 33
御龍勤夏(어룡근하) / 命子 / 43
於玆托根(어자탁근) / 榮木 / 21
言息其廬(언식기려) / 時運 / 19
業不增舊(업부증구) / 榮木 / 23
業融長沙(업융장사) / 命子 / 45
余豈云墜(여기운추) / 榮木 / 23
厲夜生子(여야생자) / 命子 / 49
與汝樂之(여여낙지) / 答龐4 / 33
如何不思(여하불사) / 答龐4 / 33
歷世重光(역세중광) / 命子 / 43
亦已焉哉(역이언재) / 命子 / 49
延目中流(연목중류) / 時運 / 19
宴安自逸(연안자일) / 勸農 / 39
念玆厥初(염자궐초) / 贈長 / 25
念子實多(염자실다) / 停雲 / 15
念玆在玆(염자재자) / 命子 / 47
斂翮閒止(염핵한지) / 停雲 / 15
景庇淸陰(영비청음) / 歸鳥 / 51
聆善若始(영선약시) / 酬丁 / 29
映懷圭璋(영회규장) / 贈長 / 25
曳裾拱手(예거공수) / 勸農 / 39
禮服遂悠(예복수유) / 贈長 / 25
寤寐交揮(오매교휘) / 時運 / 19
於穆令族(오목영족) / 贈長 / 25
傲然自足(오연자족) / 勸農 / 37
於赫愍侯(오혁민후) / 命子 / 43
於皇仁考(오황인고) / 命子 / 47
溫恭朝夕(온공조석) / 命子 / 47
王事靡寧(왕사미녕) / 答龐4 / 35
遙遙三湘(요요삼상) / 增長 / 27
容裔江中(용예강중) / 答龐4 / 35
宇曖微霄(우애미소) / 時運 / 17

시구 색인　413

禹亦稼穡(우역가색) / 勸農 / 37
遇雲頡頏(우운힐항) / 歸鳥 / 51
于惠百里(우혜백리) / 酬丁 / 29
勗哉征人(욱재정인) / 答龐4 / 35
運當攀龍(운당반룡) / 命子 / 43
運因隆寙(운인융와) / 命子 / 45
云胡以親(운호이친) / 答龐4 / 31
蔚蔚洪柯(울울홍가) / 命子 / 45
爰得我娛(원득아오) / 答龐4 / 31
爰來爰止(원래원지) / 酬丁 / 29
遠若周典(원약주전) / 勸農 / 37
願言不獲(원언불획) / 停雲 / 15
願言懷人(원언회인) / 停雲 / 13
願爾斯才(원이사재) / 命子 / 49
爰自陶唐(원자도당) / 命子 / 43
遠之八表(원지팔표) / 歸鳥 / 51
爰采春華(원채춘화) / 增長 / 25
有客有客(유객유객) / 酬丁 / 29
猶勤壟畝(유근농묘) / 勸農 / 39
有琴有書(유금유서) / 答龐4 / 31
游不曠林(유불광림) / 歸鳥 / 53
悠想淸沂(유상청기) / 時運 / 19
悠然其懷(유연기회) / 歸鳥 / 53
悠悠上古(유유상고) / 勸農 / 37
悠悠我祖(유유아조) / 命子 / 43
幽人在邱(유인재구) / 命子 / 43
有酒有酒(유주유주) / 停雲 / 13
有風自南(유풍자남) / 時運 / 17
允構斯堂(윤구사당) / 贈長 / 25
允迪前蹤(윤적전종) / 命子 / 45
音問其先(음문기선) / 贈長 / 27
依依舊楚(의의구초) / 答龐4 / 33
猗猗原陸(의의원륙) / 勸農 / 37
已卷安勞(이권안로) / 歸鳥 / 53
而近可得(이근가득) / 命子 / 45
以保爾躬(이보이궁) / 答龐4 / 35
以寫我憂(이사아우) / 酬丁 / 29

伊余云邁(이여운구) / 增長 / 27
伊余懷人(이여회인) / 答龐4 / 33
爾之不才(이지부재) / 命子 / 49
貽此話言(이차화언) / 贈長 / 27
以招余情(이초여정) / 停雲 / 15
伊勳伊德(이훈이덕) / 命子 / 45
翼翼歸鳥(익익귀조) / 歸鳥 / 51, 53
翼彼新苗(익피신묘) / 時運 / 17
人生若寄(인생약기) / 榮木 / 21
人易世疎(인역세소) / 贈長 / 25
人亦有言(인역유언) / 命子 / 49
人亦有言(인역유언) / 時運 / 17
人亦有言(인역유언) / 停雲 / 13
人之所寶(인지소보) / 答龐4 / 31
日居月諸(일거월저) / 命子 / 49
逸虯遶雲(일규요운) / 命子 / 43
日夕氣淸(일석기청) / 歸鳥 / 53
日月于征(일월우정) / 停雲 / 15
一日不見(일일불견) / 答龐4 / 33
臨路悽然(임로처연) / 贈長 / 27
林竹翳如(임죽예여) / 時運 / 19
臨寵不忒(임총불특) / 命子 / 45

資待靡因(자대미인) / 勸農 / 37
字汝求思(자여구사) / 命子 / 47
作使上京(작사상경) / 答龐4 / 33
載警秋霜(재경추상) / 增長 / 25
載翔載飛(재상재비) / 歸鳥 / 51
在始思終(재시사종) / 答龐4 / 35
在我中晋(재아중진) / 命子 / 45
載言載眺(재언재조) / 酬丁 / 29
在長忘同(재장망동) / 贈長 / 27
載彈載詠(재탄재영) / 答龐4 / 31
載欣載矚(재흔재촉) / 時運 / 17
沮溺結耦(저닉결우) / 勸農 / 39
田園不履(전원불리) / 勸農 / 41

專征南國(전정남국) / 命子 / 45
漸免于孩(점면우해) / 命子 / 49
占亦良時(점역양시) / 命子 / 47
靜寄東軒(정기동헌) / 停雲 / 13
靜言孔念(정언공념) / 榮木 / 21
停雲靄靄(정운애애) / 停雲 / 13
貞脆由人(정취유인) / 榮木 / 21
徂年旣流(조년기류) / 榮木 / 23
朝爲灌園(조위관원) / 答龐4 / 31
終焉爲山(종언위산) / 贈長 / 27
舟車靡從(주거미종) / 停雲 / 13
衆聲每諧(중성매해) / 歸鳥 / 53
中心悵而(중심창이) / 榮木 / 21
衆條載羅(중조재라) / 命子 / 45
繒繳奚施(증격해시) / 歸鳥 / 53
智巧旣萌(지교기맹) / 勸農 / 37
脂我名車(지아명거) / 榮木 / 23
之子之遠(지자지원) / 答龐4 / 33
枝條載榮(지조재영) / 停雲 / 15
志彼不舍(지피불사) / 榮木 / 23
直方二臺(직방이대) / 命子 / 47
進賓雖微(진궤수미) / 贈長 / 27
戢羽寒條(즙우한조) / 歸鳥 / 53

ㅊ

嗟余寡陋(차여과루) / 命子 / 47
嗟予小子(차여소자) / 榮木 / 23
飡勝如歸(찬승여귀) / 酬丁 / 29
慘慘寒日(참참한일) / 答龐4 / 35
倉庚載鳴(창경재명) / 答龐4 / 33
采采榮木(채채영목) / 榮木 / 21
策我名驥(책아명기) / 榮木 / 23
千里雖遙(천리수요) / 榮木 / 23
天子疇我(천자주아) / 命子 / 45
天集有漢(천집유한) / 命子 / 43
哲人伊何(철인이하) / 勸農 / 37
瞻望弗及(첨망불급) / 命子 / 47

淸琴橫牀(청금횡상) / 時運 / 19
顦顇有時(초췌유시) / 榮木 / 21
趣時競逐(추시경축) / 勸農 / 37
春醪獨撫(춘료독무) / 停雲 / 13
稱心易足(칭심이족) / 時運 / 17

ㅌ

濁酒半壺(탁주반호) / 時運 / 19
投迹高軌(투적고궤) / 勸農 / 41

ㅍ

八政始食(팔정시식) / 勸農 / 37
八表同昏(팔표동혼) / 停雲 / 13
翩翩飛鳥(편편비조) / 停雲 / 15
翩彼方舟(편피방주) / 答龐4 / 35
平路伊阻(평로이조) / 停雲 / 13
平陸成江(평륙성강) / 停雲 / 13
抱樸含眞(포박함진) / 勸農 / 37
抱恨如何(포한여하) / 停雲 / 15
稟玆固陋(품자고루) / 榮木 / 23

ㅎ

遐路誠悠(하로성유) / 歸鳥 / 51
何以寫心(하이사심) / 贈長 / 27
閑詠以歸(한영이귀) / 時運 / 19
閑飮東窓(한음동창) / 停雲 / 13
銜觴無欣(함상무흔) / 答龐4 / 33
諧氣冬喧(해기동훤) / 贈長 / 25
奚特于我(해특우아) / 命子 / 49
行李時通(행리시통) / 增長 / 27
顯玆武功(현자무공) / 命子 / 45
衡門之下(형문지하) / 答龐4 / 31
惠和千里(혜화천리) / 命子 / 47
好聲相和(호성상화) / 停雲 / 15
好音時交(호음시교) / 歸鳥 / 53
渾渾長源(혼혼장원) / 命子 / 45
禍福無門(화복무문) / 榮木 / 21

花藥分列(화약분열) / 時運 / 19
禍亦易來(화역이래) / 命子 / 49
和澤難久(화택난구) / 勸農 / 39
和風弗洽(화풍불흡) / 歸鳥 / 51
和風淸穆(화풍청목) / 勸農 / 39
懽心孔洽(환심공흡) / 答龐4 / 31
桓桓長沙(환환장사) / 命子 / 45
黃唐莫逮(황당막체) / 時運 / 19
卉木繁榮(훼목번영) / 勸農 / 39
揮玆一觴(휘자일상) / 時運 / 17
欣及舊棲(흔급구서) / 歸鳥 / 53
欣德孜孜(흔덕자자) / 答龐4 / 33
熙熙令德(희희영덕) / 勸農 / 37

(2) 오언

歌竟長歎息(가경장탄식) / 擬古7 / 209
家貧無由得(가빈무유득) / 飮酒18 / 179
嘉穟養南疇(가수양남주) / 酬劉 / 103
柯葉自摧折(가엽자최절) / 擬古9 / 211
家爲逆旅舍(가위역려사) / 雜詩6 / 221
可以濯吾足(가이탁오족) / 歸園5 / 71
佳人美淸夜(가인미청야) / 擬古7 / 209
覺悟當念還(각오당염환) / 飮酒17 / 179
各自還其家(각자환기가) / 挽歌3 / 267
渴飮易水流(갈음역수류) / 擬古8 / 211
感物願及時(감물원급시) / 和胡 / 121
甘以辭華軒(감이사화헌) / 戊申 / 151
感子漂母惠(감자표모혜) / 乞食 / 81
感彼柏下人(감피백하인) / 諸人 / 83
慷慨獨悲歌(강개독비가) / 怨詩 / 87
慷慨思南歸(강개사남귀) / 雜詩9 / 223
慷慨送我行(강개송아행) / 詠荊 / 245
慷慨憶綢繆(강개억주무) / 雜詩10 / 225
慷慨爭此場(강개쟁차장) / 擬古4 / 205

姜公乃見猜(강공내견시) / 讀山13 / 259
江山豈不險(강산기불험) / 庚子1 / 131
江湖多賤貧(강호다천빈) / 與殷 / 111
開歲倐五日(개세숙오일) / 遊斜 / 75
介焉安其業(개언안기업) / 詠貧6 / 235
慨然念黃虞(개연염황우) / 贈羊 / 115
慨然知已秋(개연지이추) / 酬劉 / 103
開春理常業(개춘이상업) / 庚戌 / 157
凱風負我心(개풍부아심) / 庚子1 / 131
凱風因時來(개풍인시래) / 和郭1 / 105
開荒南野際(개황남야제) / 歸園1 / 67
客養千金軀(객양천금구) / 飮酒11 / 171
去去當何極(거거당하극) / 聯句 / 269
去去當奚道(거거당해도) / 飮酒12 / 173
去去百年外(거거백년외) / 和劉 / 101
去去欲何之(거거욕하지) / 雜詩6 / 221
去去轉欲遠(거거전욕원) / 雜詩6 / 219
去來何依依(거래하의의) / 飮酒4 / 165
擧目情悽洏(거목정처이) / 形影 / 57
居常待其盡(거상대기진) / 五月 / 93
去歲家南里(거세가남리) / 與殷 / 111
擧世無知音(거세무지음) / 詠貧6 / 235
擧世少復眞(거세소복진) / 飮酒20 / 181
擧俗愛其名(거속애기명) / 九日 / 65
居止次城邑(거지차성읍) / 止酒 / 185
巨猾肆威暴(거활사위폭) / 讀山11 / 257
騫翮思遠翥(건핵사원저) / 雜詩5 / 217
檢素不獲展(검소불획전) / 和郭2 / 107
憩蔭若暫乖(게음약잠괴) / 形影 / 59
見別蕭艾中(견별소애중) / 飮酒17 / 177
見重我軒皇(견중아헌황) / 讀山4 / 253
結廬在人境(결려재인경) / 飮酒5 / 165
結髮念善事(결발염선사) / 怨詩 / 85
結友到臨淄(결우도임치) / 擬古6 / 207
結託旣喜同(결탁기희동) / 形影 / 61
傾家持作樂(경가지작락) / 雜詩6 / 219
傾蓋定前言(경개정전언) / 答龐5 / 89

勁氣侵襟袖(경기침금수) / 癸十 / 143
傾身營一飽(경신영일포) / 飮酒10 / 171
傾耳無希聲(경이무희성) / 癸十 / 143
傾耳聽司晨(경이청사신) / 述酒 / 187
驚鳥尙未還(경조상미환) / 戊申 / 151
耕種有時息(경종유시식) / 癸始2 / 141
耕織稱其用(경직칭기용) / 和劉 / 101
竟此歲月駛(경차세월사) / 雜詩6 / 219
竟抱固窮節(경포고궁절) / 飮酒16 / 177
勁風無榮木(경풍무영목) / 飮酒4 / 165
傾河焉足有(경하언족유) / 讀山9 / 257
傾壺絶餘粒(경호절여립) / 詠貧2 / 231
雞犬互鳴吠(계견호명폐) / 桃花 / 311
啓塗情已緬(계도정이면) / 癸始1 / 139
雞鳴桑樹顚(계명상수전) / 歸園1 / 67
計議初無虧(계의초무휴) / 詠三 / 243
計日望舊居(계일망구거) / 庚子1 / 131
階除曠遊迹(계제광유적) / 悲從 / 123
高柯擢條榦(고가탁조간) / 聯句 / 269
高酣發新謠(고감발신요) / 讀山2 / 251
高擧尋吾契(고거심오계) / 桃花 / 313
固窮夙所歸(고궁숙소귀) / 有會 / 195
鼓棹路崎曲(고도노기곡) / 庚子1 / 131
顧侶正徘徊(고려정배회) / 聯句 / 269
故老贈余酒(고로증여주) / 連雨 / 95
高莽眇無界(고망묘무계) / 庚子1 / 131
叩門拙言辭(고문졸언사) / 乞食 / 81
顧盼莫誰知(고반막수지) / 癸十 / 143
鼓腹無所思(고복무소사) / 戊申 / 153
高墳正嶕嶢(고분정요요) / 挽歌3 / 265
高墳互低昂(고분호저앙) / 擬古4 / 205
高飛拂塵梁(고비불진량) / 雜詩11 / 225
高嘯返舊居(고소반구거) / 詠二 / 239
古時功名士(고시공명사) / 擬古4 / 205
叩㮚新秋月(고예신추월) / 辛丑 / 135
孤雲獨無依(고운독무의) / 詠貧1 / 229
固爲兒女憂(고위아녀우) / 詠貧7 / 237

故人賞我趣(고인상아취) / 飮酒14 / 175
古人惜寸陰(고인석촌음) / 雜詩5 / 219
高操非所攀(고조비소반) / 癸十 / 143
枯條盈北園(고조영북원) / 詠貧2 / 229
顧瞻無匹儔(고첨무필주) / 遊斜 / 75
枯悴未遽央(고췌미거앙) / 雜詩3 / 215
高風始在茲(고풍시재자) / 飮酒12 / 173
枯形寄空木(고형기공목) / 挽歌1 / 263
曲肱豈傷沖(곡굉기상충) / 五月 / 93
谷風轉淒薄(곡풍전처박) / 和劉 / 101
功竟在身後(공경재신후) / 讀山9 / 257
空負頭上巾(공부두상건) / 飮酒20 / 183
功成者自去(공성자자거) / 詠二 / 239
空視時運傾(공시시운경) / 九日 / 65
恐此非名計(공차비명계) / 飮酒10 / 171
空歎將焉如(공탄장언여) / 庚子1 / 131
過門更相呼(과문갱상호) / 移居2 / 97
夸父誕宏志(과보탄굉지) / 讀山9 / 257
過足非所欽(과족비소흠) / 和郭1 / 105
過此奚所須(과차해소수) / 和劉 / 101
果菜始復生(과채시부생) / 戊申 / 151
關梁難虧替(관량난휴체) / 雜詩9 / 223
灌木荒余宅(관목황여택) / 飮酒15 / 175
館宇非一山(관우비일산) / 讀山2 / 251
盥濯息簷下(관탁식첨하) / 庚戌 / 157
關河不可踰(관하불가유) / 贈羊 / 115
光氣難與儔(광기난여주) / 讀山3 / 251
愧我非韓才(괴아비한재) / 乞食 / 81
喬柯何可倚(교가하가의) / 雜詩12 / 227
皎皎雲間月(교교운간월) / 擬古7 / 209
校書亦已勤(교서역이근) / 示周 / 79
嬌兒索父啼(교아색부제) / 挽歌1 / 263
久去山澤遊(구거산택유) / 歸園4 / 71
舊穀猶儲今(구곡유저금) / 和郭1 / 105
區區諸老翁(구구제노옹) / 飮酒20 / 181
苟得非所欽(구득비소흠) / 詠貧3 / 231
九十行帶索(구십행대삭) / 飮酒2 / 163

시구 색인 417

求我盛年歡(구아성년환) / 雜詩6 / 219
驅役無停息(구역무정식) / 雜詩10 / 225
九域甫已一(구역보이일) / 贈羊 / 115
久游戀所生(구유연소생) / 庚子2 / 133
久而道彌著(구이도미저) / 詠二 / 241
久在樊籠裏(구재번롱리) / 歸園1 / 67
俱至虞淵下(구지우연하) / 讀山9 / 257
狗吠深巷中(구폐심항중) / 歸園1 / 67
具向王母言(구향왕모언) / 讀山5 / 253
菊解制頹齡(국해제퇴령) / 九日 / 65
君其愛體素(군기애체소) / 答龐5 / 91
君當恕醉人(군당서취인) / 飮酒20 / 183
君命安可違(군명안가위) / 詠三 / 243
君子死知己(군자사지기) / 詠荊 / 245
君情定何如(군정정하여) / 擬古3 / 203
窮居寡人用(궁거과인용) / 酬劉 / 103
躬耕非所歎(궁경비소탄) / 庚戌 / 157
躬親未曾替(궁친미증체) / 雜詩8 / 221
窮通靡攸慮(궁통미유려) / 歲暮 / 119
窮巷隔深轍(궁항격심철) / 讀山1 / 249
窮巷寡輪鞅(궁항과윤앙) / 歸園2 / 69
眷眷往昔時(권권왕석시) / 雜詩3 / 215
眷彼品物存(권피품물존) / 乙巳 / 147
歸來良未央(귀래양미앙) / 挽歌2 / 265
鬼神茫昧然(귀신망매연) / 怨詩 / 85
歸子念前途(귀자염전도) / 庚子1 / 131
歸鳥趨林鳴(귀조추림명) / 飮酒7 / 167
規規一何愚(규규일하우) / 飮酒13 / 175
闚竈不見煙(규조불견연) / 詠貧2 / 231
瑾瑜發奇光(근유발기광) / 讀山4 / 253
根株浮滄海(근주부창해) / 擬古9 / 211
近瞻百里餘(근첨백리여) / 庚子1 / 131
今但湛空觴(금단잠공상) / 挽歌2 / 263
今日在鬼錄(금단재귀록) / 挽歌1 / 263
今復在何處(금부재하처) / 形影 / 61
今宿荒草鄕(금숙황초향) / 挽歌2 / 265
今我不爲樂(금아불위락) / 酬劉 / 103

今日復何悔(금일부하회) / 擬古9 / 211
今日始復來(금일시부래) / 還舊 / 149
今日從玆役(금일종자역) / 移居1 / 97
今日天氣佳(금일천기가) / 諸人 / 83
今作秋蓮房(금작추련방) / 雜詩3 / 215
今朝復斯聞(금조부사문) / 示周 / 79
今朝眞止矣(금조진지의) / 止酒 / 185
汲汲魯中叟(급급노중수) / 飮酒20 / 181
及時當勉勵(급시당면려) / 雜詩1 / 213
及晨願鳥遷(급신원오천) / 怨詩 / 85
及辰爲玆遊(급진위자유) / 遊斜 / 75
旣耕亦已種(기경역이종) / 讀山1 / 249
奇功遂不成(기공수불성) / 詠荊 / 247
崎嶇歷榛曲(기구역진곡) / 歸園5 / 71
其國有放士(기국유방사) / 讀山12 / 259
豈期過滿腹(기기과만복) / 雜詩8 / 221
飢來驅我去(기래구아거) / 乞食 / 81
旣來孰不去(기래숙불거) / 五月 / 93
氣力不及衰(기력불급쇠) / 還舊 / 149
氣力漸衰損(기력점쇠손) / 雜詩5 / 219
起晚眠常早(기만면상조) / 雜詩4 / 217
豈忘襲輕裘(기망습경구) / 詠貧3 / 231
豈忘游心目(기망유심목) / 贈羊 / 115
旣沒傳無窮(기몰전무궁) / 擬古2 / 203
豈無一時好(기무일시호) / 擬古7 / 209
奇文共欣賞(기문공흔상) / 移居1 / 97
氣變悟時易(기변오시역) / 雜詩2 / 215
肌膚不復實(기부불부실) / 責子 / 193
豈不在伐國(기부재벌국) / 飮酒18 / 179
豈不在一生(기부재일생) / 飮酒3 / 163
豈不知其極(기부지기극) / 詠貧4 / 233
豈不實辛苦(기불실신고) / 詠貧5 / 233
豈不以我故(기불이아고) / 形影 / 61
豈不寒與飢(기불한여기) / 詠貧1 / 229
其事未云乖(기사미운괴) / 丙辰 / 159
寄生赤水陰(기생적수음) / 讀山7 / 255
寄聲與我諧(기성여아해) / 丙辰 / 159

飢食首陽薇(기식수양미) / 擬古8 / 211
寄言酣中客(기언감중객) / 飮酒13 / 175
寄意一言外(기의일언외) / 癸十 / 145
豈伊君子寶(기이군자보) / 讀山4 / 253
旣已不遇玆(기이불우자) / 戊申 / 153
幾人得其趣(기인득기취) / 詠二 / 239
其人雖已沒(기인수이몰) / 詠荊 / 247
飢者歡初飽(기자환초포) / 丙辰 / 159
羈鳥戀舊林(기조연구림) / 歸園1 / 67
奇蹤隱五百(기종은오백) / 桃花 / 311
氣澈天象明(기철천상명) / 九日 / 65
飢寒飽所更(기한포소경) / 飮酒16 / 177
飢寒況當年(기한황당년) / 飮酒2 / 163
氣和天惟澄(기화천유징) / 遊斜 / 75

ㄴ

裸葬何必惡(나장하필악) / 飮酒11 / 173
懶惰故無匹(나타고무필) / 責子 / 193
落落淸瑤流(낙락청요류) / 讀山3 / 251
樂與數晨夕(낙여삭신석) / 移居1 / 97
落葉掩長陌(낙엽엄장맥) / 雜詩6 / 221
落地爲兄弟(낙지위형제) / 雜詩1 / 213
蘭枯柳亦衰(난고류역쇠) / 擬古1 / 201
襤縷茅簷下(남루모첨하) / 飮酒9 / 169
南山有舊宅(남산유구택) / 雜詩6 / 221
南嶽無餘雲(남악무여운) / 述酒 / 187
南圃無遺秀(남포무유수) / 詠貧2 / 229
浪莽林野娛(낭망임야오) / 歸園4 / 71
來逕遂蕪廢(내경수무폐) / 桃花 / 309
乃不見吾心(내불견오심) / 詠貧3 / 231
來雁有餘聲(내안유여성) / 九日 / 65
乃言飮得仙(내언음득선) / 連雨 / 95
乃與日競走(내여일경주) / 讀山9 / 257
乃在岦山陽(내재밀산양) / 讀山4 / 251
奈何五十年(내하오십년) / 雜詩6 / 219
來會在何年(내회재하년) / 答龐5 / 91
路邊兩高墳(노변양고분) / 擬古8 / 211

老夫有所愛(노부유소애) / 示周 / 79
老少同一死(노소동일사) / 形影 / 61
路若經商山(노약경상산) / 贈羊 / 115
露凝無游氛(노응무유분) / 和郭2 / 107
老至更長飢(노지갱장기) / 有會 / 195
露淒暄風息(노처훤풍식) / 九日 / 65
路遲無由緣(노하무유연) / 雜詩9 / 223
漉我新熟酒(녹아신숙주) / 歸園5 / 73
綠酒開芳顔(녹주개방안) / 諸人 / 83
農務各自歸(농무각자귀) / 移居2 / 97
賴古多此賢(뇌고다차현) / 詠貧2 / 231
雷同共譽毁(뇌동공예훼) / 飮酒6 / 167
餒也已矣夫(뇌야이의부) / 有會 / 197
屢空旣有人(누공기유인) / 癸始1 / 139
屢空不獲年(누공불획년) / 飮酒11 / 171
屢空常晏如(누공상안여) / 始作 / 127
屢闕淸酤至(누궐청고지) / 歲暮 / 119
凌厲越萬里(능려월만리) / 詠荊 / 247
陵岑聳逸峯(능잠용일봉) / 和郭2 / 107

ㄷ

多謝綺與甪(다사기여록) / 贈羊 / 115
多謝諸少年(다사제소년) / 擬古1 / 201
但顧世間名(단고세간명) / 飮酒3 / 163
但懼時我遺(단구시아유) / 詠三 / 243
但道桑麻長(단도상마장) / 歸園2 / 69
但覓梨與栗(단멱이여율) / 責子 / 193
丹木生何許(단목생하허) / 讀山4 / 251
但使願無違(단사원무위) / 歸園3 / 69
但餘平生物(단여평생물) / 形影 / 57
但畏人我欺(단외인아기) / 擬古6 / 209
但願常如此(단원상여차) / 庚戌 / 157
但願飽粳糧(단원포갱량) / 雜詩8 / 221
簞瓢謝屢設(단표사누설) / 癸十 / 143
但恨多謬誤(단한다유오) / 飮酒20 / 183
但恨在世時(단한재세시) / 挽歌1 / 263
達士似不爾(달사사불이) / 飮酒6 / 167

시구 색인 419

達曙酣且歌(달서감차가) / 擬古7 / 209
達人解其會(달인해기회) / 飲酒1 / 161
淡淡寒波生(담담한파생) / 詠荊 / 245
談諧無俗調(담해무속조) / 答龐5 / 89
談諧終日夕(담해종일석) / 乞食 / 81
當奈行復衰(당내행부쇠) / 和胡 / 121
當年詎有幾(당년거유기) / 庚子2 / 133
當年竟未踐(당년경미천) / 癸始1 / 139
當復如此不(당부여차부) / 遊斜 / 77
當復何及哉(당부하급재) / 讀山13 / 261
當暑厭寒衣(당서염한의) / 有會 / 195
當時數來止(당시삭래지) / 讀山12 / 259
當往至無終(당왕지무종) / 擬古2 / 201
代耕本非望(대경본비망) / 雜詩8 / 221
代謝歸北鄕(대사귀북향) / 雜詩11 / 225
大象轉四時(대상전사시) / 詠二 / 239
帶月荷鋤歸(대월하서귀) / 歸園3 / 69
大鈞無私力(대균무사력) / 形影 / 61
大懽止稚子(대환지치자) / 止酒 / 185
圖窮事自至(도궁사자지) / 詠荊 / 247
道路邈何因(도로막하인) / 示周 / 79
道路迥且長(도로형차장) / 飲酒10 / 171
桃李羅堂前(도리나당전) / 歸園1 / 67
徒沒空自遺(도몰공자유) / 有會 / 195
徒使生迷惑(도사생미혹) / 聯句 / 269
倒裳往自開(도상왕자개) / 飲酒9 / 169
道喪向千載(도상향천재) / 飲酒3 / 163
道喪向千載(도상향천재) / 示周 / 79
徒設在昔心(도설재석심) / 讀山10 / 257
道勝無戚顔(도승무척안) / 詠貧5 / 235
徒知止不樂(도지지불락) / 止酒 / 185
道狹草木長(도협초목장) / 歸園3 / 69
獨復不如玆(독부불여자) / 形影 / 57
獨樹衆乃奇(독수중내기) / 飲酒8 / 169
咄咄俗中愚(돌돌속중우) / 飲酒6 / 167
凍餒固纏己(동뇌고전기) / 飲酒19 / 179
同物旣無慮(동물기무려) / 讀山10 / 257

東方有一士(동방유일사) / 擬古5 / 205
童孺縱行歌(동유종행가) / 桃花 / 311
冬夏常如玆(동하상여자) / 擬古6 / 207
杜門不復出(두문불부출) / 飲酒12 / 173
斗酒散襟顔(두주산금안) / 庚戌 / 157
斗酒聚比鄰(두주취비린) / 雜詩1 / 213
得失不復知(득실불부지) / 挽歌1 / 263
得酒莫苟辭(득주막구사) / 形影 / 59
得知千載上(득지천재상) / 贈羊 / 115
得歡當作樂(득환당작락) / 雜詩1 / 213
登降千里餘(등강천리여) / 始作 / 127
登車何時顧(등거하시고) / 詠荊 / 247
登高賦新詩(등고부신시) / 移居2 / 97
登高餞將歸(등고전장귀) / 於王 / 109

ㅁ

馬隊非講肆(마대비강사) / 示周 / 79
馬爲仰天鳴(마위앙천명) / 挽歌3 / 265
邈與世相絶(막여세상절) / 癸十 / 143
邈然不可干(막연불가간) / 詠貧5 / 233
邈然玆道絶(막연자도절) / 形影 / 59
邈哉此前修(막재차전수) / 詠貧7 / 237
萬理自森著(만리자삼저) / 形影 / 61
萬歲如平常(만세여평상) / 讀山8 / 255
萬一不合意(만일불합의) / 擬古6 / 209
萬族各有託(만족각유탁) / 詠貧1 / 229
蔓草不復榮(만초불부영) / 己酉 / 155
萬化相尋異(만화상심이) / 己酉 / 155
望雲慙高鳥(망운참고조) / 始作 / 127
忘彼千載憂(망피천재우) / 遊斜 / 77
每憾靡所揮(매감미소휘) / 和胡 / 121
梅柳夾門植(매류협문식) / 蜡日 / 199
每每顧林園(매매고임원) / 答龐5 / 89
每每多憂慮(매매다우려) / 雜詩5 / 217
孟公不在玆(맹공부재자) / 飲酒16 / 177
猛氣衝長纓(맹기충장영) / 詠荊 / 245
猛志固常在(맹지고상재) / 讀山10 / 257

猛志逸四海(맹지일사해) / 雜詩5 / 217
孟夏草木長(맹하초목장) / 讀山1 / 249
勉勵從茲役(면려종자역) / 乙巳 / 147
綿綿歸思紆(면면귀사우) / 始作 / 127
緬焉起深情(면언기심정) / 九日 / 65
緬然睇曾邱(면연체증구) / 遊斜 / 75
明日非今日(명단비금일) / 歲暮 / 119
明兩萃時物(명량췌시물) / 五月 / 93
明明上天鑒(명명상천감) / 讀山11 / 259
冥報以相貽(명보이상이) / 乞食 / 81
命室攜童弱(명실휴동약) / 酬劉 / 103
鳴雁乘風飛(명안승풍비) / 聯句 / 269
螟蛾恣中田(명혹자중전) / 怨詩 / 85
明日非所求(명일비소구) / 遊斜 / 77
鳴鳥聲相聞(명조성상문) / 述酒 / 187
暮歸三危山(모귀삼위산) / 讀山5 / 253
毛色奇可憐(모색기가련) / 讀山5 / 253
茅茨已就治(모자이취치) / 和劉 / 101
暮作歸雲宅(모작귀운택) / 擬古4 / 205
暮止不安寢(모지불안침) / 止酒 / 185
目倦川途異(목권천도이) / 始作 / 127
目送回舟遠(목송회주원) / 於王 / 109
木衰知風厲(목쇠지풍려) / 桃花 / 311
眇眇孤舟遊(묘묘고주유) / 始作 / 127
杳然望扶木(묘연망부목) / 讀山6 / 253
杳然天界高(묘연천계고) / 己酉 / 155
撫劍獨行遊(무검독행유) / 擬古8 / 209
撫己有深懷(무기유심회) / 歲暮 / 119
無樂自欣豫(무락자흔예) / 雜詩5 / 217
無妨時已和(무방시이화) / 蜡日 / 199
無復獨多慮(무부독다려) / 形影 / 63
無復東西緣(무부동서연) / 答龐5 / 89
無爲忽去茲(무위홀거자) / 移居2 / 99
無以樂當年(무이락당년) / 歲暮 / 119
務從忘愛翼(무종망애익) / 聯句 / 269
問君今何行(문군금하행) / 擬古2 / 203
聞君當先邁(문군당선매) / 贈羊 / 115

問君何能爾(문군하능이) / 飮酒5 / 165
問金終寄心(문금종기심) / 詠二 / 239
聞多素心人(문다소심인) / 移居1 / 97
聞有田子泰(문유전자태) / 擬古2 / 203
問子爲誰與(문자위수여) / 飮酒9 / 169
門前執手時(문전집수시) / 悲從 / 123
門庭日荒蕪(문정일황무) / 擬古3 / 203
物新人惟舊(물신인유구) / 答龐5 / 89
未能明多少(미능명다소) / 蜡日 / 199
靡靡秋已夕(미미추이석) / 己酉 / 155
未復見斯儔(미부견사주) / 詠貧4 / 233
彌縫使其淳(미봉사기순) / 飮酒20 / 181
未嘗異悲悅(미상이비열) / 形影 / 59
未夕復來歸(미석부래귀) / 詠貧1 / 229
芈勝喪其身(미승상기신) / 述酒 / 187
未信止利己(미신지리기) / 止酒 / 185
未言心先醉(미언심선취) / 擬古1 / 201
微雨洗高林(미우세고림) / 乙巳 / 147
微雨從東來(미우종동래) / 讀山1 / 249
未謂事已及(미위사이급) / 與殷 / 111
未忍言索居(미인언삭거) / 和劉 / 101
未足爲高栖(미족위고서) / 飮酒9 / 169
未明明日事(미지명일사) / 諸人 / 83
未知從今去(미지종금거) / 遊斜 / 77
未知止泊處(미지지박처) / 雜詩5 / 219
僶俛四十年(민면사십년) / 連雨 / 95
僶俛六九年(민면육구년) / 怨詩 / 85
民生鮮長在(민생선장재) / 歲暮 / 119
密密堂前柳(밀밀당전류) / 擬古1 / 201

薄作少時鄰(박작소시린) / 與殷 / 111
班班有翔鳥(반반유상조) / 飮酒15 / 175
斑白歡游詣(반백환유예) / 桃花 / 311
班坐依遠流(반좌의원류) / 遊斜 / 75
班荊坐松下(반형좌송하) / 飮酒14 / 175
發歲始俛仰(발세시면앙) / 五月 / 93

發言各不領(발언각불령)/飮酒13/173
撥置且莫念(발치차막념)/還舊/149
芳菊開林耀(방국개림요)/和郭2/107
方與三辰游(방여삼진유)/讀山8/255
放意樂餘年(방의낙여년)/詠二/241
舫舟蔭門前(방주음문전)/戊申/151
方此詎不劣(방차거불열)/形影/59
方宅十餘畝(방택십여묘)/歸園1/67
杯盡壺自傾(배진호자경)/飮酒7/167
徘徊邱隴間(배회구롱간)/歸園4/71
徘徊無定止(배회무정지)/飮酒4/163
百年歸邱壟(백년귀구롱)/雜詩4/217
白髮一已繁(백발일이번)/歲暮/119
白髮被兩鬢(백발피양빈)/責子/193
百世當誰傳(백세당수전)/飮酒2/163
伯牙與莊周(백아여장주)/擬古8/211
白楊亦蕭蕭(백양역소소)/挽歌3/265
白玉凝素液(백옥응소액)/讀山4/253
白雲宿簷端(백운숙첨단)/擬古5/207
白日掩荊扉(백일엄형비)/歸園2/69
白日淪西阿(백일윤서아)/雜詩2/213
百卉具已腓(백훼구이비)/於王/109
汎覽周王傳(범람주왕전)/讀山1/249
汎隨淸壑廻(범수청학회)/丙辰/159
汎此忘憂物(범차망우물)/飮酒7/167
邊雁悲無所(변안비무소)/雜詩11/225
秉耒歡時務(병뢰환시무)/癸始2/141
步步尋往迹(보보심왕적)/還舊/149
步止蓽門裏(보지필문리)/止酒/185
服勤盡歲月(복근진세월)/詠三/243
復得返自然(부득반자연)/歸園1/67
卜生善斯牧(복생선사목)/述酒/187
本不植高原(본불식고원)/擬古9/211
本爲迷者生(본위미자생)/讀山12/259
鳳鳥雖不至(봉조수부지)/飮酒20/181
父老雜亂言(부로잡난언)/飮酒14/175
賦詩頗能工(부시파능공)/詠貧6/235

負痾不獲俱(부아불획구)/贈羊/115
負痾頹簷下(부아퇴첨하)/示周/79
俯仰終宇宙(부앙종우주)/讀山1/249
扶搖何何力(부요경하력)/聯句/269
負杖肆游從(부장사유종)/與殷/111
不知竟何之(부지경하지)/乞食/81
北林榮且豐(북림영차풍)/五月/93
分明望四荒(분명망사황)/擬古4/205
紛紛飛鳥還(분분비조환)/歲暮/119
分散逐風轉(분산축풍전)/雜詩1/213
不覺知有我(불각지유아)/飮酒14/175
不見相知人(불견상지인)/擬古8/211
不見所問津(불견소문진)/飮酒20/183
不久當如何(불구당여하)/擬古7/209
不樂復何如(불락부하여)/讀山1/249
不賴固窮節(불뢰고궁절)/飮酒2/163
不眠知夕永(불면지석영)/雜詩2/215
不死復不老(불사부불로)/讀山8/255
不駛亦不遲(불사역부지)/和胡/121
不識六與七(불식육여칠)/責子/193
不言春作苦(불언춘작고)/丙辰/159
不畏道里長(불외도리장)/擬古6/209
不謂行當久(불위행당구)/擬古1/201
不爲好爵縈(불위호작영)/辛丑/135
拂衣歸田里(불의귀전리)/飮酒19/181
不以喩君子(불이유군자)/讀山12/259
不在接杯酒(부재접배주)/擬古1/201
不知幾何年(부지기하년)/讀山2/251
不學狂馳子(불학광치자)/擬古2/203
弗獲辭此難(불획사차난)/庚戌/157
不喜亦不懼(불희역불구)/形影/61
崩浪聒天響(붕랑괄천향)/庚子2/133
飛蓋入秦庭(비개입진정)/詠荊/247
非道故無憂(비도고무우)/詠貧4/233
悲淚應心零(비루응심령)/悲從/123
非商復非戎(비상부비융)/擬古2/203
非爲卜其宅(비위복기택)/移居1/97

飛鳥相與還(비조상여환) / 飮酒5 / 165
悲風愛靜夜(비풍애정야) / 丙辰 / 159
貧居依稼穡(빈거의가색) / 丙辰 / 159
貧居乏人工(빈거핍인공) / 飮酒15 / 175
鬢邊早已白(빈변조이백) / 飮酒15 / 177
貧富常交戰(빈부상교전) / 詠貧5 / 235
貧士世相尋(빈사세상심) / 詠貧3 / 231
貧賤有交娛(빈천유교오) / 贈羊 / 117
冰炭滿懷抱(빙탄만회포) / 雜詩4 / 217

辭家夙嚴駕(사가숙엄가) / 擬古2 / 201
死去何所道(사거하소도) / 挽歌3 / 267
死去何所知(사거하소지) / 飮酒11 / 171
斯濫豈攸志(사람기유지) / 有會 / 195
駟馬無貰患(사마무세환) / 贈羊 / 117
四面無人居(사면무인거) / 挽歌3 / 265
死沒無復餘(사몰무부여) / 歸園4 / 71
事事悉如昔(사사실여석) / 乙巳 / 147
事事在中都(사사재중도) / 贈羊 / 115
事勝感行人(사승감행인) / 詠二 / 239
四時相催迫(사시상최박) / 雜詩6 / 221
四時自成歲(사시자성세) / 桃花 / 311
賜也徒能辨(사야도능변) / 詠貧3 / 231
似若無勝負(사약무승부) / 讀山9 / 257
思與爾爲鄰(사여이위린) / 示周 / 79
似爲飢所驅(사위기소구) / 飮酒10 / 171
斯人久已死(사인구이사) / 擬古2 / 203
斯人樂久生(사인낙구생) / 九日 / 65
司田眷有秋(사전권유추) / 丙辰 / 159
思絶慶未看(사절경미간) / 聯句 / 269
四座列羣英(사좌열군영) / 詠荊 / 245
肆志無窊隆(사지무와륭) / 五月 / 93
四體誠乃疲(사체성내피) / 庚戌 / 157
山澗淸且淺(산간청차천) / 歸園5 / 71
山氣日夕佳(산기일석가) / 飮酒5 / 165
山陽歸下國(산양귀하국) / 述酒 / 187

山中饒霜露(산중요상로) / 庚戌 / 157
山川無改時(산천무개시) / 形影 / 57
山川一何曠(산천일하광) / 庚子2 / 133
山川千里外(산천천리외) / 與殷 / 111
山澤久見招(산택구견초) / 和劉 / 101
山河滿目中(산하만목중) / 擬古4 / 205
三季多此事(삼계다차사) / 飮酒6 / 167
三年望當採(삼년망당채) / 擬古9 / 211
三四星火穨(삼사성화퇴) / 丙辰 / 159
森散覆暘谷(삼산복양곡) / 讀山6 / 253
三旬九遇食(삼순구우식) / 擬古5 / 205
三趾顯奇文(삼지현기문) / 述酒 / 189
三皇大聖人(삼황대성인) / 形影 / 61
商歌非吾事(상가비오사) / 辛丑 / 135
相去不尋常(상거불심상) / 示周 / 79
相見無雜言(상견무잡언) / 歸園2 / 69
常恐功愈微(상공공유미) / 詠三 / 243
常恐大化盡(상공대화진) / 還舊 / 149
常恐負所懷(상공부소회) / 丙辰 / 159
常恐霜霰至(상공상산지) / 歸園2 / 69
觴來爲之盡(상래위지진) / 飮酒18 / 179
霜露豈不切(상로기부절) / 聯句 / 269
霜露榮悴之(상로영췌지) / 形影 / 57
桑麻日已長(상마일이장) / 歸園2 / 69
相命肆農耕(상명사농경) / 桃花 / 311
相思則披衣(상사즉피의) / 移居2 / 99
常善粥者心(상선죽자심) / 有會 / 195
相與還北邙(상여환북망) / 擬古4 / 205
常有好容顔(상유호용안) / 擬古5 / 207
商音更流涕(상음갱류체) / 詠荊 / 245
觴酌失行次(상작실행차) / 飮酒14 / 175
相將還舊居(상장환구거) / 擬古3 / 203
桑竹垂餘蔭(상죽수여음) / 桃花 / 311
桑竹殘朽株(상죽잔후주) / 歸園4 / 71
相知不忠厚(상지불충후) / 擬古1 / 201
觴至輒傾杯(상지첩경배) / 乞食 / 81
相知何必舊(상지하필구) / 答龐5 / 89

시구 색인 423

上弦驚別鶴(상현경별학) / 擬古5 / 207		醒醉還相笑(성취환상소) / 飮酒13 / 173	
觴弦肆朝日(상현사조일) / 雜詩4 / 217		世間有松喬(세간유송교) / 連雨 / 95	
生有高世名(생유고세명) / 擬古2 / 203		歲功聊可觀(세공요가관) / 庚戌 / 157	
生而相依附(생이상의부) / 形影 / 61		世短意常多(세단의상다) / 九日 / 65	
西南望崐墟(서남망곤허) / 讀山3 / 251		世路廓悠悠(세로확유유) / 飮酒19 / 181	
西靈爲我馴(서령위아순) / 述酒 / 187		歲暮得荊卿(세모득형경) / 詠荊 / 245	
庶無異患干(서무이환간) / 庚戌 / 157		歲暮余何言(세모여하언) / 歲暮 / 119	
栖栖世中事(서서세중사) / 和劉 / 101		世俗久相欺(세속구상기) / 飮酒12 / 173	
栖栖失羣鳥(서서실군조) / 飮酒4 / 163		勢翳西山巓(세예서산전) / 雜詩9 / 223	
庶以善自名(서이선자명) / 辛丑 / 137		歲月共相疎(세월공상소) / 和劉 / 101	
逝將理舟輿(서장이주여) / 贈羊 / 115		歲月不待人(세월부대인) / 雜詩1 / 213	
逝將不復疑(서장불부의) / 飮酒1 / 161		歲月相催逼(세월상최핍) / 飮酒15 / 177	
栖遲詎爲拙(서지거위졸) / 癸十 / 143		歲月有常御(세월유상어) / 雜詩10 / 225	
棲遲固多娛(서지고다오) / 九日 / 65		歲月將欲暮(세월장욕모) / 有會 / 195	
逝止判殊路(서지판수로) / 於王 / 109		歲月好已積(세월호이적) / 乙巳 / 147	
夕露霑我衣(석로점아의) / 歸園3 / 69		所懼非飢寒(소구비기한) / 詠貧5 / 233	
昔聞長者言(석문장자언) / 雜詩6 / 219		素襟不可易(소금불가역) / 乙巳 / 147	
夕死復何求(석사부하구) / 詠貧4 / 233		素驪鳴廣陌(소기명광맥) / 詠荊 / 245	
昔欲居南村(석욕거남촌) / 移居1 / 97		少年罕人事(소년한인사) / 飮酒16 / 177	
昔爲三春蕖(석위삼춘거) / 雜詩3 / 215		所樂非窮通(소락비궁통) / 詠貧6 / 235	
惜哉劍術疎(석재검술소) / 詠荊 / 247		素礫晶修渚(소력효수저) / 述酒 / 187	
昔在高堂寢(석재고당침) / 挽歌2 / 265		少無適俗韻(소무적속운) / 歸園1 / 67	
昔在黃子廉(석재황자렴) / 詠貧7 / 234		所保詎乃淺(소보거내천) / 癸始1 / 139	
旋駕悵遲遲(선가창지지) / 於王 / 109		蕭索空宇中(소삭공우중) / 癸十 / 143	
旋復還幽蔽(선부환유폐) / 桃花 / 311		邵生瓜田中(소생과전중) / 飮酒1 / 161	
先師有遺訓(선사유유훈) / 癸始2 / 139		所說聖人篇(소열성인편) / 答龐5 / 89	
先巢故尙在(선소고상재) / 擬古3 / 203		蕭蕭哀風逝(소소애풍서) / 詠荊 / 245	
善惡苟不應(선악구불응) / 飮酒2 / 163		昭昭天宇闊(소소천우활) / 辛丑 / 135	
挈杖還西廬(설장환서려) / 和劉 / 101		少時壯且厲(소시장차려) / 擬古8 / 209	
挈壺相與至(설호상여지) / 飮酒14 / 175		素顔斂光潤(소안염광윤) / 歲暮 / 119	
涉暑經秋霜(섭서경추상) / 雜詩11 / 225		所業在田桑(소업재전상) / 雜詩8 / 221	
星紀奄將中(성기엄장중) / 五月 / 93		所營非近務(소영비근무) / 詠二 / 239	
盛年不重來(성년부중래) / 雜詩1 / 213		嘯傲東軒下(소오동헌하) / 飮酒7 / 167	
成名猶不勤(성명유불근) / 述酒 / 187		逍遙蕪皐上(소요무고상) / 讀山6 / 253	
性本愛邱山(성본애구산) / 歸園1 / 67		逍遙自閒止(소요자한지) / 止酒 / 185	
盛衰不可量(성쇠불가량) / 雜詩3 / 215		素月出東嶺(소월출동령) / 雜詩2 / 213	
誠願遊崐華(성원유곤화) / 形影 / 59		所以貴我身(소이귀아신) / 飮酒3 / 163	

蕭條隔天涯(소조격천애) / 雜詩9 / 223	孰敢慕甘肥(숙감모감비) / 有會 / 195
素抱深可惜(소포심가석) / 飮酒15 / 177	菽麥實所羨(숙맥실소선) / 有會 / 195
素標揷人頭(소표삽인두) / 雜詩6 / 221	孰是都不營(숙시도불영) / 庚戌 / 157
少許便有餘(소허변유여) / 飮酒10 / 171	夙晨裝吾駕(숙신장오가) / 癸始1 / 139
束帶候鳴鷄(속대후명계) / 丙辰 / 159	孰若當世時(숙약당세시) / 雜詩4 / 217
巽坎難與期(손감난여기) / 庚子2 / 133	倏如流電驚(숙여유전경) / 飮酒3 / 163
松柏爲人伐(송백위인벌) / 擬古4 / 205	菽稷隨時藝(숙직수시예) / 桃花 / 311
送我出遠郊(송아출원교) / 挽歌3 / 265	宿草旅前庭(숙초여전정) / 悲從 / 123
宋意唱高聲(송의창고성) / 詠荊 / 245	倏忽日月虧(숙홀일월휴) / 雜詩10 / 225
衰榮無定在(쇠영무정재) / 飮酒1 / 161	順流追時遷(순류추시천) / 雜詩9 / 223
壽考豈渠央(수고기거앙) / 讀山8 / 255	淳薄旣異源(순박기이원) / 桃花 / 311
誰當爲汝譽(수당위여예) / 形影 / 61	始覺止爲善(시각지위선) / 止酒 / 185
收斂不盈廛(수렴불영전) / 怨詩 / 85	時來苟冥會(시래구명회) / 始作 / 127
遂令此言負(수령차언부) / 擬古1 / 201	始雷發東隅(시뢰발동우) / 擬古3 / 203
雖留身後名(수류신후명) / 飮酒11 / 171	時賴好事人(시뢰호사인) / 飮酒18 / 179
雖無紀歷志(수무기력지) / 桃花 / 311	時忘四運周(시망사운주) / 酬劉 / 103
雖無揮金事(수무휘금사) / 飮酒19 / 181	時復墟曲中(시부허곡중) / 歸園2 / 69
雖微九重秀(수미구중수) / 遊斜 / 75	是非尙相形(시비상형) / 飮酒6 / 167
雖未量歲功(수미량세공) / 癸始2 / 141	是非安能覺(시비안능각) / 挽歌1 / 263
雖非世上寶(수비세상보) / 讀山7 / 255	時駛不可稽(시사불가계) / 雜詩10 / 223
洙泗輟微響(수사철미향) / 飮酒20 / 181	詩書敦宿好(시서돈숙호) / 辛丑 / 135
誰言客舟遠(수언객주원) / 庚子1 / 131	詩書復何罪(시서부하죄) / 飮酒20 / 181
誰言行遊近(수언행유근) / 擬古8 / 211	詩書塞座外(시서색좌외) / 詠貧2 / 231
遂與塵事冥(수여진사명) / 辛丑 / 135	時時見遺烈(시시견유열) / 癸十 / 143
雖欲騰九萬(수욕등구만) / 聯句 / 269	時時見廢墟(시시견폐허) / 和劉 / 101
誰云固窮難(수운고궁난) / 詠貧7 / 237	是時向立年(시시향입년) / 飮酒19 / 179
誰云其人亡(수운기인망) / 詠二 / 241	始室喪其偏(시실상기편) / 怨詩 / 85
遂爲君所私(수위군소사) / 詠三 / 243	是謂玄圃邱(시위현포구) / 讀山3 / 251
誰謂不知時(수위부지시) / 擬古6 / 207	是以植杖翁(시이치장옹) / 癸始1 / 139
誰謂形迹拘(수위형적구) / 始作 / 127	是諮無不塞(시자무불색) / 飮酒18 / 179
雖有五男兒(수유오남아) / 責子 / 193	試酌百情遠(시작백정원) / 連雨 / 95
愁人難爲辭(수인난위사) / 雜詩11 / 225	市朝悽舊人(시조처구인) / 歲暮 / 119
守拙歸園田(수졸귀원전) / 歸園1 / 67	時還讀我書(시환독아서) / 讀山1 / 249
誰知非與是(수지비여시) / 飮酒6 / 165	試攜子姪輩(시휴자질배) / 歸園4 / 71
誰知榮與辱(수지영여욕) / 挽歌1 / 263	息駕歸閒居(식가귀한거) / 飮酒10 / 171
遂盡介然分(수진개연분) / 飮酒19 / 181	息交遊閒臥(식교서한와) / 和郭1 / 105
數斟已復醉(수짐이부취) / 飮酒14 / 175	食之壽命長(식지수명장) / 讀山4 / 253

晨去越河關(신거월하관) / 擬古5 / 207
神景一登天(신경일등천) / 讀山6 / 255
晨雞不肯鳴(신계불긍명) / 飮酒16 / 177
新葵鬱北牖(신규울북유) / 酬劉 / 103
辛勤無此比(신근무차비) / 擬古5 / 207
神鸞調玉音(신란조옥음) / 讀山7 / 255
神力旣殊妙(신력기수묘) / 讀山9 / 257
身名同翳如(신명동예여) / 和劉 / 101
身沒名亦盡(신몰명역진) / 形影 / 59
晨色奏景風(신색주경풍) / 五月 / 93
晨夕看山川(신석간산천) / 乙巳 / 147
信宿酬淸話(신숙수청화) / 與殷 / 111
神淵寫時雨(신연사시우) / 五月 / 93
矧伊愁苦纏(신이수고전) / 歲暮 / 119
薪者向我言(신자향아언) / 歸園4 / 71
晨鳥暮來還(신조모래환) / 於王 / 109
新疇復應畬(신주부응여) / 和劉 / 101
神州獻嘉粟(신주헌가속) / 述酒 / 187
晨止不能起(신지불능기) / 止酒 / 185
晨出肆微勤(신출사미근) / 庚戌 / 157
晨興理荒穢(신흥이황에) / 歸園3 / 69
實由罕所同(실유한소동) / 詠貧6 / 235
深感父老言(심감부로언) / 飮酒9 / 169
深谷久應蕪(심곡구응무) / 贈羊 / 115
深念蒙袂非(심념몽메비) / 有會 / 195
甚念傷吾生(심념상오생) / 形影 / 61
心念山澤居(심념산택거) / 始作 / 127
心遠地自偏(심원지자편) / 飮酒5 / 165
心在復何言(심재부하언) / 連雨 / 95
心知去不歸(심지거불귀) / 詠荊 / 245
十年著一冠(십년착일관) / 擬古5 / 205
雙陵甫云育(쌍륙보운육) / 述酒 / 189
雙雙入我廬(쌍쌍입아려) / 擬古3 / 203
雙位委空館(쌍위위공관) / 悲從 / 123

ㅇ

我去不再陽(아거부재양) / 雜詩3 / 215

我今始知之(아금시지지) / 庚子2 / 133
我來淹已彌(아래엄이미) / 雜詩10 / 225
我無騰化術(아무등화술) / 形影 / 57
我不踐斯境(아불천사경) / 乙巳 / 147
阿舒已二八(아서이이팔) / 責子 / 193
阿宣行志學(아선행지학) / 責子 / 193
我實幽居士(아실유거사) / 答龐5 / 89
我心固匪石(아심고비석) / 擬古3 / 203
峨峨西嶺內(아아서령내) / 述酒 / 189
我如當去客(아여당거객) / 雜詩6 / 221
我欲觀其人(아욕관기인) / 擬古5 / 207
我欲因此鳥(아욕인차조) / 讀山5 / 253
我願不知老(아원부지로) / 雜詩4 / 217
我唱爾言得(아창이언득) / 蜡日 / 199
我土日已廣(아토일이광) / 歸園2 / 69
我行豈不遙(아행기불요) / 始作 / 127
我行未云遠(아행미운원) / 雜詩11 / 225
安得久離析(안득구이석) / 乙巳 / 147
安得不相語(안득불상어) / 形影 / 61
安得不爲懽(안득불위환) / 諸人 / 83
安樂不爲君(안락불위군) / 述酒 / 187
安貧守賤者(안빈수천자) / 詠貧4 / 233
顔生稱爲仁(안생칭위인) / 飮酒11 / 171
安知物爲貴(안지물위귀) / 飮酒14 / 175
寔寘强能變(알유강능변) / 讀山11 / 259
巖巖顯朝市(암암현조시) / 讀山13 / 259
黯爾俱時滅(암이구시멸) / 形影 / 59
仰想東戶時(앙상동호시) / 戊申 / 151
哀蟬無留響(애선무유향) / 己酉 / 155
曖曖空中滅(애애공중멸) / 詠貧1 / 229
藹藹堂前林(애애당전림) / 和郭1 / 105
曖曖遠人村(애애원인촌) / 歸園1 / 67
哀哉亦可傷(애재역가상) / 雜詩8 / 223
夜景湛虛明(야경담허명) / 辛丑 / 135
夜夜聲轉悲(야야성전비) / 飮酒4 / 163
野外罕人事(야외한인사) / 歸園2 / 69
夜中枕席冷(야중침석랭) / 雜詩2 / 215

426

弱冠逢世阻(약관봉세조) / 怨詩 / 85	奄去靡歸期(엄거미귀기) / 形影 / 57
弱女雖非男(약녀수비남) / 和劉 / 101	掩淚汎東逝(엄루범동서) / 雜詩9 / 223
弱年逢家乏(약년봉가핍) / 有會 / 195	淹留豈無成(엄류기무성) / 九日 / 65
弱湍馳文魴(약단치문방) / 遊斜 / 75	淹留忘宵晨(엄류망소신) / 與殷 / 111
弱齡寄事外(약령기사외) / 始作 / 127	淹留遂無成(엄류수무성) / 飮酒16 / 177
若復不快飮(약부불쾌음) / 飮酒20 / 183	嚴霜結野草(엄상결야초) / 雜詩3 / 215
若不委窮達(약불위궁달) / 飮酒15 / 177	嚴霜九月中(엄상구월중) / 挽歌3 / 265
藥石有時閒(약석유시간) / 示周 / 79	掩耳每不喜(엄이매불희) / 雜詩6 / 219
弱子戱我側(약자희아측) / 和郭1 / 105	奄出四十年(엄출사십년) / 戊申 / 151
弱質與運頹(약질여운퇴) / 雜詩6 / 221	藜羹常乏斟(여갱상핍짐) / 詠貧3 / 231
弱毫多所宣(약호다소선) / 答龐5 / 89	與君雖異物(여군수이물) / 形影 / 61
量力守故轍(양력수고철) / 詠貧1 / 229	余襟良以殫(여금양이탄) / 諸人 / 83
良苗亦懷新(양묘역회신) / 癸始2 / 141	餘糧宿中田(여량숙중전) / 戊申 / 151
養色含精氣(양색함정기) / 雜詩12 / 227	旅力豈未愆(여력기미건) / 歲暮 / 119
良晨詎可待(양신거가대) / 讀山10 / 257	餘榮何足顧(여영하족고) / 詠二 / 239
良友撫我哭(양우무아곡) / 挽歌1 / 263	與子相遇來(여자상우래) / 形影 / 59
良人不可贖(양인불가속) / 詠三 / 243	餘迹寄鄧林(여적기등림) / 讀山9 / 257
良日登遠遊(양일등원유) / 酬劉 / 103	櫚庭多洛葉(여성나닉 엽) / 酬劉 / 103
良才不隱世(양재불은세) / 與殷 / 111	如何蓬廬士(여하봉려사) / 九日 / 65
諒哉宜霜柏(양재의상백) / 乙巳 / 147	如何不歎息(여하불탄식) / 聯句 / 269
楊朱所以止(양주소이지) / 飮酒19 / 181	如何舍此去(여하사차거) / 辛丑 / 135
揚檝越平湖(양즙월평호) / 丙辰 / 159	如何辛苦悲(여하신고비) / 有會 / 195
良辰入奇懷(양신입기회) / 和劉 / 101	如何淹在玆(여하엄재자) / 庚子2 / 133
養眞衡茅下(양진형모하) / 辛丑 / 137	如何絶世下(여하절세하) / 飮酒20 / 181
涼風起將夕(양풍기장석) / 辛丑 / 135	廣響思淸遠(여향사청원) / 飮酒4 / 165
於今甚可愛(어금심가애) / 和胡 / 121	力耕不吾欺(역경불오기) / 移居2 / 99
於今定何間(어금정하간) / 連雨 / 95	歷覽千載書(역람천재서) / 癸十 / 143
御冬足大布(어동족대포) / 雜詩8 / 221	亦復可憐傷(역부가련상) / 擬古4 / 205
語默自殊勢(어묵자수세) / 與殷 / 111	恕如亞九飯(역여아구반) / 有會 / 195
憶我少壯時(억아소장시) / 雜詩5 / 217	亦知當乖分(역지당괴분) / 與殷 / 111
憶此斷人腸(억차단인장) / 雜詩3 / 215	年饑感仁妻(연기감인처) / 詠貧7 / 237
言笑難爲因(언소난위인) / 與殷 / 111	年年見霜雪(연년견상설) / 擬古6 / 207
言笑無厭時(언소무염시) / 移居2 / 99	燕丹善養士(연단선양사) / 詠荊 / 245
偃息常所親(언식상소친) / 述酒 / 189	延目識南嶺(연목식남령) / 庚子1 / 131
言詠遂賦詩(언영수부시) / 乞食 / 81	年始三五間(연시삼오간) / 雜詩12 / 227
言盡意不舒(언진의불서) / 贈羊 / 117	連林人不覺(연림인불각) / 飮酒8 / 169
焉測塵囂外(언측진효외) / 桃花 / 311	冽列氣遂嚴(열렬기수엄) / 歲暮 / 119

시구 색인 427

斂襟獨閒謠(염금독한요) / 九日 / 65	翳然絶交遊(예연절교유) / 詠貧6 / 235
念來存故人(염래존고인) / 與殷 / 113	翳翳經日雪(예예경일설) / 癸十 / 143
厭聞世上語(염문세상어) / 擬古6 / 207	豫章抗高門(예장항고문) / 述酒 / 187
念我意中人(염아의중인) / 示周 / 79	吾駕不可回(오가불가회) / 飲酒9 / 169
厭厭竟良月(염염경양월) / 和郭2 / 107	誤落塵網中(오락진망중) / 歸園1 / 67
厭厭閭里歡(염염여리환) / 詠二 / 239	吾生夢幻間(오생몽환간) / 飲酒8 / 169
冉冉星氣流(염염성기류) / 飲酒19 / 181	吾生行歸休(오생행귀휴) / 遊斜 / 75
念之動中懷(염지동중회) / 遊斜 / 75	吾亦愛吾廬(오역애오려) / 讀山1 / 249
念之五情熱(염지오정열) / 形影 / 59	吾行欲何求(오행욕하구) / 擬古8 / 211
念之中心焦(염지중심초) / 己酉 / 155	玉堂淩霞秀(옥당능하수) / 讀山2 / 251
念此使人懼(염차사인구) / 雜詩5 / 219	玉石乃非堅(옥석내비견) / 戊申 / 151
念此懷悲悽(염차회비처) / 雜詩2 / 215	兀傲差若穎(올오차약영) / 飲酒13 / 175
念彼窮居士(염피궁거사) / 聯句 / 269	擁褐曝前軒(옹갈폭전헌) / 詠貧2 / 229
念彼懷王世(염피회왕세) / 讀山12 / 259	雍端年十三(옹단년십삼) / 責子 / 193
斂翮遙來歸(염핵요래귀) / 飲酒4 / 165	擁懷累下(옹회누대하) / 贈羊 / 117
炎火屢焚如(염화누분여) / 怨詩 / 85	緩帶盡歡娛(완대진환오) / 雜詩4 / 217
燁燁榮紫葵(엽엽영자규) / 和胡 / 121	婉孌柔童子(완연유동자) / 雜詩12 / 227
榮公言有道(영공언유도) / 飲酒11 / 171	宛轡憩通衢(완비게통구) / 始作 / 127
營己良有極(영기양유극) / 和郭1 / 105	曰余作此來(왈여작차래) / 丙辰 / 159
零落同草莽(영락동초망) / 歸園2 / 69	王母怡妙顏(왕모이묘안) / 讀山2 / 251
靈鳳撫雲舞(영봉무운무) / 讀山7 / 255	往燕無遺影(왕연무유영) / 九日 / 65
靈府長獨閑(영부장독한) / 戊申 / 151	王子愛淸吹(왕자애청취) / 述酒 / 189
寧似東陵時(영사동릉시) / 飲酒1 / 161	往迹浸復湮(왕적침부인) / 桃花 / 309
榮叟老帶索(영수노대삭) / 詠貧3 / 231	嫋嫋松標崖(요뇨송표애) / 雜詩12 / 227
嬴氏亂天紀(영씨란천기) / 桃花 / 309	聊得長相從(요득장상종) / 詠貧6 / 235
榮榮窓下蘭(영영창하란) / 擬古1 / 201	聊得從君棲(요득종군서) / 丙辰 / 159
永爲世笑嗤(영위세소치) / 擬古6 / 209	寥落將賒遲(요락장사지) / 和胡 / 121
營衛止不理(영위지불리) / 止酒 / 185	了無一可悅(요무일가열) / 癸十 / 143
靈人侍丹池(영인시단지) / 讀山6 / 253	聊復得此生(요부득차생) / 飲酒7 / 167
泠風送餘善(영풍송여선) / 癸始1 / 139	遙謝荷蓧翁(요사하조옹) / 丙辰 / 159
榮華難久居(영화난구거) / 雜詩3 / 215	繞屋樹扶疏(요옥수부소) / 讀山1 / 249
靈化無窮已(영화무궁이) / 讀山2 / 251	遙遙萬里輝(요요만리휘) / 雜詩2 / 213
榮華誠足貴(영화성족귀) / 擬古4 / 205	遙遙望白雲(요요망백운) / 和郭1 / 105
寧效俗中言(영효속중언) / 讀山2 / 251	遙遙沮溺心(요요저닉심) / 庚戌 / 157
禮服名羣從(예복명군종) / 悲從 / 123	遙遙從羈役(요요종기역) / 雜詩9 / 223
禮樂暫得新(예악잠득신) / 飲酒20 / 181	遙遙至西荊(요요지서형) / 辛丑 / 135
翳然乘化去(예연승화거) / 悲從 / 123	遙遙春夜長(요요춘야장) / 雜詩11 / 225

聊用忘華簪(요용망화잠)	和郭1 / 105	園疏有餘滋(원소유여자)	和郭1 / 105
聊爲隴畝民(요위농묘민)	癸始2 / 141	遠我遺世情(원아유세정)	飮酒7 / 167
聊以永今朝(요이영금조)	己酉 / 155	袁安門積雪(원안문적설)	詠貧5 / 233
聊且憑化遷(요차빙화천)	始作 / 129	願言同此歸(원언동차귀)	詠三 / 243
遙瞻皆奇絶(요첨개기절)	和郭2 / 107	願言躡輕風(원언섭경풍)	桃花 / 313
繞宅生蒿蓬(요택생호봉)	詠貧6 / 235	願言誨諸子(원언회제자)	示周 / 79
欲辨已忘言(욕변이망언)	飮酒5 / 165	爰以履霜節(원이이상절)	於王 / 109
欲視眼無光(욕시안무광)	挽歌2 / 265	園田日夢想(원전일몽상)	乙巳 / 147
欲語口無音(욕어구무음)	挽歌2 / 265	遠眺同天色(원조동천색)	聯句 / 269
欲言無予和(욕언무여화)	雜詩2 / 215	遠招王子喬(원초왕자교)	聯句 / 269
欲留不得住(욕류부득주)	形影 / 61	爲君作此詩(위군작차시)	擬古6 / 209
用此空名道(용차공명도)	雜詩4 / 217	違己詎非迷(위기거비미)	飮酒9 / 169
春秫作美酒(용출작미주)	和郭1 / 105	爲事誠殷勤(위사성은근)	飮酒20 / 181
憂道不憂貧(우도불우빈)	癸始2 / 139	爲山不及成(위산불급성)	悲從 / 123
紆轡誠可學(우비성가학)	飮酒9 / 169	衛生每苦拙(위생매고졸)	形影 / 59
愚生三季後(우생삼계후)	贈羊 / 115	爲我少躊躇(위아소주저)	贈羊 / 115
于我若浮煙(우아약부연)	怨詩 / 85	爲惡不可履(위악불가리)	讀山11 / 259
宇宙一何悠(우주일하유)	飮酒15 / 175	逶迤過丁城(위이과정성)	詠荊 / 247
羽奏壯士驚(우주장사경)	詠荊 / 245	謂人最靈智(위인최령지)	形影 / 57
吁嗟身後名(우차신후명)	怨詩 / 85	慰情良勝無(위정양승무)	和劉 / 101
于何勞智慧(우하로지혜)	桃花 / 311	委懷在琴書(위회재금서)	始作 / 127
雲駕庶可飭(운가서가칙)	聯句 / 269	有客常同止(유객상동지)	飮酒13 / 173
運生會歸盡(운생회귀진)	連雨 / 95	有客賞我趣(유객상아취)	答龐5 / 89
雲鶴有奇翼(운학유기익)	連雨 / 95	惟見古時邱(유견고시구)	擬古8 / 211
鬱鬱荒山裏(울울황산리)	丙辰 / 159	流觀山海圖(유관산해도)	讀山1 / 249
雄髮指危冠(웅발지위관)	詠荊 / 245	謬得固窮節(유득고궁절)	癸十 / 143
阮公見錢入(완공견전입)	詠貧5 / 233	幽蘭生前庭(유란생전정)	飮酒17 / 177
員邱足我糧(원구족아량)	讀山8 / 255	勤力東林隈(율력동림외)	丙辰 / 159
願君汨其泥(원군골기니)	飮酒9 / 169	流淚抱中歎(유루포중탄)	述酒 / 187
願君取吾言(원군취오언)	形影 / 59	楡柳蔭後簷(유류음후첨)	歸園1 / 67
爰得王母心(원득왕모심)	讀山7 / 255	流目視西園(유목시서원)	和胡 / 121
願留就君住(원류취군주)	擬古5 / 207	游目漢廷中(유목한정중)	詠二 / 239
園林獨餘情(원림독여정)	悲從 / 123	蕤賓五月中(유빈오월중)	和胡 / 121
遠望時復爲(원망시부위)	飮酒8 / 169	有生必有死(유생필유사)	挽歌1 / 263
園木空自凋(원목공자조)	己酉 / 155	有時不肯言(유시불긍언)	飮酒18 / 179
原生納決履(원생납결리)	詠貧3 / 231	幽室一已閉(유실일이폐)	挽歌3 / 265
猿聲閑且哀(원성한차애)	丙辰 / 159	悠然見南山(유연견남산)	飮酒5 / 165

悠然不復返(유연불부반) / 癸始1 / 139	衣霑不足惜(의점부족석) / 歸園3 / 69
游雲儵無依(유운숙무의) / 於王 / 109	義風都未隔(의풍도미격) / 乙巳 / 147
悠悠待秋稼(유유대추가) / 和胡 / 121	離隔復何有(이격부하유) / 擬古1 / 201
悠悠東去雲(유유동거운) / 與殷 / 111	離鵾鳴淸池(이곤명청지) / 雜詩11 / 225
悠悠迷所留(유유미소류) / 飮酒14 / 175	履歷周故居(이력주고거) / 還舊 / 149
有子不留金(유자불류금) / 雜詩6 / 219	離離翔天側(이리상천측) / 聯句 / 269
有酒不肯飮(유주불긍음) / 飮酒3 / 163	而無車馬喧(이무거마훤) / 飮酒5 / 165
惟酒與長年(유주여장년) / 讀山5 / 253	離別情所悲(이별정소비) / 詠二 / 239
有酒斟酌之(유주짐작지) / 移居2 / 97	已復至天旭(이부지천욱) / 歸園5 / 73
遺贈豈虛來(유증기허래) / 乞食 / 81	而不愛文術(이불애문술) / 責子 / 193
有志不獲騁(유지불획빙) / 雜詩2 / 215	二疏復此擧(이소복차거) / 詠二 / 239
流塵集虛坐(유진집허좌) / 悲從 / 123	夷叔在西山(이숙재서산) / 飮酒2 / 161
有處特依依(유처특의의) / 還舊 / 149	理也可奈何(이야가내하) / 雜詩8 / 223
遊好非少長(유호비소장) / 與殷 / 111	已與家人辭(이여가인사) / 擬古6 / 207
游好在六經(유호재육경) / 飮酒16 / 177	伊余何爲者(이여하위자) / 乙巳 / 147
游魂在何方(유혼재하방) / 擬古4 / 205	怡然有餘樂(이연유여락) / 桃花 / 311
流幻百年中(유환백년중) / 還舊 / 149	離筵聿云悲(이연율운비) / 於王 / 109
六載去還歸(육재거환귀) / 還舊 / 149	離憂悽目前(이우처목전) / 怨詩 / 85
六籍無一親(육적무일친) / 飮酒20 / 181	履運增慨然(이운증개연) / 歲暮 / 119
融風久已分(융풍구이분) / 述酒 / 187	二胤纔數齡(이윤재수령) / 悲從 / 123
恩愛若同生(은애약동생) / 悲從 / 123	已矣何所悲(이의하소비) / 詠貧1 / 229
飮餞易水上(음전역수상) / 詠荊 / 245	而以求自安(이이구자안) / 庚戌 / 157
飮酒不得足(음주부득족) / 挽歌1 / 263	伊人亦云逝(이인역운서) / 桃花 / 309
裛露掇其英(읍로철기영) / 飮酒7 / 167	伊懷難具道(이회난구도) / 擬古6 / 209
邑屋或時非(읍옥혹시비) / 還舊 / 149	益復知爲親(익부지위친) / 與殷 / 111
泣涕向我流(읍체향아류) / 詠貧7 / 237	人間良可辭(인간양가사) / 庚2 / 133
凝霜殄異類(응상진이류) / 飮酒8 / 167	人皆盡獲宜(인개진획의) / 雜詩8 / 223
應盡便須盡(응진변수진) / 形影 / 63	鄰曲時時來(인곡시시래) / 移居1 / 97
意氣傾人命(의기경인명) / 擬古1 / 201	人乖運見疎(인괴운견소) / 贈羊 / 117
衣裳無新製(의상무신제) / 桃花 / 311	隣老罕復遺(인로한부유) / 還舊 / 149
衣食固其端(의식고기단) / 庚戌 / 157	人當解意表(인당해의표) / 飮酒11 / 173
衣食當須紀(의식당수기) / 移居2 / 99	人道每如玆(인도매여자) / 飮酒1 / 161
疑我與時乖(의아여시괴) / 飮酒9 / 169	人理固不終(인리고부종) / 五月 / 93
疑義相與析(의의상여석) / 移居1 / 97	引滿更獻酬(인만갱헌수) / 遊斜 / 77
依依昔人居(의의석인거) / 歸園4 / 71	人事固以拙(인사고이졸) / 詠貧6 / 235
依依在耦耕(의의재우경) / 辛丑 / 135	人生歸有道(인생귀유도) / 庚戌 / 157
依依墟里煙(의의허리연) / 歸園1 / 67	人生豈不勞(인생기불로) / 己酉 / 155

430

人生無根蒂(인생무근체) / 雜詩1 / 213
人生似幻化(인생사환화) / 歸園4 / 71
人生少至百(인생소지백) / 飮酒15 / 175
引我不得住(인아부득주) / 雜詩5 / 219
人爲三才中(인위삼재중) / 形影 / 61
人人惜其情(인인석기정) / 飮酒3 / 163
仁者用其心(인자용기심) / 飮酒18 / 179
因値孤生松(인치고생송) / 飮酒4 / 165
一去三十年(일거삼십년) / 歸園1 / 67
一旦百歲後(일단백세후) / 擬古4 / 205
一旦壽命盡(일단수명진) / 詠貧4 / 233
日暮猶獨飛(일모유독비) / 飮酒4 / 163
日暮天無雲(일모천무운) / 擬古7 / 209
日沒星與昴(일몰성여묘) / 雜詩9 / 223
日沒燭當秉(일몰촉당병) / 飮酒13 / 175
一盼周九天(일반주구천) / 戊申 / 151
一夫終年醒(일부종년성) / 飮酒13 / 173
一士常獨醉(일사상독취) / 飮酒13 / 173
逸想不可淹(일상불가엄) / 和胡 / 121
一觴雖獨進(일상수독진) / 飮酒7 / 167
一觴聊可揮(일상요가휘) / 還舊 / 149
一生復能幾(일생부능기) / 飮酒3 / 163
一生亦枯槁(일생역고고) / 飮酒11 / 171
日夕歡相持(일석환상지) / 飮酒1 / 161
一世皆尙同(일세개상동) / 飮酒9 / 169
一世異朝市(일세이조시) / 歸園4 / 71
一心處兩端(일심처양단) / 雜詩9 / 223
一往便當已(일왕변당이) / 飮酒12 / 173
一遇盡殷勤(일우진은근) / 與殷 / 111
日月不肯遲(일월불긍지) / 雜詩6 / 221
日月欲止之(일월욕지지) / 止酒 / 185
日月依辰至(일월의신지) / 九日 / 65
日月擲人去(일월척인거) / 雜詩2 / 215
一日難再晨(일일난재신) / 雜詩1 / 213
日日還復周(일일환부주) / 雜詩3 / 215
日入羣動息(일입군동식) / 飮酒7 / 167
日入負耒還(일입부뢰환) / 庚戌 / 157

日入相與歸(일입상여귀) / 癸始2 / 141
日入室中闇(일입실중암) / 歸園5 / 73
日入從所憩(일입종소게) / 桃花 / 311
一條有佳花(일조유가화) / 蜡日 / 199
一朝辭吏歸(일조사리귀) / 詠貧7 / 235
一朝成灰塵(일조성회진) / 飮酒20 / 181
一朝長逝後(일조장서후) / 詠三 / 243
一朝敞神界(일조창신계) / 桃花 / 311
一朝出門去(일조출문거) / 挽歌2 / 265
日中翔河汾(일중상하분) / 述酒 / 189
日醉或能忘(일취혹능망) / 形影 / 61
日昃不遑研(일측불황연) / 詠貧2 / 231
一宅無遺宇(일택무유우) / 戊申 / 151
一形似有制(일형사유제) / 乙巳 / 147
一毫無復意(일호무부의) / 雜詩6 / 219
一欣侍溫顔(일흔시온안) / 庚子1 / 131
任道或能通(임도혹능통) / 飮酒17 / 179
臨流別友生(임류별우생) / 辛丑 / 135
臨沒告飢渴(임몰고기갈) / 讀山13 / 261
臨水愧游魚(임수괴유어) / 始作 / 127
林室頓燒燔(임실돈소번) / 戊申 / 151
荏苒經十載(임염경십재) / 雜詩10 / 225
荏苒歲月穨(임염세월퇴) / 雜詩5 / 217
林園無世情(임원무세정) / 辛丑 / 135
林鳥喜晨開(임조희신개) / 丙辰 / 159
任眞無所先(임진무소선) / 連雨 / 95
臨穴罔惟疑(임혈망유의) / 詠三 / 243
臨化消其寶(임화소기보) / 飮酒11 / 171
立善常所欣(입선상소흔) / 形影 / 61
立善有遺愛(입선유유애) / 形影 / 59
入必侍丹帷(입필시단유) / 詠三 / 243

妓契誰能別(자계수능별) / 癸十 / 145
自古皆有沒(자고개유몰) / 讀山8 / 255
自古有黔婁(자고유검루) / 詠貧4 / 233
自古歎行役(자고탄행역) / 庚子2 / 133

姿年逝已老(자년서이로) / 丙辰 / 159	在數竟不免(재수경불면) / 悲從 / 123
慈母沈哀疚(자모침애구) / 悲從 / 123	再喜見友于(재희견우우) / 庚子1 / 131
子孫還相保(자손환상보) / 雜詩4 / 217	適見在世中(적견재세중) / 形影 / 57
自我抱玆獨(자아포자독) / 連雨 / 95	積善云有報(적선운유보) / 飮酒2 / 161
自言獨見爾(자언독견이) / 讀山12 / 259	摘我園中蔬(적아원중소) / 讀山1 / 249
子雲性嗜酒(자운성기주) / 飮酒18 / 179	寂寂無行迹(적적무행적) / 飮酒15 / 175
自從分別來(자종분별래) / 擬古3 / 203	赤泉給我飮(적천급아음) / 讀山8 / 255
紫芝誰復採(자지수부채) / 贈羊 / 115	田家豈不苦(전가기불고) / 庚戌 / 157
昨暮同爲人(작모동위인) / 挽歌1 / 263	轉覺日不如(전각일불여) / 雜詩5 / 219
灼灼葉中華(작작엽중화) / 擬古7 / 209	前途當幾許(전도당기허) / 雜詩5 / 219
箴規嚮已從(잠규향이종) / 詠三 / 243	前途漸就窄(전도점취착) / 雜詩6 / 221
暫與園田疎(잠여원전소) / 始作 / 127	田父有好懷(전부유호회) / 飮酒9 / 169
暫爲人所羈(잠위인소기) / 雜詩10 / 225	餞送傾皇朝(전송경황조) / 詠二 / 239
長楛固已劇(장곡고이극) / 讀山11 / 259	轉欲心長勤(전욕심장근) / 癸始2 / 139
長公曾一仕(장공증일사) / 飮酒12 / 173	腆贈竟莫酬(전증경막수) / 詠貧7 / 237
長飢至于老(장기지우로) / 飮酒11 / 171	竊有慍見言(절유온현언) / 詠貧2 / 231
丈夫雖有志(장부수유지) / 詠貧7 / 237	絶音寄斯篇(절음기사편) / 雜詩9 / 223
丈夫志四海(장부지사해) / 雜詩4 / 217	節義爲士雄(절의위사웅) / 擬古2 / 203
將非促齡具(장비촉령구) / 形影 / 61	漸離擊悲筑(점리격비공) / 詠荊 / 245
章山有奇歌(장산유기가) / 蜡日 / 199	貞剛自有質(정강자유질) / 戊申 / 151
裝束旣有日(장속기유일) / 擬古6 / 207	靜念園林好(정념원림호) / 庚子2 / 133
張掖至幽州(장액지유주) / 擬古8 / 211	正賴古人書(정뢰고인서) / 贈羊 / 115
將養不得節(장양부득절) / 飮酒19 / 179	精爽今何如(정상금하여) / 贈羊 / 115
長吟掩柴門(장음엄시문) / 癸始2 / 141	情隨萬化遺(정수만화유) / 於王 / 109
長揖儲君傅(장읍저군부) / 詠二 / 239	庭宇翳餘木(정우예여목) / 雜詩10 / 225
將以塡滄海(장이전창해) / 讀山10 / 257	精衛銜微木(정위함미목) / 讀山10 / 257
壯節忽失時(장절홀실시) / 飮酒12 / 173	正宜委運去(정의위운거) / 形影 / 61
將止扶桑涘(장지부상사) / 止酒 / 185	正爾不能得(정이불능득) / 雜詩8 / 223
長風無息時(장풍무식시) / 庚子2 / 133	亭亭凌風桂(정정능풍계) / 讀山7 / 255
在己何怨天(재기하원천) / 怨詩 / 85	亭亭明玕照(정정명간조) / 讀山3 / 251
載醪祛所惑(재료거소혹) / 飮酒18 / 179	鼎鼎百年內(정정백년내) / 飮酒3 / 163
在目皓已潔(재목호이결) / 癸十 / 143	亭亭復一紀(정정부일기) / 飮酒19 / 181
在昔無酒飮(재석무주음) / 挽歌2 / 263	亭亭月將圓(정정월장원) / 戊申 / 151
在昔聞南畝(재석문남묘) / 癸始1 / 139	井竈有遺處(정조유유처) / 歸園4 / 71
在昔余多師(재석여다사) / 有會 / 197	情通萬里外(정통만리외) / 答龐5 / 91
在昔曾遠遊(재석증원유) / 飮酒10 / 171	正夏長風急(정하장풍급) / 戊申 / 151
在世無所須(재세무소수) / 讀山5 / 253	情欣新知歡(정흔신지환) / 乞食 / 81

提劍出燕京(제검출연경) / 詠荊 / 245	從此一止去(종차일지거) / 止酒 / 185
諸梁董師旅(제량동사려) / 述酒 / 187	終天不復形(종천불부형) / 悲從 / 123
帝者愼用才(제자신용재) / 讀山13 / 259	終懷在壑舟(종회재학주) / 乙巳 / 147
提壺挂寒柯(제호괘한가) / 飲酒8 / 169	終曉不能靜(종효불능정) / 雜詩2 / 215
提壺接賓侶(제호접빈려) / 遊斜 / 77	坐起弄書琴(좌기농서금) / 和郭1 / 105
祖江遂獨死(조강수독사) / 讀山11 / 259	坐止高蔭下(좌지고음하) / 止酒 / 185
朝起暮歸眠(조기모귀면) / 戊申 / 153	朱公練九齒(주공연구치) / 述酒 / 189
鳥哢歡新節(조농환신절) / 癸始1 / 139	酒能祛百慮(주능거백려) / 九日 / 65
俎豆猶古法(조두유고법) / 桃花 / 311	周生述孔業(주생술공업) / 示周 / 79
祖謝響然臻(조사향연진) / 示周 / 79	疇昔家上京(주석가상경) / 還舊 / 149
朝夕無哭聲(조석무곡성) / 悲從 / 123	疇昔苦長飢(주석고장기) / 飲酒19 / 179
造夕思鷄鳴(조석사계명) / 怨詩 / 85	酒熟吾自斟(주숙오자짐) / 和郭1 / 105
朝與仁義生(조여인의생) / 詠貧4 / 233	酒云能消憂(주운능소우) / 形影 / 59
朝爲飛鳥堂(조위비조당) / 擬古4 / 205	主人解余意(주인해여의) / 乞食 / 81
朝爲王母使(조위왕모사) / 讀山5 / 253	洲渚四緬邈(주저사면막) / 於王 / 109
朝朝爲日浴(조조위일욕) / 讀山6 / 253	酒中有深味(주중유심미) / 飲酒14 / 175
早終非命促(조종비명촉) / 挽歌1 / 263	酒中適何多(주중적하다) / 蜡日 / 199
鳥盡廢良弓(조진폐양궁) / 飲酒17 / 179	駿鸎豈足恃(준악기족시) / 讀山11 / 259
朝霞開宿霧(조하개숙무) / 詠貧1 / 229	樽中酒不燥(준중주부조) / 雜詩4 / 217
存生不可言(존생불가언) / 形影 / 59	中道逢嘉友(중도봉가우) / 擬古1 / 201
拙生失其方(졸생실기방) / 雜詩8 / 223	仲理歸大澤(중리귀대택) / 飲酒12 / 173
從古皆有沒(종고개유몰) / 己酉 / 155	重離照南陸(중리조남륙) / 述酒 / 187
終古謂之然(종고위지연) / 連雨 / 95	仲父獻誠言(중보헌성언) / 讀山13 / 259
從今至歲寒(종금지세한) / 擬古5 / 207	中觴縱遙情(중상종요정) / 遊斜 / 77
鍾期信爲賢(종기신위현) / 怨詩 / 87	重觴忽忘天(중상홀망천) / 連雨 / 95
終當歸空無(종당귀공무) / 歸園4 / 71	中宵尙孤征(중소상고정) / 辛丑 / 135
種豆南山下(종두남산하) / 歸園3 / 69	中宵佇遙念(중소저요념) / 戊申 / 151
縱浪大化中(종랑대화중) / 形影 / 61	重雲蔽白日(중운폐백일) / 和胡 / 121
從來將千載(종래장천재) / 詠貧4 / 233	仲蔚愛窮居(중울애궁거) / 詠貧6 / 235
終反班生廬(종반반생려) / 始作 / 129	衆鳥相與飛(중조상여비) / 詠貧1 / 229
種桑長江邊(종상장강변) / 擬古9 / 211	衆鳥欣有託(중조흔유탁) / 讀山1 / 249
終身與世辭(종신여세사) / 飲酒12 / 173	衆鳥沒其姿(중초몰기자) / 飲酒8 / 167
縱心復何疑(종심부하의) / 庚子2 / 133	仲春遘時雨(중춘구시우) / 擬古3 / 203
從我穎水濱(종아영수빈) / 示周 / 79	衆蟄各潛駭(중칩각잠해) / 擬古3 / 203
終以翳吾情(종이예오정) / 飲酒16 / 177	中夏貯淸蔭(중하저청음) / 和郭1 / 105
終日無一欣(종일무일흔) / 示周 / 79	重華去我久(중화거아구) / 詠貧3 / 231
終日馳車走(종일치거주) / 飲酒20 / 183	重華固靈墳(중화고영분) / 述酒 / 187

重華爲之來(중화위지래)	/ 讀山13 / 259	此理將不勝(차리장불승)	/ 移居2 / 99
卽理愧通識(즉리괴통식)	/ 癸始1 / 139	借問衰周來(차문쇠주래)	/ 詠二 / 239
卽事多所欣(즉사다소흔)	/ 癸始2 / 141	借問爲誰悲(차문위수비)	/ 悲從 / 123
卽事如已高(즉사여이고)	/ 五月 / 93	借問游方士(차문유방사)	/ 桃花 / 311
卽日棄其官(즉일기기관)	/ 詠5 / 233	借問採薪者(차문채신자)	/ 歸園4 / 71
指景限西隅(지경한서우)	/ 庚子1 / 131	此士難再得(차사난재득)	/ 擬古8 / 211
至德冠邦閭(지덕관방려)	/ 詠5 / 235	此事眞復樂(차사진부락)	/ 和郭1 / 105
知我故來意(지아고래의)	/ 擬古5 / 207	此士胡獨然(차사호독연)	/ 詠貧6 / 235
池魚思故淵(지어사고연)	/ 歸園1 / 67	此生豈再値(차생기재치)	/ 雜詩6 / 219
地爲罕人遠(지위한인원)	/ 癸始1 / 139	且遂灌我園(차수관아원)	/ 戊申 / 153
知有來歲不(지유내세부)	/ 酬劉 / 103	此心稍已去(차심초이거)	/ 雜詩5 / 217
止有一劉龔(지유일유공)	/ 詠6 / 235	此語眞不虛(차어진불허)	/ 歸園4 / 71
知音苟不存(지음구부존)	/ 詠1 / 229	且爲陶一觴(차위도일상)	/ 雜詩8 / 223
志意多所恥(지의다소치)	/ 飮酒19 / 179	且有後世名(차유후세명)	/ 詠荊 / 245
止日終不別(지일종불별)	/ 形影 / 59	此蔭獨不衰(차음독불쇠)	/ 飮酒4 / 165
志在報强嬴(지재보강영)	/ 詠荊 / 245	此已非常身(차이비상신)	/ 雜詩1 / 213
枝條始欲茂(지조시욕무)	/ 擬古9 / 211	此人皆焉如(차인개언여)	/ 歸園4 / 71
止酒情無喜(지주정무희)	/ 止酒 / 185	此情久已離(차정구이리)	/ 雜詩10 / 225
遲遲將回步(지지장회보)	/ 悲從 / 125	此中有眞意(차중유진의)	/ 飮酒5 / 165
遲遲出林翮(지지출림핵)	/ 詠貧1 / 229	且進杯中物(차진배중물)	/ 責子 / 193
持此感人多(지차감인다)	/ 擬古7 / 209	此行誰使然(차행수사연)	/ 飮酒10 / 171
持此欲何成(지차욕하성)	/ 飮酒3 / 163	粲然有心理(찬연유심리)	/ 雜詩12 / 227
指彼決吾疑(지피결오의)	/ 擬古6 / 207	粲粲三珠樹(찬찬삼주수)	/ 讀山7 / 255
直爲親舊故(직위친구고)	/ 和劉 / 101	猖狂獨長悲(창광독장비)	/ 和胡 / 121
直在百年中(직재백년중)	/ 擬古2 / 203	蒼蒼谷中樹(창창곡중수)	/ 擬古6 / 207
直至東海隅(직지동해우)	/ 飮酒10 / 171	悵恨獨策還(창한독책환)	/ 歸園5 / 71
稷下多談士(직하다담사)	/ 擬古6 / 207	採荼足朝飡(채거족조찬)	/ 詠貧5 / 233
眞想初在襟(진상초재금)	/ 始作 / 127	采菊東籬下(채국동리하)	/ 飮酒5 / 165
塵爵恥虛罍(진작치허뢰)	/ 九日 / 65	淒厲歲云暮(처려세운모)	/ 詠貧2 / 229
戢枻守窮湖(즙예수궁호)	/ 庚子1 / 131	淒淒歲暮風(처처세모풍)	/ 癸十 / 143
		淒淒風露交(처처풍로교)	/ 己酉 / 155
		隻雞招近局(척계초근국)	/ 歸園5 / 73
且共歡此飮(차공환차음)	/ 飮酒9 / 169	天高肅景澈(천고숙경철)	/ 和郭2 / 107
且極今朝樂(차극금조락)	/ 遊斜 / 77	天豈去此哉(천기거차재)	/ 連雨 / 95
且當從黃綺(차당종황기)	/ 飮酒6 / 167	千年不復朝(천년불부조)	/ 挽歌3 / 265
此同旣難常(차동기난상)	/ 形影 / 59	天道幽且遠(천도유차원)	/ 怨詩 / 85
嗟來何足吝(차래하족린)	/ 有會 / 195	阡陌不移舊(천맥불이구)	/ 還舊 / 149

天容自永固(천용자영고) / 述酒 / 189	草榮識節和(초영식절화) / 桃花 / 311
天運苟如此(천운구여차) / 責子 / 193	草屋八九間(초옥팔구간) / 歸園1 / 67
千載乃相關(천재내상관) / 庚戌 / 157	招集百夫良(초집백부량) / 詠荊 / 245
千載撫爾訣(천재무이결) / 和郭2 / 107	迢遞槐江嶺(초체괴강령) / 讀山3 / 251
千載不相違(천재불상위) / 飮酒4 / 165	迢迢百尺樓(초초백척루) / 擬古4 / 205
千載非所知(천재비소지) / 己酉 / 155	迢迢新秋夕(초초신추석) / 戊申 / 151
千載有餘情(천재유여정) / 詠荊 / 247	鯈領由化遷(초쾌유화천) / 歲暮 / 119
天地共俱生(천지공구생) / 讀山2 / 251	促席延故老(촉석연고로) / 詠二 / 239
天地長不沒(천지장불몰) / 形影 / 57	總髮抱孤介(총발포고개) / 戊申 / 151
千秋萬歲後(천추만세후) / 挽歌1 / 263	總不好紙筆(총불호지필) / 責子 / 193
遷化或夷險(천화혹이험) / 五月 / 93	叢雁鳴雲霄(총안명운소) / 己酉 / 155
瞻望邈難逮(첨망막난체) / 癸始2 / 139	秋菊有佳色(추국유가색) / 飮酒7 / 167
瞻夕欣良讌(첨석흔양연) / 於王 / 109	秋熟靡王稅(추숙미왕세) / 桃花 / 311
淸歌散新聲(청가산신성) / 諸人 / 83	芻葉有常溫(추엽유상온) / 詠貧5 / 233
淸歌暢商音(청가창상음) / 詠貧3 / 231	秋日淒且厲(추일처차려) / 於王 / 109
靑邱有奇鳥(청구유기조) / 讀山12 / 259	惆悵念常餐(추창염상찬) / 雜詩9 / 223
淸氣澄餘滓(청기징여재) / 己酉 / 155	秋草雖未黃(추초수미황) / 述酒 / 187
淸涼素秋節(청량소추설) / 和郭2 / 107	麤絺以應陽(추치이응양) / 雜詩8 / 221
淸貧略難儔(청빈약난주) / 詠貧7 / 235	春醪生浮蟻(춘료생부의) / 挽歌2 / 265
靑松冠巖列(청송관암열) / 和郭2 / 107	春醪解飢劬(춘료해기구) / 和劉 / 101
靑松在東園(청송재동원) / 飮酒8 / 167	春燕應節起(춘연응절기) / 雜詩11 / 225
靑松夾路生(청송협로생) / 擬古5 / 207	春蠶旣無食(춘잠기무식) / 擬古9 / 211
淸晨聞叩門(청신문고문) / 飮酒9 / 169	春蠶收長絲(춘잠수장사) / 桃花 / 311
淸顔止宿容(청안지숙용) / 止酒 / 185	春秋多佳日(춘추다가일) / 移居2 / 97
淸言曉未悟(청언효미오) / 詠二 / 239	春風扇微和(춘풍선미화) / 擬古7 / 209
淸謠結心曲(청요결심곡) / 贈羊 / 117	春興豈自免(춘흥기자면) / 癸始1 / 139
淸節映西關(청절영서관) / 詠貧5 / 235	出門萬里客(출문만리객) / 擬古1 / 201
淸朝起南颸(청조기남시) / 和胡 / 121	出則陪文輿(출즉배문여) / 詠三 / 243
請從余所之(청종여소지) / 飮酒12 / 173	忠情謬獲露(충정류획로) / 詠三 / 243
淸吹與鳴彈(청취여명탄) / 諸人 / 83	取琴爲我彈(취금위아탄) / 擬古5 / 207
淸颻矯雲翮(청표교운핵) / 乙巳 / 147	騏驥感悲泉(취기감비천) / 歲暮 / 119
淸風脫然至(청풍탈연지) / 飮酒17 / 177	取舍邈異境(취사막이경) / 飮酒13 / 173
草廬寄窮巷(초려기궁항) / 戊申 / 151	取足蔽牀席(취족폐상석) / 移居1 / 97
草木得常理(초목득상리) / 形影 / 57	惻愴多所悲(측창다소비) / 還舊 / 149
草木從橫舒(초목종횡서) / 擬古3 / 203	惻惻悲襟盈(측측비금영) / 悲從 / 125
草盛豆苗稀(초성두묘희) / 歸園3 / 69	鴟鵂見城邑(치주현성읍) / 讀山12 / 259
初與君別時(초여군별시) / 擬古1 / 201	値歡無復娛(치환무부오) / 雜詩5 / 217

親舊哭我傍(친구곡아방) / 挽歌2 / 265
親識豈相思(친식기상사) / 形影 / 57
親戚共一處(친척공일처) / 雜詩4 / 217
親戚或餘悲(친척혹여비) / 挽歌3 / 267
沈陰擬薰麝(침음의훈사) / 雜詩10 / 225
寢跡衡門下(침적형문하) / 癸十 / 143
稱心固爲好(칭심고위호) / 飮酒11 / 171

ㅌ

他人亦已歌(타인역이가) / 挽歌3 / 267
託乘一來游(탁승일래유) / 讀山3 / 251
託身已得所(탁신이득소) / 飮酒4 / 165
卓然見高枝(탁연현고지) / 飮酒8 / 167
卓爲霜下傑(탁위상하걸) / 和郭2 / 107
濁酒聊可恃(탁주요가시) / 飮酒19 / 181
濁酒且自陶(탁주차자요) / 己酉 / 155
託體同山阿(탁체동산아) / 挽歌3 / 267
彈冠乘通津(탄관승통진) / 詠三 / 243
彈冠佐名州(탄관좌명주) / 詠貧7 / 235
脫有經過便(탈유경과편) / 與殷 / 113
蕩蕩空中景(탕탕공중경) / 雜詩2 / 213
通子垂九齡(통자수구령) / 責子 / 193
頹基無遺主(퇴기무유주) / 擬古4 / 205
投冠旋舊墟(투관선구허) / 辛丑 / 135
投耒去學仕(투뢰거학사) / 飮酒19 / 179
投義志攸希(투의지유희) / 詠三 / 243
投策命晨裝(투책명신장) / 始作 / 127

ㅍ

擺落悠悠談(파락유유담) / 飮酒12 / 173
頗廻故人車(파회고인거) / 讀山1 / 249
八翰共成林(팔간공성림) / 讀山7 / 255
八表須臾還(팔표수유환) / 連雨 / 95
彭殤非等倫(팽상비등륜) / 述酒 / 189
彭祖愛永年(팽조애영년) / 形影 / 61
翩翩三靑鳥(편편삼청조) / 讀山5 / 253
翩翩新來燕(편편신래연) / 擬古3 / 203

平生不止酒(평생부지주) / 止酒 / 185
平王去舊京(평왕거구경) / 述酒 / 189
平原獨茫茫(평원독망망) / 擬古4 / 205
平疇交遠風(평주교원풍) / 癸始2 / 141
平津苟不由(평진구불유) / 癸十 / 143
弊襟不掩肘(폐금불엄주) / 詠貧3 / 231
敝廬交悲風(폐려교비풍) / 飮酒16 / 177
敝廬何必廣(폐려하필광) / 移居1 / 97
弊服仍不周(폐복잉부주) / 詠貧4 / 233
漂流逮狂秦(표류체광진) / 飮酒20 / 181
飄如陌上塵(표여맥상진) / 雜詩1 / 213
飄飄西來風(표표서래풍) / 與殷 / 111
飄飄吹我衣(표표취아의) / 和胡 / 121
稟氣寡所諧(품기과소해) / 飮酒9 / 169
風氣亦先寒(풍기역선한) / 庚戌 / 157
風來入房戶(풍래입방호) / 雜詩2 / 215
風雪送餘運(풍설송여운) / 蜡日 / 199
風水互乖違(풍수호괴위) / 於王 / 109
風雨縱橫至(풍우종횡지) / 怨詩 / 85
風爲自蕭條(풍위자소조) / 挽歌3 / 265
風波阻中塗(풍파조중도) / 飮酒10 / 171
披褐守長夜(피갈수장야) / 飮酒16 / 177
被褐欣自得(피갈흔자득) / 始作 / 127
被服常不完(피복상불완) / 擬古5 / 205
披榛步荒墟(피진보황허) / 歸園4 / 71
彼此更共之(피차갱공지) / 飮酒1 / 161
披草共來往(피초공내왕) / 歸園2 / 69
必爾不復疑(필이불부의) / 形影 / 57

ㅎ

夏木獨森疎(하목독삼소) / 庚子1 / 131
何事紲塵羈(하사설진기) / 飮酒8 / 169
何事立空言(하사입공언) / 飮酒2 / 163
何嘗失顯默(하상실현묵) / 飮酒18 / 179
何時見餘暉(하시견여휘) / 詠貧1 / 229
何時更能嘗(하시갱능상) / 挽歌2 / 265
何用身後置(하용신후치) / 雜詩6 / 219

何爲復狐疑(하위부호의) / 飮酒12 / 173	抗言談在昔(항언담재석) / 移居1 / 97
何幽不見燭(하유불견촉) / 讀山6 / 255	奚覺無一人(해각무일인) / 形影 / 57
何意爾先傾(하의이선경) / 悲從 / 123	解顔勸農人(해안권농인) / 癸始2 / 141
何以慰吾懷(하이위오회) / 詠貧2 / 231	奚止千萬祀(해지천만사) / 止酒 / 185
何以稱我情(하이칭아정) / 己酉 / 155	行者無問津(행자무문진) / 癸始2 / 141
何以廢共鯀(하이폐공곤) / 讀山13 / 259	行止千萬端(행지천만단) / 飮酒6 / 165
何人得靈長(하인득영장) / 讀山8 / 255	行行循歸路(행행순귀로) / 庚子1 / 131
夏日長抱飢(하일장포기) / 怨詩 / 85	行行失故路(행행실고로) / 飮酒17 / 179
何必骨肉親(하필골육친) / 雜詩1 / 213	行行停出門(행행정출문) / 擬古6 / 209
何必升華嵩(하필승화숭) / 五月 / 93	行行至斯里(행행지사리) / 乞食 / 81
下絃操孤鸞(하현조고란) / 擬古5 / 207	行行向不惑(행행향불혹) / 飮酒16 / 177
學語未成音(학어미성음) / 和郭1 / 105	向來相送人(향래상송인) / 挽歌3 / 267
壑舟無須臾(학주무수유) / 雜詩5 / 219	鄉里習其風(향리습기풍) / 擬古2 / 203
閑暇輒相思(한가첩상사) / 移居2 / 97	向夕長風起(향석장풍기) / 歲暮 / 119
閑居離世紛(한거이세분) / 述酒 / 189	虛室有餘閒(허실유여한) / 歸園1 / 67
閑居非陳厄(한거비진액) / 詠貧2 / 231	虛室絶塵想(허실절진상) / 歸園2 / 69
閑居三十載(한거삼십재) / 辛丑 / 135	虛舟縱逸棹(허주종일도) / 五月 / 93
閑居執蕩志(한거집탕지) / 雜詩10 / 223	軒裳逝東崖(헌상서동애) / 雜詩10 / 225
閑谷矯鳴鷗(한곡교명구) / 遊斜 / 75	賢達無奈何(현달무내하) / 挽歌3 / 265
寒氣激我懷(한기격아회) / 雜詩10 / 225	玄鬢早已白(현빈조이백) / 雜詩6 / 221
寒氣冒山澤(한기모산택) / 於王 / 109	賢聖留餘跡(현성유여적) / 贈羊 / 115
寒餒常糟糠(한뇌상조강) / 雜詩8 / 221	泫然霑我衣(현연점아의) / 詠三 / 243
恨不及周穆(한불급주목) / 讀山3 / 251	賢愚無復數(현우무부수) / 形影 / 61
寒暑有代謝(한서유대사) / 飮酒1 / 161	賢者避其世(현자피기세) / 桃花 / 309
寒暑日相推(한서일상추) / 還舊 / 149	賢哉豈常譽(현재기상예) / 詠二 / 239
寒夜無被眠(한야무피면) / 怨詩 / 85	懸車斂餘暉(현거염여휘) / 於王 / 109
閑雨紛微微(한우분미미) / 和胡 / 121	峽中納遺薰(협중납유훈) / 述酒 / 189
寒雲沒西山(한운몰서산) / 歲暮 / 119	荊棘籠高墳(형극농고분) / 詠三 / 243
閑飮自歡然(한음자환연) / 答龐5 / 89	荊扉晝常閉(형비주상폐) / 癸十 / 143
寒衣欲誰待(한의욕수대) / 擬古9 / 211	荊薪代明燭(형신대명촉) / 歸園5 / 73
寒竹被荒蹊(한죽피황혜) / 癸始1 / 139	形迹憑化往(형적빙화왕) / 戊申 / 151
寒風拂枯條(한풍불고조) / 雜詩6 / 221	形迹滯江山(형적체강산) / 答龐5 / 91
寒花徒自榮(한화도자영) / 九日 / 65	刑天無千歲(형천무천세) / 讀山10 / 257
銜觴念幽人(함상염유인) / 和郭2 / 107	迥澤散游目(형택산유목) / 遊斜 / 75
銜哀過舊宅(함애과구택) / 悲從 / 123	形骸久已化(형해구이화) / 連雨 / 95
銜戢知何謝(함즙지하사) / 乞食 / 81	惠孫一晤歎(혜손일오탄) / 詠貧7 / 237
含薰待淸風(함훈대청풍) / 飮酒17 / 177	好味止園葵(호미지원규) / 止酒 / 185

胡事乃躊躇(호사내주저) / 和劉 / 101	黃鳥聲正悲(황조성정비) / 詠三 / 243
胡爲不自竭(호위부자갈) / 形影 / 59	荒草沒前庭(황초몰전정) / 飮酒16 / 177
好爵吾不榮(호작오불영) / 詠貧4 / 233	荒草何茫茫(황초하망망) / 挽歌3 / 265
壺漿勞近鄰(호장노근린) / 癸始2 / 141	黃花復朱實(황화부주실) / 讀山4 / 253
壺漿遠見候(호장원견후) / 飮酒9 / 169	遑恤身後慮(황휼신후려) / 詠二 / 241
戶庭無塵雜(호정무진잡) / 歸園1 / 67	懷古一何深(회고일하심) / 和郭1 / 105
豪主正怔營(호주정정영) / 詠荊 / 247	回顧慘風涼(회고참풍량) / 雜詩11 / 225
好風與之俱(호풍여지구) / 讀山1 / 249	回復遂無窮(회복수무궁) / 五月 / 93
或有數斗酒(혹유수두주) / 答龐5 / 89	懷役不遑寐(회역불황매) / 辛丑 / 135
魂氣散何之(혼기산하지) / 挽歌1 / 263	懷人在九冥(회인재구명) / 悲從 / 123
忽與一樽酒(홀여일준주) / 飮酒1 / 161	懷此貞秀姿(회차정수자) / 和郭2 / 107
忽已親此事(홀이친차사) / 雜詩6 / 219	懷此頗有年(회차파유년) / 移居1 / 97
忽値山河改(홀치산하개) / 擬古9 / 211	回飇開我襟(회표개아금) / 和郭1 / 105
洪柯百萬尋(홍가백만심) / 讀山6 / 253	看案盈我前(효안영아전) / 挽歌2 / 265
化去不復悔(화거불부회) / 讀山10 / 257	晶晶川上平(효효천상평) / 辛丑 / 135
和澤周三春(화택주삼춘) / 和郭2 / 107	厚餽吾不酬(후궤오불수) / 詠貧4 / 233
華軒盈道路(화헌영도로) / 詠二 / 239	厚恩固難忘(후은고난망) / 詠三 / 243
歡來苦夕短(환래고석단) / 歸園5 / 73	揮杯勸孤影(휘배권고영) / 雜詩2 / 215
歡言酌春酒(환언작춘주) / 讀山1 / 249	揮觴道平素(휘상도평소) / 詠二 / 239
還坐更自思(환좌갱자사) / 擬古6 / 209	欣然方彈琴(흔연방탄금) / 詠貧3 / 231
闊哉秦穆談(활재진목담) / 歲暮 / 119	欽丕鳥違帝旨(흠비위제지) / 讀山11 / 257
黃綺之商山(황기지상산) / 桃花 / 309	興言在玆春(흥언재자춘) / 與殷 / 111
荒塗無歸人(황도무귀인) / 和劉 / 101	羲農去我久(희농거아구) / 飮酒20 / 181
荒路曖交通(황로애교통) / 桃花 / 311	

문구 색인

1. 문구 출처 표기

원래 제목/[표기 제목](앞 두 자를 기준)/본문의 페이지

(1) 문장

感士不遇賦
  1. 序/[感士-序]/273
  2. 本文/[感士]/273
歸去來兮辭
  1. 序/[歸去-序]/297
  2. 本文/[歸去]/297

桃花源記/[桃花]/307
讀史述九章
  1. 序/[讀史-序]/329
  2. 本文
    夷齊/[讀史]/329
    箕子/[讀史]/329
    管鮑/[讀史]/331
    程杵/[讀史]/331
    七十二弟子/[讀史]/333
    屈賈/[讀史]/333
    韓非/[讀史]/335
    魯二儒/[讀史]/335
    張長公/[讀史]/337

尙長禽慶贊/[尙長]/345
扇上畫贊/[扇上]/339

與子儼等疏/[與子]/349
五柳先生傳/[五柳]/325

自祭文/[自祭]/371
祭程氏妹文/[祭程]/355
祭從弟敬遠文/[祭從]/361
晉故征西大將軍長史孟府君傳/[晉故]/315

閑情賦
  1. 序/[閑情-序]/285
  2. 本文/[閑情]/285

(2) 시서

ㄱ

九日閒居詩序/[九日-序]/65

答龐參軍詩序(四言) / [答龐4-序] / 31
答龐參軍詩序(五言) / [答龐5-序] / 89

時運詩序 / [時運-序] / 17

ㅇ

與殷晉安別詩序 / [與殷-序] / 111
榮木詩序 / [榮木-序] / 21
遊斜川詩序 / [遊斜-序] / 75
有會而作詩序 / [有會-序] / 195
飲酒詩序 / [飲酒-序] / 161

停雲詩序 / [停雲-序] / 13
贈羊長史詩序 / [贈羊-序] / 115
贈長沙公詩序 / [贈長-序] / 25

形影神詩序 / [形影-序] / 57

(3) 題注

述酒詩題注 / [述酒-題] / 187

2. 문구 색인

문구 / 제목(앞 두 자를 기준) – (組詩의 순서) / 본문의 페이지

ㄱ

嘉不知(가부지) / 晉故 / 317
家貧不能常得(가빈불능상득) / 五柳 / 327
可象可傚(가상가효) / 祭程 / 357
家叔以余貧苦(가숙이여빈고) / 歸去-序 / 297
可以無恨(가이무한) / 自祭 / 375
家人無怨色(가인무원색) / 與子 / 353
覺今是而昨非(각금시이작비) / 歸去 / 299
各疏年紀鄕里(각소년기향리) / 遊斜-序 / 75
簡穆有器識(간목유기식) / 晉故 / 317
曷不委心任去留(갈불위심임거류) / 歸去 / 303
曷依曷恃(갈의갈시) / 祭程 / 359
葛天氏之民歟(갈천씨지민여) / 五柳 / 327
感鵬獻辭(감복헌사) / 讀史 / 333
甘貧賤以辭榮(감빈천이사영) / 感士 / 275
感觴賦詩(감상부시) / 五柳 / 327
感吾生之行休(감오생지행휴) / 歸去 / 303
感爲情牽(감위정견) / 讀史 / 333
感惟崩號(감유붕호) / 祭程 / 359
酣飮賦詩(감음부시) / 自祭 / 375
感人生之長勤(감인생지장근) / 閑情 / 285
甘此灌園(감차관원) / 扇上 / 341
感哲人之無偶(감철인지무우) / 感士 / 279
感平生之遊處(감평생지유처) / 祭從 / 361
講習之暇(강습지가) / 感士-序 / 273
江州有孟嘉(강주유맹가) / 晉故 / 317
江夏鄂人也(강하악인야) / 晉故 / 315
介介若人(개개약인) / 讀史 / 335

皆口腹自役(개구복자역) / 歸去-序 / 297
開卷有得(개권유득) / 與子 / 351
慨想黃虞(개상황우) / 讀史 / 329
慨焉已遐(개언이하) / 自祭 / 375
慨然永懷(개연영회) / 有會-序 / 195
慨然惆悵(개연추창) / 感士-序 / 273
皆爲我異(개위아이) / 讀史 / 337
慨有時而不同(개유시이부동) / 閑情 / 291
皆出酒食(개출주식) / 桃花 / 309
皆歎惋(개탄완) / 桃花 / 309
凱風寒泉之思(개풍한천지사) / 晉故 / 325
客居縣界(객거현계) / 晉故 / 321
擧秀才(거수재) / 晉故 / 319
去矣尋名山(거의심명산) / 向長 / 345
擧止詳姸(거지상연) / 閑情 / 287
去鄕之感(거향지감) / 讀史 / 329
褰朱幬而正坐(건주위이정좌) / 閑情 / 287
黔婁有言(검루유언) / 五柳 / 327
儉笑王孫(검소왕손) / 自祭 / 375
檢逸辭而宗澹泊(검일사이종담박) / 閑情-序 / 285
憩遙情于八遐(게요정우팔하) / 閑情 / 295
愒日惜時(계일석시) / 自祭 / 373
激淸音以感余(격청음이감여) / 閑情 / 287
見樹木交蔭(견수목교음) / 與子 / 351
見漁人(견어인) / 桃花 / 307
見贈(견증) / 答龐4-序 / 31
潔己淸操之人(결기청조지인) / 感士-序 / 273
䍦比夜已長(겸비야이장) / 飮酒-序 / 161
煢煢遊魂(경경유혼) / 祭程 / 359

經過潯陽(경과심양) / 贈長-序 / 25
卿但自覺(경단자몌) / 晉故 / 319
景落西軒(경락서헌) / 閑情 / 287
景物斯和(경물사화) / 時運-序 / 17
竟死說難(경사세난) / 讀史 / 335
耕植不足以自給(경식부족이자급) / 歸去-序 / 297
景翳翳以將入(경예예이장입) / 歸去 / 301
慶自己蹈(경자기도) / 祭程 / 357
竟寂寞而無見(경적막이무견) / 閑情 / 293
逕之龍山(경지용산) / 晉故 / 323
竟尺土之莫及(경척토지막급) / 感士 / 281
景行行止(경행행지) / 與子 / 353
鷄犬相聞(계견상문) / 桃花 / 307
雞斂翅而未鳴(계염시이미명) / 閑情 / 295
顧景酣宴(고경감연) / 晉故 / 323
呱呱遺稚(고고유치) / 祭從 / 367
故極陳形影之苦(고극진형영지고) / 形影-序 / 57
顧衿袖以緬邈(고금수이면막) / 閑情 / 291
考槃山陰(고반산음) / 祭從 / 363
顧盼有儔(고반유주) / 扇上 / 343
高謝人間(고사인간) / 扇上 / 341
高山仰止(고산앙지) / 與子 / 353
高尙士也(고상사야) / 桃花 / 309
高選儒官(고선유관) / 晉故 / 317
考所願而必違(고소원이필위) / 閑情 / 291
顧我不能(고아불능) / 扇上 / 341
高陽許詢有雋才(고양허순유준재) / 晉故 / 321
告儼俟份佚佟(고엄사빈일동) / 與子 / 349
顧影獨盡(고영독진) / 飮酒-序 / 161
故應尙德之擧(고응상덕지거) / 晉故 / 317
故夷皓有安歸之歎(고이호유안귀지탄) / 感士-序 / 273
故人悽其相悲(고인처기상비) / 自祭 / 371
故便求之(고변구지) / 歸去-序 / 297

曲調將半(곡조장반) / 閑情 / 287
空服九華(공복구화) / 九日-序 / 65
空委棄於牀前(공위기어상전) / 閑情 / 289
孔子稱(공자칭) / 晉故 / 325
公田之利(공전지리) / 歸去-序 / 297
共喰至言(공찬지언) / 讀史 / 333
共取其心焉(공취기심언) / 形影-序 / 57
恐他人之我先(공타인지아선) / 閑情 / 287
過潯陽(과심양) / 答龐4-序 / 31
管生稱心(관생칭심) / 讀史 / 331
款然良對(관연양대) / 答龐5-序 / 89
廣結髮以從政(광결발이종정) / 感士 / 281
廣其辭義(광기사의) / 閑情-序 / 285
光祿大夫南陽劉耽(광록대부남양류탐) / 晉故 / 323
乖隔楚越(괴격초월) / 祭程 / 357
宏羅制而鳥驚(굉라제이조경) / 感士 / 275
狡童之歌(교동지가) / 讀史 / 331
交酌林下(교작림하) / 扇上 / 341
巧行居災(교행거재) / 讀史 / 335
交欣懼於中襟(교흔구어중금) / 閑情 / 293
舊穀旣沒(구곡기몰) / 有會-序 / 195
具答之(구답지) / 桃花 / 307
九流參差(구류참치) / 扇上 / 339
懼冒禮之爲羼(구모례지위건) / 閑情 / 287
懼負素志(구부소지) / 祭從 / 365
懼斯言之虛陳(구사언지허진) / 感士 / 279
俱映日月(구영일월) / 讀史 / 333
九月九日(구월구일) / 晉故 / 319
懼玆餘恥(구자여치) / 讀史 / 331
求之靡途(구지미도) / 歸去-序 / 297
懼彼無成(구피무성) / 自祭 / 373
懼或乖謬(구혹괴류) / 晉故 / 325
君求赴義(군구부의) / 晉故 / 321
君歸見嘲笑(군귀견조소) / 晉故 / 321
君旣辭出外(군기사출외) / 晉故 / 317
君辭以脚疾(군사이각질) / 晉故 / 321

君嘗爲刺史謝永別駕(군상위자사사영별가)/晉故/321
君色和而正(군색화이정)/晉故/319
君少失父(군소실부)/晉故/315
君笑而答之(군소이답지)/晉故/323
君若在(군약재)/晉故/325
君謂其使曰(군위기사왈)/晉故/321
君子失時(군자실시)/讀史/335
君子之篤素(군자지독소)/感士-序/273
君在坐次甚遠(군재좌차심원)/晉故/317
君之第四女也(군지제사녀야)/晉故/325
君淸蹈衡門(군청도형문)/晉故/325
君初不自覺(군초부자각)/晉故/319
君諱嘉(군휘가)/晉故/315
屈雄志於戚豎(굴웅지어척수)/感士/281
眷言哲友(권언철우)/扇上/343
眷然有歸與之情(권연유귀여지정)/歸去-序/297
歸去來兮(귀거래혜)/歸去/297, 301
歸生俉擧(귀생오거)/與子/351
貴賤賢愚(귀천현우)/形影-序/57
閨門孝友(규문효우)/晉故/315
勤靡餘勞(근미여로)/自祭/373
謹按採行事(근안채행사)/晉故/325
禽生善周遊(금생선주유)/尙長/345
今先赴義(금선부의)/晉故/321
今我不述(금아불술)/有會-序/195
及郡下(급군하)/桃花/309
及歸(급귀)/晉故/321
及少日(급소일)/歸去-序/297
機巧好疎(기교호소)/與子/351
奇君爲褒之所得(기군위포지소득)/晉故/319
飢凍雖切(기동수절)/歸去-序/297
忮辨召患(기변소환)/讀史/335
旣不可希(기불가희)/有會-序/195
豈不多乏(기불다핍)/祭從/365

豈斯言之謬乎(기사언지류호)/晉故/325
豈三省之或廢(기삼성지혹폐)/感士/277
其色能溫(기색능온)/祭從/361
起攝帶以伺晨(기섭대이사신)/閑情/295
寄心淸尙(기심청상)/扇上/343
寄弱志於歸波(기약지어귀파)/閑情/295
其言玆若人之儔乎(기언자약인지주호)/五柳/327
其言則厲(기언즉려)/祭從/361
豈緼袍之爲恥(기온포지위치)/感士/281
旣窈窕以尋壑(기요조이심학)/歸去/301
期有德於傳聞(기유덕어전문)/閑情/285
其惟文乎(기유문호)/感士-序/273
豈惟常悲(기유상비)/答龐5-序/89
其人何在(기인하재)/晉故/317
旣自以心爲形役(기자이심위형역)/歸去/299
期在必醉(기재필취)/五柳/327
奇情雙亮(기정쌍량)/讀史/331
其中往來種作(기중왕래종작)/桃花/307
氣凄凄而就寒(기처처이취한)/閑情/293
旣出(기출)/桃花/309
旣醉而退(기취이퇴)/五柳/327
旣醉之後(기취지후)/飮酒-序/161
旣軒冕之非榮(기헌면지비영)/感士/281
寄懷於言(기회어언)/九日-序/65

奈何吾弟(내하오제)/祭從/367
奈何程妹(내하정매)/祭程/359
樂夫天命復奚疑(낙부천명부해의)/歸去/303
樂勝朋高(낙승붕고)/祭從/363
落英繽紛(낙영빈분)/桃花/307
樂飮川界(낙음천계)/祭從/365
樂天委分(낙천위분)/自祭/373
男女衣著(남녀의착)/桃花/307

南陽劉子驥(남양유자기) / 桃花 / 309
乃大驚(내대경) / 桃花 / 307
乃逃祿而歸耕(내도록이귀경) / 感士 / 275
乃不知有漢(내부지유한) / 桃花 / 309
迺育迺繁(내육내번) / 自祭 / 373
乃以園果時醪(내이원과시료) / 祭從 / 361
乃盆器焉(내익기언) / 晉故 / 319
乃瞻衡宇(내첨형우) / 歸去 / 299
路由永興(노유영흥) / 晉故 / 321
農人告余以春及(농인고여이춘급) / 歸去 / 301
雷同毀異(뇌동훼이) / 感士 / 277
賴魏守以納計(뇌위수이납계) / 感士 / 279
淚淋浪以灑袂(누임랑이쇄몌) / 感士 / 279
淚愍愍而盈眼(누민민이영안) / 祭從 / 361
屢乘危而幸濟(누승위이행제) / 感士 / 279
屢伸而不能已者也(누신이불능이자야) / 感士-序 / 273
能正能和(능정능화) / 祭程 / 357

短褐穿結(단갈천결) / 五柳 / 327
簞瓢屢罄(단표누경) / 自祭 / 371
簞瓢屢空(단표누공) / 五柳 / 327
但恨鄰靡二仲(단한린미이중) / 與子 / 349
淡美初交(담미초교) / 讀史 / 331
淡柔情於俗內(담유정어속내) / 閑情 / 285
答曰(답왈) / 晉故 / 323, 325
當斂裳宵逝(당렴상소서) / 歸去-序 / 297
當思四海皆兄弟之義(당사사해개형제지의) / 與子 / 351
當已作公不(당이작공부) / 晉故 / 325
儻行行之有覿(당행행지유적) / 閑情 / 293
待鳳鳥以致辭(대봉조이치사) / 閑情 / 287
對曰(대왈) / 晉故 / 317
大僞斯興(대위사흥) / 感士-序 / 273
德不百年(덕불백년) / 讀史 / 335

悼賈傅之秀朗(도가부지수랑) / 感士 / 279
徒契契以苦心(도계계이고심) / 閑情 / 291
徒勤思以自悲(도근사이자비) / 閑情 / 295
徒能見欺(도능견기) / 祭從 / 363
悼當年之晚暮(도당년지만모) / 閑情 / 293
徒芳潔而誰亮(도방결이수량) / 感士 / 277
悼吾年之不留(도오년지불류) / 遊斜-序 / 75
道悠運促(도유운촉) / 晉故 / 325
都邑美士(도읍미사) / 晉故 / 321
陶子將辭逆旅之館(도자장사역려지관) / 自祭 / 371
獨曠世以秀羣(독광세이수군) / 閑情 / 285
讀其文(독기문) / 感士-序 / 273
獨祇修以自勤(독지수이자근) / 感士 / 277
獨不識此人(독불식차인) / 晉故 / 321
獨秀中皐(독수중고) / 遊斜-序 / 75
獨養其志(독양기지) / 讀史 / 337
讀易悟益損(독역오익손) / 尙長 / 345
獨悁想以空尋(독연상이공심) / 閑情 / 293
同郡郭遜(동군곽손) / 晉故 / 315
冬無縕褐(동무온갈) / 祭從 / 365
同房之歡(동방지환) / 祭從 / 365
僮僕歡迎(동복환영) / 歸去 / 299
東西遊走(동서유주) / 與子 / 349
同遊斜川(동유사천) / 遊斜-序 / 75
同一盡於百年(동일진어백년) / 閑情 / 285
同祖行於今夕(동조행어금석) / 自祭 / 371
動衆人之悲泣(동중인지비읍) / 感士 / 281
冬春再交(동춘재교) / 答龐5-序 / 89
冬曝其日(동폭기일) / 自祭 / 373
杜康潤色之(두강윤색지) / 述酒題 / 187
得其船(득기선) / 桃花 / 309
登東皐以舒嘯(등동고이서소) / 歸去 / 303
登歲之功(등세지공) / 有會-序 / 195

444

ㅁ

藐藐孤女(막막고녀) / 祭程 / 359
邈無還期(막무환기) / 祭從 / 363
莫不營營以惜生(막불영영이석생) / 形影-序 / 57
莫曰匪賢(막왈비현) / 讀史 / 333
莫爲善之可娛(막위선지가오) / 感士 / 275
亡旣異存(망기이존) / 自祭 / 375
忘路之遠近(망로지원근) / 桃花 / 307
茫茫大塊(망망대괴) / 自祭 / 371
望崖輒歸(망애첩귀) / 扇上 / 341
望義如歸(망의여귀) / 讀史 / 331
望旐翩翩(망조편편) / 祭從 / 369
望曾城(망증성) / 遊斜-序 / 75
望軒唐而永歎(망헌당이영탄) / 感士 / 275
忘懷得失(망회득실) / 五柳 / 327
每憶有秋(매억유추) / 祭從 / 365
每役柴水之勞(매역시수지로) / 與子 / 351
每有會意(매유회의) / 五柳 / 327
每以家弊(매이가폐) / 與子 / 349
每以藥石見救(매이약석견구) / 與子 / 351
昧茲近情(매자근정) / 祭從 / 369
每縱心獨往(매종심독왕) / 晉故 / 321
每推服焉(매추복언) / 晉故 / 315
孟嘉故是盛德人也(맹가고시성덕인야) / 晉故 / 317
孟嘗遊學(맹상유학) / 扇上 / 343
孟生善酣(맹생선감) / 晉故 / 323
緬求在昔(면구재석) / 與子 / 351
眄庭柯以怡顔(면정가이이안) / 歸去 / 299
緬懷千載(면회천재) / 扇上 / 343
蔑彼結駟(멸피결사) / 扇上 / 341
明公但不得酒中趣爾(명공단부득주중취이) / 晉故 / 323
名實舊矣(명실구의) / 遊斜-序 / 75
命篇曰歸去來兮(명편왈귀거래혜) / 歸去-序 / 297

母在堂(모재당) / 晉故 / 317
母則從母(모즉종모) / 祭從 / 363
木欣欣以向榮(목흔흔이향영) / 歸去 / 301
沒亦見思(몰역견사) / 自祭 / 371
妙算者謂迷(묘산자위미) / 感士 / 277
眇然如何(묘연여하) / 與子 / 351
撫孤松而盤桓(무고송이반환) / 歸去 / 301
撫卷躊躇(무권주저) / 感士-序 / 273
無論魏晉(무론위진) / 桃花 / 309
武陵人捕魚爲業(무릉인포어위업) / 桃花 / 307
撫杯而言(무배이언) / 祭從 / 367
無夕不飮(무석불음) / 飮酒-序 / 161
無夊生之晤言(무원생지오언) / 感士 / 277
撫髫相成(무초상성) / 祭程 / 357
無懷氏之民歟(무회씨지민여) / 五柳 / 327
問今是何世(문금시하세) / 桃花 / 309
門無雜賓(문무잡빈) / 晉故 / 321
文辭超卓(문사초탁) / 晉故 / 321
聞善則樂(문선즉락) / 祭程 / 357
文成示溫(문성시온) / 晉故 / 319
問所從來(문소종래) / 桃花 / 307
門雖設而常關(문수설이상관) / 歸去 / 301
問征夫以前路(문정부이전로) / 歸去 / 299
聞之(문지) / 桃花 / 309
物久人脆(물구인취) / 祭從 / 367
物羣分以相形(물군분이상형) / 感士 / 275
物惡其上(물오기상) / 感士 / 277
未見其術(미견기술) / 歸去-序 / 297
未果(미과) / 桃花 / 309
未能正言(미능정언) / 祭從 / 367
迷變則愚(미변즉우) / 讀史 / 335
未嘗有喜慍之容(미상유희온지용) / 晉故 / 323
美惡作以異途(미악작이이도) / 感士 / 275
靡曆躍之非分(미잠약지비분) / 感士 / 275
靡執靡介(미집미개) / 祭從 / 361

문구 색인 445

俛俛辭世(민면사세) / 與子 / 349
愍馮叟於郎署(민풍수어낭서) / 感士 / 277
密網裁而魚駭(밀망재이어해) / 感士 / 275

ㅂ

班荊道舊(반형도구) / 與子 / 351
發斯談者(발사담자) / 與子 / 349
發忠孝於君親(발충효어군친) / 感士 / 275
方經年而見求(방경년이견구) / 閑情 / 289
魴鯉躍鱗於將夕(방리약린어장석) / 遊斜-序 / 75
傍無依接(방무의접) / 遊斜-序 / 75
髣髴若有光(방불약유광) / 桃花 / 307
傍若無人(방약무인) / 晉故 / 323
龐爲衛軍參軍(방위위군참군) / 答龐4-序 / 31
舫舟同濟(방주동제) / 祭從 / 365
芳草鮮美(방초선미) / 桃花 / 307
北風凄凄(북풍처처) / 閑情 / 293
百代見紀(백대견기) / 讀史 / 331
白首無成(백수무성) / 榮木-序 / 21
白首抱關(백수포관) / 讀史 / 335
百哀是切(백애시절) / 祭程 / 357
白雲掩晨(백운엄신) / 祭程 / 359
白雲依山(백운의산) / 閑情 / 287
繁霜燦於素階(번상찬어소계) / 閑情 / 295
汎淸瑟以自欣(범청슬이자흔) / 閑情 / 287
辟君部廬陵從事(벽군부여릉종사) / 晉故 / 317
便當語離(변당어리) / 答龐5-序 / 89
便得一山(변득일산) / 桃花 / 307
便步歸家(변보귀가) / 晉故 / 317
便扶向路(변부향로) / 桃花 / 309
便捨船從口入(변사선종구입) / 桃花 / 307
便要還家(변요환가) / 桃花 / 307
便超然命駕(변초연명가) / 晉故 / 323
便欣然忘食(변흔연망식) / 與子 / 351

便欣然忘食(변흔연망식) / 五柳 / 327
病奇名之不立(병기명지불립) / 感士 / 281
幷領江州(병령강주) / 晉故 / 317
並羅偏咎(병리편구) / 祭從 / 363
缾無儲粟(병무저속) / 歸去-序 / 297
秉三五而垂名(병삼오이수명) / 感士 / 273
並怡然自樂(병이연자락) / 桃花 / 307
並因觸類(병인촉류) / 閑情-序 / 285
病患以來(병환이래) / 與子 / 351
步徙倚以忘趣(보사의이망취) / 閑情 / 293
步容與於南林(보용여어남림) / 閑情 / 291
卜辰云窆(복진운폄) / 祭從 / 361
本旣不豐(본기불풍) / 答龐5-序 / 89
本心相過(본심상과) / 晉故 / 321
奉母二弟居(봉모이제거) / 晉故 / 315
奉使京師(봉사경사) / 晉故 / 321
奉上天之成命(봉상천지성명) / 感士 / 275
逢世多疑(봉세다의) / 讀史 / 333
逢運之貧(봉운지빈) / 自祭 / 371
復駕言兮焉求(부가언혜언구) / 歸去 / 301
富貴非吾願(부귀비오원) / 歸去 / 303
富貴在天(부귀재천) / 與子 / 349
復老病繼之(부노병계지) / 答龐5-序 / 89
夫導達意氣(부도달의기) / 感士-序 / 273
附素足以周旋(부소족이주선) / 閑情 / 289
負雅志於高雲(부아지어고운) / 閑情 / 285
復染翰爲之(부염한위지) / 閑情-序 / 285
俛而醉之(부이뢰지) / 祭程 / 355
夫履信思順(부이신사순) / 感士-序 / 273
夫人愛之(부인애지) / 自祭 / 373
復前行(부전행) / 桃花 / 307
不足爲外人道也(부족위외인도야) / 桃花 / 309
不終遠業(부종원업) / 晉故 / 325
父則同生(부즉동생) / 祭從 / 363
俯促鳴絃(부촉명현) / 閑情 / 287
夫何瓌逸之令姿(부하괴일지영자) / 閑情

446

/ 285
復行數十步(부행수십보) / 桃花 / 307
北窓下臥(북창하와) / 與子 / 351
分財無猜(분재무시) / 與子 / 351
不悇其意(불건기의) / 晉故 / 323
不愧賞於萬邑(불괴상어만읍) / 感士 / 281
不矯然而祈譽(불교연이기예) / 感士 / 277
不求甚解(불구심해) / 五柳 / 327
不汲汲於富貴(불급급어부귀) / 五柳 / 327
不慕榮利(불모영리) / 五柳 / 327
不拜(불배) / 晉故 / 321
不封不樹(불봉불수) / 自祭 / 377
不復乃爲嗟歎(불부내위차탄) / 遊斜-序 / 75
不復爲文(불부위문) / 答龐5-序 / 89
不復出焉(불부출언) / 桃花 / 309
不委曲而累己(불위곡이루기) / 感士 / 281
不任拜起(불임배기) / 晉故 / 321
不戚戚於貧賤(불척척어빈천) / 五柳 / 327
不蔽風日(불폐풍일) / 五柳 / 327
悲佳人之屢沐(비가인지루목) / 閑情 / 289
悲高樹之多蔭(비고수지다음) / 閑情 / 291
非矯厲所得(비교려소득) / 歸去-序 / 297
匪驕匪吝(비교비린) / 扇上 / 341
匪貴前譽(비귀전예) / 自祭 / 377
悲羅襟之宵離(비나금지소리) / 閑情 / 289
匪但親友(비단친우) / 祭從 / 363
悲董相之淵致(비동상지연치) / 感士 / 279
悲樂極以哀來(비락극이애래) / 閑情 / 291
悲文茵之代御(비문인지대어) / 閑情 / 289
悲白露之晨零(비백로지신령) / 閑情 / 291
悲夫(비부) / 感士-序 / 273
悲扶桑之舒光(비부상지서광) / 閑情 / 291
悲商叩林(비상고림) / 閑情 / 287
悲晨曦之易夕(비신희지이석) / 閑情 / 285
悲茹薇而隕身(비여미이운신) / 感士 / 279
瞥緣崖而無攀(비연애이무반) / 閑情 / 293

悲一往之不返(비일왕지불반) / 祭從 / 361
悲日月之遂往(비일월지수왕) / 遊斜-序 / 75
悲脂粉之尙鮮(비지분지상선) / 閑情 / 289
悲行止之有節(비행지지유절) / 閑情 / 289
貧賤與富貴(빈천여부귀) / 尙長 / 345

賜見東堂(사견동당) / 晉故 / 321
賜獨長年(사독장년) / 讀史七 / 333
謝良價於朝市(사양가어조시) / 感士 / 283
司馬子長又爲之(사마자장우위지) / 感士-序 / 273
辭無詮次(사무전차) / 飮酒-序 / 161
使問君之從者(사문군지종자) / 晉故 / 321
事不可尋(사불가심) / 祭從 / 367
絲不如竹(사불여죽) / 晉故 / 323
死生異方(사생이방) / 祭從 / 367
死生有命(사생유명) / 與子 / 349
師聖人之遺書(사성인지유서) / 感士 / 275
思宵夢以從之(사소몽이종지) / 閑情 / 293
斯甚惑焉(사심혹언) / 形影-序 / 57
事我宵晨(사아소신) / 自祭 / 371
斯愛實厚(사애실후) / 祭從 / 365
使汝等幼而飢寒(사여등유이기한) / 與子 / 349
死如有知(사여유지) / 祭程 / 359
死如之何(사여지하) / 自祭 / 377
思亦何極(사역하극) / 祭從 / 367
辭榮不仕(사영불사) / 晉故 / 321
仕吳司空(사오사공) / 晉故 / 315
四友之人(사우지인) / 與子 / 349
士爲知己(사위지기) / 讀史 / 331
斯情實深(사정실심) / 祭從 / 365
四弟二甥咸在坐(사제이생함재좌) / 晉故 / 319
四坐歎之(사좌탄지) / 晉故 / 321

四體不勤(사체불근) / 扇上 / 339
奢恥宋臣(사치송신) / 自祭 / 375
思親友也(사친우야) / 停雲-序 / 75
山嶷嶷而懷影(산의의이회영) / 感士 / 275
山有小口(산유소구) / 桃花 / 307
殺雞作食(살계작식) / 桃花 / 307
三逕就荒(삼경취황) / 歸去 / 299
三閭發已矣之哀(삼려발이의지애) / 感士-序 / 273
三復來貺(삼복내황) / 答龐5-序 / 89
三宿水濱(삼숙수빈) / 祭從 / 365
三五道邈(삼오도막) / 扇上 / 339
相開以顔(상개이안) / 祭從 / 365
相見蒿里(상견호리) / 祭程 / 359
相及齠齔(상급초츤) / 祭從 / 363
喪亡(상망) / 晉故 / 321
上山豈知反(상산기지반) / 尙長 / 345
嘗乘船近行(상승선근행) / 晉故 / 321
常言五六月中(상언오륙월중) / 與子 / 351
常傲然以稱情(상오연이칭정) / 感士 / 275
常願攜手(상원휴수) / 祭從 / 365
常依形而西東(상의형이서동) / 閑情 / 291
尙子昔薄宦(상자석박환) / 尙長 / 345
相將以道(상장이도) / 祭從 / 365
相將海隅(상장해우) / 讀史 / 329
常著文章自娛(상저문장자오) / 五柳 / 327
嘗從人事(상종인사) / 歸去-序 / 297
相知實難(상지실난) / 讀史 / 331
商盡規以拯弊(상진규이증폐) / 感士 / 281
傷請車以備槨(상청거이비곽) / 感士 / 279
常歎君溫雅平曠(상탄군온아평광) / 晉故 / 315
嘗會神情獨得(상회신정독득) / 晉故 / 323
色慘悽而矜顔(색참처이긍안) / 閑情 / 293
生生所資(생생소자) / 歸去-序 / 297
生信義於鄉閭(생신의어향려) / 感士 / 275
生人之善行(생인지선행) / 感士-序 / 273

生必有死(생필유사) / 與子 / 349
栖木蘭之遺露(서목란지유로) / 閑情 / 291
庶不謬作者之意乎(서불류작자지의호) / 閑情-序 / 285
書疏猶存(서소유존) / 祭程 / 359
逝然不顧(서연불고) / 讀史 / 335
序乙巳歲十一月也(서을사세십일월야) / 歸去-序 / 297
庶進德以及時(서진덕이급시) / 感士 / 277
昔董仲舒作士不遇賦(석동중서작사불우부) / 感士-序 / 273
昔與君同在溫府(석여군동재온부) / 晉故 / 323
惜哉(석재) / 晉故 / 325
昔在江陵(석재강릉) / 祭程 / 357
夕閑素琴(석한소금) / 祭從 / 363
善萬物之得時(선만물지득시) / 歸去 / 303
先生不知何許人也(선생부지하허인야) / 五柳 / 327
先我離世(선아이세) / 祭從 / 367
設酒(설주) / 桃花 / 307
性剛才拙(성강재졸) / 與子 / 349
聲流京邑(성류경읍) / 晉故 / 317
誠謬會以取拙(성류회이취졸) / 感士 / 283
世路多端(세로다단) / 讀史 / 337
歲云夕矣(세운석의) / 有會-序 / 195
世流浪而遂徂(세류랑이수조) / 感士 / 275
世與我而相違(세여아이상위) / 歸去 / 301
歲惟丁卯(세유정묘) / 自祭 / 371
歲在辛亥(세재신해) / 祭從 / 361
昭穆旣遠(소목기원) / 贈長-序 / 25
少思寡欲(소사과욕) / 祭從 / 361
蕭蕭冬月(소소동월) / 祭程 / 359
蕭蕭墓門(소소묘문) / 自祭 / 375
昭余中誠(소여중성) / 祭從 / 369
蕭然何事(소연하사) / 讀史 / 337

少而窮苦(소이궁고) / 與子 / 349
所以戰戰兢兢(소이전전긍긍) / 晉故 / 325
少學琴書(소학금서) / 與子 / 351
俗諺云(속언운) / 答龐5-序 / 89
束窈窕之纖身(속요조지섬신) / 閑情 / 289
遜從弟立(손종제립) / 晉故 / 315
率多時彦(솔다시언) / 晉故 / 317
率爾賦詩(솔이부시) / 遊斜-序 / 75
率妻子邑人來此絶境(솔처자읍인래차절경) / 桃花 / 309
松菊猶存(송국유존) / 歸去 / 299
送纖指之餘好(송섬지여호) / 閑情 / 287
誦邵南之餘歌(송소남지여가) / 閑情 / 295
刷玄鬢于頹肩(쇄현빈우퇴견) / 閑情 / 289
遂感而賦之(수감이부지) / 感士-序 / 273
遂見用於小邑(수견용어소읍) / 歸去-序 / 297
水鷗乘和以翻飛(수구승화이번비) / 遊斜-序 / 75
雖僅然於必知(수근연어필지) / 感士 / 277
誰能獨免(수능독면) / 與子 / 349
遂能以敗爲成(수능이패위성) / 與子 / 351
數面成親舊(수면성친구) / 答龐5-序 / 89
誰無兄弟(수무형제) / 祭程 / 355
雖文妙不足(수문묘부족) / 閑情-序 / 285
遂迷不復得路(수미불부득로) / 桃花 / 309
雖不能爾(수불능이) / 與子 / 353
受分陝之重(수분섬지중) / 晉故 / 317
獸索偶而不還(수색우이불환) / 閑情 / 293
壽涉百齡(수섭백령) / 自祭 / 375
遂與外人間隔(수여외인간격) / 桃花 / 309
壽夭永無外請故耶(수요영무외청고야) / 與子 / 349
遂爲縣人也(수위현인야) / 晉故 / 315
羞以嘉蔬(수이가소) / 自祭 / 371
垂釣川湄(수조천미) / 扇上 / 341
誰主誰祀(수주수사) / 祭程 / 359
遂指君謂亮曰(수지군위량왈) / 晉故 / 319
誰知斯意(수지사의) / 讀史 / 337
遂止信宿(수지신숙) / 晉故 / 321
隨瞻視以閒揚(수첨시이한양) / 閑情 / 289
雖好學與行義(수호학여행의) / 感士 / 279
雖懷瓊而握蘭(수회경이악란) / 感士 / 277
孰不願之(숙불원지) / 讀史 / 333
孰云敬遠(숙운경원) / 祭從 / 367
孰重後歌(숙중후가) / 自祭 / 377
瞬美目以流盼(순미목이유반) / 閑情 / 287
恂恂舞雩(순순무우) / 讀史 / 333
淳源汨以長分(순원골이장분) / 感士 / 275
旬有九日(순유구일) / 祭從 / 361
旬有餘日更版爲勸學從事(순유여일경판위근학종사) / 晉故 / 317
旬日已來(순일이래) / 有會-序 / 195
淳風日盡(순풍일진) / 扇上 / 339
承前王之淸誨(승전왕지청회) / 感士 / 279
承華首之餘芳(승화수지여방) / 閑情 / 289
時矯首而遐觀(시교수이하관) / 歸去 / 301
蓍龜有吉(시구유길) / 祭從 / 369
時旣至而不惠(시기지이불혜) / 感士 / 277
始念飢乏(시념기핍) / 有會-序 / 195
時亮崇修學校(시량숭수학교) / 晉故 / 317
始妙密以閑和(시묘밀이한화) / 閑情 / 295
時尙孺嬰(시상유영) / 祭程 / 355
是生萬物(시생만물) / 自祭 / 371
時奄冉而就過(시엄염이취과) / 閑情 / 295
詩曰(시왈) / 與子 / 353
時運(시운) / 時運-序 / 17
時爲豫章太守(시위예장태수) / 晉故 / 317
是以達人(시이달인) / 扇上 / 339
始自總髮(시자총발) / 晉故 / 323
時在君右(시재군우) / 晉故 / 315
時在坐(시재좌) / 晉故 / 319
市朝驅易進之心(시조구이진지심) / 感士-序 / 273

時鳥變聲(시조변성) / 與子 / 351
時佐吏並著戎服(시좌리병착융복) / 晉故 / 319
始則蕩以思慮(시즉탕이사려) / 閑情-序 / 285
識運知命(식운지명) / 自祭 / 375
新穀未登(신곡미등) / 有會-序 / 195
神其有知(신기유지) / 祭從 / 369
身纍肥遯(신모비둔) / 自祭 / 375
神儀嫵媚(신의무미) / 閑情 / 287
矧伊代謝(신이대사) / 讀史 / 329
晨採上藥(신채상약) / 祭從 / 363
身處卿佐(신처경좌) / 與子 / 353
辛丑正月五日(신축정월오일) / 遊斜-序 / 75
神飄颻而不安(신표요이불안) / 閑情 / 293
室無萊婦(실무래부) / 與子 / 349
實迷途其未遠(실미도기미원) / 歸去 / 299
悉如外人(실여외인) / 桃花 / 307
實鍾厥心(실종궐심) / 晉故 / 325
深媿平生之志(심괴평생지지) / 歸去-序 / 297
尋念平昔(심념평석) / 祭程 / 359
心無常準(심무상준) / 扇上 / 339
尋病終(심병종) / 桃花 / 309
審夫市之無虎(심부시지무호) / 感士 / 279
審容膝之易安(심용슬지이안) / 歸去 / 299
心遺得失(심유득실) / 祭從 / 361
心有常閒(심유상한) / 自祭 / 373
尋程氏妹喪於武昌(심정씨매상어무창) / 歸去-序 / 297
心憚遠役(심탄원역) / 歸去-序 / 297
尋向所誌(심향소지) / 桃花 / 309
尋還就君(심환취군) / 晉故 / 321

○

我乃能駕御卿(아내능가어경) / 晉故 / 323

我年二六(아년이륙) / 祭程 / 357
我聞爲善(아문위선) / 祭程 / 357
雅相知得(아상지득) / 晉故 / 321
我將其刈(아장기예) / 祭從 / 365
俄遷長史(아천장사) / 晉故 / 321
樂琴書以消憂(악금서이소우) / 歸去 / 301
安弱體于三秋(안약체우삼추) / 閑情 / 289
晏如也(안여야) / 五柳 / 327
謁太守說如此(알태수설여차) / 桃花 / 309
黯黯高雲(암암고운) / 祭程 / 359
仰睇天路(앙제천로) / 閑情 / 287
哀哀箕子(애애기자) / 讀史 / 329
哀哀嫠人(애애이인) / 祭從 / 367
哀哀遺孤(애애유고) / 祭程 / 355
曖曖荒林(애애황림) / 祭從 / 363
哀矣韓生(애의한생) / 讀史 / 335
哀哉士之不遇(애재사지불우) / 感士 / 277
愛重九之名(애중구지명) / 九日-序 / 65
若夫曾城(약부증성) / 遊斜-序 / 75
若憑舟之失櫂(약빙주지실도) / 閑情 / 293
若何可言(약하가언) / 與子 / 351
弱冠儔類咸敬之(약관주류함경지) / 晉故 / 315
若履深薄云爾(약리심박운이) / 晉故 / 325
楊公所歎(양공소탄) / 答龐5-序 / 89
良久如厠(양구여측) / 晉故 / 319
養氣浩然(양기호연) / 扇上 / 341
良獨內愧(양독내괴) / 與子 / 349
洋洋泌流(양양비류) / 扇上 / 343
良友宵奔(양우소분) / 自祭 / 375
亮云(양운) / 晉故 / 319
諒有助于諷諫(양유조우풍간) / 閑情-序 / 285
亮以麈尾掩口而笑(양이주미엄구이소) / 晉故 / 317
亮引見問風俗得失(양인견문풍속득실) / 晉故 / 317

450

梁塵委積(양진위적) / 祭程 / 355
攘皓袖之繽紛(양호수지빈분) / 閑情 / 287
亮欣然而笑(양흔연이소) / 晉故 / 319
於是悵然慷慨(어시창연강개) / 歸去-序 / 297
漁人甚異之(어인심이지) / 桃花 / 307
言無夸矜(언무과긍) / 晉故 / 323
言始順而患入(언시순이환입) / 感士 / 281
言神辨自然以釋之(언신변자연이석지) / 形影-序 / 57
奄滅景而藏明(엄멸경이장명) / 閑情 / 291
奄與世辭(엄여세사) / 祭從 / 363
余家貧(여가빈) / 歸去-序 / 297
與君同時齊譽(여군동시제예) / 晉故 / 315
余今斯化(여금사화) / 自祭 / 375
汝其愼哉(여기신재) / 與子 / 353
余讀史記(여독사기) / 讀史-序 / 329
余得爲人(여득위인) / 自祭 / 3/1
與物多忤(여물다오) / 與子 / 349
汝輩稚小家貧(여배치소가빈) / 與子 / 351
余嘗感孺仲賢妻之言(여상감유중현처지언) / 與子 / 349
余嘗以三餘之日(여상이삼여지일) / 感士-序 / 273
余嘗學仕(여상학사) / 祭從 / 365
與汝偕行(여여해행) / 祭從 / 365
閭閻懈廉退之節(여염해렴퇴지절) / 感士-序 / 273
余園閭多暇(여원려다가) / 閑情-序 / 285
余惟人斯(여유인사) / 祭從 / 369
與二三鄰曲(여이삼인곡) / 遊斜-序 / 75
餘人各復延至其家(여인각부연지기가) / 桃花 / 309
如彼稷契(여피직설) / 讀史 / 333
如何斯言(여하사언) / 祭從 / 363
如何一往(여하일생) / 祭程 / 359
余閒居(여한거) / 九日-序 / 65

余閒居寡歡(여한거과환) / 飮酒-序 / 161
亦苦心而曠歲(역고심이광세) / 感士 / 277
亦崎嶇而經邱(역기구이경구) / 歸去 / 301
易代隨時(역대수시) / 讀史 / 335
亦復歡然有喜(역부환연유희) / 與子 / 351
亦不詳其姓字(역불상기성자) / 五柳 / 327
亦有才志(역유재지) / 晉故 / 315
緣溪行(연계행) / 桃花 / 307
淵明先親(연명선친) / 晉故 / 325
淵明以少牢之奠(연명이소뢰지전) / 祭程 / 355
淵明從父太常夔嘗問耽(연명종부태상기상문탐) / 晉故 / 325
年甫過立(연보과립) / 祭從 / 363
然汝等雖不同生(연여등수불동생) / 與子 / 351
然亦何由來此(연역하유래차) / 晉故 / 321
年五十 ·(연오십일) / 晉故 / 323
煙火裁通(연화재통) / 有會-序 / 195
涅豈吾緇(열기오치) / 自祭 / 373
悅親戚之情話(열친척지정화) / 歸去 / 301
斂輕裾以復路(염경거이복로) / 閑情 / 293
斂轡揭來(염비걸래) / 讀史 / 337
念張季之終敝(염장계지종폐) / 感士 / 277
念將老也(염장로야) / 榮木-序 / 21
念之在心(염지재심) / 與子 / 351
斂策歸來(염책귀래) / 祭從 / 365
念彼昔日(염피석일) / 祭從 / 365
葉燮燮以去條(엽섭섭이거조) / 閑情 / 293
永(영) / 晉故 / 321
寧固窮以濟意(영고궁이제의) / 感士 / 281
永歸于本宅(영귀우본택) / 自祭 / 371
永寧后土(영녕후토) / 祭從 / 361
令德永聞(영덕영문) / 讀史 / 331
令名俱完(영명구완) / 讀史 / 331
榮木(영목) / 榮木-序 / 21
聆音愈漠(영음유막) / 自祭 / 371

英哉周子(영재주자) / 扇上 / 343
穎川韓元長(영천한원장) / 與子 / 353
迎淸風以祛累(영청풍이거루) / 閑情 / 295
翳翳柴門(예예시문) / 自祭 / 371
翳翳衡門(예예형문) / 扇上 / 343
禮儀孔閑(예의공한) / 祭從 / 367
翳靑松之餘陰(예청송지여음) / 閑情 / 291
五穀不分(오곡불분) / 扇上 / 339
吾年過五十(오년과오십) / 與子 / 349
吾復何言(오부하언) / 與子 / 353
於鑠吾弟(오삭오제) / 祭從 / 361
汙我詩書(오아시서) / 讀史 / 335
五月甲辰(오월갑진) / 祭程 / 355
悟已往之不諫(오이왕지불간) / 歸去 / 299
吾盡識之(오진식지) / 晉故 / 321
吾抱疾多年(오포질다년) / 答龐5-序 / 89
嗚呼哀哉(오호애재) / 自祭 / 355, 359, 361, 369, 371, 377
屋舍儼然(옥사엄연) / 桃花 / 307
溫命紙筆令嘲之(온명지필령조지) / 晉故 / 319
溫命取以還之(온명취이환지) / 晉故 / 319
溫目左右及賓客勿言(온목좌우급빈객물언) / 晉故 / 319
溫嘗問君(온상문군) / 晉故 / 323
溫甚重之(온심중지) / 晉故 / 319
溫遊龍山(온유용산) / 晉故 / 319
溫以著坐處(온이착좌처) / 晉故 / 319
溫從容謂君曰(온종용위군왈) / 晉故 / 323
溫風始逝(온풍시서) / 祭從 / 367
擁孤襟以畢歲(옹고금이필세) / 感士 / 283
擁勞情而罔訴(옹노정이망소) / 閑情 / 291
曰琴曰書(왈금왈서) / 扇上 / 343
曰仁者壽(왈인자수) / 祭從 / 363
曰天道之無親(왈천도지무친) / 感士 / 279
外姻晨來(외인신래) / 自祭 / 375
寥寥空室(요료공실) / 祭程 / 355

遼遼沮溺(요료저닉) / 扇上 / 339
聊命故人書之(요명고인서지) / 飮酒-序 / 161
了不容思(요불용사) / 晉故 / 321
遙想靈山(요상영산) / 遊斜-序 / 75
聊乘化以歸盡(요승화이귀진) / 歸去 / 303
窅窅我行(요요아행) / 自祭 / 375
遙遙帝鄕(요요제향) / 祭從 / 363
欲窮其林(욕궁기림) / 桃花 / 307
欲自往以結誓(욕자왕이결서) / 閑情 / 287
欲罷不能(욕파불능) / 答龐5-序 / 89
耦耕自欣(우경자흔) / 扇上 / 339
尤蔓草之爲會(우만초지위회) / 閑情 / 295
又問聽妓(우문청기) / 晉故 / 323
于時風波未靜(우시풍파미정) / 歸去-序 / 297
于時畢昴盈軒(우시필묘영헌) / 閑情 / 293
偶愛閒靜(우애한정) / 與子 / 351
遇涼風暫至(우양풍잠지) / 與子 / 351
偶景獨游(우영독유) / 時運-序 / 17
紆遠轡於促界(우원비어촉계) / 感士 / 279
又爲安西將軍庾翼府功曹(우위안서장군우익부공조) / 晉故 / 319
偶有名酒(우유명주) / 飮酒-序 / 161
友自天愛(우자천애) / 祭從 / 361
于此永已(우차영이) / 祭程 / 359
寓形百年(우형백년) / 感士-序 / 273
寓形宇內復幾時(우형우내부기시) / 歸去 / 303
雲無心以出岫(운무심이출수) / 歸去 / 301
云胡能夷(운호능이) / 讀史 / 329
爰感奇心(원감기심) / 祭從 / 363
爰感懦夫(원감나부) / 讀史 / 329
元康中爲廬陵太守(원강중위여릉태수) / 晉故 / 315
原百行之攸貴(원백행지유귀) / 感士 / 275
願言不從(원언부종) / 停雲-序 / 75

園列初榮(원열초영) / 停雲-序 / 75
園日涉以成趣(원일섭이성취) / 歸去 / 301
願在木而爲桐(원재목이위동) / 閑情 / 291
願在眉而爲黛(원재미이위대) / 閑情 / 289
願在髮而爲澤(원재발이위택) / 閑情 / 289
願在絲而爲履(원재사이위리) / 閑情 / 289
願在裳而爲帶(원재상이위대) / 閑情 / 289
願在夜而爲燭(원재야이위촉) / 閑情 / 291
願在莞而爲席(원재완이위석) / 閑情 / 289
願在衣而爲領(원재의이위령) / 閑情 / 289
遠哉長公(원재장공) / 讀史 / 337
願在晝而爲影(원재주이위영) / 閑情 / 291
願在竹而爲扇(원재죽이위선) / 閑情 / 291
願接膝以交言(원접슬이교언) / 閑情 / 287
爰從靡識(원종미식) / 祭程 / 357
怨秋夜之未央(원추야지미앙) / 閑情 / 289
月媚景於雲端(월미경어운단) / 閑情 / 293
月惟仲秋(월유중추) / 祭從 / 361
違己交病(위기교병) / 歸去-序 / 297
謂斯言可保(위사언가보) / 與子 / 351
爲時所重如此(위시소중여차) / 晉故 / 325
爲諮議參軍(위자의참군) / 晉故 / 319
爲患未已(위환미이) / 有會-序 / 195
有感有昧(유감유매) / 感士 / 281
遺孤滿眼(유고만안) / 祭程 / 359
流浪無成(유랑무성) / 祭從 / 365
逾多不亂(유다불란) / 晉故 / 323
有德有操(유덕유조) / 祭程 / 357
游暮春也(유모춘야) / 時運-序 / 17
有良田美池桑竹之屬(유양전미지상죽지속) / 桃花 / 307
猶望一稔(유망일임) / 歸去-序 / 297
有務中園(유무중원) / 自祭 / 373
唯聞中州有孟嘉者(유문중주유맹가자) / 晉故 / 321
遺生良難(유생양난) / 讀史 / 331
留誠信於身後(유성신어신후) / 感士 / 281

有所感而述之(유소감이술지) / 讀史-序 / 329
由是名冠州里(유시명관주리) / 晉故 / 317
有時而隱(유시이은) / 扇上 / 339
惟我與爾(유아여이) / 祭從 / 363
有愛嘉名(유애가명) / 遊斜-序 / 75
有若舊交(유약구교) / 晉故 / 321
悠然自娛(유연자오) / 扇上 / 343
惟友惟孝(유우유효) / 祭程 / 357
悠悠高旻(유유고민) / 自祭 / 371
猶有遲遲(유유지지) / 讀史 / 329
有操有槪(유조유개) / 祭從 / 361
有酒盈罇(유주영준) / 歸去 / 299
維晉義熙三年(유진의희삼년) / 祭程 / 355
惟此百年(유차백년) / 自祭 / 373
幼稚盈室(유치영실) / 歸去-序 / 297
有風吹君帽墮落(유풍취군모타락) / 晉故 / 319
有覬大雅君子之德(유휴대아군자지덕) / 晉故 / 325
允伊二子(윤이이자) / 讀史 / 331
律中無射(율중무역) / 自祭 / 371
融然遠寄(융연원기) / 晉故 / 323
殷先作晉安南府長史掾(은선작진안남부장사연) / 與殷-序 / 111
飮河旣足(음하기족) / 扇上 / 343
倚南窓以寄傲(의남창이기오) / 歸去 / 299
疑報德之若茲(의보덕지약자) / 感士 / 279
意夫人之在茲(의부인지재자) / 閑情 / 295
儀狄造(의적조) / 述酒-題 / 187
意淺識罕(의천식한) / 與子 / 351
意惶惑而靡寧(의황혹이미녕) / 閑情 / 287
移家東下(이가동하) / 與殷-序 / 111
而卿嗜之(이경기지) / 晉故 / 323
伊古人之慷慨(이고인지강개) / 感士 / 281
以觀其擧止(이관기거지) / 晉故 / 319
利乖歲寒(이괴세한) / 讀史 / 331

以君望實(이군망실) / 晉故 / 317
以及時也(이급시야) / 晉故 / 325
以紀其時日(이기기시일) / 遊斜-序 / 75
以樂其志(이락기지) / 五柳 / 327
以文自殘(이문자잔) / 讀史 / 335
已復九夏(이부구하) / 榮木-序 / 21
而不斯報(이불사보) / 祭程 / 357
已不在炎帝帝魁之世(이부재염제제괴지
　세) / 感士 / 277
而瞬息已盡(이순식이진) / 感士-序 / 273
伊我與爾(이아여이) / 祭程 / 357
以安其魂(이안기혼) / 自祭 / 375
以爲路人(이위노인) / 贈長-序 / 25
以爲歡笑爾(이위환소이) / 飮酒-序 / 161
已矣乎(이의호) / 歸去 / 303
怡怡如也(이이여야) / 晉故 / 317
而一城莫賞(이일성막상) / 感士-序 / 273
二子讓國(이자양국) / 讀史 / 329
爾纔九齡(이재구령) / 祭程 / 357
以帝舅民望(이제구민망) / 晉故 / 317
而終歸閑正(이종귀한정) / 閑情-序 / 285
而持醪靡由(이지료미유) / 九日-序 / 65
以至百年(이지백년) / 自祭 / 373
爾知我意(이지아의) / 祭從 / 365
以此自終(이차자종) / 五柳 / 327
以淸操知名(이청조지명) / 晉故 / 315
而請筆作答(이청필작답) / 晉故 / 321
而值年災(이치연재) / 有會-序 / 195
夷投老以長飢(이투로이장기) / 感士 / 279
以孝行稱(이효행칭) / 晉故 / 315
因居潯陽(인거심양) / 與殷-序 / 111
人無能間(인무능간) / 晉故 / 315
人不可無勢(인불가무세) / 晉故 / 323
人事無已(인사무이) / 感士 / 281
因事順心(인사순심) / 歸去-序 / 297
人事好乖(인사호괴) / 答龐5-序 / 89
因喪立功(인상립공) / 與子 / 351

人生實難(인생실난) / 自祭 / 377
人逝焉如(인서언여) / 祭程 / 355
人亦同生(인역동생) / 祭程 / 355
因以爲號焉(인이위호언) / 五柳 / 327
仁者必壽(인자필수) / 晉故 / 325
引壺觴以自酌(인호상이자작) / 歸去 / 299
日負影以偕沒(일부영이해몰) / 閑情 / 293
日夕在耘(일석재운) / 扇上 / 339
日月尙悠(일월상유) / 有會-序 / 195
日月遂過(일월수과) / 自祭 / 377
日月遂往(일월수왕) / 與子 / 351
日月推遷(일월추천) / 榮木-序 / 21
日月寢疏(일월침소) / 祭程 / 355
日徂月流(일조월류) / 祭從 / 367
臨別贈此(임별증차) / 贈長-序 / 25
臨長流(임장류) / 遊斜-序 / 75
臨財思惠(임재사혜) / 祭從 / 361
林盡水源(임진수원) / 桃花 / 307
臨淸流而賦詩(임청류이부시) / 歸去 / 303
入鳥不駭(입조불해) / 扇上 / 341
立行之難(입행지난) / 感士-序 / 273

自古聖賢(자고성현) / 與子 / 349
自恐大分將有限也(자공대분장유한야)
　/ 與子 / 351
咨大塊之受氣(자대괴지수기) / 感士 / 273
自量爲己(자량위기) / 與子 / 349
字萬年(자만년) / 晉故 / 315
自免去職(자면거직) / 歸去-序 / 297
慈妣早世(자비조세) / 祭程 / 355
子孫家焉(자손가언) / 晉故 / 315
自余爲人(자여위인) / 自祭 / 371
自外皆休(자외개휴) / 扇上 / 343
自云先世避秦時亂(자운선세피진시란)
　/ 桃花 / 307
自謂是羲皇上人(자위시희황상인) / 與子

454

/ 351
咨爾令妹(자이영매) / 祭程 / 357
自以爲不及(자이위불급) / 晉故 / 315
自爾鄰曲(자이인곡) / 答龐5-序 / 89
自除吏名(자제이명) / 晉故 / 317
自眞風告逝(자진풍고서) / 感士-序 / 273
子夏有言(자하유언) / 與子 / 349
作膝上之鳴琴(작슬상지명금) / 閑情 / 291
作此與之(작차여지) / 贈羊-序 / 115
作此以贈(작차이증) / 與殷-序 / 111
雜獸斯羣(잡수사군) / 扇上 / 341
長歸蒿里(장귀호리) / 祭從 / 363
將無是耶(장무시야) / 晉故 / 319
將非窮達不可外求(장비궁달불가외구) / 與子 / 349
將非是乎(장비시호) / 晉故 / 321
長沙公於余爲族(장사공어여위족) / 贈長-序 / 25
張生一仕(장생일사) / 扇上 / 341
將有事於西疇(장유사어서주) / 歸去 / 301
將以及時(장이급시) / 讀史 / 333
將以抑流宕之邪心(장이억유탕지사심) / 閑情-序 / 285
仗正順而已(장정순이이) / 晉故 / 321
葬之中野(장지중야) / 自祭 / 375
長風悲節(장풍비절) / 祭程 / 359
張衡作定情賦(장형작정정부) / 閑情-序 / 285
在官八十餘日(재관팔십여일) / 歸去-序 / 297
齋宇廓然(재우확연) / 祭從 / 367
載耘載耔(재운재자) / 自祭 / 373
再爲江州別駕巴邱令征西大將軍譙國桓溫參軍(재위강주별가파구령정서대장군초국환온참군) / 晉故 / 319
在朝隤然(재조퇴연) / 晉故 / 321
在坐(재좌) / 晉故 / 319

纔通人(재통인) / 桃花 / 307
載欣載奔(재흔재분) / 歸去 / 299
笛流遠以淸哀(적유원이청애) / 閑情 / 295
適逢君過(적봉군과) / 晉故 / 321
寂寂高堂(적적고당) / 祭程 / 359
前路威夷(전로위이) / 扇上 / 341
纏緜人事(전면인사) / 祭從 / 365
田園將蕪胡不歸(전원장무호불귀) / 歸去 / 297
轉從事中郎(전종사중랑) / 晉故 / 321
竊獨信之(절독신지) / 祭從 / 363
絶粒委務(절립위무) / 祭從 / 363
絶景窮居(절영궁거) / 讀史 / 329
漸近自然(점근자연) / 晉故 / 323
漸就衰損(점취쇠손) / 與子 / 351
靖恭鮮言(정공선언) / 祭程 / 357
正旦大會州府人士(정단대회주부인사) / 晉故 / 317
情不依世(정불의세) / 祭從 / 361
程生揮劍(정생휘검) / 讀史 / 331
鄭叟不合(정수불합) / 扇上 / 341
庭樹如故(정수여고) / 祭從 / 367
停數日辭去(정수일사거) / 桃花 / 309
程氏妹服制再周(정씨매복제재주) / 祭程 / 355
停雲(정운) / 停雲-序 / 75
靜月澄高(정월징고) / 祭從 / 367
廷尉太原孫盛(정위태원손성) / 晉故 / 319
情在駿奔(정재준분) / 歸去-序 / 297
庭草荒蕪(정초황무) / 祭程 / 355
情惻惻以摧心(정측측이최심) / 祭從 / 361
貞風凌俗(정풍능속) / 讀史 / 329
濟北氾稚春(제북범치춘) / 與子 / 353
除尙書刪定郎(제상서산정랑) / 晉故 / 321
制我租行(제아조행) / 祭從 / 369
齊幽蘭以爭芬(제유란이쟁분) / 閑情 / 285
諸從事旣去(제종사기거) / 晉故 / 317

帝鄕不可期(제향불가기) / 歸去 / 303
諸侯以惠愛爲德(제후이혜애위덕) / 歸去-序 / 297
鳥倦飛而知還(조권비이지환) / 歸去 / 301
祖其將行(조기장행) / 祭從 / 361
祖父挹(조부읍) / 晉故 / 315
詔使人扶入(조사인부입) / 晉故 / 321
造夕乃歸(조석내귀) / 晉故 / 323
朝夕所資(조석소자) / 有會-序 / 195
照玉容於兩楹(조옥영어량영) / 閑情 / 291
造飮輒盡(조음첩진) / 五柳 / 327
鳥棲聲以孤歸(조처성이고귀) / 閑情 / 293
祖同出大司馬(조동출대사마) / 贈長-序 / 25
足以爲酒(족이위주) / 歸去-序 / 297
存亡有域(존망유역) / 祭從 / 367
存爲世珍(존위세진) / 自祭 / 373
卒蒙恥以受謗(졸몽치이수방) / 感士 / 277
捽兀窮廬(졸올궁려) / 自祭 / 375
從江陵使上都(종강릉사상도) / 答龐4-序 / 31
從老得終(종로득종) / 自祭 / 375
從白水以枯煎(종백수이고전) / 閑情 / 289
終寥亮而藏摧(종요량이장최) / 閑情 / 295
宗葬武昌新陽縣(종장무창신양현) / 晉故 / 315
從弟敬遠(종제경원) / 祭從 / 361
終阻山而帶河(종조산이대하) / 閑情 / 295
淙淙懸溜(종종현류) / 祭從 / 363
終天不返(종천불반) / 祭程 / 359
終推我而輟音(종추아이철음) / 閑情 / 291
左軍羊長史(좌군양장사) / 贈羊-序 / 115
疇能罔眷(주능망권) / 自祭 / 375
舟遙遙以輕颺(주요요이경양) / 歸去 / 299
周遊已遠(주유이원) / 向長 / 345
酒有何好(주유하호) / 晉故 / 323
疇測其理(주측기리) / 感士 / 281

竹不如肉(죽불여육) / 晉故 / 323
纕湛新醪(준잠신료) / 停雲-序 / 75
衆念徘徊(중념배회) / 閑情 / 295
重罹天罰(중리천벌) / 祭程 / 357
中無雜樹(중무잡수) / 桃花 / 307
中散大夫桂陽羅含賦之曰(중산대부계양라함부지왈) / 晉故 / 323
仲秋至冬(중추지동) / 歸去-序 / 297
曾不吝情去留(증불린정거류) / 五柳 / 327
曾是異茲(증시이자) / 自祭 / 373
曾以事還(증이사환) / 扇上 / 341
曾祖父宗(증조부종) / 晉故 / 315
知來者之可追(지래자지가추) / 歸去 / 299
指塗載陟(지도재척) / 祭從 / 367
紙墨遂多(지묵수다) / 飮酒-序 / 161
至心尙之(지심상지) / 與子 / 353
至於沒齒(지어몰치) / 與子 / 353
至於任懷得意(지어임회득의) / 晉故 / 323
至於知命(지어지명) / 晉故 / 323
至矣於陵(지의오릉) / 扇上 / 341
知人未易(지인미이) / 讀史 / 331
直道者云妄(직도자운망) / 感士 / 277
振褐借祖(진갈해조) / 扇上 / 343
進德修業(진덕수업) / 晉故 / 325
進德修業(진덕수업) / 讀史 / 333
鎭武昌(진무창) / 晉故 / 317
晉時操行人也(진시조행인야) / 與子 / 353
振纓公朝(진영공조) / 晉故 / 325
晉太元中(진태원중) / 桃花 / 307
質性自然(질성자연) / 歸去-序 / 297
執筆涕盈(집필체영) / 祭從 / 369
澄得一以作鑒(징득일이작감) / 感士 / 279

此古人所以染翰慷慨(차고인소이염한강개) / 感士-序 / 273
此旣一事矣(차기일사의) / 與子 / 349

此本是三司人(차본시삼사인) / 晉故 / 325
嗟我獨邁(차아독매) / 自祭 / 373
嗟我與爾(차아여이) / 祭程 / 355
嗟溫涼之異氣(차온량지이기) / 閑情 / 289
且爲別後相思之資(차위별후상사지자)
　 / 答龐5-序 / 89
此人一一爲具言所聞(차인일일위구언소
　문) / 桃花 / 309
此中人語云(차중인어운) / 桃花 / 309
嗟乎(차호) / 感士 / 277
嗟乎二賢(차호이현) / 讀史 / 333
且欣然而歸止(차흔연이귀지) / 感士 / 283
贊曰(찬왈) / 五柳 / 327
贊曰(찬왈) / 晉故 / 325
撰爲此傳(찬위차전) / 晉故 / 325
參佐畢集(참좌필집) / 晉故 / 319
蒼旻遐緬(창민하면) / 感士 / 281
采薇高歌(채미고가) / 讀史 / 329
蔡邕作靜情賦(채옹작정정부) / 閑情-序
　 / 285
策扶老以流憩(책부로이유게) / 歸去 / 301
妻孥共早晩(처노공조만) / 尙長 / 345
悽矣其悲(처의기비) / 讀史 / 331
處處誌之(처처지지) / 桃花 / 309
天氣澄和(천기징화) / 遊斜-序 / 75
天網時疏(천망시소) / 扇上 / 343
阡陌交通(천맥교통) / 桃花 / 307
泉涓涓而始流(천연연이시류) / 歸去 / 301
川汪汪而藏聲(천왕왕이장성) / 感士 / 275
薦以淸酌(천이청작) / 自祭 / 371
天人革命(천인혁명) / 讀史 / 329
天地賦命(천지부명) / 與子 / 349
天寒夜長(천한야장) / 自祭 / 371
綴文之士(철문지사) / 閑情-序 / 285
瞻夕陽而流歎(첨석양이류탄) / 閑情 / 293
輒依周禮往復之義(첩의주례왕복지의)
　 / 答龐5-序 / 89

輒題數句自娛(첩제수구자오) / 飮酒-序
　 / 161
請息交以絶游(청식교이절유) / 歸去 / 301
淸言究微(청언구미) / 扇上 / 341
初(초) / 閑情-序 / 285
初極狹(초극협) / 桃花 / 307
草木黃落(초목황락) / 自祭 / 371
岧岧丙公(초초병공) / 扇上 / 341
超超丈人(초초장인) / 扇上 / 339
觸物皆非(촉물개비) / 讀史 / 329
觸事未遠(촉사미원) / 祭程 / 359
村中聞有此人(촌중문유차인) / 桃花 / 307
總角聞道(총각문도) / 榮木-序 / 21
寵非己榮(총비기영) / 自祭 / 373
秋菊盈園(추국영원) / 九日-序 / 65
推誠心而獲顯(추성심이획현) / 感士 / 277
春服旣成(춘복기성) / 時運-序 / 17
春秋代謝(춘추대사) / 自祭 / 373
出朝宗亮(출조종량) / 晉故 / 317
沖默有遠量(충묵유원량) / 晉故 / 315
娶大司馬長沙桓公陶侃第十女(취대사마장
　사환공도간제십녀) / 晉故 / 315
絺綌冬陳(치격동진) / 自祭 / 371
稚子候門(치자후문) / 歸去 / 299
寔彼衆議(치피중의) / 祭從 / 365
則德音允集(즉덕음윤집) / 晉故 / 325
則令聞孔昭(즉영문공소) / 晉故 / 325
親故多勸余爲長吏(친고다권여위장리) /
　歸去-序 / 297
親舊不遺(친구불유) / 與子 / 351
親舊知其如此(친구지기여차) / 五柳 / 327
親受音旨(친수음지) / 與子 / 349
七世同財(칠세동재) / 與子 / 353
寢跡窮年(침적궁년) / 讀史 / 337
稱疾閒居(칭질한거) / 扇上 / 343

ㅌ

他人尙爾(타인상이) / 與子 / 351
託契孤遊(탁계고유) / 扇上 / 343
託行雲以送懷(탁행운이송회) / 閑情 / 295
坦萬慮以存誠(탄만려이존성) / 閑情 / 295
歎息彌襟(탄식미금) / 停雲-序 / 75
歎曰(탄왈) / 晉故 / 321
坦至公而無猜(탄지공이무시) / 感士 / 277
脫然有懷(탈연유회) / 歸去-序 / 297
太傅河南褚褒(태부하남저포) / 晉故 / 317
太守卽遣人隨其往(태수즉견인수기왕) / 桃花 / 309
太尉潁川庾亮(태위영천유량) / 晉故 / 317
宅邊有五柳樹(택변유오류수) / 五柳 / 327
土地平曠(토지평광) / 桃花 / 307
慟由才難(통유재난) / 讀史 / 333
特百常情(특백상정) / 祭程 / 355
特爲貞夫(특위정부) / 讀史 / 335

ㅍ

頗示己志(파시기지) / 五柳 / 327
頗爲老農(파위노농) / 有會-序 / 195
八十而終(팔십이종) / 與子 / 353
佩鳴玉以比潔(패명옥이비결) / 閑情 / 285
敗絮自擁(패서자옹) / 與子 / 349
彭澤去家百里(팽택거가백리) / 歸去-序 / 297
褒歷觀(포역관) / 晉故 / 319
褒問亮(포문량) / 晉故 / 317
抱朴守靜(포박수정) / 感士-序 / 273
鮑叔管仲(포숙관중) / 與子 / 351
鮑叔必安(포숙필안) / 讀史 / 331
抱茲苦心(포자고심) / 與子 / 349
表傾城之豔色(표경성지염색) / 閑情 / 285
稟神智以藏照(품신지이장조) / 感士 / 273
風氣蕭索(풍기소삭) / 自祭 / 371
風物閒美(풍물한미) / 遊斜-序 / 75

風飄飄而吹衣(풍표표이취의) / 歸去 / 299
豐狐隱穴(풍호은혈) / 讀史 / 335
被褐幽居(피갈유거) / 讀史 / 335
彼南阜者(피남부자) / 遊斜-序 / 75
彼達人之善覺(피달인지선각) / 感士 / 275
彼蒼何偏(피창하편) / 祭程 / 357
必貽俗患(필이속환) / 與子 / 349

##

夏渴瓢簞(하갈표단) / 祭從 / 365
何曠世之無才(하광세지무재) / 感士 / 281
下郡還(하군환) / 晉故 / 317
何死生之苦辛(하사생지고신) / 感士 / 279
何斯人之獨靈(하사인지독령) / 感士 / 273
何時可免(하시가면) / 與子 / 351
何時復踐(하시부천) / 祭程 / 359
何時復還(하시부환) / 祭從 / 367
何慙兒子(하참아자) / 與子 / 349
何則(하즉) / 歸去-序 / 297
夏濯其泉(하탁기천) / 自祭 / 373
何歡寡而愁殷(하환과이수은) / 閑情 / 285
漢末名士(한말명사) / 與子 / 353
罕無路之不澀(한무로지불삽) / 感士 / 281
寒暑代息(한서대식) / 祭從 / 367
寒暑逾邁(한서유매) / 自祭 / 375
恨晨光之熹微(한신광지희미) / 歸去 / 299
寒往暑來(한왕서래) / 祭程 / 355
恨玆歲之欲殫(한자세지욕탄) / 閑情 / 293
閒靖少言(한정소언) / 五柳 / 327
咸來問訊(함래문신) / 桃花 / 307
銜使秦川(함사진천) / 贈羊-序 / 115
含言笑而不分(함언소이불분) / 閑情 / 287
含悽飇於柔握(함처표어유악) / 閑情 / 291
含歡谷汲(함환곡급) / 自祭 / 371
行歌負薪(행가부신) / 自祭 / 371
恒輔善而佑仁(항보선이우인) / 感士 / 279
行不苟合(행불구합) / 晉故 / 323

行雲逝而無語(행운서이무어) / 閑情 / 295
奚良辰之易傾(해양신지이경) / 感士 / 281
奚所復戀(해소부련) / 自祭 / 375
奚惆悵而獨悲(해추창이독비) / 歸去 / 299
行止中閨(행지중규) / 祭程 / 357
鄕閭稱之(향려칭지) / 晉故 / 315
奕代繼作(혁대계작) / 閑情-序 / 285
眩三夫之獻說(현삼부지헌설) / 感士 / 279
夾岸數百步(협안수백보) / 桃花 / 307
兄弟共相歡樂(형제공상환락) / 晉故 / 317
兄弟同居(형제동거) / 與子 / 353
兄弟索居(형제삭거) / 祭程 / 357
形逐物遷(형축물천) / 扇上 / 339
炯炯不寐(형형불매) / 閑情 / 295
好酣飮(호감음) / 晉故 / 323
好讀書(호독서) / 五柳 / 327
好事君子(호사군자) / 形影-序 / 57
互相推隕(호상추운) / 扇上 / 339
好是文藝(호시문예) / 祭從 / 363
胡爲乎遑遑欲何之(호위호황황욕하지) / 歸去 / 303
胡害勝其乃急(호해승기내급) / 感士 / 281
或擊壤以自歡(혹격양이자환) / 感士 / 275
或大濟於蒼生(혹대제어창생) / 感士 / 275
或棹孤舟(혹도고주) / 歸去 / 301
或命巾車(혹명건거) / 歸去 / 301
或歿世以徒勤(혹몰세이도근) / 感士-序 / 273
或潛玉於當年(혹잠옥어당년) / 感士-序 / 273
或取毁于華妝(혹취훼우화장) / 閑情 / 289
或植杖而耘耔(혹치장이운자) / 歸去 / 303
或置酒而招之(혹치주이초지) / 五柳 / 327
或脫故而服新(혹탈고이복신) / 閑情 / 289
魂須臾而九遷(혼수유이구천) / 閑情 / 287
忽忘飢寒(홀망기한) / 祭從 / 365
忽逢桃花林(홀봉도화림) / 桃花 / 307

忽成舊遊(홀성구유) / 答龐5-序 / 89
忽焉復醉(홀언부취) / 飮酒-序 / 161
鴻雁于征(홍안우정) / 自祭 / 371
和以七弦(화이칠현) / 自祭 / 373
廓兮已滅(확혜이멸) / 自祭 / 375
環堵蕭然(환도소연) / 五柳 / 327
還傳當問從吏(환전당문종리) / 晉故 / 317
喚弟翼語之曰(환제익어지왈) / 晉故 / 317
還至(환지) / 晉故 / 321
豁然開朗(활연개랑) / 桃花 / 307
況同父之人哉(황동부지인재) / 與子 / 351
黃髮垂髫(황발수초) / 桃花 / 307
況情過此者乎(황정과차자호) / 答龐5-序 / 89
會稽人(회계인) / 晉故 / 321
懷良辰以孤往(회양신이고왕) / 歸去 / 303
回也早夭(회야조요) / 讀史 / 333
會有四方之事(회유사방지사) / 歸去-序 / 297
懷正志道之士(회정지도지사) / 感士-序 / 273
回早夭而又貧(회조요이우빈) / 感士 / 279
孝發幼齡(효발유령) / 祭從 / 361
肴觴虛奠(효상허전) / 祭程 / 355
孝宗穆皇帝聞其名(효종목황제문기명) / 晉故 / 321
後己先人(후기선인) / 祭從 / 361
後生何聞哉(후생하문재) / 有會-序 / 195
後遂無問津者(후수무문진자) / 桃花 / 309
候晨永歸(후신영귀) / 祭從 / 367
候顔已冥(후안이명) / 自祭 / 371
後以疾終於家(후이질종어가) / 晉故 / 323
後作太尉參軍(후작대위참군) / 與殷-序 / 111
候詹寫志(후첨사지) / 讀史 / 333
攜幼入室(휴유입실) / 歸去 / 299
欣慨交心(흔개교심) / 時運-序 / 17

欣對不足(흔대부족) / 遊斜-序 / 75
欣然規往(흔연규왕) / 桃花 / 309
欣以素牘(흔이소독) / 自祭 / 373

興言泣血(흥언읍혈) / 祭程 / 359
喜襃之得君(희포지득군) / 晉故 / 319

도연명 연보

365   동진(東晉) 애제(哀帝) 흥녕(興寧) 3년(1세), 강주(江州) 심양군(潯陽郡) 시상현(柴桑縣, 지금의 江西省 九江市 서남쪽) 시상리(柴桑里)에서 태어나다.

368   해서공(海西公) 태화(太和) 3년(4세), 후일 정씨(程氏)에게 시집간 누이동생이 태어나다.

372   간문제(簡文帝) 함안(咸安) 2년(8세), 부친이 세상을 떠나다.

376   효무제(孝武帝) 태원(太元) 원년(12세), 서모(庶母)가 세상을 떠나다.

381   태원 6년(17세), 사촌 동생 경원(敬遠)이 대략 이 해에 태어나다.

383   태원 8년(19세), 8월, 전진(前秦)의 부견(符堅)이 침략하여 11월, 사현(謝玄) 등이 비수(淝水)에서 이를 대파하다.

393   태원 18년(29세), 벼슬길에 처음 들어서서 강주(江州) 좨주(祭酒)에 임명되었으나 며칠 되지 않아 사직하다. 주(州)에서 또 주부(主簿)로 불렀으나 사임하다. 이 무렵 심양 시상의 상경리(上京里)에서 거주하다.

394   태원 19년(30세), 부인이 세상을 떠나다. 이 해 또는 다음 해에 적씨(翟氏)와 재혼하다.

399   융안 3년(35세), 강주 자사(刺史) 환현(桓玄)의 관리가 되다.

400   융안 4년(36세), 건강(建康)에 출장을 가다. 「경자년 5월, 서울에서 돌아오는 도중에 규림에서 바람에 발이 묶이다〔庚子歲五月中從都還阻風于規林〕」를 짓다.

401   융안 5년(37세), 휴가를 얻어 강릉(江陵)에서 집으로 돌아가다.

「사천에서 노닐며〔遊斜川〕」「신축년 7월, 휴가를 갔다가 강릉으로 돌아가며 밤에 도구를 지나다〔辛丑歲七月赴假還江陵夜行塗口〕」를 짓다. 겨울에 생모 맹씨(孟氏)가 세상을 떠나다. 상을 치르기 위해 시상으로 돌아가다.

403 원흥 2년(39세), 「계묘년 새봄에 촌집에서 옛날을 생각하며〔癸卯歲始春懷古田舍〕」와 「농사를 권하며〔勸農〕」「계묘년 12월, 시를 지어 사촌 동생 경원에게 주다〔癸卯歲十二月中作與從弟敬遠〕」를 짓다. 12월 3일, 환현(桓玄)이 진(晉)을 찬탈하고 제위에 올라 나라 이름을 초(楚)라 하다.

404 원흥 3년(40세), 2월, 유유(劉裕) 등이 군대를 일으켜 환현을 토벌하다. 이 해 봄에서 여름 사이, 「멈추어 선 구름〔停雲〕」「사계절의 운행〔時運〕」「꽃이 핀 무궁화나무〔榮木〕」「연일 내리는 비에 혼자 술을 마시며〔連雨獨飮〕」「호서조에게 화답해 지어 고적조에게 보이다〔和胡西曹示顧賊曹〕」를 짓다. 6월, 경구(京口)로 가서 진군장군(鎭軍將軍) 유유의 참군(參軍)이 되다. 「처음으로 진군장군의 참군이 되어 곡아를 지나며 짓다〔始作鎭軍參軍經曲阿作〕」를 짓다.

405 의희(義熙) 원년(41세), 3월, 안제(安帝)가 복위(復位)하여 건강(建康)에 돌아오다. 도연명은 건위장군(建威將軍) 유경선(劉敬宣)의 참군이 되다. 「을사년 3월, 건위장군의 참군이 되어 서울로 사신 가는 길에 전계를 지나며〔乙巳歲三月爲建威參軍使都經錢溪〕」를 짓다. 8월, 팽택령(彭澤令)이 되다. 정씨에게 시집간 누이동생이 무창(武昌)에서 죽다. 11월, 벼슬을 그만두고 고향에 돌아오다.

406 의희 2년(42세), 「돌아가자〔歸去來兮辭〕」「전원의 집으로 돌아와〔歸園田居〕」「돌아온 새〔歸鳥〕」「아들 이름을 지어주며〔命子〕」를 짓다.

407 의희 3년(43세), 5월, 「정씨에게 시집간 누이의 제문〔祭程氏妹文〕」을 짓다.

408 의희 4년(44세), 6월, 집에 불이 나다.「『산해경』을 읽고〔讀山海經〕」「무신년 6월에 화재를 당하다〔戊申歲六月中遇火〕」를 짓다.

409 의희 5년(45세),「시상 현령을 지낸 유정지에게 화답하다〔和劉柴桑〕」「시상 현령을 지낸 유정지에게 답하다〔酬劉柴桑〕」「기유년 중양절에〔己酉歲九月九日〕」를 짓다.

410 의희 6년(46세),「경술년 9월, 서쪽 밭에서 올벼를 수확하다〔庚戌歲九月中於西田穫早稻〕」를 짓다.

411 의희 7년(47세), 남촌(南村)으로 이사하다.「이사〔移居〕」「사촌 동생 경원의 제문〔祭從弟敬遠文〕」을 짓다.

412 의희 8년(48세),「진안에서 벼슬한 은철과 작별하며〔與殷晉安別〕」를 짓다.

413 의희 9년(49세), 저작랑(著作郞)으로 부름을 받았으나 나가지 않다.「오월 초하루에 시를 지어 대주부에게 화답하다〔五月旦作和戴主簿〕」「육체, 그림자, 정신〔形影神〕」을 짓다.

415 의희 11년(51세),「아들 엄 등에게 주는 글〔與子儼等疏〕」을 짓다.

416 의희 12년(52세), 안연지(顔延之)가 강주 자사 유류(劉柳)의 후군공조(後軍工曹)가 되어 심양에서 살면서 자주 왕래하다.「주속지와 조기, 사경이 세 사람에게 보여주다〔示周續之祖企謝景夷三郎〕」「병진년 8월, 하손의 촌집에서 추수하다〔丙辰歲八月中於下潠田舍穫〕」를 짓다.

417 의희 13년(53세),「양장사에게 드리다〔贈羊長史〕」를 짓다.

418 의희 14년(54세), 저작좌랑(著作佐郞)으로 부름을 받았으나 나가지 않다.「초나라 가락의 원망하는 시를 방주부와 등치중에게 보이다〔怨詩楚調示龐主簿鄧治中〕」를 짓다.

420 송(宋) 무제(武帝) 영초(英初) 원년(56세), 6월, 유유가 진(晉)을 찬탈하고 국호(國號)를 송(宋)이라 하다.

421 영초 2년(57세), 공제(恭帝)가 유유에 의해 죽임을 당하다.「왕무군의 연회에서 손님을 전송하며〔於王撫軍坐送客〕」「술을 이야기하다〔述酒〕」를 짓다.

424 문제(文帝) 원가(元嘉) 원년(60세), 「방참군에게 답하다〔答龐參軍〕」(四言詩, 五言詩)를 짓다.

426 원가 3년(62세), 가난과 질병으로 고생하다. 강주 자사 단도제(檀道濟)가 찾아와서 쌀과 고기를 주었으나 거절하고 받지 않다. 「느낀 바가 있어 짓다〔有會而作〕」를 짓다.

427 원가 4년(63세), 11월, 병으로 세상을 떠나다. 이에 앞서 「나의 죽음을 애도하는 시〔挽歌詩〕」「나의 제문〔自祭文〕」을 짓다.

■ 기획의 말

'대산세계문학총서'를 펴내며

　근대 문학 100년을 넘어 새로운 세기가 펼쳐지고 있지만, 이 땅의 '세계 문학'은 아직 너무도 초라하다. 몇몇 의미 있었던 시도에도 불구하고, 전체적으로는 나태하고 편협한 지적 풍토와 빈곤한 번역 소개 여건 및 출간 역량으로 인해, 늘 읽어온 '간판' 작품들이 쓸데없이 중간되거나 천박한 '상업주의적' 작품들만이 신간되는 등, 세계 문학의 수용이 답보 상태에 머물러 있었음을 부인하기 힘들다. 분명한 자각과 사명감이 절실한 단계에 이른 것이다.

　세계 문학의 수용 문제는, 그 올바른 이해와 향유 없이, 다시 말해 세계 문학과의 참다운 교류 없이 한국 문학의 세계 시민화가 불가능하다는 의미에서, 보다 근본적으로, 우리의 문화적 시야 및 터전의 확대와 그 질적 성숙에 관련되어 있다. 요컨대 이것은, 후미에 갇힌 우리의 좁은 인식론적 전망의 틀을 깨고 세계 전체를 통찰하는 눈으로 진정한 '문화적 이종 교배'의 토양을 가꾸는 작업이며, 그럼으로써 인간 그 자체를 더 깊게 탐색하기 위해 '미로의 실타래'를 풀며 존재의 심연으로 침잠하는 작업이라 할 수 있다.

　우리의 현실을 둘러볼 때, 그 실천을 위한 인문학적 토대는 어느 정도 갖추어진 듯이 보인다. 다양한 언어권의 다양한 영역에서 문학 전공자들이 고루 등장하여 굳은 전통이나 헛된 유행에 기대지 않고 나름의 가치 있는 작가와 작품을 파고들고 있으며, 독자들 또한 진부한 도식을 벗어나 풍요로운 문학적 체험을 원하고 있다. 새롭게 변화한 한국어의 질감 속에서 그 체험이 이루어지기를 바라는 요청 역시 크다. 그러므로 필요한 것은 어쩌면 물적 토대뿐일지도 모른다는 판단이 우리를 안타깝게 해왔다.

이러한 시점에서, 대산문화재단의 과감한 지원 사업과 문학과지성사의 신뢰성 높은 출간을 통해 그 현실화의 첫발을 내딛게 된 것은 우리 문화계의 큰 즐거움이 아닐 수 없다. 오늘의 문학적 지성에 주어진 이 과제가 충실한 결실을 맺을 수 있도록, 우리는 모든 성실을 기울일 것이다.

'대산세계문학총서' 기획위원회

대산세계문학총서

001–002 소설	**트리스트럼 샌디**(전 2권)	로렌스 스턴 지음 | 홍경숙 옮김
003 시	**노래의 책**	하인리히 하이네 지음 | 김재혁 옮김
004–005 소설	**페리키요 사르니엔토**(전 2권)	
	호세 호아킨 페르난데스 데 리사르디 지음 | 김현철 옮김	
006 시	**알코올**	기욤 아폴리네르 지음 | 이규현 옮김
007 소설	**그들의 눈은 신을 보고 있었다**	조라 닐 허스턴 지음 | 이시영 옮김
008 소설	**행인**	나쓰메 소세키 지음 | 유숙자 옮김
009 희곡	**타오르는 어둠 속에서/어느 계단의 이야기**	
	안토니오 부에로 바예호 지음 | 김보영 옮김	
010–011 소설	**오블로모프**(전 2권)	I. A. 곤차로프 지음 | 최윤락 옮김
012–013 소설	**코린나: 이탈리아 이야기**(전 2권)	마담 드 스탈 지음 | 권유현 옮김
014 희곡	**탬벌레인 대왕/몰타의 유대인/파우스투스 박사**	
	크리스토퍼 말로 지음 | 강석주 옮김	
015 소설	**러시아 인형**	아돌포 비오이 까사레스 지음 | 안영옥 옮김
016 소설	**문장**	요코미쓰 리이치 지음 | 이양 옮김
017 소설	**안톤 라이저**	칼 필립 모리츠 지음 | 장희권 옮김
018 시	**악의 꽃**	샤를 보들레르 지음 | 윤영애 옮김
019 시	**로만체로**	하인리히 하이네 지음 | 김재혁 옮김
020 소설	**사랑과 교육**	미겔 데 우나무노 지음 | 남진희 옮김
021–030 소설	**서유기**(전 10권)	오승은 지음 | 임홍빈 옮김
031 소설	**변경**	미셸 뷔토르 지음 | 권은미 옮김
032–033 소설	**약혼자들**(전 2권)	알레산드로 만초니 지음 | 김효정 옮김
034 소설	**보헤미아의 숲/숲 속의 오솔길**	아달베르트 슈티프터 지음 | 권영경 옮김
035 소설	**가르강튀아/팡타그뤼엘**	프랑수아 라블레 지음 | 유석호 옮김

036 소설	사탄의 태양 아래	조르주 베르나노스 지음 | 윤진 옮김
037 시	시집	스테판 말라르메 지음 | 황현산 옮김
038 시	도연명 전집	도연명 지음 | 이치수 역주
039 소설	드리나 강의 다리	이보 안드리치 지음 | 김지향 옮김
040 시	한밤의 가수	베이다오 지음 | 배도임 옮김
041 소설	독사를 죽였어야 했는데	야샤르 케말 지음 | 오은경 옮김
042 희곡	볼포네, 또는 여우	벤 존슨 지음 | 임이연 옮김
043 소설	백마의 기사	테오도어 슈토름 지음 | 박경희 옮김
044 소설	경성지련	장아이링 지음 | 김순진 옮김
045 소설	첫번째 향로	장아이링 지음 | 김순진 옮김
046 소설	끄르일로프 우화집	이반 끄르일로프 지음 | 정막래 옮김
047 시	이백 오칠언절구	이백 지음 | 황선재 역주
048 소설	페테르부르크	안드레이 벨르이 지음 | 이현숙 옮김
049 소설	발칸의 전설	요르단 욥코프 지음 | 신윤곤 옮김
050 소설	블라이드데일 로맨스	나사니엘 호손 지음 | 김지원·한혜경 옮김
051 희곡	보헤미아의 빛	라몬 델 바예-인클란 지음 | 김선욱 옮김
052 시	서동 시집	요한 볼프강 폰 괴테 지음 | 안문영 외 옮김
053 소설	비밀요원	조지프 콘래드 지음 | 왕은철 옮김
054-055 소설	헤이케 이야기(전 2권)	지은이 미상 | 오찬욱 옮김
056 소설	몽골의 설화	데. 체렌소드놈 편저 | 이안나 옮김
057 소설	암초	이디스 워튼 지음 | 손영미 옮김
058 소설	수전노	알 자히드 지음 | 김정아 옮김
059 소설	거꾸로	조리스-카를 위스망스 지음 | 유진현 옮김
060 소설	페피타 히메네스	후안 발레라 지음 | 박종욱 옮김
061 시	납	제오르제 바코비아 지음 | 김정환 옮김
062 시	끝과 시작	비스와바 쉼보르스카 지음 | 최성은 옮김
063 소설	과학의 나무	피오 바로하 지음 | 조구호 옮김
064 소설	밀회의 집	알랭 로브-그리예 지음 | 임혜숙 옮김
065 소설	홍까오량 가족	모옌 지음 | 박명애 옮김
066 소설	아서의 섬	엘사 모란테 지음 | 천지은 옮김
067 시	소동파사선	소동파 지음 | 조규백 역주
068 소설	위험한 관계	쇼데를로 드 라클로 지음 | 윤진 옮김